高等院校“十二五”规划教材

电子商务实务

徐志立　杨武剑　周　苏　编著

中国铁道出版社
CHINA RAILWAY PUBLISHING HOUSE

内 容 简 介

本书通过一系列电子商务知识和实验，把电子商务的理论和技术融入到实践当中，从而加深认识和理解。全书共分为概论、企业对企业（B2B）、企业对消费者（B2C）、技术四个部分。主要内容包括：电子商务简介、电子商务典型案例、商业自动化与商务智能、制商整合与协同商务、企业资源计划、物流与运筹管理、供应链管理与电子化采购、电子商店的规划与设计、网络营销、客户关系管理与数据挖掘、网络技术、信息安全与网上支付、电子商务技术、电子商务相关法律等内容。附录中给出了电子商务实务课程设计方案。

本书内容丰富且兼顾理论与实务。适于信息管理、企业管理、信息工程、信息科学、国际贸易、大众传播及其他相关专业的电子商务、网络营销等课程的教学使用，也可供希望掌握电子商务相关知识的人士自学使用。

图书在版编目（CIP）数据

电子商务实务 / 徐志立，杨武剑，周苏编著. —北京：中国铁道出版社，2013.8

高等院校“十二五”规划教材

ISBN 978-7-113-16986-2

Ⅰ. ①电… Ⅱ. ①徐… ②杨… ③周… Ⅲ. ①电子商务－高等学校－教材 Ⅳ. ①F713.36

中国版本图书馆 CIP 数据核字（2013）第 189981 号

书　　名：电子商务实务

作　　者： 徐志立　杨武剑　周　苏　编著

策　　划： 秦绪好　王春霞　　　　**读者热线：** 400-668-0820

责任编辑： 王春霞　贾淑媛

封面设计： 刘　颖

封面制作： 白　雪

责任印制： 李　佳

出版发行： 中国铁道出版社（100054，北京市西城区右安门西街 8 号）

网　　址： http://www.51eds.com

印　　刷： 北京海淀五色花印刷厂

版　　次： 2013 年 8 月第 1 版　　2013 年 8 月第 1 次印刷

开　　本： 787 mm×1 092 mm　1/16　**印张：** 18　**字数：** 437 千

书　　号： ISBN 978-7-113-16986-2

定　　价： 35.00 元

FOREWORD

前 言

本书的宗旨在于使读者了解电子商务的本质，因此，本书内容不限于网上购物体系以及网络营销等议题。本书强调充分利用大环境的B2B优势，以创造B2C的发展条件，这才是踏实的电子商务经营理念。所以，为了弥补对电子商务的狭义理解，本书除了说明对B2C的主题外，更特别加强了B2B方面的介绍，如商业自动化、制造自动化、物流管理、全球运筹管理、电子交易市场、采购自动化、XML、RosettaNet等。

从产业电子化的角度来看，我们应该思考如何通过ERP、SCM、CRM三大利器实现协同商务的运作，达到产品数字化、流程电子化、人员虚拟化、环境网络化，如何结合网络营销拟定电子商务策略，进而提升网络购物的意愿、巩固顾客关系、创造企业价值。本书还特别加强对电子商务案例的讲解，包括旅游网站、网络游戏、网络书店、C2C拍卖网站等。

全书共分为四篇：概论、企业对企业（B2B）、企业对消费者（B2C）、技术，内容丰富且兼顾理论与实务，适合信息管理、企业管理、科技管理、信息传播、信息工程、信息科学、国际贸易、大众传播及其他管理科系的电子商务、商业自动化、生产自动化、网络营销、制商整合、电子化企业等课程的教学。

本书由徐志立、杨武剑、周苏编著，本书的编撰得到了北京青年政治学院、浙江大学城市学院等单位的帮助，在此一并致谢！本书相关的教学素材可以从中国铁道出版社网站（http://51eds.com）的下载区下载。欢迎教师索取为本书教学配套的相关资料或进行交流：E-mail：zhousu@qq.com，QQ：81505050，个人博客：http://blog.sina.com.cn/zhousu58（感悟人生）。

编 者

2013年初夏

前言

CONTENTS

目录

第1篇 概 论

第2篇 企业对企业（B2B）

第 1 篇

概　　论

第1章 电子商务简介

广义地说，凡是通过计算机联机或通过网络所完成的交易，都算是电子商务。

在当今网络高度发展的社会中，全世界每几秒钟就增加一个网络用户，电子商务更成为网络上的热门领域。因此，现在对网上交易的要求不会停留在提供数字商品或数字商品信息的水平上，而是更进一步要求整体效率的提升。例如，提供更令人满意的服务质量、实现更佳的客户服务、降低建设网站的成本、实现更有效率的交换、建立安全支付体系等。

1.1 电子商务的定义

简单来说，所谓电子商务，就是指以网络通信、数据库管理、安全防护等相关信息技术，支持商业流程及商品与服务交换的商业活动。

以蓬勃发展中的网上交易为例，整个交易过程应具备的环节有：消费者通过网络进入提供数字或实体商品的网络商店，在浏览了以多媒体形式呈现给消费者的商品相关信息（包括外观、影像、规格、型号等）后，在网上购买所需要的商品，再以网络电子支付形式完成付款的操作。

网上电子商店是一个虚拟的空间，对业主来说，因为减少了一些成本的支出（例如，店面租金、人力成本、货品上架成本等），所以对价格的调整较具弹性，业主甚至还可以轻易地搬迁商店。而对消费者来说，因为网络联机，则可以全天候 24 小时、不管在何处或何种外在环境，都可以达成买卖，因而提高了购物的便利性。

1997 年 10 月 1 日至 3 日，在 ISO（国际标准化组织）等机构的倡导和支持下，欧洲经济委员会在比利时首都布鲁塞尔举办的全球信息社会标准大会上，提出了关于电子商务的定义："电子商务是各参与方之间以电子方式，而不是以物理交换或直接物理接触方式完成任何形式的业务交易。"

这里的电子方式包括电子数据交换（EDI）、电子支付手段、电子订货系统、电子邮件、传真、网络、电子公告系统、条形码、图像处理、智能卡等。一次完整的商业贸易过程是复杂的，包括交易前的了解商情、询价、报价，发送订单、应答订单，发送接收送货通知、取货凭证、支付汇兑过程等，此外还有涉及行政过程的认证等行为，涉及了资金流、物流、信息流的活动。严格说来，只有上述所有贸易过程都实现了无纸贸易，即全部是非人工介入，是使用各种电子工具来完成的，才能称之为一次完整的电子商务过程。

另外，还有更多学者对电子商务做了定义，包括：

① 电子商务是通过电子方式，并在网络基础上实现物资、人员过程的协调，以实现商业交

换活动。

② 电子商务是电子化的购销市场，使用电子工具完成商品购买和服务。

③ 电子商务是在计算机与通信网络的基础上，利用电子工具实现商业交换和行政作业的全部过程。

④ 电子商务是一组电子工具在商务中的应用。这些工具通常可包括：电子数据交换（EDI）、电子邮件（E-mail）、电子公告系统（BBS）、条形码（Bar-Code）、图像处理、智能卡等。

⑤ 电子商务是由因特网（Internet）创造的电子空间，超越时间和空间的制约，以极快的速度实现电子式商品交换。

⑥ 电子商务是通过数字通信进行商品和服务的买卖以及资金的转账，它还包括公司间和公司内利用 E-mail、EDI、文件传输、传真、电视会议、远程计算机联网所能实现的全部功能（如市场营销、金融结算、销售及商务谈判）。

⑦ 美国政府在其《全球电子商务纲要》中比较笼统地指出："电子商务是指通过因特网进行的各项商务活动，包括广告、交易、支付、服务等活动，全球电子商务将会涉及全球各国。"

⑧ IBM 公司提出了一个电子商务的公式，即电子商务=Web+IT。它所强调的是在网络计算环境下的商业化应用，是把买方、卖方、厂商及其合作伙伴在因特网、企业内部网（Intranet）和企业外部网（Extranet）结合起来的应用。

⑨ HP 公司提出电子商务以现代扩展企业为信息技术基础结构，电子商务是跨时域、跨地域的电子化世界（EW，Electric World）=EC（Electric Commerce）+EB（Electric Business）+EC（Electric Consumer）。HP 公司电子商务的范畴包括所有可能的贸易伙伴，即用户、商品和服务的供应商、承运商、银行保险公司以及所有其他外部信息源的受益人。

1.2　电子商务的结构

电子商务的一般结构如图 1-1 所示。下面，我们分别就两大重要支柱以及四大基础建设作简单说明。

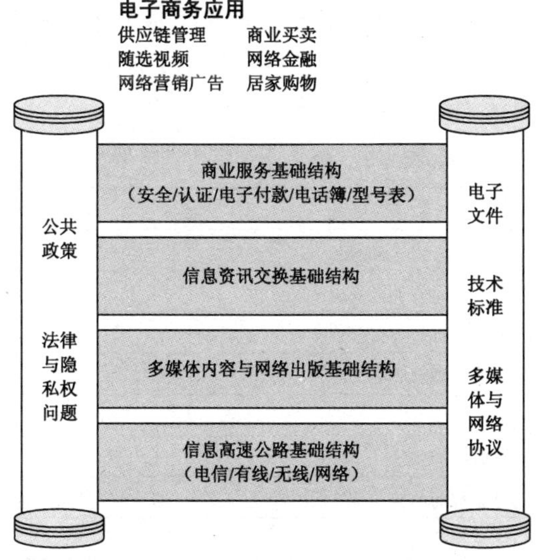

图 1-1　电子商务的一般结构

1. 两大重要支柱

电子商务的两大重要支柱如下：

① 公共政策、法律与隐私权问题，即电子商务的相关政策与法规，包括隐私权的保护、电子签名法律和信息定价等。我们知道，传统商业活动受到商业法规与详细的案例所管辖，但与电子商务相关的法律法规定仍然需要在基本政策和法律出台的基础上不断努力。例如信息的费用制订、消费者保护法规，以及著作权的保护与控制网络色情泛滥的问题，都是目前努力的方向。

② 电子文件、技术标准、多媒体与网络协议。建立文件、技术标准、多媒体与网络协议则是为了让在网络上沟通的个体，建立信息交换的标准协议，并强调协议之间的兼容性，以便在不同的传输系统之间，仍然能够保持通信的畅通。另外，如信息出版、用户接口与传输方面，同样必须建立标准，以确保信息内容能够互通。

2. 四大基础建设

电子商务的发展涉及四大基础建设。

① 商业服务基础建设。包含信息安全、认证、电子付款、电子电话簿等。为了在网络的开放性环境下进行商业行为，交易安全性是首要的条件。目前这个部分仍在不断地研发改进中，以确保商业行为中双方的利益都能够得到有效的保障。

② 信息资讯交换基础建设。包括电子数据交换、电子邮件与超文本传输等议题。这是为了达成信息以电子化传递的基础。除了单纯地将文件传送到对方之外，商业文件还涉及文件收发的不可否认性，这是目前电子商务发展所面临的一种挑战。

③ 多媒体内容与网络出版基础结构。超文本置标语言（HyperText Markup Language，HTML）是网络中主要的信息内容出版与制作的工具，可以容纳文字、音频、图形、动画等多媒体项目，另外，再配以 Java 语言、动态元件等内容，企业或个人便可发展其出版内容，并放在网页服务器上供人浏览。因此，全球信息网可说是一个媒体制作与出版的配发中心。

④ 信息高速公路基础结构。就像高速公路在交通中的地位一样，网络基础建设逐渐成为信息流通的主要信道，并由电信、无线通信、有线电视与网络四个部分组成。

3. 结构性框架

在发展电子商务系统时，模块化的工作相当重要。如何整合现有技术来达到企业所希望的功能是最终的目的。电子商务结构性框架提供一个整合性的观念，将现有技术根据功能的不同，可分为多个等级，彼此之间又环环相扣，如表 1–1 所示。

表 1-1 电子商务结构性框架

技　术	功　能
应用	企业对客户（B2C）
	企业与企业间（B2B）
	企业内部
中介服务与数据库管理	订单处理流程
	付款方式
	虚拟购物中心
接口层	交互式商品类型表
	目录支持功能
	软件代理程序

续表

技　术	功　能
安全通信服务	安全超文本传输协议（Secure.HTTP）
	加密电子邮件
	电子数据交换（EDI）
	远程过程调用（RPC）
中介软件服务	结构性文件（HTML，SGML，XML）
	复合文件（PDF）
网络基础建设	无线通信——无线电、广播、个人通信服务（PCS）
	有线通信——宽带、固定电话网

1.3　电子商务的流程

电子商务、网上购物、网络营销是彼此高度相关，但却又容易产生混淆的三个名词。有人狭义地把“网上购物”当作“电子商务”的整个范畴来理解。如电子商务的流程（见图 1-2）所示，就整体而言，网上购物只是属于电子商务的一部分（B2C）。

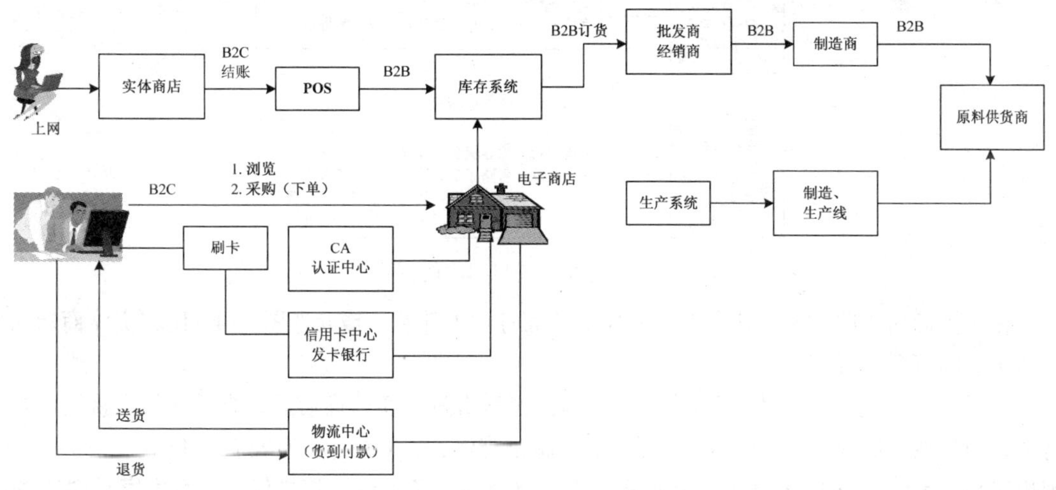

图 1-2　电子商务流程

通过流程可以了解到，当消费者浏览网页，看到想要购买的东西，此时他要购物就必须进行下面的操作：首先，在电子商店下单，也就是填妥网站所提供的表格；然后，选择通过信用卡授权或是货到付款等付费方式付款。如果是采用信用卡授权的方式，网络会先通过 CA（Certificate Authority，电子商务认证授权机构）认证中心来确认刷卡人与这家电子商店是否存在，如果没有问题，信用卡中心才会允许进行这笔消费。上述这些电子商店与消费者直接互动的步骤，简称为 B2C。

消费者完成了上述操作后，电子商店就开始展开一连串的操作。首先电子商店必须确认库存量是否足以应付销售量，如果不够的话，它将通知批发商或经销商进行订货，随后批发商或经销商再通知制造商，而制造商再从原料供应商那里得到原料供应并生产。整个运作当中还存在另外一种可能性，例如可能电子商店本身就拥有自己的制造工厂，这样的话，它只要从原料供应商那里得到原料、或者从上游厂商取得半成品后，即可自己从事生产作业了。

产品生产出来后，电子商店会通过物流中心将货物送达客户手中，并且如果是采用货到付款的付款方式来进行交易的话，物流中心还有充当收银员帮电子商店收款的功能。以上这些步骤简称 B2B，物流、资金流的程序，如图 1-3 所示。实际上，如果消费者对商品不满意，会申请退货。多种退货方式中最便利的，当然还是要借助物流中心的运输能力来帮忙了。

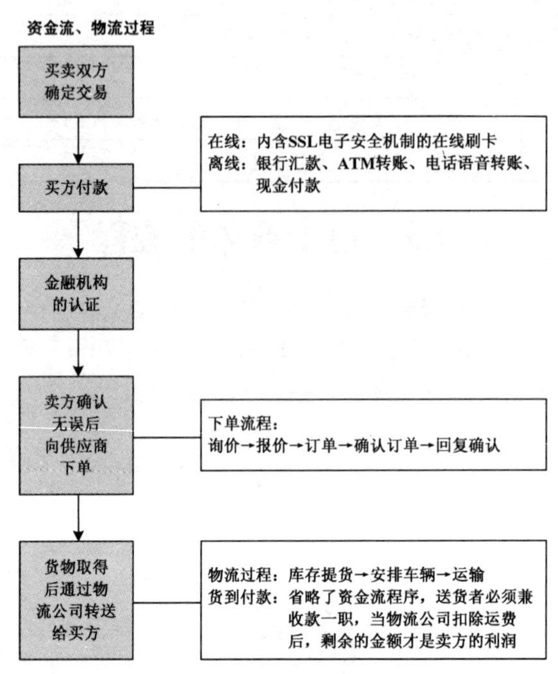

图 1-3 现金流与物流的流程

在实体商店中购物时，其实也会形成电子商务中的流程。请参考图 1-4，比较实体商店与电子商店购物流程的异同。

从图 1-4 可以看到实体商店购物的流程为消费者进入实体商店后，直接在架上挑选商品，将选购物品放入购物篮，然后到柜台结账。以超市为例，结账柜台普遍安装了 POS（Point of Sale，销售终端）系统。POS 主要由三个元素组成：收银台、条形码、扫描仪。一般大家只知道 POS 可通过读取条形码数据来算钱结账，殊不知在结账的过程中，POS 其实还进行了两项工作：第一个是汇总顾客消费信息、分析顾客消费行为，第二个则是回报商品数据。首先，它会联络库存系统，检查该商品是否还在安全库存量；若发现库存不足，它会通知生产系统准备生产商品，或者下订单进货。当 POS 联络库存系统时，B2B 的电子商务流程已展开了。换句话说，即使在网络、网络商店尚未普遍的时代，其实我们周围已经存在了电子商务活动。只不过当时比较偏重于“商业自动化”和“生产自动化”等部分上，而现在则更广义地涵盖了整个交易范畴。

从上述的介绍中，大家可以认识到，“网上购物”只是整个“电子商务”流程中消费者通过网络商店来购物的 B2C 部分。至于其他更广泛的 B2B 部分，一般较少列入网上购物的讨论范围。通过网络的强大联通能力，只要通过计算机和网络，全世界的信息可以说都能掌握在人们手中。这样的网络传播力对于一些较知名的大公司非常有利，就连为它们销售商品的零售商也都获益不少，但是正因为有这样好的机会，零售商更要注意服务质量的提升，以免生意被其他的商店夺走。

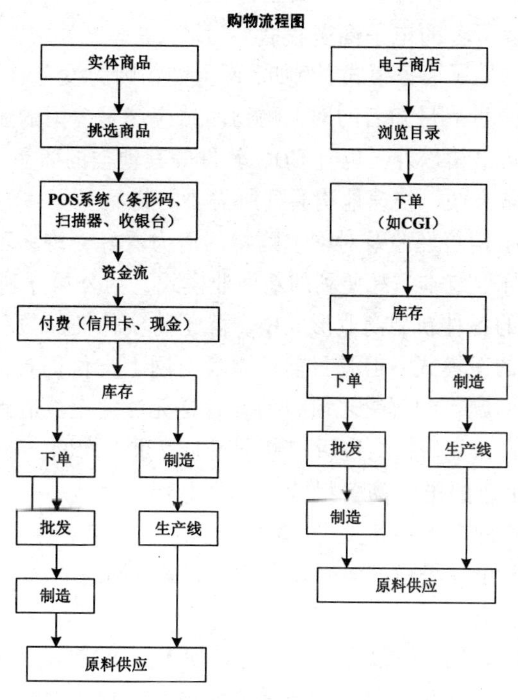

图 1-4　实体与网上购物的流程比较

1.4　电子商务的分类

按照不同的应用形式，电子商务大致分为三种应用类型，即企业与企业间、企业内部、顾客与企业间的电子商务，如图 1-5 所示。

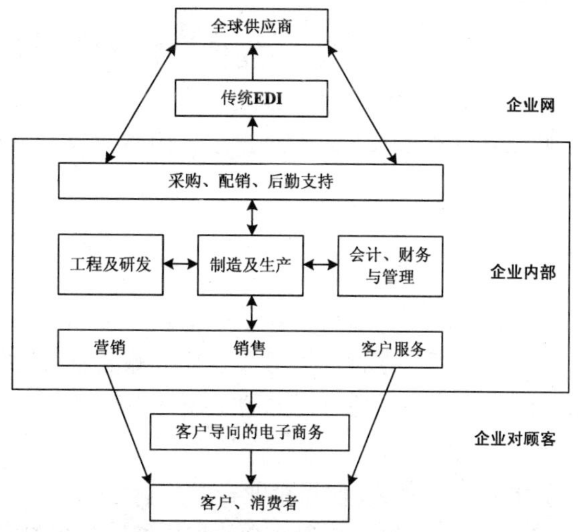

图 1-5　电子商务应用的不同形式

1.4.1 电子商务的三大应用类型

电子商务的经营模式，可大致分为以下类型：

1. B2C——企业对消费者的电子商务模式

B2C是企业对消费者的电子商务模式。例如，网上购物因为没有时间及地域上的限制，所以备受消费者的喜爱。目前全世界最知名的网上购物网站应该是美国的亚马逊（Amazon）商务网站，亚马逊网站上除了销售书籍以外，也有CD、软件等其他类的商品。不但商品种类丰富，在购买过程中消费者也能非常方便、快速地购买到所需要的物品。

鉴于亚马逊成功的网上销售经验及对网上购物的潜力看好，许多不同的产品也逐步加入网上购物的行列，期望以这样低成本、高便利的新商业模式，为公司开创出另一番景象。

随着电子商务而出现的各种新型商业形式中，除了将实体商品数字化之外，最重要的变革就是电子现金或网上支付的新模式。但是目前消费者对网上支付仍有很大疑虑，因为在诸如网上付费的隐私权、认证等问题得到解决之前，消费者是无法完全放心地享受电子商务所带来的便利的。另外，对企业而言，如何杜绝盗版和电子犯罪等重大问题，也是一项很大的挑战。

2. B2B——企业对企业的电子商务模式

B2B指的是企业对企业的电子商务模式。例如，上游厂商和下游厂商间的交易。B2B电子商务的优势在于，可将原本支出在采购方面的人力成本，通过网络的电子自动化模式而节省下来，并且还能降低采购的费用。

因为知道了电子商务的好处，所以许多产业纷纷加入到了B2B的模式中，在越来越多的厂商投入电子化市场之后，也就产生了更多的新采购对象及客户，这样一来，无论是要找供应商还是要找客户都更加容易了。并且，买方可因此提高采购效率，卖方则提升了营业额，形成一种双方都有利的局面。B2B的企业合作多为策略联盟，以网络商店的买卖和信息流通为主。

3. C2C——消费者对消费者的电子商务模式

C2C指的是消费者对消费者的电子商务模式。例如，拍卖网站中，消费者可将自己不需要的物品公告在网站上，想要买的消费者就可以通过竞价过程买到想要的商品。像美国的eBay、中国的淘宝网就是拍卖网站的很好例子。

电子化的拍卖方式相比传统的登报或者是委托销售，成本更为低廉，效果也相对较好，而且网友只要在网站中加入会员（大多是免费的），就可以免费在网站上买或卖东西。随着电子商务的迅速发展，浏览或是加入拍卖网站的人数越来越多，网络流量也越来越大，对买方或卖方都大有好处。

1.4.2 企业间的电子商务

因为信息网络的发达，企业界运用网络科技让组织的运作更加迅速、有效。商业行为中的大量信息交换包括订单、出货单、产品报价与型号表、应收账款报表等传递，在电子表单与电子数据交换（EDI）出现后，使得传统相当耗时耗力的工作大为简化。企业间电子商务包罗万象，可归纳为以下五大管理应用：

① 订单管理。通过电子化的公文交换，使得企业与供应商之间的订单处理更为快速与简单，此类供应链甚至可通过网络扩展到全世界，达到“全球供应链”的理想状态。

② 库存管理。电子商务可缩短订货、处理、运送和收款的流程与时间，厂商不必再囤积多

余的库存。这样就为库存管理问题提出了一个最佳的解决方案。

③ 配送管理。同样地，电子商务的实行可以使得出货的程序简化，如出货单、催款单、报关文件等都可以快速有效地传递。

④ 联络管理。过去我们采用电话、传真或邮寄等方式与交易伙伴联系，不但成本高，而且耗时，如今企业都可以通过电子商务的渠道，如商业网站、电子公告栏、安全电子邮件等，与其他厂商快速有效地进行沟通，形成一个全新的联络局面。

⑤ 付款管理。为了配合和最大程度地利用网络的便利性，电子商务时代的付款方式，希望最终都以网上支付的方式进行。如此一来，顾客不必出门就可以完成缴费程序，相当迅速便利，店家也可以省去很多表单程序和人力。但电子支付款项面临的网络安全问题相当重要，并且有待完善。

1.4.3　电子商务的延伸：SCM、ERP、CRM

延伸电子商务的涵盖范围，一般会把 SCM（Supply Chain Management，供应链管理）、ERP（Enterprise Resource Planning，企业资源规划）、CRM（Customer Relation Management，客户关系管理）三者包含进来。这三个领域之间的关系，如图 1-6 所示。

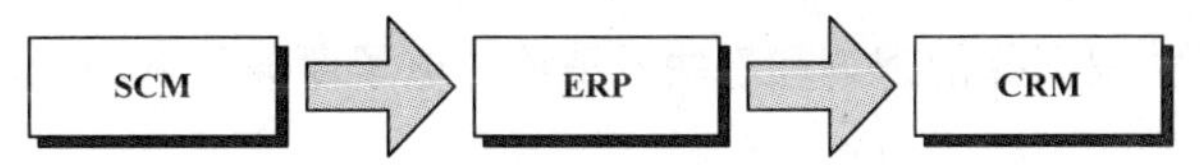

图 1-6　SCM、ERP、CRM 的关系

一般而言，是以 ERP 为核心，整合整个企业内部的资源，以达到信息互通、分享。有了这样牢固的内部结构，前端的 CRM 就可以自由自在地跨部门搜集各种信息，交叉分析顾客的数据，以进行体贴的客户关系管理。当然，后勤支持的原料、成品提供也相当重要，有了供应链流程全部自动化的 SCM，上下游厂商之间的运筹管理就可以更得心应手了。

对应上述电子商务应用的不同形式，可分别隶属于不同应用形式：企业间电子商务——SCM、企业内部电子商务——ERP、企业对客户的电子商务——CRM。

上述三个概念的简单定义如下：

① SCM（供应链管理）。指的是从原料开始到成品最终消费的过程中，是供应商、中间商与用户之间连接的程序。一个完全的自动化流程，以及如何将效率和效益提升到最高，都是 SCM 追求的方向。电子化采购就是 SCM 的一个例子。

② ERP（企业资源计划）。它是一个会计导向的信息系统。用来确认和规划用于接受、制造、运送和结算顾客订单所需的整个企业的资源。

③ CRM（客户关系管理）。主要作用表现在协助业主更有效率地掌握顾客特征，通过了解既有的顾客，开发新产品或开辟新市场，以吸引潜在顾客，传递最合乎顾客需求的产品及服务给顾客，以确保顾客对品牌或产品的忠诚度。

1.5　习　　题

1. 名词解释：ERP、CRM、SCM、B2C 电子商务、B2B 电子商务、C2C 电子商务。
2. 比较下列三个名词：电子商务、网上购物、网络营销。

3. 简单介绍电子商务的结构。

4. 电子商务主要可分为哪几大类?

5. 简述 ERP、CRM、SCM 三者之间的关系。

1.6 实验与思考

1. 实验目的

本节“实验与思考”的目的是:

① 理解电子商务的基本概念,熟悉电子商务的基本类型。

② 通过因特网搜索与浏览,了解主流的电子商务技术网站,掌握通过专业网站不断丰富电子商务最新知识的学习方法,尝试通过专业网站的辅助与支持来开展电子商务应用实践。

2. 工具/准备工作

在开始本实验之前,请回顾教材的相关内容。

需要准备一台能够访问因特网的计算机。

3. 实验内容与步骤

(1)概念理解

① 查阅有关资料,根据你的理解和看法,请给“电子商务”下一个定义:

____

____

这个定义的来源是:______________________________

② 试分析:传统商务与电子商务的主要区别有哪些?请简述之。

____

____

____

③ 人们对于电子商务的认识,逐渐由电子商务扩展到“e 概念”的高度,人们认识到:电子商务实际上就是电子技术同商务应用的结合。而电子技术不但可以和商务活动结合,还可以和很多其他有关的应用领域结合,从而形成相关领域的 e 概念。请至少举三个例子说明“相关领域的 e 概念”。

例如:远程教育,这是电子技术与教育领域的结合应用。

a. ____

____

b. ____

____

c. ____

____

④ 电子商务的参与方主要有四部分,即企业、消费者、政府和中介方。尽管有些网上拍卖形式的电子商务属于个人与个人之间的交易(即 C2C),但一般情况下,企业是电子商务的核心。考察电子商务的类型,主要从企业的角度来进行分析。按业务处理过程所涉及的范围来对电子商务进行分类,主要有以下三种类型:

a. ____________________

简单举例描述：____________________

____

____

b. ____________________

简单举例描述：____________________

____

____

c. ____________________

简单举例描述：____________________

____

____

（2）分析与思考

参考教材内容以及其他资料，请思考并简述下列问题：

① 电子商务的产生背景、形成原因主要有哪些？

____

____

____

② 电子商务对企业商务活动的环节有哪些影响？企业为什么要开展电子商务？

____

____

____

③ 请简述电子商务系统的基本框架结构。

____

____

____

④ 请简述企业内部网（Intranet）在电子商务系统中的地位和作用。

____

____

____

（3）上网搜索和浏览

看看哪些网站在做着电子商务的技术支持工作？请在表 1-2 中记录搜索结果。

提 示

一些电子商务专业网站的例子包括：

http://www.21echina.com/（电子商务杂志）

http://e.chinabyte.com/（e 企业网）

http://www.ec.org.cn/（中国电子商务协会）

http://www.dzsw.org/（电子商务研究）

一些电子商务应用网站的例子包括：

http://china.alibaba.com/（阿里巴巴 · 中国）

你习惯使用的网络搜索引擎是：________________

你在本次搜索中使用的关键词主要是：________________

____

表 1-2 电子商务专业网站实验记录

网站名称	网址	内容描述

请记录：在本实验中，你感觉比较重要的两个电子商务专业网站是：

① 网站名称：________________

② 网站名称：________________

综合分析，你认为各电子商务专业网站当前的技术（如培训内容）热点是：

① 名称：________________

主要内容：________________

____

____

② 名称：________________

主要内容：________________

____

____

③ 名称：________________

主要内容：________________

____

____

4. 实验总结

____

____

____

____

5. 实验评价（教师）

____

____

1.7 阅读与思考：亚马逊网站（Amazon.com）的创始人贝佐斯

只要谈到电子商务或网络书店，贝佐斯（Jeff Bezos）这个名字几乎可以说是无人不知，无人不晓。除了"电子商务教父"的头衔，其他还有"网络新贵""时代风云人物""网络界的山姆·华顿（Sam Walton）"，而贝佐斯本人更曾对一家创投公司表示："我将完全改写书籍出版业的经济学。”

美国时代杂志TIME 在2000年1月遴选“亚马逊网络公司的贝佐斯”（Amazon.com’s Bezos）作为“年度风云人物”（Person of the Year）的代表，而且还用将近18页的全版版面，大大地赞扬贝佐斯的丰功伟业，其影响力由此可见一斑。根据时代杂志的报导，贝佐斯是一个笑声十分特殊而且具有感染力的人，他本人狂热地相信亚马逊网络公司将会改变未来的消费模式，只是时间迟早的问题。他是伟大的“网络策略选手”（Internet strategist），而“网络显而易见地已然成为资本主义历史中最强大的一股力量”。

贝佐斯当初就是看到了网络发展的无穷可能性，而兴起了自行创业的念头。他的目标不仅仅是利用网络来做生意，而是要建立一个全世界最大的购物网站，贩卖所有可能的商品，提供所有可能的服务与最低廉的价格。如果你问他当今最崇拜的人物，他会说是托马斯·艾迪逊（Thomas Edison）与华特·迪斯尼（Walt Disney）。前者是一个绝顶聪明的创造者却令人讨厌的商人；后者是一个还不错的创造者却很伟大的商人。迪斯尼乐园曾经让贝佐斯留下深刻的印象，尤其是迪斯尼的远见与影响力。贝佐斯清楚地知道，有一天他也要把所有最顶尖的人集合起来，建立这样的一个王国。

1994年，30岁的贝佐斯，坐在曼哈顿一栋办公大楼的39楼的计算机桌前，探索尚未成熟的网络使用情形，他惊讶地发现：网络使用的成长情形以每年高达2 300%的速度在暴增，这对他而言是一项重要预见。他也开始思考：既然有这样的一种趋势，他该如何在这样的网络空间创造无穷的商机？他最后得到的结论是——顾客价值。除非你能够创造具有足够的价值给顾客，否则使用传统方法的习惯对顾客而言比较容易。因此，你必须要做“除了网络别无他者能做”的生意。最后，他想到了书籍。就这样，他于1995年7月成立了亚马逊公司。

（资料来源：软件研发名人堂（http://www.sawin.cn/HallOfFame/））

第2章 电子商务典型案例

在这一章里，我们挑选了 3 个领域来介绍电子商务应用的一些典型案例，其中包括早期就跨入电子商务经营的典型范例——网上书店；热门领域——旅游网站；热门但具争议的数字内容网站——网络游戏。此外，还会介绍其他一些热门的电子商务网站经营案例，例如 C2C 拍卖网站等。通过这些案例的介绍，使读者对电子商务的经营内容与形式能有一些初步的认识。

2.1 网上书店

网上书店就是一种网站式的书店，这是一种高质量，快捷、方便的购书方式。网上书店不仅可用于图书的在线销售，也可销售音碟、影碟等。网上书店对图书的管理更加合理化和信息化，网上书店在售书的同时，还有书籍类商品管理、购物车、订单管理、会员管理以及灵活的网站内容和文章管理等功能。

在网上书店买书，可以查到所买图书的更多信息。因为网上书店是一个网站，它有独特的售书方式和功能，如会员注册功能。有的网上书店有会员积分设置，如达到一定积分时自动成为高级会员，享受更优惠的服务。一般网上书店都有 3 种类型的支付方式：汇款支付、在线支付、其他，其中在线支付只要到支付平台开户，将所获开户信息填入即可。当在网上书店购书后，用户所购图书在网站上有记录，方便用户查询。

网上书店和实体书店的区别在于：网上书店涉及范围广，经营成本低，但如果信用度低的话将影响其销售；实体书店购书直观，信用度高，但涉及范围有限，经营成本高。如今，有部分实体书店也开始从网上书店进货了。

我们将网上书店分为四大类，即原生网上书店、实体书店经营网上书店、实体出版商经营网上书店和专营电子书下载网上书店。

2.1.1 原生网上书店

所谓“原生”网上书店，指的是没有经过实体运作，而直接在网络上创立的书店。

网上书店如雨后春笋般纷纷成立，并不只是看上网上书店的订单多少或卖书的收益高低，而是网上书店为整个运营系统创造了可预期的庞大商机。因为可以通过网络的快速传播，吸引人潮进入实体书店进行消费，如此一来，被吸引进入实体书店的消费者不单只是买书，更会买一些高利润的文具、卡片等，进而提高实体书店的总收益。

网上书店的经营者认为：“网上书店不是做完内容就算了，后续还有物流、分类等工作要做，消费者买完书后，后续的服务才开始。而实体书店则是把书放在架上，消费者把书拿走，交易完成就结束了，所以网上书店开始的经营难度就很高。”

1．亚马逊书店

讲起网上书店，全世界最成功的典范当然非亚马逊书店（amazon.com，见图 2-1）莫属了。亚马逊以“个人化”技术著称：追踪消费者购买行为，再向有类似采购习惯的消费者推销产品。

图 2-1　Amazon.com 网站（部分）（2013-05-26）

亚马逊推出“你的商店”网页，陈列消费者曾感兴趣，或亚马逊认为消费者可能感兴趣的商品。这个商店能帮助消费者追踪以前浏览过的产品项目、推荐最新产品，并让消费者知道他们的朋友对某项产品的看法。

亚马逊网上书店积极进行的策略联盟之一，就是和世界最大的零售商沃尔马超市（Wal.Mart Stores）进行合作，使沃尔马超市全球 4 500 家分店成为亚马逊电子商务的供应商。亚马逊网上书店也与经销玩具的大公司玩具反斗城进行类似合作。此外，亚马逊还与美国第二大书店 Border 进行合作，协助其重新开设 Borders.com 网站，通过亚马逊的营销平台以及亚马逊已有市场和消费群体，进行书籍的买卖，这也大大地扩展了 Borders.com 的实力。

亚马逊初创的网络时代属于股市的商业模式，由于当时预期看好 B2C 的前景，不断进行资金投入。亚马逊的成功在于他们已经从市场拿了一笔钱，然后进行扩张，这种方式在其他地区市场上很难看到。

亚马逊中文网站（amazon.cn，见图 2-2）又称卓越亚马逊，为亚马逊旗下公司，成立于 2000 年 5 月，总部位于北京。作为中国电子商务领袖之一，卓越亚马逊为消费者提供包括书籍、音乐、音像、软件、数码 3C、家电、玩具、家居、个人护理、化妆美容、钟表、珠宝首饰、鞋靴、箱包、体育健康用品、食品、母婴产品及办公用品等超过 150 万类的产品以供选择。

图 2-2　卓越亚马逊网（首页，2013-05-26）

2．蔚蓝网

蔚蓝网（wl.cn，见图 2-3 和图 2-4）于 2000 年 3 月 26 日在 6 位清华大学的博士和硕士共同努力下正式成立。网站创立伊始，秉持源于校园、服务于校园的经营理念，从考试、计算机、教材教辅等学生、教师们重点关注的图书做起，以快捷的图书资讯，优质的配送服务，实惠的购书价格在高校中树立了良好的品牌。并成为中国校园网内最大的电子商务网站。

图 2-3　蔚蓝网（a）（2013-05-26）

随着经营的细化，蔚蓝网在原有图书类别上增加了社科、文艺、经管、少儿、建筑、自然科学等 2 160 个分类，50 万个品种的图书和音像制品，成为国内图书品种最全的网站之一。2003 年底网站开始面向社会开放经营，并于 2004 年 9 月在网站流量上超过绝大多数同类图书网站，成为中国第三大网上书店。大规模的品种销售使蔚蓝网成为了专业顾客寻书的首选网站，其他书店无法买到的图书均可来蔚蓝网寻找。

2007 年 10 月，成立七年的蔚蓝网再次发力，对从网站的前台页面到内部的 ERP 管理系统做了全面的提升，并开辟了化妆品销售频道，为广大用户提供更丰富的商品，打造快乐、便捷、低价的购物体验。

2009 年 11 月，蔚蓝网与中国最大馆配图书服务提供商之一的人天书店完成并购，蔚蓝网成为人天书店旗下的控股公司。2010 年蔚蓝网依托人天书店强大优势，完成图书实体库建设，形成 50 万品种图书的现货库，已满足为读者订单快速配货的能力；同时蔚蓝网与国内几家大型物流公司完成签约，开通更多城市送货上门服务，进一步提升送货速度。

蔚蓝网的目标是建立全品种流通图书实体库，以最全图书、最低价格、最好服务让越来越多的读者享受到专业图书商城带来的方便和实惠。

图 2-4 蔚蓝网（b）（2013-05-26）

2.1.2 实体书店经营的网上书店

在我国，最大的实体书店当属“新华书店”了，它是全国连锁书店，在 1937 年 4 月 24 日成立于延安清凉山，因该书店在中共中央宣传部、中国出版集团之下，是国家官方的书店，也是官方刊物宣传与发售处之一，全国各地均有分店，截至 2006 年，共有 14 000 多个发售网点，各省会则有其购书中心或书城等；在我国香港地区以“新华书城”名义在湾仔经营，在澳门则以“珠新图书公司”名义经营。新华书店的店名招牌为毛泽东在 1948 年 12 月于河北所题。

近年来，各地新华书店建立了多个网上书店，如浙江的博库书城、浙江新华书店网、四川的文轩网等。

1. 博库书城

博库网络有限公司是浙江省新华书店集团有限公司投资设立的全资子公司。博库书城（又称博库网 bookuu.com，见图 2-5 和图 2-6）是目前国内领先、可供图书品种最多的文化知识平台之一。公司以致力打造博库文化品牌为目标，同时逐步扩充文化类相关延伸产品的文化知识共享，建设和完善数字阅读等版权类增值业务、网络广告类增值服务和博库币虚拟增值服务业务。

图 2-5　博库书城（a）（2013-05-26）

图 2-6 博库书城（b）（2013-05-26）

2010年，博库网销售突破1个亿，注册会员超过85万人。在全国传统书店包括新华书店开办的网上书店中销量位居第一。

博库网作为浙江省新华书店集团“十二五”发展规划项目之一，依靠集团公司强有力的资源背景（全行业领先、具有自主知识产权的 ERP 系统、14 万平方米规模的现代物流中心，丰富的产品资源和信息资源，以及全集团信息一体化、库存一体化、市场一体化的连锁经营运作体系），有信心迈好“走出去——大力发展博库文化品牌”的每一个步伐，努力成为世界一流、国内领先、具有出版物中盘特色的中文图书购书平台和博库文化品牌。

2. 文轩网

文轩网（winxuan.com，见图 2-7～图 2-9）是四川文轩在线电子商务有限公司（简称“文轩在线”）旗下的传统出版物（文化产品）电子商务平台。文轩在线是新华文轩出版传媒股份有限公司的控股子公司。新华文轩是我国第一家按照上市公司标准组建的股份制出版发行企业，2007 年在我国香港联合交易所主板（H 股）上市，成为内地首家在港上市的出版发行企业。文轩网作为新华文轩推出的电子商务品牌，现已成为文轩的第四条销售渠道。

图 2-7　文轩网（a）（2013-05-26）

图 2-8 文轩网（b）（2013-05-26）

文轩网是国内最早从事电子商务运营、首批获得网络出版许可证的专业网络企业之一。至今已拥有注册会员四百万余，常备图书品种超过 70 万种，开辟了包括淘宝、拍拍、新浪等知名网站在内的多家网络连锁渠道，连续 3 年销售规模增长率逾 200%。目前，文轩网月独立 IP 访问过千万，月均点击量超过 10 亿次，是国内少数几家网上零售规模上亿的企业之一。

文轩网拥有世界先进的 ERP-ASP 系统，一流的现代化物流系统，物流系统立体储存面积 10 万平方米，每天可收货 2 万个品次，可挑选 4.5 万个品次，加工处理 3.5 万个运输包件。文轩网的客户范围覆盖国内外 100 多个城市和地区，在全国各大省市内均支持配送。

图 2-9　文轩网（c）（2013-05-26）

2.1.3　实体出版商经营的网上书店

实体出版商凭借其专业出版机构的诸多优势，近年来也发展了不少优秀的网上书店。

1. 互动出版网

互动出版网（china-pub.com，见图 2-10 和图 2-11）成立于 2000 年 7 月。2000—2001 年，网站主要作为计算机图书出版信息服务平台，是国内较早一批涉及网络营销、会员制及网络社区概念的互联网公司。2002—2003 年是计算机图书网上专营店；2004—2005 年，成为主营各类专业技术图书的网上书店，内容包括计算机、通信、经济管理、数理化等八大类；2006 年至今，成为主营各类专业技术、教育类图书的网上书店。

图 2-10 互动出版网（a）（2013-05-26）

目前，网站图书品种近 120 万种，与国内、国外 500 余家出版社建立了供货关系，中、英文可供图书品种市场覆盖率超过 90%。数十家国内、外物流合作商，共同帮助互动出版网实现国内 600 余个城市、国际 300 余个城市的配送服务。

互动出版网的经营目标是为越来越多的网上购物用户提供更为实惠、安全、方便、快捷的购书服务。

图 2-11　互动出版网（b）（2013-05-26）

2．当当网

当当网（www.dangdang.com，见图 2-12～图 2-14）是一个综合性中文网上购物商城，由国内著名出版机构科文公司、美国老虎基金、美国 IDG 集团、卢森堡剑桥集团、亚洲创业投资基金（原名软银中国创业基金）共同投资成立。

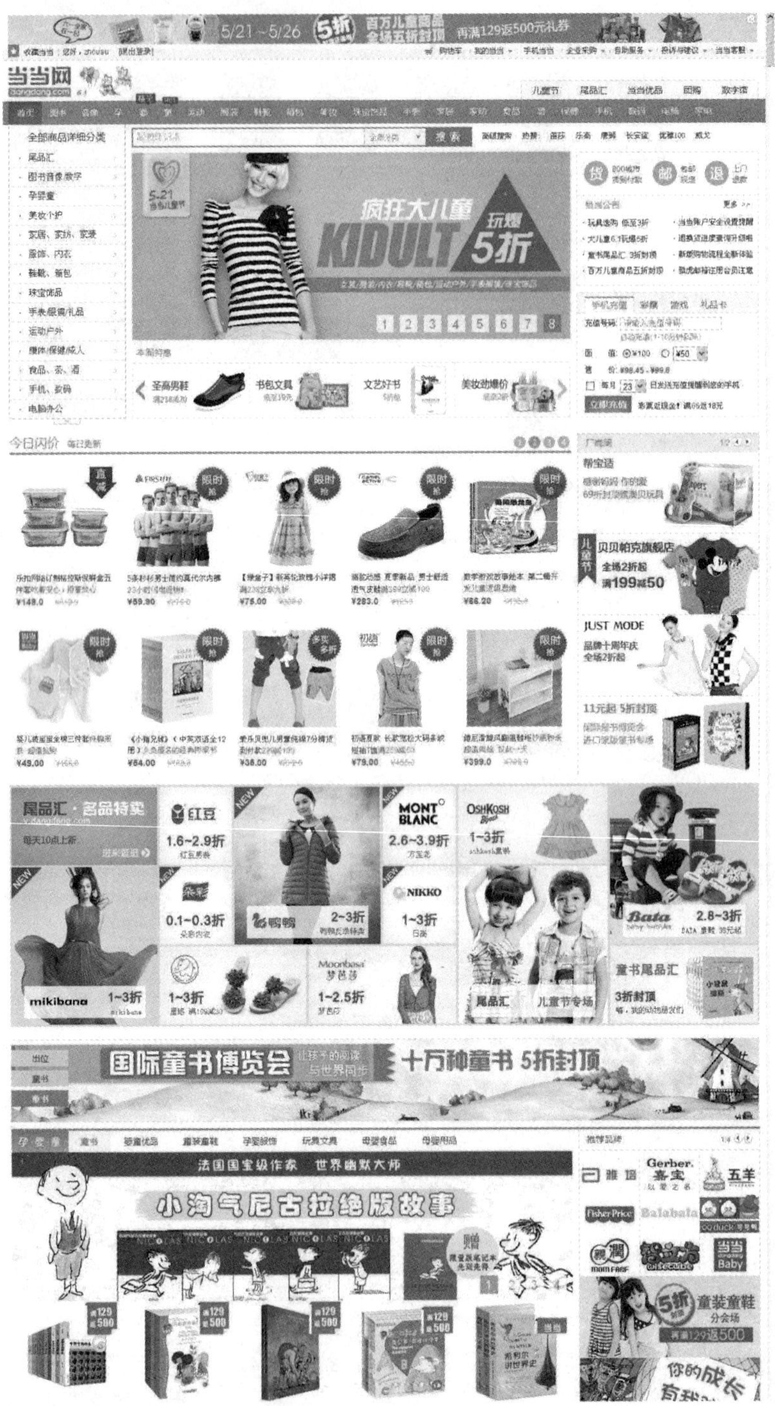

图 2-12 当当网（a）（2013-05-26）

1999 年 11 月当当网正式开通。成立以来，当当网销售业绩增加了 400 倍。当当网在线销售的商品包括了家居百货、化妆品、数码、家电、图书、音像、服装及母婴等几十个大类，逾百万种商品，在库图书达到 60 万种。目前每年有近千万顾客成为当当网新增注册用户，遍及全国 32 个省、自治区和直辖市。每天有上万人在当当网买东西，每月有 3 000 万人在当当网浏览各类信息，当当网每月销售商品超过 2 000 万件。

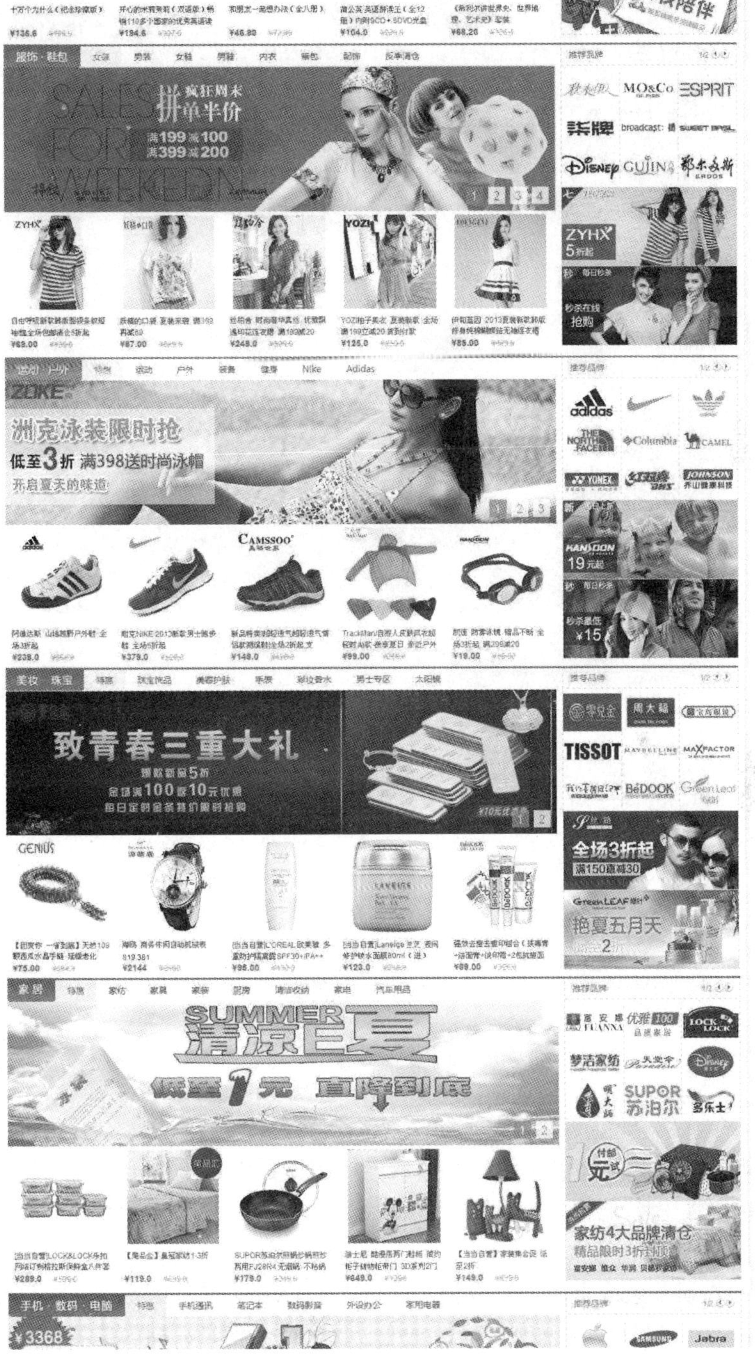

图 2-13　当当网（b）（2013-05-26）

图 2-14 当当网（c）（2013-05-26）

2.1.4 专营电子书下载的网上书店

近年来，电子阅读方式蓬勃发展，专用的电子书阅读器、手机阅读等展现了一个庞大的电子书内容市场。以关键字“电子书下载”在网上搜索，提供电子书下载的网站真可谓各式各样，良莠不齐。

TXT 是微软在操作系统上附带的一种文本格式，TXT 为文件的扩展名，这是最常见的一种文件格式，早在 DOS 时代应用就很多，主要用于保存文本信息，即为文字信息，利用大多数软件（例如记事本、浏览器等）都可以查看。

TXT 格式的小说是现在最流行的，可以用在传统的 PC 上，也可以在手机、MP3、MP4 等设备上阅读。通常在网上有大量的小说和电子书下载，终端常见的电子书格式为 UMD、JAR、TXT 这三种。而 TXT 格式的电子书容量大、所占空间小，所以得到广大电子书爱好者的支持，而更因为这种格式为手机普遍支持的电子书格式，所以也得到广大手机用户的肯定和喜爱。

现在 TXT 电子书站大约有 10 000 多个，因为做 TXT 书站起点低，流量高，深受站长的喜爱。大部分 TXT 书站为论坛和下载模式，一般要有积分才能下载。也有少数专业电子书网站免费提供 TXT 电子书下载。但 TXT 电子书网站常因为版权等出现纠纷。

以电子书下载网站“E 书吧”（eshuba.com，图 2-15）为例。该网站创建于 2006 年，属于个人站点。E 书吧为非营利纯公益性网络电子书下载网站，在网站内，不进行任何营利性商业活动。站内所有存书在现实生活中的版权均归原作者或出版社所有。如有作者或出版社认为本站侵权，网站承诺会以作者和出版社利益为第一考虑。

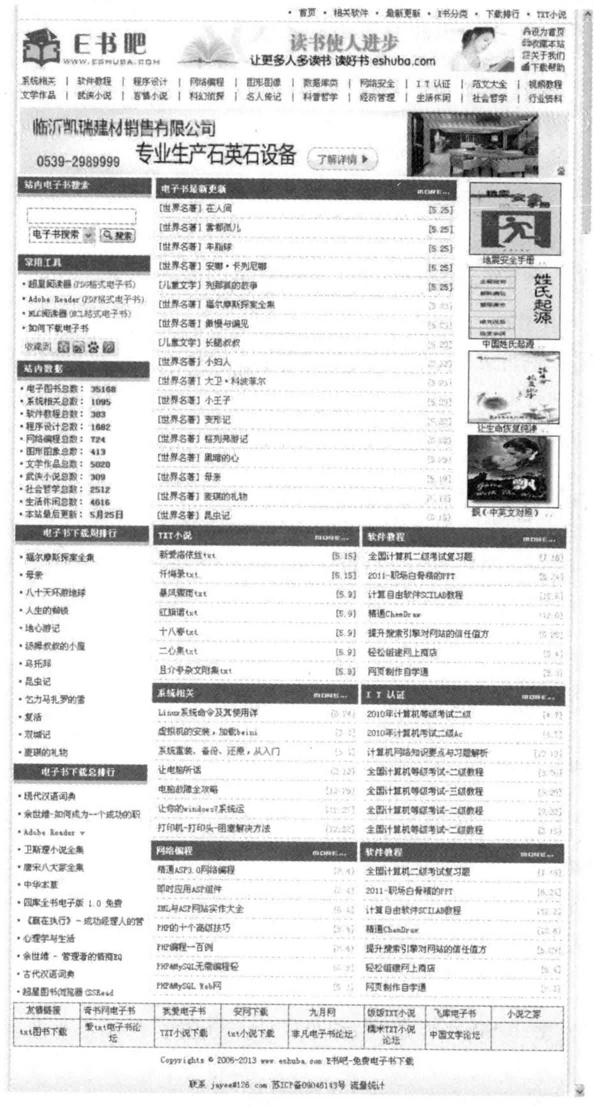

图 2-15　E 书吧（2013-05-26）

2.2 旅游网站

旅游网（Tourism Website）是旅游组织向公众展示旅游信息的平台，有官方的，也有私人的。官方的侧重于政务，私人的侧重于旅游市场及宣传，提供旅游相关信息资讯、产品等信息。

统计数据表明，在美国2001年的电子商务总营业额530亿美元中，旅游网的电子商务营业额占了其中1/3的收入，而非旅游网站只收益了337亿元。2007年全球的网络旅游订购服务人次超过3 900万人，是2001年的2倍左右，并且全球的旅游服务可能有22%是通过网络完成订购手续的（2001年这个数据是11%），光是网络订机票的金额就会接近400亿美元，占网上订购的28%，而网上租车的营业额有70亿美元，占了全球所有租车业的24%。

一项PhoCusWright美国旅游网站研究公司的调查显示，美国有五百家大企业倾向以网络消费的模式来节省出差费用（包含订购机票、预订旅馆和租用汽车等支出），这常常是一笔不小的开销。大企业发现通过网络订购，可节省约69%的费用，约145亿美元。

中国的旅游网在1996年开始出现。旅游是大众趋势，因特网已经成为最大的传媒之一，因此旅游网发展速度非常快，每年都有许多家旅游网站出现，截至2012年年底，具有一定旅游资讯能力的旅游网有5 000多家，其中专业旅游网300余家。

旅游网的类别包括：

① 地方性旅游网：例如：四川旅游网、北京旅游网，这种网站接待全国各地来当地的旅游。

② 组团性质旅游网：例如：上海旅游网、自游网，主要业务是组团去全国各地（也出国）旅游，也做地接。

③ 非营利性旅游网：例如：自助旅游网，搜集、提供一些关于旅游方面的资料。

④ 电子商务型旅游网：例如：乐多享游网、自游网、携程网、出游客网、同程网、溜狐网、途牛网、驴妈妈网、全景旅行网、启程网。

由于旅游产业的网络供应链成熟，并且旅游业也注意到电子化的销售模式越来越受消费者欢迎，在感受到e化的商业模式所带来的商机之后，各家公司纷纷投入。

过去因为旅游业运营很复杂，在层层转手后，消费者所需付出的价格往往偏高，并且不容易压低价格。在电子商务出现后，不论是航空公司、旅行社还是消费者，都能获得最大的利益。

这里，我们将旅游网络分为四大类，即原生旅游网站、传统旅游企业经营的旅游网站、旅游门户网站和旅游中介网站。

2.2.1 原生旅游网站

因为看好旅游网站的未来发展潜力，目前网络“原生”旅行社、航空公司、门户网站、旅游媒体等投入到旅游网站的经营中。原生旅行社跨入旅游网站经营后，因为不需要实体店面，人力方面的经营成本又较传统方式低，所以可以提供给消费者更优惠的价格，吸引更多的人购买，这样的新的销售模式，例如国内著名的携程旅行网（ctrip.com，见图2-16），直接对传统旅行社造成很大冲击。

携程旅行网品牌创立于1999年，总部设在上海，目前已在北京、广州等许多城市设立分公司或呼叫中心，员工近一万人。

作为中国领先的在线旅行服务公司，携程旅行网成功整合了高科技产业与传统旅行业，向超过 3 700 万会员提供集酒店预订、机票预订、度假预订、商旅管理、特约商户及旅游资讯在内的全方位旅行服务，被誉为互联网和传统旅游无缝结合的典范。

图 2-16　携程旅行网（2013-05-26）

凭借稳定的业务发展和优异的盈利能力，CTRIP于2003年12月在美国纳斯达克成功上市。

1．规模经营

服务规模化和资源规模化是携程旅行网的核心优势之一。携程拥有亚洲旅行业首屈一指的呼叫中心，有坐席数近5 000个。携程同全球134个国家和地区的30 000余家酒店建立了稳定的合作关系，其机票预订网络覆盖国际国内绝大多数航线，送票网络覆盖国内50多个主要城市。规模化的运营为会员提供更多优质的旅行选择，并降低运营成本。

2．技术领先

携程一直将技术视为企业的活力源泉，在提升研发能力方面不遗余力。携程建立了一整套现代化服务系统，包括：客户管理系统、房量管理系统、呼叫排队系统、订单处理系统、E-Booking机票预订系统、服务质量监控系统等。依靠这些先进的服务和管理系统，携程为会员提供更加便捷和高效的服务。

3．体系规范

先进的管理和控制体系是携程的又一核心优势。携程将服务过程分割成多个环节，以细化的指标控制不同环节，并建立起一套测评体系。同时，携程还将制造业的质量管理方法——六西格玛体系成功运用于旅行业。目前，携程各项服务指标均已接近国际领先水平，服务质量和客户满意度也随之大幅提升。

4．理念先进

秉持"以客户为中心"的原则，以团队间紧密无缝的合作机制，以一丝不苟的敬业精神、真实诚信的经营理念，创造"多赢"伙伴式合作体系，从而共同创造最大价值。

CTRIP，携程的网名释义为：Customer客户（以客户为中心）、Teamwork团队（紧密无缝的合作机制）、Respect敬业（一丝不苟的敬业精神）、Integrity诚信（真实诚信的合作理念）和Partner伙伴（伙伴式的"多赢"合作体系）。

携程的服务理念是：Convenient便捷（不让客户做重复的事）、Thorough周全（为客户做一切可能做到的事）、Reliable可靠（不让客户担一点心）、Intimate亲切（让客户听到我们的微笑）、Professional专业（让客户感觉我们个个是专家）和Sincere真诚（全心全意地为客户着想）。

2.2.2 传统旅游企业经营的旅游网站

还有一些旅游网站是由旅行社或与航空、旅行有关的公司成立的，例如国旅在线网（cits.com.cn，见图2-17）。

中国国际旅行社总社有限公司（CITS）成立于1954年，是目前国内规模最大、实力最强的旅行社企业集团，是"中国企业500强"中唯一的旅游企业。国旅总社在海外10多个国家和地区设有14家分社，在全国122个城市拥有20多家控股子公司和122家国旅集团理事会成员社，与全球1 400多家旅行商建立了长期稳定的合作关系，拥有稳定的销售网络和完整的接待体系。

2.2.3 旅游门户网站

有一类旅游网站纯粹只提供旅游内容，提供大量而丰富的旅游信息，形成和另外两类网站不同的区分，也吸引了许多的用户及广告。

成立于2004年的同程网络科技股份有限公司（简称同程网），总部位于苏州工业园区，经过近十年的创业历程，公司已进入中国在线旅游的前列，也是国内具备B2B和B2C双平台的大型旅游网站。公司现有员工 1 500 余人，业务涵盖酒店、机票、景点门票、自助旅游在线预订，旅游信息化、旅游软件开发、旅游目的地资讯及攻略等方面。公司先后获得苏州创投集团，腾讯集团等投资，并于 2012 年 9 月完成股份制改造。

公司先后被评为国家高新技术企业、江苏省规划布局内的重点软件企业，并入选首批国家电子商务示范企业，2012 年“同程”被国家商标局认定为中国驰名商标。

图 2-17　国旅在线网（2013-05-26）

公司旗下有三个网站，即同程网、一起游和旅交汇。

① 同程网（17u.cn）：一站式旅游预订平台，网站拥有国内海量的旅游产品线，提供国内 30 000 余家及海外 100 000 余家酒店预订，覆盖全国所有航线的机票预订，8 000 余家景区门票预订，200 多个城市租车预订，境内外品质旅游度假预订，是目前中国增长速度极快的旅游预订平台。

② 一起游（17u.com，见图 2-18 和图 2-19）：旅游资讯类门户网站，为超过 3 000 万会员提供真实可信的出行指南和旅游资讯。网站形成了以旅游攻略、点评、问答、博客为特色的旅游社区，为旅游者提供全球上千个热门目的地官方旅游攻略、100 万篇驴友原创游记攻略、超过 500 万条以上高质量旅游点评与问答，正在成为国内旅游者安排旅游行程及分享游后体验的网站。

③ 旅交汇（17u.net）：优秀的旅游 B2B 交易平台，为包括旅行社、酒店、景区、交通、票务代理等在内的旅游企业提供专业的交易、交流和信息化管理服务，目前拥有注册旅游企业会员 14 万余家，其中 VIP 会员 10 000 余家，被誉为永不落幕的旅游交易会。目前基于 Saas 平台的旅行社、酒店、航空软件用户遍布全国，市场占有率超过 70%。

图 2-18 一起游网（a）（2013-05-26）

图 2-19　一起游网（b）（2013-05-26）

新一代的网站和旅游业主的合作模式是由网络公司提供给旅游业主一个可自行更新网站内容的平台，旅游业主可随时更改产品内容等信息，网络公司并不负责网上下单的工作，只是一个吸引流量进入的媒介，再和旅游业主抽取媒体的广告费用。

2.2.4　B2B 旅游中介网站

B2B 类型的电子商务平台是类似旅行社和消费者之间的交流渠道，最具吸引力的地方在于这样的方式不会改变传统的旅行社形态，也为业主达到了经营电子商务网站的目的。

B2B 旅游网站模式将会帮助 B2C 的完整发展，而进一步达到 B2B2C，因为当 B2B 的部分运作成熟后，为了提供给消费者一次获得所有旅游商品的服务，会串联所有的旅游相关产品，完成一个完整的旅游网站，这将会是未来旅游业发展的趋势。

2.3 网 络 游 戏

网络游戏（Online Game），又称“在线游戏”，简称“网游”。是指以互联网为传输媒介，以游戏运营商服务器和用户计算机为处理终端，以游戏客户端软件为信息交互窗口的，旨在实现娱乐、休闲、交流和取得虚拟成就的具有可持续性的个体性多人在线游戏。

2.3.1 网游定义

网络游戏市场可说是百家争鸣，各家游戏厂商无不结合市场，开展免费试玩或者赠送免费点数等，让消费者先玩上瘾再转为付费会员。而网络游戏市场却没有因为各家厂商的厮杀而降低利润，反而因各家厂商间营销战的日益激烈，将这块饼越做越大。

从网络游戏的开发、发行、服务到市场的价值链来看，游戏产业分工日趋明显，其中的服务市场将趋向集中化。

一般情况下，经营一套网络游戏至少要包括下列费用：人事、代理签约金、机房设备、宽带租用、营销环节等费用、陆续投入游戏内容和技术的研发、更新设备、高额的产品上架费、给授权厂商的版税。

所以，初期的投资成本相当大，但玩家的品味却难以捉摸，不是砸钱就一定有用。但不同的市场研究都证实，无线游戏市场或移动游戏产业（Wireless Game）将是网络的下一个“金矿”。

网络游戏区别于单机游戏，是指玩家必须通过互联网连接来进行多人游戏。一般指由多名玩家通过计算机网络在虚拟的环境下，对人物角色及场景按照一定的规则进行操作，以达到娱乐和互动目的的游戏产品集合。而单机游戏模式多为人机对战，可以通过局域网的连接进行有限的多人对战。因为其不能连入互联网，使玩家之间缺乏或较少互动。

以 2012 年的统计数据为例。2012 上半年，中国游戏市场（包括 PC 网络、移动网络和 PC 单机等游戏市场）实际销售收入 248.4 亿元人民币，比 2011 上半年增长了 18.5%。

2012 上半年，中国 PC 网络游戏市场实际销售收入（包括了客户端网游、网页游戏、社交游戏及游戏平台的市场销售额）为 235.5 亿元人民币，比 2011 上半年增长了 16.9%。

2012 上半年，中国自主研发的 PC 网络游戏市场实际销售收入为 168.6 亿元人民币，占网络游戏市场实际销售收入的 71.6%，较 2011 年同期的 63%左右有明显提升。

2012 上半年，中国自主研发的 PC 网络游戏海外出口实际销售收入为 11.3 亿元人民币。

2012 上半年，中国网络游戏（含 PC 与手机）整体用户规模超过 3 亿人。其中，网页游戏与移动网络游戏用户数增长速度较快，同比增长率分别为 27.7%和 70.9%，用户数也达到了 2.05 亿人与 7 820 万人，成为上半年用户规模增长的主要动力。客户端网络游戏用户数 1.2 亿人，同比增长率为 4.6%，出现明显下降（注：客户端网络游戏、网页游戏、移动网络游戏存在用户重复问题，所以整体用户规模非三者数字简单叠加而成）。

2.3.2 游戏形式

网络游戏主要有浏览器形式和客户端形式两种：

① 浏览器形式。基于浏览器的游戏，也就是通常所说的网页游戏，又称 Web 游戏，它不用

下载客户端，简称页游，是基于 Web 浏览器的网络在线多人互动游戏。只需打开 IE 网页，10 秒钟即可进入游戏，不存在机器配置不够的问题，最重要的是关闭或者切换极其方便，尤其适合上班族。其类型及题材也非常丰富，典型的类型有角色扮演（功夫派）、战争策略（七雄争霸）、社区养成（洛克王国）、模拟经营（范特西篮球经理）、休闲竞技（弹弹堂）等。

② 客户端形式。这一种类型是由公司所架设的服务器来提供游戏，而玩家们则由公司提供的客户端来连上公司服务器以进行游戏，现在称之为网络游戏的大都属于此类型。此类游戏的特征是大多数玩家都会有一个专属于自己的角色（虚拟身份），而一切角色资料以及游戏资讯均记录在服务器端。此类游戏大部分来自欧美以及亚洲地区，这类型游戏有 World of Warcraft（魔兽世界）（美）、穿越火线（韩国）、EVE（冰岛）、战地（Battlefield）（瑞典）、最终幻想 14（日本）、天堂 2（韩国）、梦幻西游（中国），等等。

2.3.3　游戏类型

网络游戏主要有 4 种类型：

① 休闲网络游戏：即登录网络服务商提供的游戏平台后（网页或程序），进行双人或多人对弈的网络游戏。

a. 传统棋牌类：如纸牌、象棋等，提供此类游戏的公司主要有腾讯（见图 2-20）、联众、新浪等。

图 2-20　QQ 游戏 2013

b. 新形态（非传统棋牌类）：即根据各种桌游改编的网游，如 UNO 牌、大富翁等。

② 网络对战类游戏 ：即玩家通过安装市场上销售的支持局域网对战功能游戏，通过网络中间服务器，实现对战，主要网络平台有盛大、腾讯等。

③ 角色扮演类大型网上游戏：即 RPG 类，通过扮演某一角色，执行任务，使其提升等级，得到宝物等，如大话西游、传奇等，提供此类平台的主要有盛大等。

④ 功能性网游：即非网游类公司发起根据网游的形式来实现特定功能的功能性网游：光荣

使命（部队开发用于军事训练用途），由简股市气象台（基金与投资机构开发用于收集股市趋势与动态），学雷锋（盛大出品的教育网游）等。

2.3.4 盈利模式

中国网络游戏经过十几年的发展，无论在产品数量以及用户规模方面，都有了很大提升。除此以外，最值得关注的当属盈利模式的变化。中国网络游戏经历了从收费到免费的转变，这种方式也得到了市场的认可，但这并不意味着盈利模式的固定，相反，随着网络游戏用户的愈加成熟，中国网络游戏的盈利模式将迎来再次转变。

1. 免费模式

当前网络游戏依然以免费游戏为主，而这种模式对于网络游戏娱乐体验的提升造成一定阻碍。游戏认知深入成为模式改变的基础。

从使用年限看，7 成网游用户使用免费模式在 2 年以上，这意味着用户对于网络游戏的认知程度将越来越高，而随着认知程度的加深，用户行为也必然越来越理智。例如从使用目的上看，用户已经从早期的“认识朋友”转换为“娱乐放松”；而在用户游戏产品选择方面，也逐步从早期的“广告促销”“代言人”等转换为“游戏评测”“朋友介绍”，这些均表明中国网络游戏用户的成熟。

2. 收费模式将再次成为主流

从调研结果看，中国网络游戏用户对于花费模式较以往已经产生了巨大转变。2008 年明确表示接受道具收费的用户比例为 41.9%，而 2009 年该比例下降至 28.9%。接受日常收费的用户比例从 25.8%提升至 62.8%。

无论包月、包季度还是按小时等模式，本质上都是时间收费模式的一种。

3. 网络游戏厂商

大致分为下列两类，大部分业主两者兼营。

① 开发商。负责下列工作：游戏的开发设计、美工设计、内容企划。其风险在于需要大笔投资开发，且需要长时间的研发，属于高风险投资的领域。

② 运营商。负责下列工作：营销、销售点数卡、维护游戏服务器、提供客户服务等。其需承担产品是否具有市场性、是否受消费者青睐的风险。

通常游戏开发商的产值约占总游戏软件产值的一到三成，其他约有七成的产值落在下游的运营商手中，显而易见，网络游戏运营商有诱人的利润。

2.4 C2C 拍卖网站

C2C 网站是指采用 C2C（Consumer to Consumer）经营模式，直接为客户间提供电子商务活动平台的网站，这类网站中最著名的是 eBay 网和淘宝网。另外，一些二手货拍卖交易网站也应属于此类。

淘宝网（taobao.com，见图 2-21 和图 2-22）是亚太地区最大的网络零售商圈，致力打造全球领先的网络零售商圈，由阿里巴巴集团在 2003 年 5 月 10 日投资创立，总部地点在杭州。主要是 C2C（客户对客户），用于商品网上零售的个人交易网上平台，是目前亚洲最大的网络零售商圈。

图 2-21 淘宝网（a）（2013-05-26）

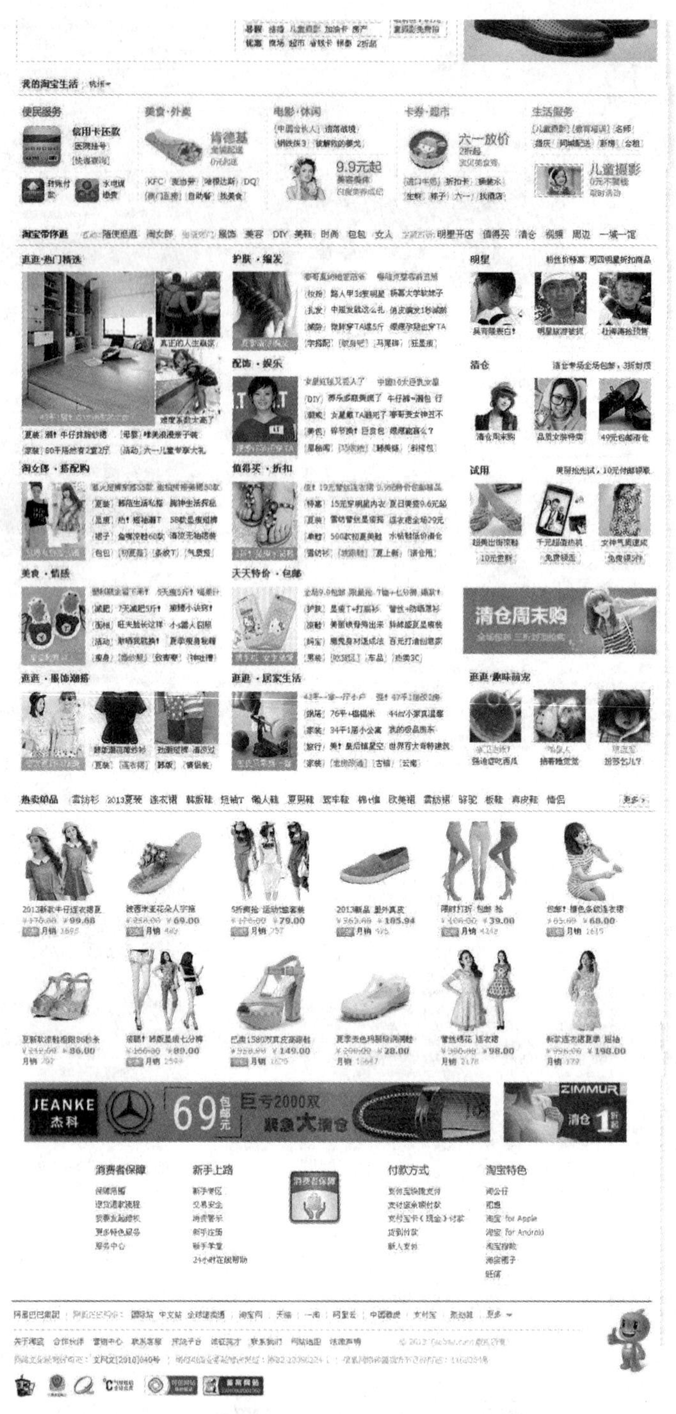

图 2-22 淘宝网（b）（2013-05-26）

淘宝网拥有近 5 亿的注册用户数，每天有超过 6 000 万的固定访客，同时每天的在线商品数已经超过了 8 亿件，平均每分钟售出 4.8 万件商品。截至 2011 年年底，淘宝网单日交易额峰值达到 43.8 亿元，创造 270.8 万直接且充分的就业机会。随着淘宝网规模的扩大和用户数量的增加，淘宝也从单一的 C2C 网络集市变成了包括 C2C、团购、分销、拍卖等多种电子商务模式在内的综合性零售商圈，已经成为世界范围的电子商务交易平台之一。

淘宝商城整合数千家品牌商、生产商，为商家和消费者之间提供一站式解决方案。提供 100% 品质保证的商品，7 天无理由退货的售后服务，以及购物积分返现等优质服务。

淘宝网提倡诚信、活跃、快速的网络交易文化，坚持“宝可不淘，信不能弃”。在为淘宝会员打造更安全高效的网络交易平台的同时，也为更多网民提供就业机会。淘宝网也全力营造和倡导互帮互助、轻松活泼的家庭式氛围。每位在淘宝网进行交易的人，不但交易更迅速高效，而且还能交到更多朋友。2005 年 10 月，淘宝网宣布：“在未来 5 年，为社会创造 100 万工作的机会”。截至 2009 年年底，已有超 80 万人通过在淘宝开店实现了就业（国内第三方机构 IDC 统计），带动的物流、支付、营销等产业链上间接就业机会达到 228 万个（国际第三方机构 IDC 统计）。

每天全国 1/3 的宅送快递业务都因淘宝网交易而产生。淘宝的出现将为整个网络购物市场打造一个透明、诚信、公正、公开的交易平台，进而影响人们的购物消费习惯，推动线下市场以及生产流通环节的透明、诚信，从而衍生出一个“开放、透明、分享、责任”的新商业文明。阿里巴巴集团 2011 年 6 月 16 日宣布，将旗下淘宝公司分拆为三个独立的公司，即沿袭原 C2C 业务的淘宝网（taobao），平台型 B2C 电子商务服务商淘宝商城（tmall）和一站式购物搜索引擎一淘网（etao）。

淘宝的商品数目在近几年内有了明显的增加，从汽车、计算机到服饰、家居用品，分类齐全，除此之外还设置了网络游戏装备交易区、虚拟货币交易区等。

2.5　习　　题

1. 名词解释：数据库营销、电子邮件营销、C2C 电子商务。
2. 旅游网站主要分哪些类型？
3. 与订票服务相比，为何订房网站的难度比较高？
4. 请列举三项旅游网络可提供的服务项目。
5. 请分析网上书店的配销策略。
6. 请分析网络游戏的发展趋势及方向。

2.6　实验与思考

1. 实验目的

本节“实验与思考”的目的是：

① 区别电子商务与传统商业，了解电子商务的目标模式、网络结构与运行环境等概念。

② 通过对戴尔电子商务网站的分析和初步使用，了解、体会和学习戴尔的电子商务思想、现代管理方法和网站设计方法。

③ 通过对戴尔网站的操作体验，加深理解电子商务和电子商务网站、了解 B2C 和 B2B。

2. 工具/准备工作

在开始本实验之前，请回顾教材的相关内容。

需要准备一台能够访问因特网的计算机。

3. 实验内容与步骤

在本实验中，我们通过对戴尔电子商务网站（www.dell.com.cn）的分析和应用，来了解其管理和设计思想。

（1）概念理解

请认真阅读课文并回答以下问题：

① 戴尔开展电子商务的主要措施有：__________、__________、__________、__________。

② 戴尔的“主页计划”是怎么回事？

____

____

③ 戴尔的“高效物流配送”是怎样进行的？

____

____

（2）戴尔网站的浏览与分析

为浏览与分析戴尔网站，可按以下步骤执行：

步骤 1：打开浏览器，登录 www.dell.com.cn 网站，如图 2-23 所示。

图 2-23　戴尔（中国）公司的网站

请记录：戴尔将其目标用户对象分成哪四类？分别是如何定义的？

① ______________：____

② ____________：____________

③ ____________：____________

④ ____________：____________

步骤 2：单击屏幕右上方的“关于戴尔”，在所显示的各个界面中了解戴尔（中国）公司的业务资料、戴尔公司产品及服务概览等内容。

戴尔明确的主要客户服务领域是：

① ____________
② ____________
③ ____________
④ ____________

戴尔的目标市场是：

① ____________
② ____________
③ ____________
④ ____________
⑤ ____________

请分析：你认为明确主要客户领域和企业市场定位的意义在哪里？

步骤 4：试分析：在戴尔网站上，戴尔公司提供的产品主要有哪些，你了解这些产品吗？

① ____________ □ 了解　□ 不了解
② ____________ □ 了解　□ 不了解
③ ____________ □ 了解　□ 不了解
④ ____________ □ 了解　□ 不了解
⑤ ____________ □ 了解　□ 不了解
⑥ ____________ □ 了解　□ 不了解
⑦ ____________ □ 了解　□ 不了解
⑧ ____________ □ 了解　□ 不了解
⑨ ____________ □ 了解　□ 不了解
⑩ ____________ □ 了解　□ 不了解

（3）应用戴尔网站

假设你已经确定要购买某个戴尔产品，请利用戴尔网站基本完成（例如并不付款）这个购买过程。你的这份记录应该可供其他完成类似任务的人参考。

① 假设中你需要购买的戴尔产品属于哪一类？

② 列出你在戴尔网站上选择并最后确定的产品性能和特点等信息：

③ 请记录你的网络采购步骤：

a.

b.

c.

d.

e.

f.

g.

h.

i.

j.

k.

l.

④ 通过实际购买操作，请简单评价戴尔公司的电子商务。作为用户，你觉得戴尔网站还应该做哪些改进？

（4）了解人力资源服务网站

在搜索引擎中输入关键字“人力资源”，可以看到许多官方和民间的各种人力资源服务网站，通过网络为招聘、就业、实习等开设服务空间，是如今网络环境的一大亮点。

例如，51job 网站及“前程无忧”（51job.com）是国内第一个集多种媒介资源优势的专业人力资源服务机构。它集合了传统媒体、网络媒体及先进的信息技术，加上一支经验丰富的专业顾问队伍，提供包括招聘猎头、培训测评和人事外包在内的全方位专业人力资源服务，现在全国包括我国香港地区的 25 个城市设有服务机构。2004 年 9 月，前程无忧成为首个在美国纳斯达克上市的中国人力资源服务企业，融资 8 000 多万美元，标志前程无忧的发展进入一个新的里程。

又如，南方人才网（job168.com）是国家人事部与广州市政府合办的中国南方人才市场旗下的大型人力资源专业网站，集互联网人才中介服务、现场招聘会、猎头、高校毕业生就业服务、委托招聘、人才培训、人事政策法规咨询、HR 经理人俱乐部、《南方人才》杂志等多项服务于一身，立足广州，覆盖华南，辐射全国，是华南地区最具影响力的专业人力资源网站。

请选择某个你认为合适的人力资源网站，考虑在其中申请大四毕业实习或者暑期实习岗位。

请记录：你选择的人力资源网站是：

你为自己申请的岗位是：

请分析：通过实际申请操作，你认为通过网络寻找工作是否可行？会存在什么问题？

4．实验总结

5．实验评价（教师）

2.7　阅读与思考：阿里巴巴创始人马云

阿里巴巴网站（china.alibaba.com）是全球企业间（B2B）电子商务的著名品牌，是全球国际贸易领域内领先、活跃的网上交易市场和商人社区之一，也是全球首家拥有超过 800 万网商的电子商务网站，其网商遍布 220 个国家和地区。即使马云（阿里巴巴创始人，前首席执行官）在睡梦中，“阿里巴巴”每天也有 100 万元的收入。“阿里巴巴”创造的奇迹引起了关注，其发展模式与雅虎门户网站模式、亚马逊 B2C 模式和 eBay 的 C2C 模式并列，被称为“互联网的第四模式”。

马云，1964 年 9 月 10 日生于浙江杭州，祖籍绍兴嵊州，他是《福布斯》杂志创办 50 多年来成为封面人物的首位大陆企业家，曾获选为未来全球领袖。2012 年 11 月，阿里巴巴在网上的交易额突破一万亿大关，马云由此被封以“万亿侯”的称号。2013 年 5 月 10 日，马云正式卸任阿里巴巴 CEO。2013 年 5 月 28 日，马云联合阿里巴巴集团、银泰集团、复星集团、富春集团、顺丰集团、中通、圆通、申通、韵达等多家民营快递企业，组建物流网络平台“菜鸟网络科技有限公司”，马云出任董事长。

早期经历

马云从小习武，最喜爱孙子兵法，这就是他跟别人都不同的地方，竞争如战争，商场如战场，能将兵家的斗争智慧用在商场上，这就是他成功胜出的所在。别人都去弄的时候往往不是你的机会，别人都不去弄的时候这才是你的机会，人家说他想法很怪异，他是反常理想问题的。

大学毕业后，马云在杭州电子工业学院教英语。1991 年，马云和朋友成立海博翻译社（HOPE，希望的中文译音），翻译社一个月的利润 200 块钱，但房租就得 700。

大家动摇的时候，马云一个人背着个大麻袋去义乌，卖小礼品，卖鲜花，卖书，卖衣服，卖手电筒。“喏，看见那个大狼陶狗吗，当年我就卖过它。”记者采访马云时，他兴奋的指着一个卖小玩意儿的人说道。

两年马云就干成了这件傻事，不仅养活了翻译社，组织了杭州第一个英语角，而且他是全院课程最多的老师。如今，海博是杭州最大的翻译社，“我当时认为一定会有需求，应该能成功。”

个人履历

1988—1995 年，杭州电子工业学院英文及国际贸易讲师。

1995—1997年，创办中国第一家互联网商业信息发布网站“中国黄页”。

1997—1999年，加盟外经贸部中国国际电子商务中心，开发外经贸部官方站点及网上中国商品交易市场。

1999年至今，创办阿里巴巴网站，并迅速成为全球最大B2B电子商务平台，目前已成亚洲最大的在线交易平台。

2003年创办独立的第三方电子支付平台，在中国市场位居第一。

2005年和全球最大门户网站雅虎战略合作，兼并其在华所有资产，阿里巴巴因此成为中国最大的互联网公司。

2007年8月推出了以网络广告为赢收项目的营销平台“阿里妈妈”，阿里妈妈以支付的低端门槛吸引了大量的中小站长加入。

2008年阿里巴巴实行广告三包政策，再次掀起波浪。马云是最早在中国开拓电子商务应用并坚守互联网领域的企业家，他和他的团队创造了中国互联网商务众多第一。他在中国网站全面推行“诚信通”计划，开创全球首个企业间网上信用商务平台；他发起并策划了著名的“西湖论剑”大会，并使之成为中国互联网最大的盛会。

马云率领他的阿里巴巴运营团队汇聚了来自全球220个国家和地区的1 000多万注册网商，每天提供超过810万条商业信息，成为全球国际贸易领域最大、最活跃的网上市场和商人社区。马云创办的个人拍卖网站淘宝网，成功走出了一条中国本土化的独特道路。

马云的终极梦想是：在未来10年当中，阿里的生态系统当中会孕育出1 000万小企业、提供1亿个就业岗位、面向10亿级消费者，而最终交易额会达到10万亿。

创业历程

1995年4月，在大多数中国人还不知道Internet为何物的时候，马云丢掉高校老师的铁饭碗，毅然投身互联网。马云太太陪着他砸锅卖铁，东拼西凑出10万块钱，在只有一间屋子的办公室，“靠一块钱一块钱数着花”，一起创办了中国互联网历史上第一个B2B网页，创办了“中国黄页”网站，这是全球第一家网上中文商业信息站点，在国内最早形成面向企业服务的互联网商业模式。1997年年底，马云和他的团队在北京开发了外经贸部官方站点、网上中国商品交易市场、网上中国技术出口交易会、中国招商、网上广交会和中国外经贸等一系列国家级站点。

1999年3月，马云和他的团队回到杭州，以50万元人民币创业，开发阿里巴巴网站。他根据长期以来在互联网商业服务领域的经验和体会，明确提出互联网产业界应重视和优先发展企业与企业间电子商务（B2B），他的观点和阿里巴巴的发展模式很快引起国际互联网界的关注，被称为“互联网的第四模式”。

1999年10月和2000年1月，阿里巴巴两次共获得国际风险资金2 500万美元投入，马云以“东方的智慧，西方的运作，全球的大市场”的经营管理理念，迅速招揽国际人才，全力开拓国际市场，同时培育国内电子商务市场，为中国企业尤其是中小企业迎接“入世”挑战，构建一个完善的电子商务平台。

2000年10月，阿里巴巴公司继续为中国优秀的出口型生产企业提供在全球市场的“中国供应商”专业推广服务，此服务依托世界级的网上贸易社区，顺应国际采购商网上商务运作的趋势，推荐中国优秀的出口商品供应商，获取更多更有价值的国际订单。加盟企业近3 000家，超过70%的被推荐企业在网上实现成交，众多企业成为国际大采购商如沃尔玛、家乐福、通用、克莱斯勒等的客户。

2002 年 3 月 10 日，阿里巴巴倡导诚信电子商务，与邓白氏、ACP、华夏、新华信等国际国内著名的企业资信调查机构合作，推出电子商务信用服务，以“诚信通”服务来帮助企业建立网上诚信档案，通过认证、评价、记录、检索、反馈等信用体系，提高网上交易的效率和成功的机会。

WTO 首任总干事萨瑟兰出任阿里巴巴顾问，美国商务部、日本经济产业省、欧洲中小企业联合会等政府和民间机构均向本地企业推荐阿里巴巴。

阿里巴巴两次被美国权威财经杂志《福布斯》选为全球最佳 B2B 站点之一，多次被相关机构评为全球最受欢迎的 B2B 网站、中国商务类优秀网站、中国百家优秀网站、中国最佳贸易网。从阿里巴巴成立至今，全球十几种语言 400 多家著名新闻传媒对阿里巴巴的追踪报道从未间断，被传媒界誉为“真正的世界级品牌”。

辞任 CEO

2012 年 12 月 3 日，阿里巴巴集团在杭州宣布，截至 2012 年 11 月 30 日晚 9 点 50 分，其旗下淘宝和天猫的交易额本年度突破 10 000 亿元。

2013 年 1 月 15 日，阿里巴巴集团董事局主席兼 CEO 马云向员工发出信件，宣布于 2013 年 5 月 10 日起不再担任阿里巴巴集团 CEO 一职，将全力以赴做好阿里巴巴集团董事局主席全职工作。这一年，马云 49 岁，但已经筹划退休，好像最美好的东西都留在身后了。马云同时表示，将在 2013 年 5 月 10 日宣布下一任 CEO 人选。这天正是淘宝网成立 10 周年的纪念日。他表示，在接下来的几年内，将主要负责阿里巴巴董事局的战略决策，协助 CEO 做好组织文化和人才的培养，“并将会和大家一起加强和完善阿里的公益事业”。

2013 年 5 月 10 日下午，马云与好友李连杰一起为太极馆开幕。两年前马云与李连杰一起成立“太极禅国际发展公司”，定位“文化体育产业”，李连杰任 CEO。

马云迷恋太极，他不仅仅是太极爱好者，还经常从太极中获得哲学上的思考，比如阴、阳，比如收、放，比如进、退。马云创办阿里集团，也从太极获得了很多哲学上的指导。

按照马云自己的说法，为了辞任 CEO，他思考了 9 年、计划了 6 年、实施了 3 年。“2012 年，我基本上没有怎么在公司待过，让团队自己跑一年，觉得不错，挺好。”

但就是在卸任之前，马云做了很多安排，分别是管理架构调整（一个新体系由战略决策委员会，由董事局负责；一个是管理执行委员会，由 CEO 负责），业务架构调整（业务分为阿里电商、小微金融、电商物流三大块，其中阿里电商分为 25 个业务单元，小微金融分为 4 个业务单元）。

每一项都引起了关注，引起更多关注的是阿里集团的收购。2013 年 4 月 29 日，新浪微博公司与阿里集团签署战略合作协议，阿里集团以 5.86 亿美元购入新浪微博公司发行的优先股和普通股，占微博公司全稀释摊薄后总股份的约 18%。而美国时间 2013 年 5 月 9 日，高德在纳斯达克宣布获得阿里集团 2.94 亿美元投资，阿里集团将持有高德约 28%的股份。

挥一挥衣袖，潇洒转身的马云留下许多云彩，除了电商、物流、金融三个千亿（美元）的帝国外，马云与阿里的故事，注定成为一个时代的商业传奇。

（资料来源：http://www.sina.com.cn 新浪科技）

第 2 篇

企业对企业（B2B）

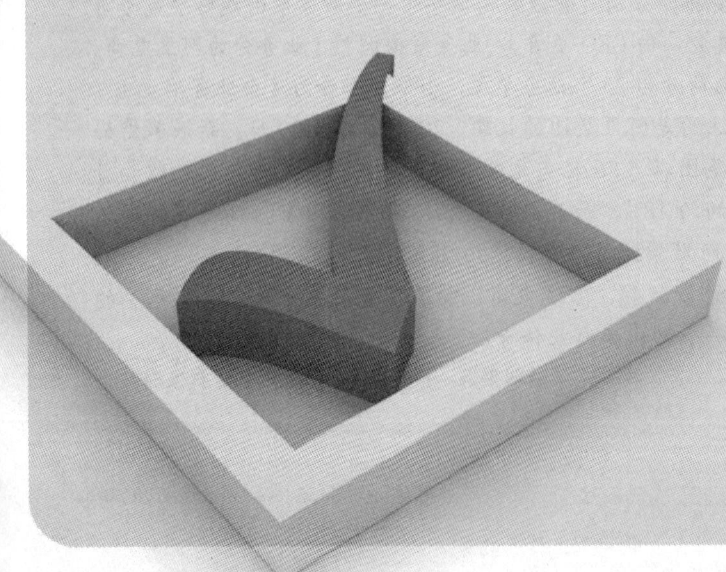

第3章 商业自动化与商务智能

所谓商业活动，是指企业与外部组织环境间的交易行为。在“电子商务”一词还没有普及之前，“商业自动化”扮演着电子商务先趋的角色。由于产业界企业内部以及企业之间经常需要彼此交流信息，并将交易流程自动化，商业自动化因此成为重要议题。

3.1 商业自动化

商业自动化，是指运用信息科技的技术，使传统的商业活动能更有效率地进行，以达到降低成本、提高生产力的目的。从这个定义中可以发现，商业自动化与B2B电子商务一样，都侧重于企业对企业的商务活动。因此，了解电子商务B2B模式，要从了解商业自动化的运作模式开始。

所谓自动化，是指将科技发展的相关技术加入到企业运作的范畴。而自动化的生产过程，则包含了五大要点：

① 机械化：利用机械设备，将原本人力运作的部分改以设备自动执行。例如，工厂里的机械手等。

② 系统化：为了让流程可以自动化，必须将运作模式予以系统化。这样才能设计一个可以周而复始的自动流程。

③ 自动控制：要尽量减少人工介入。即便是控制体系，也希望以自动的方式来进行。

④ 连续作业：自动化的流程必须设计成可以重复执行方式，这样才能发挥效益。

⑤ 分析科学化：自动化的成果以及评估，应该以科学化的方式来分析，而不是以人力凭借个人经验或直觉来判断。

3.1.1 商业自动化与电子商务的关系

一般对商业自动化的理解有两种角度：

① 将商业自动化视为电子商务的前身。通过将生产过程以信息科技的技术加以自动化，以获得IT与自动化带来的诸多优势。即，较偏重于电子商务的B2B层面。

② 将商业自动化定义为“电子商业”(E-Business)。这是更广义的电子商务(E-Commerce)，包含了商业模式，利用科技以提升顾客价值，以数字方式将消费者与企业结合在一起。

商业自动化是利用信息科技与设备，进行原料供应商、中间商、零售商等流通环节间操作的系统化与资源的整合，其作业领域包含五大方向，所涵盖的发展重点如下：

（1）信息流通标准化

① 提升商业条形码的普及率与应用率。

② 发展EDI以协助厂商间的电子数据交换。EDI的发展，更进一步地运用了XML、RosettaNet等技术。

③ 发展全国商品数据库管理系统。

④ 在企业内部引进ERP系统，以达到信息共享与交流。

（2）商品销售自动化

① 提升销售点管理系统POS的应用效益。

② 提升自动售货机的普及率，发展无人自动服务商店。

（3）商品选配自动化

① 发展电子订货系统 EOS 以达到订货的自动化与电子化。EOS 正朝着电子化采购（E-Procurement）的方向迈进。

② 发展库存管理系统。

③ 扩展增值型网站VAN。在因特网盛行之际，VAN也朝着电子交易市场E-Marketplace的新方向发展。

开始，企业间多半以专线或专属网络互相联机来交换信息。这种方式不仅成本高，也不利于与多家企业间的信息交流与共享。VAN就是在这样的环境下产生的。

VAN的全名是Value Added Network（增值网络）。增值网络的发展，其实早在网络盛行之前。那时网络刚开始在商业界应用，而电信业主又希望在“基本网络”功能以外，另外提供一些整合性的附加价值，因此称之为增值网络。增值功能主要包含电子邮件、电子公告栏、电子数据交换、智能型数据汇总等。这些功能在当年都是相当具有创意、实用和挑战性的。如今，VAN的观念与架构已渐渐被VPN、因特网、电子交易市场等新兴热门架构所取代。

（4）商品流通自动化

① 确定运送规格标准。

② 设置自动物流中心，发展自动理货、识别、分类、排列、装卸、搬运等功能。

③ 自动分析最佳路线选择。这也是供应链管理SCM的重要发展议题。

（5）会计记账标准化

① 确定会计科目标准码，并加强企业接受的意愿。

② 运用计算机联机型收款机，使用自动记账系统。而POS系统，正发挥其前端功能。发展标准化财务及会计制度。

为达到上述项目，商业部门推动了下列措施：

① 建立商品条形码及全国商品主档。

② 建设商业快速响应信息技术，整合物流支持技术。

③ 发展环境流通业信息技术整合。

④ 推广商业电子数据交换EDI与增值网络应用VAN。

⑤ EDI与二维条形码技术整合。

⑥ 研发中小型商店简易型POS系统。

3.1.2 商业自动化的四大内容

商业自动化的四流，即物流、商流、信息流、资金流，是电子商务的四个重要方面。

1. 物流

其主要目的在于促进物品的流通。它所包含的领域有库存、仓储、配送、搬运、理货、包装、配销、通路、运输、采购、订单等相关活动。

① 狭义物流指“销售物流”。偏向产品从制造商到零售商、再到消费者之间的转移过程。

② 广义物流则包含了“生产物流”。涵盖了从原材料经过制造过程成为半成品再生产为产成品，再经销售物流的一连串过程。

2. 商流

一般是指商品“所有权”的转移。举例而言，像是物权转移、交易谈判、商品企划、市场开发等，因为都涉及了商品所有权的转移，而产生了商流。

3. 信息流

强调的是信息的交换与转移。它指的是从制造商到物流中心、再到零售商之间的信息流通，其所包含的多半是商品的进销存记录。常见的信息流有下列几种：

- 库存数据
- 订单处理
- 商情数据库
- 顾客信息
- 销售信息
- 促销信息
- 财务管理
- 账款管理

而提供信息的，一般有 ERP、POS、EOS、EDI、VAN 等工具与系统。

4. 资金流

顾名思义，就是资金的流动过程。在电子商务里所谓的资金，可以实体、数字的形式存在。因此，付款体系、金融及其安全体系，是商业自动化里重要的资金流议题。一般常见的付款体系有：划拨、汇款、电子现金、电子钱包、电子支票、信用卡转账、智能卡、虚拟货币、小额付款体系等。资金流过程安全体系，常见的有 SSL 与 SET。

3.2　商务智能的战略和竞争机会

商务智能（BI）是一种涉及公司客户、竞争对手、合作伙伴、竞争环境和企业内部业务的知识，可以通过它制定出有效的、重大的，通常是战略层面的企业决策。商务智能系统包括一些 IT 应用系统和工具，它们支持企业内部的商务智能功能，目标是改善决策输入信息的时间和质量。BI 可以帮助管理者理解以下几个方面：

① 公司的可用能力。

② 市场中的技术趋势及未来发展方向。

③ 公司面临的技术、地理、经济、政治、社会及法律环境。

④ 竞争者的行为及其影响。

商务智能从组织内、外部各种渠道收集信息，例如从事务处理系统收集信息，然后存储在不同的数据库中。一些商业人士将竞争情报（Competitive Intelligence，CI）也当作商务智能中的一个特殊分支，这是一种关注外部竞争环境的商务智能。

一个公司的数据库可能有不同的应用，例如客户、产品、供应商、员工等数据库，还有其他的数据库，这种数据库支持日常的事务处理。另一方面，它们存储的细节信息远远多于管理者决策时所需的信息。

为了决策需要，大多数公司将各种数据库中的信息概括到一个数据存储器中，称为数据仓库。数据仓库是信息的逻辑集合，这些信息来自于许多不同的业务数据库，并用于创建商务智能，以支持企业的分析活动和决策任务。通常情况下，数据仓库又被分为许多更小的存储单元，称数据集市，它被公司内部的各个部门所使用。数据集市是数据仓库的子集，它仅存储了数据仓库中被关注的那部分信息。

企业的管理者们面临多种决策，决策范围从日常决策（如是否订购额外的存货）一直到长期的战略性决策（如是否进军国际市场）。一项有关商务智能战略用途的调查发现，企业按照重要程度将商务智能的用途分为以下几个方面：

① 企业运作管理。

② 优化客户关系、监控商业活动以及传统的决策支持功能。

③ 为特定运作或战略服务的密封单机商务智能应用。

④ 管理商务智能报告。

商务智能的首要功能之一是改善决策过程的时效性和质量，它为企业管理者提供行动信息和知识，包括：在正确的时间和正确的地点使用正确的形式。尽管商务智能系统的优势显而易见，但仍有许多公司没有使用商务智能系统。原因之一就是管理者们普遍没有理解这些竞争工具的价值；另一个原因就是虽然已经安装了商务智能系统，但并未得到有效的利用。

专业化的软件是商务智能的核心。设计、构建商务智能系统以及将模型集成到商务智能系统花费了太长的时间和太高的成本，而那些能够迅速应用的、专业化的商务智能软件包能够迅速为公司的投资带来利益和回报，因此，许多公司趋向于购买软件包。

3.3 商品条形码

在商业自动化的“信息流通标准化”中，商品条形码扮演了极为关键的角色。所谓条形码（Bar Code），是将包含商品信息的号码数字，以一些平行的线条符号来表示（见图 3-1）。换句话说，条形码是将号码和数字等信息改以平行的粗细线条符号替代，并通过条形码阅读机读取、译码，再通过计算机运算等一连串的操作，即符合条形码应用的基本原则。

图 3-1 黑白条形码

商品条形码与商品条形码辨识系统在商业自动化中扮演了重要的角色，因为有了条形码，很多流程才能达到“机械化”与“自动化”。并且，条形码不一定只运用在成品上，包括原物料、零组件等，都可以加上条形码，便于信息汇整与盘点等复杂的工作。

一般常见的条形码体系可分为四大类。

1. 原印条形码

原印条形码是制造商在生产阶段就已印在产品或其包装上的条形码，适合大量制造的商品。主要有下面几种：

① UPC 码（Universal Product Code，统一商品条形码）：这是最早发明，也是最常见的条形码体系，1970 年由美国超级市场工会 SMI 和 IBM 合作研发，又分为 UPC.A 与 UPC.E 两类。

② EAN 码（European Article Numbering，欧洲商品条形码）：又称为“标准码”，由 13 位码

组成，即 3 位国家码、4 位厂商码、5 位产品码、1 位校验码，最常被用在百货公司、超级市场、便利商店等。

2．店内条形码

店内条形码是指店家自行编码，只供本店使用，而不对外流通的条形码。店内条形码又可分为下列两大类型，两者都适用于销售量较大的商品：

① 价格检索型（PLU）。是指那些在标签上没将商品价格标识出来的情况，适用于销售量较大的商品。

② 非价格检索型（NONPLU）。是指那些在标签上特别将商品价格标识出来的情况，适用于销售量较大的商品。这多半是为了让顾客在货架上取货时可以清楚地看到标价。

3．配销条形码

配销条形码是指应用在商品装卸、仓储、运输等配送过程中所使用的辨识符号，它通常是印制在外包装箱上，可供扫描辨识所用。主要的配销条形码有：

① DUN.14 码：在 EAN 码之前加一位配销识别码。

② DUN.16 码：在 EAN 码之前加三位配销识别码。

4．其他条形码系统

① 三九码（Code 3 of 9）：主要用于工业产品、商业数据与医院医疗数据，其最大特点是可以使用英文字母文字数据。其他常见的应用领域有：会员数据管理、票券管理、护照管理等。

② 128 码（Code 128）：常用于工业产品与运输业。

③ 交错式 25 码：只能表示 0～9 之间的数字。其应用领域为：邮局挂号信件管理、物流中心运货系统、监理所税单输入系统、KTV 点歌系统等。

④ CODABAR 码：主要用于图书、库存、出纳、出勤打卡、血库、学生证等数据的管理。

⑤ ISBN 码（International Standard Book Number，国际标准书号）：这是图书馆和出版界最常见的编码方式。

⑥ 二维条形码（2D Code）：前面的几种方式都是一维的，所以只能用来表示少量的信息，多半只能代表数字型的信息。而二维条形码是通过长宽二维形成的点状符号来表示数据。由于是二维，因此可以包含的信息量就相当大。关于一维条形码与二维条形码的具体差异，请比较图 3-2 与图 3-3。在图 3-3 中，条形码是由许多并行线所组成的，它只有一维，而在图 3-2 中，由于是以长、宽二维来呈现数据的，因此我们看到的就不只是线，还有一些乱点。

图 3-2　二维条形码

图 3-3　一维条形码

3.4　销售点管理系统

POS 的全名是 Point of Sale（销售点管理系统）。收银台的演进过程大抵为：机械式收银台→电子化收银台→POS 系统。

消费者进入实体商店中，直接在架上挑选商品，将选购品放入购物篮，到柜台结账，接着就是发挥 POS 的作用了。以超市为例，结账柜台普遍都已安装 POS 系统，主要由收银台、条形码、扫描仪等三个元素组成。

大体上可将 POS 定义为：将后端商品的货号部门、售价、折扣促销商品、变价数据等，通过传输线路送给前端的收款机，使前端可以扫描货号，将每一笔销售出去的商品数据，详细地记录下来，并将记录利用传输线路传回计算机。

一般情况下大家只知道 POS 可通过读取条形码数据来算钱结账，殊不知其实在结账的过程中，POS 还进行了两项工作：第一个是汇总顾客消费信息、分析顾客消费行为；第二个则是回报商品数据——首先，它会联络库存系统，检查该商品是否还处于安全库存量；若发现库存不足，它会通知生产系统准备生产商品，或者下订单进货。

因此，POS 除了前端功能以外，还提供许多重要的后端功能，主要有：

① 基本数据管理：部门数据管理、商品基本数据管理、商品结构等。

② 库存商品管理：仓库结构、仓库管理、库存盘点、库存变化、寄卖商品管理、借调货品管理、库存分析、回转率分析、商品损耗分析等。

③ 销售统计分析：部门销售分析、营业期间统计、商品销售分析、商品毛利分析、利润结构分析、畅销品分析、滞销品分析、顾客来店时间分析、商品销售结构分析等。

④ 采购进货管理：补货建议、采购管理、订货作业、验收作业、未到货作业、采购交货分析、进货价格分析、进货货源分析等。

⑤ 批发销售管理分析：单据管理、批发交易记录管理、商品毛利分析、商品销售统计等。

⑥ 顾客管理：顾客购物结构分析、寄发管理分析等。

3.5 电子数据交换

电子数据交换（Electronic Data Interchange，EDI）就是利用电子交换方式，彼此进行文件交换。EDI 的实质在于制定一个标准化的交换方式，提供作为企业与企业之间的业务交易程序。让单位之间能以标准的信息，通过网络进行交换。简而言之，EDI 是世界通行的商业交换语言。

EDI 具有下列优点：

① 标准化的数据交换格式。

② 自动化的数据转换，不需经人工再次输入，不仅效率更高，更可避免错误。

EDI 的组成应包含 EDI 软、硬件、增值网络 VAN、EDI 标准四大结构。EDI 标准可分为交易双方彼此统一即可的私用交换标准，以及通用标准等。早在 1975 年，已有一群运输业主制定了第一套 EDI 标准：TDCC。不过，时过境迁，随着新的技术不断出现，EDI 有被 XML 取代的趋势，而 TDCC 等各种通用标准，也已逐渐变为在 XML 上的流通标准了。

VAN 的观念与架构已渐渐被 VPN、因特网、电子交易市场 E-Marketplace 等新兴热门架构所取代。

实施 EDI 的效益，一般包括：降低成本、改善作业、加强对顾客负责的态度、降低库存、增强竞争优势、改善交易程序、建立产销间信息渠道、协助商店建立产品信息、增强服务品质，提升经营利润。

根据流通需求，有八种标准表单，即采购进货单、退货单、出货单、咨询/报价单、托运单、催款对账单、付款明细单、变价/缺货通知单。

此外，在交易时，还有八项标准信息，即付款指示明细、扣款成功通知、扣款不符通知、进账通知、进账失败通知、按键响应、控制信息、付款明细与催款对账。

除了上述的表单、信息外，还需要具有统一的标准流程。对于不同交易对象，其标准作业流程也不大相同。不过，一般而言可分为四大类，即采购进货单的引进、出货单的引进、催款对账单的引进和转账系统与付款明细表的引进。

而常见的交易对象，大约有四类：零售商标准作业流程、制造商标准作业流程、批发商标准作业流程、物流中心标准作业流程。

3.6　电子订货系统

电子订货系统（Electronic Ordering System，EOS）的功能就是以电子化的方式，通过自动化的程序来完成订货操作。我们还可以分别从狭义与广义的角度来了解 EOS 的功能：

① 狭义的 EOS，指的是零售商以电子化方式向供应商进行下单的操作。

② 广义的 EOS，则还包含了接单、验货、对账、转账等功能。

EOS 的成功有赖于健全的 VAN 与 EDI 的能力。EOS 将零售商所发出的订货数据，当场输入，即刻通过网络将数据传到零售商、总公司、批发商、制造商处。

3.7　自动理货系统

自动理货系统即 Automatic Picking System，简称 APS（注意，并非 APS，Advanced Planning and Scheduling，先进生产计划调度）。所谓理货，是由于物流中心的库存是以集中化、大型化的方式存储的。但在送到零售商或消费者手中时，其包装及数量并不相符，因此形成“配置差距”和“数量差距”。所以必须经过“理货”以挑选出所需的商品与数量。

所谓“数量差距”，是指制造商一次生产所需合乎经济规模的数量，往往和消费者每次购物所需的数量相距太大。比如说，制造商每次生产四万个棒球，但是消费者一次可能只买一个或者一桶棒球。因此，批发商或零售商就可通过汇集、化整为散等方式，解决这之间的数量差距。

所谓“配置差距”，是指制造商所提供的生产线，是以制造与市场为考虑对象，往往与消费者一次想买的产品种类不同。比如说，一位棒球选手想在运动用品店里一次购足棒球、手套、球棒、球鞋、球衣、外套，但制造商却不见得能在工厂里同时生产这些产品。所以，中间商则可以向不同制造商购进这些产品，由零售商同时陈列在店面里销售，就可以满足消费者的配置需求。因此，中间商可通过分类、整合的方式，以解决配置差距的问题。

传统的理货程序，是由理货员拿着理货单，到流通中心理货，然后在理货单上标注理货结果。但这样的方式效率低、错误率高、人员训练困难、数据重复输入和实时管理信息不足。所以，将理货程序自动化正是发展 APS 的特征。

自动理货系统大约有下列几种方式：

① 播种法理货：理货员与自动机械组合运作，理货员一边移动，一边分货。相关的机械装置有积层架、输送带、滑轮输送装置、回转架、堆货机、台车等。

② 摘取法理货：理货员与自动机械组合运作，理货员固定在一个位置，让商品移动到面前再理货。

③ 电子标签理货系统：在商品上加上商品条形码，以辅助并加速理货员的作业，并达到无

纸化、网上接收订单、降低错误率、提高效率、降低工作难度、人员训练容易等优势。

④ 自动化光学理货系统：通过光学扫描条形码，配合全自动化台车，达到全自动化的理货功能。这样的方式当然是最现代化的，但由于建设成本太高还无法完全普及。

3.8 习　题

1. 名词解释：POS、EDI、VAN、EOS、APS、商品条形码、数量差距、配置差距。
2. 什么是商业自动化？
3. 请介绍商业自动化的五大发展重点。
4. 请说明商业自动化与电子商务之间的关系。
5. 商业自动化的四大内容都包括什么？
6. 传统理货程序有何缺点？

3.9 实验与思考

1. 实验目的

本节“实验与思考”的目的是：

① 了解和熟悉我国电子商务市场的现状。

② 了解在线购物，熟悉 B2C、C2C 电子商务的应用现状。

③ 通过对“eBay 易趣”等著名电子商务网站的操作和了解，掌握主流电子商务网站的一般应用方法。

2. 工具/准备工作

在开始本实验之前，请回顾教教材的相关内容。

需要准备一台能够访问因特网的计算机。

3. 实验内容与步骤

在本实验中，首先回顾在线购物的一般步骤，然后来熟悉 eBay 易趣的基本操作，并进一步了解互动出版网和携程网等著名电子商务网站的应用。

（1）在线购物的步骤

在线购物的一般步骤是：

① 打开你所喜欢的 B2C 商业网站，浏览或搜索喜欢的或要购买的商品及其相关信息。

② 通过对各种相关信息的比较，选取中意的商品，并将其放入购物车。

③ 如果需要继续购买其他商品，可重复①、②两步，选取完成后到结算台结算购买清单（一般此时可以对购物车中的商品各种属性进行修改）。

④ 按要求填写客户资料，包括收件人姓名、地址、联系方式、E-mail 等信息。

⑤ 选择付款方式并按要求付款。

⑥ 等待购买商品的到来。

但是，不同网站因其提供的商品种类和性质不同，所提供的具体流程也有所差异。例如：如果是个性化定制网站，如戴尔网站，客户可以在线定制自己的商品而不是选取商品；如果网站提供的是数字产品如电子书籍，那么它所提供的商品就可以在线交付。

请分析：在上一个实验中，我们记录了在戴尔网站选购电脑的操作步骤，这组步骤与上述在线购物的一般步骤相符合吗？有什么不同？

____

____

（2）贝宝和安付通的操作步骤

请登录 eBay 易趣网站，通过帮助页面来了解贝宝和安付通的交易流程。

请记录：贝宝的卖家使用流程是：

① ____；
② ____；
③ ____；
④ ____；
⑤ ____。

请记录：贝宝的买家使用流程是：

① ____；
② ____；
③ ____；
④ ____；
⑤ ____。

请记录：安付通的使用流程是：

① ____；
② ____；
③ ____；
④ ____；
⑤ ____；
⑥ ____。

（3）eBay 易趣的买方过程

设想你需要为你心爱的手机购买一个时髦的蓝牙耳机，我们选择在 eBay 易趣网上进行这项购买活动。

步骤 1：请通过网络浏览，了解什么是蓝牙技术？

____

____

步骤 2：请通过网络浏览，了解你的手机是否支持蓝牙功能？

你的手机型号是：______________________________

搜索结果表明，你的手机是否支持蓝牙功能： □ 支持 □ 不支持

步骤 3：如果你现在在用的手机支持蓝牙功能，则请转向步骤 4。

否则，你现在使用的手机不支持蓝牙功能，则设想换个新的手机。请通过网络浏览，选择一款支持蓝牙功能的手机。

你的新款手机型号是：______________________________

我们假设这台新手机的蓝牙耳机需要单独购买。

步骤 4：登录 eBay 易趣网站，注册登记成为 eBay 易趣会员。登记过程是免费的，请注意保管好你的易趣用户名和密码。

请记录：注册有否顺利完成？如果没有，则记录原因是什么？

____

步骤 5：注册后登录，在主页显示的物品目录中选择要购买的商品，或直接进行搜索操作。搜索过程中，可调整搜索条件，以从中体会搜索方法。

步骤 6：在找到的物品显示中选择自己心仪的商品并单击。

步骤 7：核查卖方信誉度。在页面右侧的“卖家信息”中，卖方名字旁边有一个圆括号，单击其中的数字即可看到关于卖方信誉度的反馈信息，根据信誉度考虑是否竞标。

步骤 8：决定购买后，单击“出价”或“一口价”按钮。

步骤 9：输入最高出价，完成拍卖的叫价过程。易趣代理出价系统会帮你逐渐增加出价金额，直到你设定的最高出价金额为止。

（因为是课程实验，一般不必完成确认过程，这一点请慎重。）

步骤 10：叫价结束后的几天里（也可能更短），客户会收到一个 E-mail，通知客户是否竞标成功。若成功，用户必须在三个工作日中通过 E-mail 与卖方联系。

至此，我们完成了在 eBay 易趣的一个买方过程。但如果你是个卖家，则可以执行 eBay 易趣相应的卖方过程。

请记录：操作能够顺利完成吗？如果不能，请分析原因。

____

____

（4）互动出版网

互动出版网（China-Pub.com）是一个专业从事出版物服务的网站，网站依托传统出版业，结合良好的传统出版资源，以“互动”为理念，致力于推动专业图书出版与服务事业，开辟了一条与传统出版互动的网络出版新模式。

该网站主要从事国内、外纸版图书信息的收集、整理、销售与分析等工作，同时作为国内涉足电子图书 Ebook 服务较早的公司，拥有数量可观的经营品种，采用先进的技术深加工，保证了产品的内在质量。目前该网站在全国开通了 18 个货到付款城市，其目标定位是把 china-pub 建成集信息流通、产品销售、数据分析、多方位网络服务等为一体的多元化综合站点。

步骤 1：登录与注册。打开浏览器，登录 China-Pub.com 网站。

步骤 2：在互动出版网采购图书的一般流程是：

① 进入图书详细页面，挑选图书商品。

② 放入购物车：单击“放入购物车”，弹出加入成功窗口，10 秒钟以后自动关闭。若继续挑选其他书籍可返回上一步骤，否则进入下一步骤。

如果某本书需要的数量在一本以上的话，可以在购物清单数量栏中手动更改，并单击“修改购物车”进行保存。

③ 进入结算中心：通过大多数页面右上角的“查看零售/团购购物车”进入结算中心购物清单页面。

登录并选择客户所在地后，系统会根据客户的星级和相关信息自动给出价格。

④ 以用户身份登录，新用户进行注册，跟随系统提示完成用户注册（登录）、支付方式和

送货范围等项目的填写。

⑤ 提交订单：完成以上步骤后，核实无误单击“提交订单”，系统反馈订单的详细金额、订单号等信息。客户应记住订单号，以备不时之需。

至此，购物完成，等待送书，收到书后付款。

步骤 3：搜索商品。

例：已知中国铁道出版社出版的《项目管理与应用》一书，查找并选购。

① 商品搜索：直接在页面的快速商品搜索栏中输入想搜索的商品关键字即可（例如直接输入“项目管理与应用”或者“项目管理”即可）。

② 精确搜索：进入精确搜索页面，可以根据不同的条件进行最准确的搜索（例如在书名栏中输入：“项目管理与应用”，在出版社栏中输入：“铁道出版社”）。

③ 分类浏览：进入分类浏览页面，根据该书的类别进行查找。

步骤 4：其他功能。尝试了解互动出版网的其他功能，包括：

① 藏书阁：为方便日后查找商品所设置。如果客户对某件商品感兴趣但尚未决定购买，可以先将该商品放入“藏书阁”，单击详细页面上的“加入藏书阁”图标即可将该书加入自己的藏书阁；如果在一次浏览中挑选了很多商品，但希望通过比较之后才加以选购，也可以先将该商品放入“藏书阁”。要将选择的图书调出藏书阁时，只需要登录网站，进入“我的 china-pub”即可。

② 我的 china-pub：个人信息管理区域是针对会员参与本站的商品购买、服务、交流等行为记录所做的分类统计。会员可以在首页用本站会员身份登录后进入，主要有以下几个方面的信息统计：会员资料、订单信息、消费记录、藏书阁、书评论坛、eBook 下载、兴趣范围等。

③ 短信提示订单状态：这是为了让客户能第一时间知道其订单已经发货而设置的功能。在“订单确认”页面有该项功能的选项，勾选后客服人员会在订单货物出库后通过短信通知客户。

请记录：操作能够顺利完成吗？如果不能，请分析原因。

____

____

（5）携程旅行网

携程旅行网（Ctrip.com，简称携程）创立于 1999 年初，是国内一家著名的旅游电子商务网站，其公司在美国纳斯达克上市。携程网将有资质的酒店和机票代理机构、旅行社提供的旅游服务信息汇集于互联网平台供用户查阅的互联网信息服务提供商和综合性旅行服务企业，同时帮助用户通过互联网与上述酒店和机票代理机构、旅行社联系并预订相关旅游服务项目。

携程的目标是：利用高效的互联网技术和先进电子资讯手段，为商务散客与休闲客人提供快捷灵活、优质优惠、体贴周到又充满个性化的旅行服务，从而建成公认的中国最优秀、最成功的旅行服务公司。

携程为客户提供全方位的商务及休闲旅行服务，包括酒店预订、机票预订、休闲度假、旅游信息和打折商户。

步骤 1：打开浏览器，登录携程旅行网（www.Ctrip.com）。

步骤 2：策划旅行活动。设想一次旅行活动，例如可以是为本班级节日长假组织的一次观光休闲旅行，或者是一次和朋友安排的青春二人行等。请借助携程网完成本次活动的策划方案。

你策划的活动是：______________________________

你完成的旅行策划方案至少应该包括如下内容：

① 参与此次旅行活动的人员及负责人。

② 此次旅行活动的内容和主题。

③ 旅行的目的地及其理由。

④ 日程安排。

⑤ 旅行的人均预算。

⑥ 旅途的交通安排。如果是自驾游，则还需要大致的交通路线。

⑦ 旅行注意事项。

⑧ 本次作业的实施过程以及收获和体会。

请将旅游策划书文档按以下文件名格式保存，并在要求的日期内，以电子邮件或实验指导老师指定的其他方式交付：<班级>_<学号>_<姓名>_携程旅游方案.doc

请记录：

上述实验任务能够顺利完成吗？________________________________。

简单描述你在进行方案策划过程中所遇到的问题（如果有的话）：

____

____

4．实验总结

____

____

5．实验评价（教师）

____

____

3.10　阅读与思考：因特网之父文特·瑟夫

对于普通百姓来说 TCP/IP 好似天书中的符号，对于它在因特网中所起的作用，除了专业人士外，没有人会去深究。不过，在任何一件对人类的生存形态与生活方式会发生影响的事件背后，总会有人具有使命感。TCP/IP 的发明人文特·瑟夫一直用心思索，怎样编写主机与主机之间规范语言软件，以实现计算机间的交流。在一次学术会议的休息时间，突然灵感骤至，瑟夫连忙拿起一个旧信封在背面胡乱画出个草图。正是在这张普通的纸上，瑟夫提出了能够连接不同网络系统的“网关”（Gateway）的概念，为 TCP/IP 协议的形成起了决定性的作用。瑟夫和另一位学者卡恩一起构建了 TCP，后来又不断将其完善，使 TCP 成为标准，并走向世界，为因特网插上起飞的翅膀。

21 世纪的文艺复兴者

与大多数默默无闻的开拓者相比，瑟夫无疑是幸运的，绝大多数媒体在谈到因特网起源时都尊敬地称他为“因特网之父”。他说：“你应该清楚这个头衔很不公平，有很多人参与了因特网的创建，我只是在最初 10 年里做了一些早期工作。”这不是客套。个人计算机不是一个人的发明，因特网更是集体的力量。戴得上“因特网之父”这顶帽子的人可能不只瑟夫一人，但他戴着，的确问心无愧。25 年前，他与人共同发明了 TCP/IP 协议，打破了因特网政策的障碍，将网络从政府学术网转变成革命性的商业媒体，从此引爆了一场前所未有的革命。

瑟夫担任 MCI World Com 高级副总裁，负责技术和架构。世界上大多数人都只是静待因特网的爆发性发展，但瑟夫却在发表演讲、接受各种荣誉的同时，与美国国家航空和航天局（NASA）合作，着手将因特网延伸至外层空间。

他一生酷爱科幻小说，有着丰富的计算机知识，有着对人性敏锐的理解，他将这些个人素质混合起来，大大改善了整个世界的通信方式和知识获取的方式。“文特扮演了许多角色。但他更像是 21 世纪的文艺复兴者。他部分是科学家，部分是工程师、哲学家、商人，但最重要的是一名伟大的启蒙者。”瑟夫多年的老板 FredChggs 这样评价他。

瑟夫 1992 年组建了因特网协会，他无疑是因特网方面为数不多的权威之一。无论在政府社交圈，还是高科技社区中，瑟夫都是国家级的人物。1997 年，他从克林顿总统手中接过了美国技术勋章。尽管在他身上的荣誉和影响力与日俱增，但瑟夫仍像过去一样平易近人，保持谦虚态度。

网景的安德森说：“我们是站在巨人肩膀上创造业绩”，瑟夫无疑是巨人之一。

瑟夫 1986 年后担任 CNRI 副总裁，1994 年再度回到 MCI，负责 MCI 基于因特网服务的通用网络架构，包括为商业和消费用户提供数据、信息、语言和视频的集成服务等。

1997 年，瑟夫所在的 MCI 公司想让因特网具备行星间的通信能力。于是，瑟夫着手开发技术，使标准的因特网能布置到木星、土星、火星和金星等行星和卫星的表面，使宇宙飞船在太阳系内航行时可以通信。瑟夫表示，离完整的技术规范还很遥远，但他希望基本设计方案能够在近距离的太空旅行中使用，比如火星探测计划等，他的研究成果究竟会给人类带来多大的影响，目前还难以定论。

一位有听觉缺陷的工程师的自白

文特·瑟夫出生于 1943 年 6 月 23 日。在洛杉矶圣费尔南多谷地区上中学时，他与斯蒂夫克洛克认识，并成为好友。两人都酷爱科学，周末经常泡在一起做三维棋盘成色彩观察实验。

瑟夫消瘦结实，易动感情、热情外露，他参加学校的后备军训练队，以逃避体操课。在校内他要么一身制服，要么穿夹克打领带，还总夹着一个棕色大公文包。当时看来，这身打扮气度不凡，“我穿夹克打领带是为了让自己与众不同。虽然以这种方式表现自己可能很幼稚”，然而人人都说，他魅力不一般。

小时候，他的偶像是父亲。他父亲通过艰苦奋斗，从一名普通员工升到北美航空公司的高级执行官。瑟夫的两个弟弟也表现出众，两人踢足球，并轮流担任学生会成员。瑟夫本人则是书虫，兴趣庞杂、爱好十分广泛，幻想色彩较浓。化学学得特别好，但他真正的兴趣在于数学。由于是早产儿，瑟夫出生时听觉有缺陷，必须戴助听器。他从小到大一直在设计有助于听觉交流的技巧。他还写过一篇论文，叫“一位有听觉缺陷的工程师的自白”。

1960 年左右，虽然还在念高中，但斯蒂夫已获准使用加州大学洛杉矶分校（UCLA）的计算机实验室。周末，瑟夫就跟斯蒂夫去。一次实验室大楼已锁，只见二楼有扇窗 开着。“接下去，我就知道文特已站在我的肩膀上。”斯蒂夫回忆道。

高中毕业后，瑟夫进了斯坦福大学，他父亲的公司为他提供了四年的奖学金。他主修数学，很快迷上计算机。“编程让人体味到一种奇妙无比的感觉。你创造了一个你自己的世界，你就是这个世界的主人。不管编了什么，计算机总会照办。它就像一只沙匣，里边每一粒沙子都在你把握之中。”

大学毕业，恰逢 IBM 招人，瑟夫就进了 IBM 洛杉矶公司，为一个分时系统搞系统工程研究。很快他就发现自己肚里的墨水不够，就投到他论文导师爱斯金的门下。当时爱斯金与 ARPA 签有研究协议，研制一台超级计算机，专门用于监测另一台机器上程序的执行情况，这成了瑟夫的论文课题。1968 年夏，斯蒂夫在 UCLA 和瑟夫一道工作，标志着他俩从此与计算机网络结下不解之缘。

1968 年秋，该课题转至克兰罗手下，他用 ARPA 拨来的 20 万美元设立网络测试中心，负责 ARPA 网计划中大部分机器性能测试和分析工作。克兰罗召集了 40 名学生为他干活，瑟夫和斯蒂夫就是其中的老大，另外还有乔波斯德尔。

瑟夫的妻子希格里是位插图画家，3 岁时耳朵就全聋了。两人的第一次见面就是他们的助听器推销商精心策划的，让两人不期而遇，一见钟情。饭后，两人一起去了艺术博物馆。瑟夫从未受过艺术方面的训练，但他也表现出浓厚兴趣。在康定斯基的大型作品前，他伫立良久，最后冒出一句：“这画真像一只巨大的新鲜汉堡包。”

一年后的 1966 年，俩人结婚了，斯蒂夫自然是傧相（几年后两人又互换了一次角色）。婚礼开始前几分钟，奏婚礼进行曲的录音机卡了壳，这位傧相和惊慌失措的新郎赶紧躲到圣坛边的小房间里，发动特长，将机器修好。由于听力缺陷，两口子说悄悄话都像吼叫。

为因特网插上起飞的翅膀

当时最紧迫的任务就是编写主机—主机规范语言软件，以实现计算机间的交流。1968 年夏，ARPA 网四个网点的一小群研究生聚在一起，谈论 ARPA 网。不久，他们开始自称为“网络工作小组”（NWG），聚集全国通信编程人员中的精英，为联网主机的操作规范达成统一意见。他们创造出了一系列新术语，比如“协议”（Protocol）。但是，前几次会谈并无实质性进展。

转眼到了 1969 年底，NWG 还未拿出规范语言。为了在 12 月交差，小组拼凑赶制出一份 Telnet，用于远程上网，但功能有限，比较基础。

真正的革命突破留给了瑟夫和鲍勃·卡恩。1970 年初，他碰到 BBN 公司的主持中介信息处理器安装调试的硬件专家鲍勃·卡恩。两人一见如故，一起在 UCLA 做测试。卡恩需要什么软件，瑟夫马上玩命把它编出来。他俩为计算机网络间的协调问题绞尽脑汁，看怎样将不同的网络焊接得天衣无缝。

1973 年春天，瑟夫去旧金山大饭店参加会议。在休息室过道里，等候下一轮会谈。突然灵感骤至，连忙拿起一个旧信封在背面胡乱画起来。正是在这张普普通通的纸上，瑟夫提出了能够连接不同网络系统的网关（Gateway）的概念，为 TCP/IP 协议的形成起了决定性的作用。那时，他与卡恩就如何建造一个网中之网已谈了几个月，而且也与其他小组有许多交流。两人都想到用一个“网关”来帮助系统之间的路由选择，“网关”概念确立后，下一个难题是包传输问题。当时瑟夫的那张草图确立了技术的突破。

1973 年春夏，瑟夫和卡恩都在推敲细节。瑟夫经常拜访弗吉尼亚阿灵顿的“达帕”办公室（DARPA 的前身就是 ARPA）。与卡恩经常连续几个小时地讨论。有一次马拉松谈话中，他俩整整熬了一夜，轮流在粉笔板上涂涂写写。两人准备合作一篇论文，又是通宵不眠。

同年 9 月，两人把新规范的观点和论文一起提交给国际网络工作小组，经过大家讨论，使其更加成熟。两人在论文修改中都固执己见，争得面红耳赤：“我们常常是一个人在打字时，另一个人才得以休息一下扭累的脖颈，却又不得不一起构思，真有点像两只手绑在一支笔上。”

1973 年底，论文大功告成，题目为“关于包网络相互通信的协议”。在这篇有划时代意义的论文中，瑟夫和卡恩首次提出 TCP 协议。这就有了计算机网络“联合国宪章”。在署名问题上，俩人决定让上帝作主，掷了一枚硬币。结果瑟夫受到垂青，他赢了。当然，他赢得的不仅仅是一个署名，还有后来一堆堆接踵而至的荣誉。

1974 年 5 月，论文发表。就像 7 年前罗伯茨勾勒出 ARPA 网初步设想一样，这是一个革命性的事件。论文描述了传输控制协议（TCP），还介绍了网关的概念。有了 TCP，跨网交流才成为现实。如果 TCP 足够完善，任何人都可以建造起任意规模和形式的网络，只要网上有能为信息包作解释并选择路径的网关机器，人们通过它就能与任何一个网络交流。TCP 成为开拓世界的技术，为因特网插上了起飞的翅膀。

成为因特网之父

当然，瑟夫是 TCP 的真正推动者。他和卡恩一起构建了 TCP，后来瑟夫又不断将其完善，使 TCP 成为标准，并走向世界。就这一点来说，瑟夫是真正的“因特网之父”。

1972 年，瑟夫获得加州大学洛杉矶分校（UCLA）计算机学博士学位。在华盛顿召开的国际计算通信大会上，他作了公开演示，使公众第一次看到包交换技术和远距离计算机交互技术。这一年，他离开 UCLA，加入斯坦福大学，担任该校的计算机和电气工程教授。

1974 年论文发表后，瑟夫继续深入研究，将 TCP 变成更详细的规范使人们可以为它开发多种软件。1976 年，他离开斯坦福大学，加入 ARPA。在 1976 年至 1981 的任期内，他在因特网与网络相关数据包和安全技术的开发中，扮演了至关重要的角色。他的大部分工作是测试、分析、规划、组织集体讨论，然后又回到制图板上。

1977 年 7 月是重要的里程碑。在南加州大学的信息科学研究所（ISI）里，瑟夫和卡恩等十余人举行了一次有历史意义的试验。当时全美国有三个因特网计算机网络，即阿帕网、无线电信包网和卫星信包网。瑟夫他们的试验就是要通过计算机“联合国宪章”把三者联起来。一个有数据的信息包首先从旧金山海湾地区，通过点对点的卫星网络跨过大平洋到达挪威，又经海底电缆到达伦敦，然后通过卫星信包网，连接阿帕网，传回南加州大学，行程 9.4 万英里，这次试验没有丢失一个比特的数据信息，瑟夫和卡恩他们一举成功！

1978 年初，瑟夫在 ISI 主持召开 TCP 会议。会议间歇时，他和波斯德尔、科恩及另一个同事，在走廊交流。“我们靠着走廊的几个大纸箱站着，一边就在纸箱上画起图表来。”当继续开会时，他们就向小组提交建议：将传输控制协议中用于处理信息路径选择的那部分功能分离出来，形成单独的因特网范围协议，简称 IP。1978 年，TCP 正式变为 TCP/IP。

初期，“Internet”意指任何使用 TCP/IP 协议的网络，而后“Internet”专指由联邦政府资助的，由许多使用 TCP/ IP 的公用网络互联而成的网络。到 20 世纪 80 年代中期，欧洲、加拿大也开始与美国政府主持的网络互联。于是“因特网”（Internet）开始意指这个松散广大的世界性 TCP/IP 因特网。

1982 年初，瑟夫遇到一位 MCI 公司的经理，此人负责 MCI 的信息开发工作。“他想建立一个数字式邮政服务，我立即被这个想法吸引住了”。因此，他宣布离开 DARPA，加盟 MCI，去担任 MCI 数字信息服务的副总裁。他的离去引起了极大的震动和反响，一位同事甚至为此而哭了。“文特是我们无形中的头儿，我们需要他。”另一位同事说。

手中握着一枚火箭

瑟夫在极为关键时刻离开的ARPA网准备正式转换成TCP/IP系统，据传国家标准署考虑为网络互联建立一套新标准，取代TCP/IP，这就是OSI参考模型。OSI是国际标准化组织（ISO）开发，是由地位巩固的官僚们，居高临下的情况下发布的。他们认为TCP/IP和因特网只是一种学术玩具，但瑟夫等人坚持反对OSI，因为它划分过细，十分复杂，而且仅仅是个设计，从未试验过。“OSI的一切都是非常抽象的，学究气十足。他们所用的语言浮夸到不可思议的程度，简直读不下去。”

而TCP/IP是实践的结晶，也是合作研究的产物，不是像OSI那样在一大堆委员会里产生出来的“大骆驼”。OSI经常举办国际会议，对瑟夫等人来说，真是一番痛苦的经历，“我在会上不停地写反对意见。”

因特网的魅力在于交流规范的简单方便，而瑟夫的魔力在于：他美言善诱，软硬兼施，最终让用户采用这种规范。

1983年，瑟夫曾劝说让IBM、DEC、HP支持TCP/IP，但都遭拒绝，而采用了OSI。他们认为TCP/IP只是一项研究试验。不过最关键的是，国防部选择了TCP/IP。

1983年1月1日，ARPA网正式转换成TCP/ IP系统。这次转换具有里程碑意义，恐怕是此后几年中因特网发展中最为重要的事。有了TCP/IP，网络可伸展到任何地方，数据不费吹灰之力就从一个网络送到另一个网络。

1988年，也就是5年后，ISO终于制定出开放系统网络互联标准。连美国官方也将OSI作为官方标准。欧洲更是趋之若鹜。看来，OSI要想压倒TCP/IP。但是借助UNIX的威力，TCP/IP已无所不在。凭着它无声而凶猛的冲击，TCP/IP击退了ISO的强攻。“标准只能被发现，而不能被颁布”，这就是因特网的新规则。

1989年，瑟夫向Interop展览会场走去，他第一次感受到因特网被科学界和研究界以外的世界所欢迎。“我们注视着这一切，感到我们手中握着一枚火箭。”

ARPA网不再是中心，因特网已变成了网状结构，辐射全球。一场革命一触即发，瑟夫幸运地站在了这场革命的中心。

（资料来源：综合因特网信息）

第4章

制商整合与协同商务

在电子信息科技普遍运用的时代，供应链的运作越来越重要。据分析，在电子信息环境下的生产管理，具有下列特色：

- 以顾客为主，逐渐由“工厂管理”转型为“需求管理”。
- 实时信息处理。
- 实时生产决策。
- 智能型制造流程。

4.1 电子信息环境下的制造业

回顾历史上的生产与制造的演变，大致可分为以下时期：

① 1750年以前：以纯人工生产为主。

② **1750—1850年**：第一次工业革命时期。就是我们熟知的蒸汽机发明以后，造就了许多机械式生产设备，以及工厂的批量式生产。

③ **1850—1950**：第二次工业革命时期：生产自动化，又称为“制造自动化”，开始出现“生产流程”和“自动化控制”的观念。典型的例子如汽车装配的生产工厂。

④ **1950年至今**：第三次工业革命以后。由于计算机的发明与网络的普遍应用，制造业开始通过信息科技达到电子化。因此，“产业电子化”让企业内部e化，并且用电子化方式来进行生产管理，制造流和商流通过信息流而得到整合。

当生产管理进入到“制造自动化”与“产业电子化”时期后，对顾客意见的响应越来越重视。因此，快速响应（QR）与有效消费者响应（ECR）成为相当重要的议题。

1. 快速响应

快速响应（Quick Response，QR）始于美国，源于成衣企业及批销店Wal.Mart、K.Mart等公司，在当时遇到了制造周期过长、存货成本过高、缺货率过高等困难。

鉴于此，零售商与制造商开始合作，重点是研究如何缩短从制造商品到交货给顾客其间的周期，目的在于加速响应效率。快速响应因此成了相当受重视的议题。

2. 有效消费者响应

有效消费者响应（Efficient Consumer Response，ECR）则由超级市场上下游产业主导去推动。其推行的主要目的在于省掉整个供应链流程中并没有为消费者增值的成本，并将这些效率化的成果回馈给消费者。

ECR 的精神在于“不同的公司联合起来，更好、更快、更便宜地、共同地达到消费者的要求”。这其中包含了 ECR 的以顾客为主、一起工作两个基本观念。

ECR 的实施策略包含效率化商品管理、效率化促销、效率化补货、效率化新品上市四项。而实施 QR/ECR 所需的工具，按照促进合作双方的信息传播和资源共享的精神，大致可分为四类：电子转账（EFT）、电子数据交换（EDI）、成本效益分析、商品识别与数据库维护。

4.2 生产自动化

“生产自动化”包括制造自动化、商业自动化、产业自动化、营建自动化四大部分。

1. 制造自动化

制造自动化，指的是一种弹性的生产制造方式，利用自动化技术来监督生产制造系统，获取生产制造中的数据与信息，并可进一步控制其生产流程，以提高生产力与效率，满足顾客多变的需求。整体制造自动化的发展趋势，基本上包括三个层次：

① **设备自动化**：零配件与机器的自动化技术。

② **工厂自动化**：强调单元制造或生产线的系统整合。

③ **生产自动化**：开始重视整合性生产系统效率的提升与最佳化。大致包含了产品研发、数据管理、制造资源规划（MRP II）、先进规划与调度（APS）、工厂运营管理等。

2. 制造电子化

制造电子化，主要是探讨以制造商为主的供应链体系，并以网络为媒介，与交易伙伴进行沟通及信息交流。这样的活动，主要可分为两大部分：

① 制造商内部的生产制造活动。包含以下一系列活动：

- 制造商接到客户的订单。
- 为了满足客户需要，进行生产计划。
- 不足的物料通过采购来补足。
- 将原料投入生产线。
- 开始生产。
- 经过生产设备与搬运设备的一连串加工与搬运。

② 制造商与其交易伙伴间的供应配送行为。包含下列一系列活动：

- 制造商向供应商下物料的采购单。
- 供应商进行一连串生产制造。
- 供应商通过运输商将物料送到制造商的物料库存储。
- 制造商进行生产。
- 制造商通过运输业主将成品送到客户所指定的地点或仓库存放。

上述活动中，传统操作是以信件、电话、传真等方式进行的，而即使是以 E-mail 来联络与沟通，仍然会有下列缺点：需要大量人力的介入、信息不流通、信息不实时、容易发生错误。因此，如何发展更加自动化、系统化的电子交易体系，正是制造电子化的重要特征。

3. 产业电子化

在商业自动化时代，企业常用 EDI 系统或是 QR/ECR 系统作为企业内部电子化的基础。然而随着科技的发展，商业自动化的运作方式已逐渐不能满足产业的需要，因此才有了产业电子化的需求。有了基本的内部 e 化后，企业得以很好地利用本身的资源，并更进一步地涉足电子商务的运营。并非每家公司都要应用电子商务，但电子化则是必然的趋势，因为这代表着产业依靠科技进步的进一步升级。

可以将企业间的电子化技术分为 A、B、C 三类，如表 4-1 所示。

表 4-1　企业间的电子化技术 A、B、C 分类

类　别	特　色	说　明
C 类	Web 访问	使用 Web 浏览器为基础
B 类	数据交换	以传统 EDI 或 Client-Server 架构为数据交换
B+类	数据交换	以 XML 信息传递为数据交换
A 类	过程整合	系统对系统双向流程对谈，例如通过 RosettaNet 技术来达成

制造业的电子商务或电子交易，依赖制造业本身通过内部资源，有效利用自动化作为电子化的基础。不过，只有电子化，也难以提升整体竞争力；产业电子化只是强调信息流一环，制商整合强调的则是整体的一面，产业自动化与电子化的成功关键，不只靠信息科技与企业远景，必须还要有具备专业知识的人才才能成功。

4.3　协 同 商 务

随着计算机网络革命的推进，企业需面对不同的竞争环境，而企业为满足这一趋势，则采用了不同策略、商业模式与技术，协同商务（Collaborative Commerce）就在重视相互结盟的环境下逐渐成形。

从 2000 年开始，企业应用信息技术的推广已经从 1995 年的企业内系统（Domain Applications）、1995 至 2000 年间的电子商务（E-Commerce），演变到目前的协同商务（C-Commerce）时代。不同于企业内部系统追求各自的生产力，电子商务时代追求通过网络的买卖双方交易电子化、协同商务满足产业环境的改变，谈的则是整个供应链系统的信息整合及分享，也就是供应链体系信息的通视能力。

对协同商务的定义之一是：企业、供应商、合作伙伴、客户之间，使用电子化的合作互动，通过实时的网络沟通，合作群体互相分享及使用数据、知识、人力资源和流程，不论是企业的部门与部门之间，或是企业与企业间的商务往来，任何形式的协同（产品设计、供应链规划、预测、物流、营销等），都可以视为协同商务。

协同商务是企业与企业，利用网络服务器作为中介媒介，通过网上交换，促进信息的流动，来产生和维护商业群体之间的互动。实时的网络连接使企业的合作伙伴——从物料供应商、制造商、物流者、顾客到员工，都可以分享数据、知识资源、人力资源等，从而产生极大的竞争力。协同商务可以加强已经存在的关系、培养客户忠诚度、改善采购效率、增加供应链的能见度。协同商务期望建造一个没有阻碍的商业流程，将企业的信息及物流的流动同步，提高效率，满足顾客需求。进而提高企业的利润。

电子商务是通过电子媒体进行买卖产品、信息或服务。对于订单配置、订单履行、付款相关活动以外的活动，电子商务涵盖的比较少。协同商务则跨越网上营销和销售以外的活动，包含在贸易伙伴之间，使用网络动态交换信息，如产品设计和开发、供应链的运作和制造流程。

协同商务的主要目标，是将各个厂商对产品的知识结合在一起，来提高产品的品质与能力，并通过网络来缩短生产时间与距离，以取得快速进入市场的先机。

协同商务的技术会依产业的不同而有所差异，像制造业就以协同规划预测与补货技术为重，其次为销售支持、协同订单管理；对消费性产业而言，销售支持的协同就比较重要了。推行协同商务的企业具有以下几项特色：创造力、深度、信任、速度、自由。

在建设协同商务时，必然会面临一些挑战：

① 在协同流程上：为了达到最大效益，企业需要重新检查与设计作业流程。

② 在协同技术上：连接的供应链上需要直接、快速且安全的传递信息。

③ 在制定标准上：包括数据库编码系统、通信协议及协同流程样板的标准等。

所以，建设协同商务环境是高度复杂的工程，因为这些变革不仅在企业内部进行，还影响到企业外部的合作伙伴。协同商务是制商整合未来发展的重要趋势，它不仅是制造电子化，还涵盖物流、资金流与商流的整合。

1. 协同供应

制造商与供应商之间的物料采购或补货一直是供应链中最基本的问题。若建立电子采购（e-Procurement），供应商可以随时查看制造商的库存情况，通过信息分享或交换体系（例如XML）提供给供应商准备物料的参考信息，而供应商可以通过该平台主动且适时适量地给制造商补货，如此不仅可以降低双方的库存，同时把过去由制造商的采购需求交由供应商管理，以实时提供物料，从而满足市场或制造的需求。

2. 电子化订单

当客户下单给制造商时，通过 B2B 网络平台，客户可以随时知道订单生产状况的信息，并且可以追踪产品现在处于生产线的哪一段工序上，如此客户就可以知道制造商的交货期及品质。通过这样，制造商面对客户所要求的订单，也能快速响应是否可接单，并回复可能的交货期。

3. 电子化运筹

商品的配送是全球供应链的重要一环。其可分为两类：

① 内路的商品运送：这是目前已有的比较多的解决方案。

② 从工厂到上飞机至国外仓库的商品配送：这牵涉承揽业、报关行、海关、海空运、海内外仓库等单位的整合，其电子化联机与物流配送计划还有许多需要解决的问题。

4. 协同设计

传统 PDM（Product Data Management，产品数据管理）只是强调制造业内部的产品开发流程及文件管理，然而这样的方法却无法面对市场需求并予以快速响应。因此，协同设计的理念，是当客户还在新产品研发阶段时，制造商就共同参与产品协同设计与开发，如此不仅可以缩短研发时间，还可以让制造商及时了解规格，使得生产过程更有效率。这样的协同设计，更可以应用在整个供应链上，使得整个供应链体系的成员联系得更为紧密，取得较大的技术优势。

4.4 制商整合的定义

简单地说，制商整合就是制造流与商流的结合，就是“制造自动化”与“商业自动化”的整合。所谓制商整合，是在供应链体系中，利用因特网信息科技，配合信息标准化及快速响应观念，以创新与服务导向的企业经营模式，将顾客需求通过供应链管理体系间的协同合作，再通过研发、电子化采购、快速产品制造、物流配送、全球运筹等过程，比较高效地运传到客户手中。其目的在于提高生产效率，降低库存、生产与联络成本，改善流通效率，迅速响应消费者多变的需求，以提高制造商品在国际市场上的竞争力。

信息时代的制商整合强调制造产业体系间的电子商业（eB），强调以制造业为核心的供应链与需求链。这是市场导向的，不同于过去的生产导向。我们追求新企业运营模式与组织流程再造，IT 技术上强化以 ERP 为核心，再辅以 SCM、CRM，除强调信息流外，必须整合资金流、物流、制造流、商流、环境流等。

4.5　制造流与商流的整合

制造业要想达到制商整合的经营境界，从功能性而言，需涵盖制造自动化与电子化的整合。并且要注意的是，欲推动制造电子化，得先推动制造自动化。此运作模式为：

① 以制造商的现场制造系统为核心。

② 运用制造自动化技术，以提高生产效率及生产力。

③ 建立 SFC（Shop Floor Control，现场管制系统）或 MES（Manufacturing Execution System，制造执行系统），以便执行、监控现场活动并收集现场活动信息。

④ 通过 ERP（Enterprise Resource Planning，企业资源计划）与 APS（Advanced Planning and Scheduling，先进生产计划调度）进行供应商到制造商到客户端的资源分配管理。

⑤ 企业内所有与产品有关的数据，及与这些数据相关的作业及流程，通过 PDM（产品数据管理）做有效的整合掌控与运用。

除了制造业内部自动化系统（ERP、PDM、MES、APS）外，还包含了制造商与其交易伙伴间的 B2B 协同商务运作。因此，有关制商整合的重点课题，大体如下：

① 电子供应链：强调体系间供应链/需求链的电子化。例如：eProcurement、eSale、Supply Collaboation、Design Collaboration 等。

② 制造信息流：强调制造体内的自动化与电子化。例如：ERP、MES、PDM 等。

③ 物流/全球运筹：强调体系间的货物商品的运送、规划、执行、追踪等系统，以提高供应链存货能见度。例如：eLogistics 等。

④ 资金流：强调供应链体系上下游间交易的资金流管理。例如电子收付、电子发票与账单、电子应收账款融资等。

简单地说，所谓制商整合，就是制造流与商流的整合。在传统的学校教育中，商管人才往往不熟悉制造流程，而工程系学生则缺乏商学素质。因此，为了培养出可立刻加入产业的具有实务经验的人才，制商整合计划意义非凡。换句话说，制商整合人才培养计划的宗旨，是希望通过产学合作教育，培养制商整合科技的人才。

4.6　习　　题

1. 名词解释：制商整合、快速响应、有效消费者响应、制造自动化、制造电子化、协同商务、协同供应、电子化订单、电子化运筹、协同设计。

2. 历史上的生产与制造的演变，大抵可分为哪些时期?

3．请分析为何要从商业自动化演变为产业电子化。

4.7 实验与思考

1．实验目的

本节“实验与思考”的目的是：

① 理解电子政务的基本概念，熟悉电子政务的基本类型、定义和内容。

② 通过浏览典型的政府门户网站，从而加深理解电子政务的概念，熟悉电子政务的内容和熟悉政府门户网站。

2．工具/准备工作

在开始本实验之前，请回顾教科书的相关内容。

需要准备一台能够访问因特网的计算机。

3．实验内容与步骤

电子政务（electronic government，简称 e-Gov）是指基于因特网平台、面向公众的交互式系统，其重点是建立交互式、开放式、集成的网上办公环境，可以集中办理多项政府管理及服务项目的办公问题，并在政府各个部门之间实现数据共享。电子政务的实施有助于打破时间、空间和部门分隔的制约，将政府机构管理和服务职能，通过网络实现由传统手工、纸面、封闭的运作方式转换为自动、电子、开放的方式，以极大地提高政府管理工作的效率和质量，增大决策的透明度。

① 查阅有关资料，根据你的理解和看法，请给“电子政务”下一个定义：

____

____

____

② 查阅有关资料，根据你的理解和看法，请给“政府门户网站”下一个定义并举例说明之：

定义：____

____

____

举例说明：______________________________________

____

____

③ 电子政务的基本模式。电子政务的参与方主要有四部分，即政府、公务员、企业和公众，据此分析，形成了电子政务的四种基本模式：

a. ____

简单举例描述：__________________________________

____

b. ____

简单举例描述：__________________________________

____

c. ____

简单举例描述：________________________________

____

d. ________________________________

简单举例描述：________________________________

____

④ 请浏览下列电子政务门户网站：

a．北京市政府门户网站 http://www.beijing.gov.cn。

b．杭州市政府门户网站 http://www.hangzhou.gov.cn。

选择其中之一，根据该网站的内容和提示，分析并写出该网站的模块结构和网站特点，并根据网站便民服务的提示，提出你对该网站的意见，并请完成一份 200 字以上的简单调查分析报告。

____

____

____

____

____

____

____

通过网络进行搜索和比较。你能够推荐一个更有代表性的政府门户网站吗？请简单描述之。

____

____

____

4．实验总结

____

____

____

____

5．实验评价（教师）

____

____

4.8　阅读与思考：苏宁宣布线上线下同价运行 O2O 模式

苏宁宣布，从 2013 年 6 月 8 日起，全国所有苏宁门店、乐购仕门店销售的所有商品将与苏宁易购实现同品同价。

苏宁云商副董事长孙为民表示，云商苏宁强调线上线下渠道在商品、服务、价格方面的融合，此次价格一致是苏宁多渠道融合的重要一步，标志着苏宁 O2O 模式的全面运行。

为何要线上线下同价

在移动互联网时代，实体零售店已不可能孤立发展。如果说过去网上购物人群与实体店人群是两类不同的人群，那么在移动互联网时代，两类人群的差异越来越小，消费者会衍生出新的行为：在实体店内通过手机进行网上比价。

在“比价”时代，如果实体零售不转型，将受到网购冲击。

未来消费者购物的路径可以分为四种：店面、PC端、移动端、智能电视端。要把四端权限打通，价格是基础。如果每个渠道价格不同，无异于引诱消费者去选择某个渠道。

“电子商务公司都是高资本投入，有的企业做七八年，投资上百亿，仍在亏损。这对零售企业肯定有压力，电子商务公司用投资补贴消费，一定会把部分实体零售挤走。但如果实体零售采取同样价格策略应对，纯电商泡沫一定会崩盘，因为电商企业的投资者不是无底洞。”孙为民此前在5月25日举办的媒体开放日上说。

孙为民认为，线上线下同价是必然，现阶段之所以存在差异，是由两个因素造成，一是供应链、渠道形成了某种差异。线上线下价格差异的行业，存在代理商和零售商等中间环节，代理商通过串货销售扩大规模。在只有实体渠道时，串货难度较大；网上渠道出现后，代理商可在网上做零售。

但随着互联网的发展，渠道扁平化是必然。代理商定价的职能，将被供应商、制造商屏蔽。“如果还存在代理商，最多是物流、资金的平台商的角色，不再决定价格。”孙为民判断。

如何实现线上线下同价

苏宁方面表示，为实现线上线下同价，自2012年年底以来，苏宁围绕云商模式，实施了组织变革、系统开发等一系列内部变革，解决了线上线下同价的三大课题。

首先，全渠道融合。苏宁易购年初从独立的电子商务公司和网购渠道，升级为苏宁网购平台。苏宁易购原有的商品采购、定价、供应职能，划归到28个商品事业部。苏宁易购既面对内部的28个事业部，也面对社会的供应商，提供引流服务和平台运营。苏宁28个商品事业部，同时面对线上线下两个平台，统一采购供应、统一销售定价。

其次，全资源共享。在商品资源共享的基础上，苏宁线上线下在客户资源、物流资源、服务资源、数据资源等方面同步实现共享，确保内部资源在两大平台全面向供应商和消费者开放，实现内部资源使用效率的最大化，实现O2O融合模式的规模叠加效应。

第三，全成本核算。融合后的苏宁店面和苏宁易购，不是作为两个割裂的成本效益中心独立考核，而是从事业部商品和属地化顾客两个完全融合协同的维度，分别核算产品和地区的销售、成本和效益。建立起多渠道融合的全成本核算机制。

近一两个月，苏宁与三星、LG、海尔、联想、海信、TCL、创维、长虹、惠而浦等供应商高层会晤时，将线上线下同价列为主要议题，达成推进同价的共识，并明确了商品选择、系统对接、价格策略等实施细节。同时，苏宁还对商品采购、门店销售、系统开发等6万多名相关岗位人员开展了同价操作培训。

苏宁云商总裁金明表示，此次同价不是一次简单的促销，而是苏宁长期的经营方针，将带来以下影响：

第一，改变购物消费行为。目前实体零售普遍存在周末和假日促销现象，造成周中周末、平时假日，价格不等、消费不均、销售不平衡现象。线上线下同价能够真正实现零售业日常促销的常态化，促进零售运营从价格导向的促销向顾客经营导向的服务转变，引导消费者理性消费，关注商品综合价值而非价格和促销。

第二，打破网购低价神话。苏宁线上线下同价是建立在 O2O 融合的基础上实现的，O2O 既有线下体验和服务真实性，又和网络推广结合起来，在库存、物流和服务上资源共享，全渠道、全成本核算。

第三，推动零售行业转型。苏宁认为，同一地区、同一商品、同一商家，理应为消费者提供同样的价格、同样的服务。随着互联网尤其是移动互联的普及应用，网上购物随时随地，实体零售的互联网化成为现实的要求，可以不在互联网上开店，但不能不把店面互联网化，参照网购、比价竞争已成为零售发展的大趋势。

不会放弃实体店

从 2009 年到 2012 年底，苏宁的实体渠道与线上渠道割裂存在。在二者融合后，苏宁易购与实体店的角色均发生变化。

易购不在承担采购和销售的职能，而是作为开放平台，关注引流。实体店则扮演者展示、体验，销售和服务四项职能。

苏宁从实体店起步，未来不会抛弃实体零售店。苏宁计划，到 2020 年，实体店数量将达到 3 500 个。"不是我们偏爱实体零售，不是我们狭隘，而是实体店给顾客带来的体验不可能被网购平台取代。"孙为民说。

他以我国台湾地区的诚品书局为例。网购以图书起步，国内实体图书遭到冲击。但诚品书局反而很火，书店不仅是卖书，而是营销文化和休闲的氛围。

但电器零售正经历行业最严重的下调周期，线下门店销售额集体出现下滑趋势。据国美、苏宁去年的财报显示，国美集团新增门店 107 家，关闭 137 家；苏宁海内外置换/关闭连锁店 182 家，可比店面销售收入同比下降 12.38%。

在这种环境下，苏宁为何进行实体店面扩张？

孙为民表示，首先，从实体店面覆盖上，苏宁需要这么多店面。第二，互联网的冲击力在于低价，如果实体店面不在意价格的竞争，与网上同价，优势将得到体现。"我们到了最坏的时期，综合成本是 11 个点左右，即使这样最糟糕的成本结构，放在全球零售行业，还是有竞争力的。"

现阶段，苏宁以一二级市场为主导，长远看，将覆盖到三级和县级市场（中国的县级城市 2 500 个左右），以及部分发达乡镇市场。"按照这种规划，3 000 多家店面必不可少。"孙为民称。

在新的规划中，实体店面发生了定位的转变。

一是实体店面将互联网化、虚拟化。例如，过去一家 3 000 平方米的店面，出样 6 000 个 SKU 已是极限。店面互联网化、与线上打通后，可以虚拟出样，购买到网上同等的商品。

二是实体店面将与网上销售平台融合，提供正向、逆向的物流，提供落地化的本地服务。

线上线下渠道打通后，将出现这种场景：用户 A 在某个办公楼网上购买，附近实体店有货，10 分钟内可以送达。一方面物流成本并没增加，另一方送货速度提高。"对我们来说只是门店取货而已。但竞争对手要做这个速度会成本很高。"苏宁易购执行副总裁李斌说。

（**资料来源**：腾讯科技，王可心，2013 年 06 月 03 日 09:52）

第5章 企业资源计划

企业资源计划（Enterprise Resource Planning，ERP）系统是一组将企业的制造、库存、财务、销售、配销及其他相关功能达成平衡的数据库应用软件程序，不但可以为整个企业资源做有效的全面性整合规划，并且可以通过网络及时反应特性，有效缩减企业自身内部的作业时间。

5.1 ERP 的定义

整个 ERP 系统的运作过程是这样的：当接收到客户的询价后，系统开始针对各供应商的价格进行比较，选出价格最优惠的供应商。在客户下订单后，ERP 会进行对信用的控管，让信用管制部门对一些已经超过信用额度、但又下了订单的客户一目了然，如果客户的信用问题仍未解决，就会暂时冻结订单的执行。接下订单之后，在不缺乏生产原料的情形下，ERP 系统的生产计划系统会自动生产品质优良的货物，以供交货之用。完成出货操作后，ERP 打印发票并将数据汇入“应收账款”与“销售收入”等分项数据中，待会计人员检查无误后，自动将账转到“应收账款”或“销售收入”账户中，以便财务人员收款及打印出财务报表等所需要的数据。

换句话说，ERP 系统整合规划了企业的所有资源，达到了资源分配最佳化的目标。这里所谓的资源包括：生产计划、人力资源、财务、会计等。因此说，ERP 是一个会计导向的信息系统，从客户订单、制造到出货，对整体企业资源的需求做有效的整合和规划。

5.1.1 ERP 的重要性

ERP 的关键在于拥有一个整合企业整体资源的共享数据库，这个数据库扮演了组织沟通的基础，使得各部门间能轻易地整合、分享完整的信息。ERP 可以将一个企业的所有部门和功能整合到一个应用软件系统之中；而这个应用软件系统，可以针对每个部门不同的需求提供服务。所以，很多个其他信息系统，例如制造资源计划系统、生产信息系统、流通资源计划系统、财务信息系统等，都可以同时以标准的网络通信协议，多元化地使用这个共享数据库，将公司的各项作业及资源进行有效整合，提高整体运营效率，达成快速响应顾客需求的目标。例如，从客户下订单开始，经历生产、出货到收款等处理循环，ERP 的作用，就是将这些步骤自动化。

ERP 将组织内各种处理事件统一归纳到一个信息流内。各部门之间通过电子表单彼此联系，所以其中的各种管控点、权限的设定以及对作业的确认权和审核权显得格外重要。目前的 ERP 多半以企业内部信息整合为主，而跨企业供应链的整合管理则须整合各企业不同系统的通信方式。过去通过 EDI 解决，如今可通过网络的相关通信协议标准（例如 XML）加以解决。

5.1.2　ERP 的发展历程

早在 20 世纪 60～70 年代，就有 MRP（Material Requirement Planning，物料需求计划）、MRPⅡ（Manufacturing Resources Planning，制造资源计划）这些重要的系统。实际上，ERP 与传统 MRPⅡ的不同之处就在于使用了创新的信息科技，如图形用户接口、关系型数据库、第四代语言等。当然，除了这些技术层的明显差异外，ERP 还有更深入的意义。

由于 MRPⅡ的前身是物料需求规划系统 MRP，其主要目的是进行生产计划和存货控制，企业可通过 MRP 来决定何时制造、用什么和多大数量的物料来制造产品，并通过采购订单来控制物料存货。当企业已经能够决定生产计划的顺序、规划产能需求、预计供应商交货调度时，就发现其实 MRP 还可以和财务系统相结合，把整体制造环节的相关信息都纳入系统里，这时就形成了 MRPⅡ。MRP 只应用在计算材料的需求上，MRP II 应用在所有与制造相关的资源上，ERP 则除了制造以外，还包含了其他企业功能，如财务、营销、人事、研发等，其整合企业资源的能力，在此发挥得淋漓尽致。

所以，ERP 系统的实质就是一个组织的整体性系统，它能够满足组织在面对全球化竞争时的需求，因而具备了快速响应的经营管理能力。传统 ERP 的核心功能是连接后台作业而成为单一系统；如今先进的 ERP 则又加上了原本为一些供应链管理软件所单独提供的供应链管理功能，进一步成为 ERPII，或者有人称为 EERP（Extended ERP）。

ERP 系统发展历程中的一些相关名词，整理如下：

- MRP：Material Requirement Planning，物料需求计划。
- MRPⅡ：Manufacturing Resources Planning，制造资源计划。
- JIT：Just in Time，及时供补。
- ERP：Enterprise Resource Planning，企业资源计划。
- ERPⅡ：Enterprise Resource PlanningⅡ，企业资源计划Ⅱ。

MRP 是从 20 世纪 60 年代开始发展的，而在那一时期以前各企业对于物料的控制一直都是一种以预测法来控制独立性的需求，也就是通常先预测好需求量，把货品生产出来后再等待客户来下订单，进而销售到市场上，这样会有很大的库存和成本压力。

1965 年时，IBM 计算机公司的 Dr. Joseph 提出了“相互需求”的概念，于是产生了新的物料管理方式，也就是以正确的方法来计算和控制相关性的材料，依生产计划来决定何时订购，这就是 MRP 最早的雏形。有关 MRP 的定义，美国生产与存货管理协会（APICS）所作的解释是：“物料需求计划系统是利用主制程（MPS）、物料清单（BOM）、存货（Inventory）及未交订单（Open Order）等各种数据通过计算而得到各种相依材料的需求状况，同时提出各种补充新订单的建议，以及修正各种已开出订单的一种实用技术。”简单来说，MRP 的概念就是把“半成品、库存货物都当作零件的一部分”，这样可以减少浪费。

JIT 则是 1953 年，日本丰田公司的副总裁大野耐一首创的。1973 年第一次石油危机之后，丰田生产系统的杰出表现受到全世界制造商的瞩目，1975 年前后日本、我国台湾地区厂商开始实施类似的生产系统改善活动，JIT 采购的观念逐渐受到重视，到了 20 世纪 80 年代初期，欧美厂商也陆续开始实施 JIT。

5.1.3　ERP 系统的引进

制定明确的目标是公司引进 ERP 的首要工作，这样才能规划后续步骤。由于实施组织变革会对企业内部造成某种程度的冲击，再加上 ERP 系统本身的复杂性，所以在实施引进时，必须相当谨慎并做好规划与评估。

一般而言，ERP 系统引进的流程大致如下：

① 初始评估。

② 计划引进策略。

- 逐步式：一部分相关模块先行引进，完成后再陆续修正与引进其他模块。优点是变革过程平缓、降低引进风险，缺点是引进时间较长、不易一次发现整合的好处。
- 大跃进式：直接使用全新的 ERP 系统取代现行系统。优点是可缩短整个项目的时间、没有新旧系统的接口问题，缺点则是风险极高、用户不易适应。
- 复制式：是先在子公司、关系企业或其中一些据点引进 ERP，以取得实际的引进经验和技巧，再在母公司或其他据点实施引进。优点是可以降低风险、对使用人员起到很好的培训作用，缺点是引进时间较长、容易忽略各据点的特有流程。

③ 项目的准备。

- 制定项目的范围。
- 制定项目目标。
- 人力资源的规划。可以有三种方式：雇用临时员工、新聘员工、由顾问公司协助。
- 建立项目组织。一般而言，整个组织结构可能会包括：督导委员、项目管理组、项目小组、顾问等。
- 成立项目办公室。
- 项目成员训练。

④ 规划企业流程蓝图。

- 确认未来运营结构
- 规划未来作业流程
- 完成基本功能设定
- 确认外挂程序的需求与时程

⑤ 系统设计与开发。

- 设定并确认系统管理权限
- 执行系统测试
- 数据转文件的前置工作
- 针对系统终端用户进行教材开发

⑥ 系统上线规划。

- 将定制功能由测试平台转移到正式环境
- 执行数据转换
- 安装终端用户作业环境
- 进行终端用户的教育训练
- 建立公司内部的系统支持站

⑦ 系统引进及后续支持。

⑧ 项目控管。

- 制定目标

- 检讨及修正
- 风险管理

⑨ 系统正式启用及后端支持体系。

企业引进 ERP 系统时，必须关注下列几个问题：

- 高层主管的支持与承诺
- 企业流程调整
- 系统整合能力
- ERP 顾问
- 引进时间
- 引进成本
- ERP 供应商
- 选择正确的员工
- 鼓舞团队成员

ERP 系统引进团队的组成至关重要，基本上，应由熟悉各部门实际运作的人员组成基本团队，再加上提供 ERP 系统软件公司的顾问，共同研制出各部门的最佳实务流程。

ERP 引进时注意的重要事项如下：

- 调整心态，迎接改变
- 高层主管的支持
- 信息部门的高度参与
- 克服企业内部的阻力
- 企业流程再造和信息技术的成功结合
- 对企业本身的分析
- 分清信息部门的责任
- 引进团队的建立
- 新旧数据库的转换
- 系统设定
- 外挂系统测试
- 交易整合测试
- 用户培训
- 做好正式上线前的准备

5.2　ERP 基本活动

所谓管理活动，包含“决策”与“执行”。决策部分主要是通过人的思维来达成，而 ERP 系统的功能，则在于协助图 5-1 所示右半边的决策部分，其包含了“计划”与“控制”两大方面。

因此，以 ERP 的两大工作层而言，分别产生了控制体系与计划体系。ERP 系统有一个核心数据库，如图 5-2 所示。ERP 核心数据库具有各种维护、统计、订阅（查询报表）功能，并包含了下列三种数据：

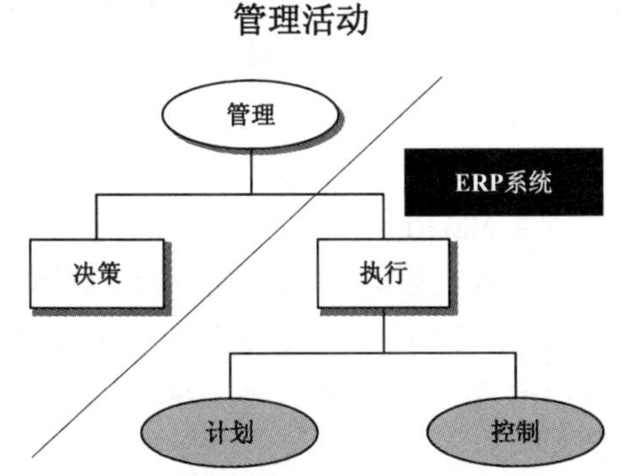

图 5-1　ERP 系统于管理活动中所扮演的角色

图 5-2　ERP 系统的核心数据库

① 基本数据：构成 ERP 系统的基础。

② 状态数据：呈现 ERP 系统在各时点的状态。

③ 控制数据：反映各种事件或交易并更新系统的状态。

核心控制体系指的是每个产业都有的各项关键企业流程，如从接订单一直到出货与产生财务报表的流程。企业流程可以利用工作流管理（Workflow Control）定义需要的流程及控制精细度。ERP 系统能主动把要做的事情，送到负责人的桌面上以提醒它，并控制整个工作的流动。

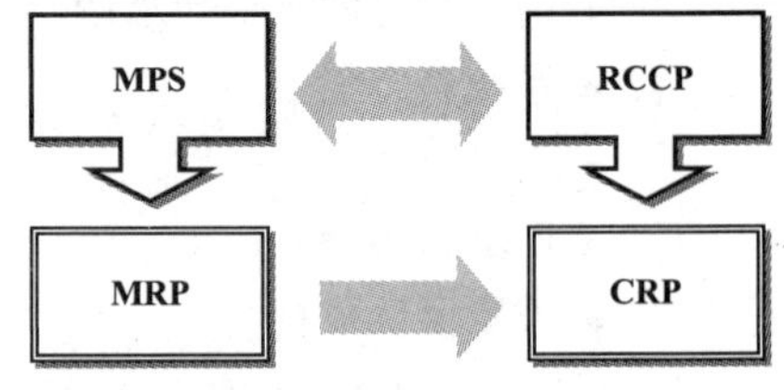

图 5-3　ERP 的规划机制

在核心计划体系部分，可以将 ERP 系统的计划体系分为下列两大类，如图 5-3 所示：

① 独立性需求：

- 优先次序计划：MPS（Master Production Schedule，主生产调度）。
- 产能计划：RCCP（Rough.Cut Capacity Planning，粗略产能计划）。

② 依赖性需求：

- 优先次序计划：MRP（Material Requirement Planning，材料需求计划）。
- 产能计划：CRP（Capacity Requirement Planning，产能需求计划）。

MPS 驱动包含 MRP 在内的各项计划。MRP 建议何时需要进行何种“采购”或“制造”作业。MPS 和 MRP 是“想做的事”，RCCP 和 CRP 则告诉我们“能不能做到”。

1. 主生产调度

主生产调度（Master production schedule，MPS）的主要功能在于明确定义出在每一个时段所需要产出的最终产品数量以适应市场需求。主生产调度为一个短期生产计划，其计划周期通常为 2～4 个月，且定期更新计划，其更新计划频率通常以周为单位。主生产调度上承整体生产计划，下接物料需求计划（MRP）是生产计划中相当重要的一环。主生产调度包含的项目如下：

① 初期存货：开始制作主生产调度时现有的库存量。

② 生产预测：生产预测的部分直接从短期预测中获得，这是制作主生产调度最基本的数据。这部分的预测值有时来自于对整体生产计划的分解。

③ 顾客已订订单量：这个数值表示在某一特定时期顾客已实际订购的数量，通常将它与生产预测做对比。

④ 预计库存量：这个数值表示在某一特定时间内的实际库存数。在决定本期需求量时，倘若顾客已订订单量大于生产预测，本期需求量就以顾客已订订单量为主，倘若顾客已订订单量小于生产预测，本期需求量就以生产预测为主。因此，预计库存量计算方式为：

- 对主生产调度中第一期的计算：初期存货＋本期产量－Max{生产预测，顾客已订订单量}
- 对之后各期的计算：前一期预计库存量＋本期产量－Max{生产预测，顾客已订订单量}

⑤ 计划生产量：为针对此产品每次生产或订购的批量。这个数值通常通过存货系统来决定。是否生产与库存量有直接关系，也就是当预计库存量降到 0 以下时（假设无安全库存量的设定），就应该从事生产。例如，该系统使用 EOQ 模式，这个 EOQ 值为 70，那么每次在需要生产时，计划生产量就为 70。

⑥ 可订购数量：表示在下一次“计划生产量”之前还能允许顾客订购的数量。

2. 产能需求计划

产能需求计划（Capacity Requirement Planning，CRP）是用来制定、测量和调整产能的标准，以决定要投入多少的人力和机器来完成生产。将现场的订单和计划中的订单输入 CRP 中，这些订单将转换成在每一时期、每一个工作站的工作时数。

以有限产能为导向，主要控制产能和时间，检验在规划的范围内，确定是否有足够的产能来处理所有的订单；而在确定之后，会建立一个可接受的 MPS，而后 CRP 会决定每一个期间、每一个工作站的工作量，让生产管理人员可以按照这些数据调整，增加或减少产能和负荷，以使产能和负荷一致。

3. 粗略产能计划

产能管理技术，通常分为四类：资源需求计划（RRP）、粗略产能规划（RCCP）、产能需求计划（CRP）以及输入/输出控制（I/O）。在 MRP 系统中，典型的顺序是建立主调度，使用粗略产能计划（RCCP）来确认 MPS 是否可行，把展开后的 MRP 表现出来，并且把已计划订单的数据送到 CRP 中。RCCP 技术能确认在每个工作站中的适合产能，并得出机器负载报告，以决定所需产能，若产能不适当时，可以改变使用的产能决定并采取对策。RCCP 应用三种方式以机器负载报告来定义产能需求。

RCCP 所需数据和计算最少。使用每个产品在主要资源的标准工时的详细数据。标准工时是一个正常工人以正常的速度工作，生产一项产品一个单位再加上可能延误的时间。所有零件的标准工时已经考虑休息的可能、延迟的可能等。除标准工时的数据外，还需考虑前置时间。

整个 ERP 系统相当庞大复杂，常见的主要有五大模块，即生产管理模块、库存管理模块、销货/配销与收款模块、应收应付账款模块和会计总账模块，下面分别介绍。

5.3　ERP 生产管理模块

生产循环可以为企业创造价值，从原料投入、人工加工，到发生制造费用，经过这样的流程，原料转为半成品、再转为产成品，然后包装、出售。所以，生产流程的计划以及物料表（Bill of Material，BOM）的设计，是生产循环的成功要素。物料表 BOM 详细地记录了组装一件成品时，所需要的零配件。在 ERP 系统中，BOM 是生产模块最重要的主文件数据。

在生产之前，需要先进行生产计划和控制体系的设计。生产计划与控制的目的在于处理制造产成品的数量与时间、生产流程的控制、产能需求等的计划与控制。

ERP 生产管理计划层的目的在于求取供给面与需求面两者间数量与时间的调合，以满足需求，对公司因资源短缺而可能发生产能不足的问题进行产能分析，以便将公司各种资源的利用达到最大化。

ERP 生产管理控制层的目的在于确保计划的结果能被完善地执行。ERP 系统将上述计划阶段所得的结果记载在各种文件和表单中，然后通过这些文件及表单的交流，进行实际生产活动，减少一般公司部门间因信息不顺畅所引发的问题，达到控制全公司操作的目的。

对制造业而言，生产循环是很重要的主角。接下来，简单介绍一下生产循环的程序：

1. 生产计划

① 建立相关数据主文件，规划下列数据：物料资源主文件、物料清单 BOM、生产所需的资源和器具。

② 销售与作业规划：根据市场分析或过去的历史数据，确定一个公司中长期所需要的各类产品销售量与主产品生产量之间的关系。

③ 需求管理：对公司生产产成品与关键零部件所需的数量和日期进一步详细计划。

④ 主生产计划：针对重要产品项目，决定生产市场潜在需求产品所需的数量和时间。

⑤ 物料需求计划：针对物料进行计划。

2. 生产调度

① 业务单位送来估价单和销售数量。

② 计算库存量。

③ 编制生产计划表。

④ 填写制造单。

⑤ 自动产生各种表单。

3. 领料

① 仓管部门收到生产制造单后，依单发料。

② 将领料单交给会计部门、制造部门、生产部门。

4. 制造和品管检验

生产进度和调度记录都会自动产生。

5. 入库

① 产品完工及品管检验通过。

② 生产入库。

③ 成本会计自动计算。

④ 入库单也会产生。

6. 委外加工

① 产生一笔委外记录。

② 委外拨料。

③ 委外入库。

④ 产生委外入库单。

7. 盘点

① 包装组与库管部门负责填写库存表单。

② 会计人员负责盘点存货。

③ 会计人员将盘点情况和物料仓库存货日报表、库存统计表、存货簿互相核对。

8. 计算生产成本

① 通过领料出库、生产入库的作业，自动计算出实际成本。

② 自动产生相关的会计单据。

ERP 的生产管理可分为正调度和逆调度。所谓正调度，就是从接获订单的那一刻开始往后安排物料采购和生产调度，适用于交货期较短的订单，这种方法可以决定最早交货期；而逆调度则是从交货期往前排，适用于交货期较长的订单。

关于制造自动化的流程如图图 5-4 所示。

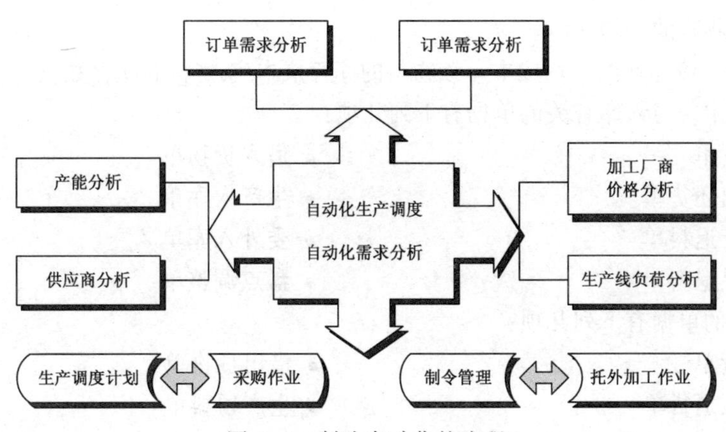

图 5-4 制造自动化的流程

5.4 ERP 库存管理模块

库存管理中最重要的就是在降低库存成本的情况下，既能提高供货率，又能满足顾客订单需求。大多数企业均需备有存货以辅助企业达成产销资源系统整合的目标，甚至有些企业的正常库存成本，居然高达公司总资产的一半以上。一般而言，存货成本包括了下列几项：

- 各项物料成本
- 制造成本
- 外加工成本
- 人工成本
- 运输成本
- 库存管理成本
- 保险费用
- 过时淘汰成本

库存管理模块主要分为存货管理系统与库存操作系统两大部分。存货管理系统决定一些库存的重要设定；库存操作系统则对库存产品进行实际操作。所谓存货项目，可区分为下列几种：

- 原材料
- 零部件
- 备用零件
- 半制成品
- 成品

至于上述的两大部分，则简单介绍如下：

① 存货管理系统：

- 存货编号：为存货项目与物料进行编号。注意最好是以简单性、一致性、弹性、易记性为编制原则。
- 存货管制：决定安全存货水准、订购量、订购时机。

② 仓储操作系统：收料作业、发料作业、废料处理、盘点作业。

一个成功的 ERP 库存管理模块，应该具有下列特性：

- 满足预期需求
- 使生产需求平顺
- 使生产与营销系统之间的依赖度降低
- 预防缺货
- 获得周期订购的好处
- 避免价格上升
- 为生产活动提供便利条件

在进行库存管理之前，应先设定发票管理。一开始，先进行物料起始库存的统计，而以后各种物料的库存数量和平均成本会根据各种相关单据自动计算出来。并且，每次物料入库后会重新计算出这种物料的平均成本。

该物料的平均成本＝该物料的库存成本/该物料的库存数量

在库存模块中，与入库有关的单据有下列几项：

- 进货单
- 借入货物单
- 借出还货单
- 生产入库单
- 生产退料单
- 委外入库单
- 零星退料单
- 盘点调整单

与出库有关的单据有下列几项：

- 发货单
- 借出货物单
- 借入退货单
- 生产领料单
- 委外加工领料单
- 零星领料单
- 盘点调整单
- 报废单
- 采购退料单

物料的采购，可分为本地采购或是进口：要是从本地采购，则要由进货管理部门入库；要是从国外进口，要由进口管理部门入库。

产品的销售，可分为销到本地或是出口：要是销到本地，则要由销货管理部门出库；要是出口到外埠，一样要先由销货管理部门的发货单出库，然后再转为出口管理。

5.5 ERP 销货、配销与收款模块

ERP 的销货、配销与收款循环中，包含下列几项：

- 执行促销活动
- 执行销售活动
  - 顾客潜力分析
  - 销售信息系统分析
- 建立要项协议
  - 建立顾客契约
  - 形成出货协议
- 建立顾客询价单
- 建立顾客报价单
- 接收客户订单
- 执行可用量查核与出货调度
- 出货（或出口国外）
  - 建立交货文件
  - 挑料
- 运输计划
- 包装
- 装载
- 打印交货清单和出货通知单
- 催款
  - 开立售货发票
  - 产生应收账款
  - 开出账单及处理现金收入
  - 核销应收账款
- 处理售出的退货和折价
- 注销未能收回款项的处理

一般商业交易，多采用赊销方式。若赊销控制不当，则损失的应收账款就无法避免。采用 ERP 系统，就是通过系统设定的控制点，将人为疏失降到最低。成功地引进 ERP 系统的销货、配销与收款模块，可以为企业带来下列收益：

- 缩短订单完成时间
- 减少订单处理时间
- 减少订单处理成本
- 减少运输与物流成本
- 加强顾客户服务务
- 增强市场渗透力
- 改善实时交货效率
- 增加企业数据的能见度
- 整合企业流程
- 整合信息流、物流与金流

ERP 的销货、配销与收款循环中的控制重点说明如下：

（1）销货审核

- 如果是新客户，则建立新客户的计算机基本数据。
- 审查订单上的项目和数量。
- 业务人员可催交业务 BOM 表，以决定是否能如期交货。
- 出货管理。

（2）出货

- 仓库管理接到发货单，并经过品质检查。
- 再一次确定产品。
- 安排货运。
- 确定发货单上的相关人员签名。
- 定期和仓库管理员的出货明细表相核对。

（3）产生应收账款与发票

- 由会计部门负责。
- 核对下列单据：已核准的发货单、客户订单、货运公司的收据。
- 开制发票。
- 自动产生下列单据：会计传票、总分类账、应收账款明细账。

（4）收款

- 核对出货单的出货金额。
- 将应收账款对账单传送给顾客。

（5）账款注销

应收账款如经判定无法收回，则应核销并转成特定凭证。

5.6　ERP 应收应付账款模块

在企业所有投入的资源中，财务资源常常是取得其他资源的基础，所以我们可以将它视为企业最重要的投入资源。由于 ERP 的财会操作系统汇整了 ERP 系统其他模块的流程，因此常被认为是 ERP 的核心模块，所以大多被选为首先引进的第一批模块之一。并且由于参与引进的 MIS 工程人员，多半不熟悉财会流程与细节，所以对于财会模块的使用也需要投入较多精力。对于财会模块，我们在这里将它分为两大部分，即应收应付账款模块和会计总账模块。

应付账款是企业的一项流动负债，组织应付账款绩效对组织财务流通能力影响很大，任何应付账款到期时，若公司没有足够的现金来偿还，公司就可能面临举债付息来偿还账款或逾期未付账款等影响公司信用的困境。此处所指“应付账款绩效”具有两项含义：分别是“应付账款付款的能力”，或者“延长实现应付账款的期限”的能力。应收账款是企业的一项流动资产，有时候，应收账款管理不当时，甚至会成为无法收回的呆账。应收账款与应付账款管理流程最大的差异在于后者的处理流程主控权在自己，而前者通常受制于人。

ERP 系统中应收应付账是由别的作业自动转移过来的，不可手动新增。会产生应收账款、应付账款的单据分类如下：

（1）产生应收账款的单据

- 发货单
- 货物借出单
- 借出还货单
- 进货退回单
- 委外加工退回单
- 其他收入
- 资产售出单
- 维修还货

（2）产生应付账款的单据

- 进货单
- 进口进货单
- 进货折让
- 销货退回单
- 信用管理（付款记录）支付银行借款部分
- 佣金支出
- 出口费用
- 货物借入单
- 借入还货单
- 委外加工入库单
- 送修还货
- 进口费用
- 资产送修还货
- 制造费用
- 借款单
- 营业费用
- 信用管理（付款记录）的利息支出部分

5.7 ERP 会计总账模块

财会人员在公司运作时，应担负下列职责：处理交易；核算与监督；提供运营决策。

在会计基本数据建立完成后，各资产、负债及所有者权益的会计总账项目都有期初余额。组织在会计期间经营的交易活动，会依照其发生时间的先后顺序与对相关会计项目的影响记录在会计总账项目和明细分类账项目之下。会计期间终结时，为了能够理清各会计期间的销货收益与费用及成本等经营绩效和责任，则必须调整已发生的费用以反映真实状况后，将各项收入、费用项目结清，并将资产、负债以及所有者权益等项目的本期期末余额结转为下期的期初余额。整个财会流程，大抵可分为：确认、记录分录、过账、试算、调整、结账、编表等阶段。在 ERP 系统中，有几项与会计总账模块相关的循环。

1．销售收款循环

与销售收款循环有关的会计项目主要是：

① 资产负债表项目：

- 应收账款
- 银行存款
- 应收票据
- 存货
- 现金
- 备抵呆账

② 损益表项目：

- 营业收入
- 产品销售成本
- 销售退回与折让
- 呆账费用

2. 采购付款循环

与采购付款循环有关的会计项目主要是：

① 资产负债表项目：

- 应付账款
- 银行存款
- 应付票据
- 存货
- 现金

② 损益表项目：进货退回与折让。

3. 生产管理循环

与生产管理循环有关的会计项目主要是：

① 资产负债表项目：应付账款、应付票据、现金、银行存款、存货。

② 损益表项目：制造费用、人工费用。

4. 固定资产循环

与固定资产循环有关的会计项目主要是：

① 资产负债表项目：应付账款、应付票据、材料采购、现金、银行存款、固定资产、累积折旧。

② 损益科目表：折旧费用、固定资产出售损益。

5.8　习　　题

1. 名词解释：ERP、MRP、MRP II、ERP II、JIT、BOM、BI、APS。
2. 请简述 ERP 的发展历程。
3. 请简述 ERP 系统中一般包含哪些模块。
4. 请简述 ERP 的引进流程。
5. 请列举一些 ERP 领导厂商及系统。

5.9　实验与思考

1. 实验目的

本节“实验与思考”的目的是：

① 了解 ERP 的基本概念，熟悉 ERP 的基本内容。

② 通过因特网搜索与浏览，了解网络环境中主流的 ERP 技术网站，尝试通过专业网站的辅助与支持来开展 ERP 应用实践。

2. 工具/准备工作

在开始本实验之前，请回顾教材书的相关内容。

需要准备一台能够访问因特网的计算机。

3. 实验内容与步骤

（1）专业网站分析：用友 ERP

用友软件股份有限公司成立于 1988 年。1988 年至 1998 年，用友通过普及财务软件，为成功推进中国的会计电算化进程做出了重要的贡献；1999 年到 2003 年，用友转型 ERP 成功；今天，用友致力于通过普及 ERP 推进中国企业信息化进程，全面推动中国企业管理进步。

用友公司长期致力于提供具有自主知识产权的企业应用软件、电子政务管理软件的产品、服务与解决方案，是中国最大的管理软件、ERP 软件和财务软件供应商之一。用友公司已形成 NC、U8、“通”三条战略业务线，分别面向大、中、小型企业提供服务，能够为各类企业提供适用的信息化解决方案，满足不同规模企业在不同发展阶段的管理需求，并可实现平滑升级。

在 ERP 领域，用友拥有丰富的企业应用软件产品线，覆盖了企业 ERP（企业资源计划）、SCM（供应链管理）、CRM（客户关系管理）、HR（人力资源管理）、EAM（企业资产管理）、OA（办公自动化）等业务领域，可以为客户提供完整的企业应用软件产品和解决方案。

请登录用友公司网站（http://www.ufida.com.cn），认真浏览阅读，并记录和回答问题。

① 用友 ERP/U8 企业应用套件产品主要适用于哪一类企业：

____

② 用友 ERP/U8 整合的企业八大核心业务的具体内容是：

- 财务管理

____
____
____
____
____
____
____
____
____
____

- 供应链管理

____
____
____
____
____
____
____
____
____
____

- 生产制造管理

____
____
____
____
____
____
____
____
____
____

- 客户关系管理

____
____
____
____
____
____

- 分销及连锁零售

____
____
____
____
____
____
____

- 决策管理

____
____
____
____
____
____
____

- 行政办公管理

____
____
____
____
____
____
____

- 人力资源管理

____
____
____
____
____
____
____

③“用友通”软件的标准版以业务管理为导向，财务核算为主轴，为小型企业客户提供了财务业务一体化的解决方案，实现了业务运作的全程管理与信息共享。其主要功能模块包括：

__________　__________　__________

__________　__________　__________

__________　__________　__________

__________　__________　__________

（2）ERP 网站搜索分析

看看哪些网站在做着企业信息化和信息资源管理的技术支持工作？请在表 5-1 中记录搜索结果。

你在本次搜索中使用的关键词主要是：__________

请记录在本实验中你感觉比较重要的 2 个 ERP 专业网站：

① 网站名称：__________

② 网站名称：__________

综合分析，你认为各 ERP 专业网站当前的技术热点（例如从培训内容中得知）是：

表 5-1　ERP 专业网站实训记录

网站名称	网　　址	主要内容描述

a. 名称：__________

技术热点：__________

____

____

b. 名称：__________

技术热点：__________

____

____

c. 名称：__________

技术热点：__________

____

____

（3）关注 ERP 沙盘模拟训练

沙盘实战模拟训练课程源自军事上高级将领作战前的沙盘模拟推演。战争沙盘在重大战争战役中得到普遍运用，其实演效果尤其在“二战”中发挥到了极致。

沙盘模拟训练课程是从 20 世纪 50 年代由军事沙盘推演演化而成，这种新颖而独特的培训模式现已风靡欧美，成为世界 500 强企业经营管理培训的主选课程，接受过沙盘模拟训练的中国优秀企业也已超过七千家；沙盘模拟教学模式现已被北大、清华、人大、浙大等多所高等院校纳入 MBA、EMBA 及中高层管理者在职培训的教学之中。

ERP 沙盘模拟训练（对抗赛）是集知识性、趣味性、对抗性于一体的大型企业管理技能竞赛。参赛学员被分成若干个团队，每个团队 5～6 人，各代表着 CEO（首席执行官）、CFO（首席财务）、市场经理、生产经理和采购经理等。每个团队经营一个拥有 1 亿资产的销售良好、资金充裕的虚拟公司，连续从事 6 个会计年度的经营活动。而在短短两天的企业模拟经营中，团队成员们必须一同发现机遇，分析各种企业经营中的典型问题，制定决策，公司才能保持不断的成长以获取最后的成功。

沙盘对抗赛的核心价值，在于通过直观的企业沙盘，模拟企业实际运行状况，其中涉及企业整体战略、产品研发、生产、市场、销售、财务管理、团队协商，让学员通过激烈对抗，体验企业经营过程，深入理解 ERP 理念对于企业管理的解决之道。中国已进入 ERP 普及时代，沙盘模拟对抗赛活动有助于普及 ERP 思想，为企业培养和选拔 ERP 管理人才，推动我国信息化建设的发展。

请登录用友公司培训网 http://202.106.160.135/，了解用友 ERP 沙盘模拟训练的具体信息。

请记录：

① 用友 ERP 沙盘模拟训练的培训目标是：

a. ______________________________

b. ______________________________

c. ______________________________

d. ______________________________

e. ______________________________

f. ______________________________

② 用友 ERP 沙盘模拟训练的培训内容是：

a. ______________________________

b. ______________________________

c. ______________________________

d. ______________________________

e. ______________________________

f. ______________________________

g. ______________________________

③ 企业实施 ERP 案例分析。请在网上搜索并记录一例企业实施 ERP 的典型案例：

____

____

____

____

4. 实验总结

请在“实验总结”中谈谈你对“ERP”的初步认识。

____

____

5．实验评价（教师）

____

____

5.10　阅读与思考：中小型企业 ERP 选型剖析

中国 ERP 市场正从成长期步入成熟期，从现在到 2010 年前将是 ERP 普及应用的最红火的时期，而其中制造行业占了 ERP 应用的半壁江山。中小企业尤其是制造业如何选择适合自身的 ERP 管理软件，是摆在企业管理者面前的一个大题目。

企业在考虑选择 ERP 厂商时，首先要想到的，不是选一套 ERP 软件，而是选择一个长久的合作伙伴，按这样的思路，就可以在选型过程中找到重点。

公司层面

一次在和一个客户的交流过程中，随意问了一个问题："为什么要换 ERP？之前使用的 ERP 有问题吗？"客户的回答多少让我有些意外，我以为他肯定会说软件不适用之类的话，结果他说："那家公司倒闭了！"。原来这家企业当时在朋友的介绍下，选择了本地的一家小软件公司定制开发！结果两年后这家软件公司倒闭了，随之对企业的服务也就中断了。虽然软件问题不是很多，但因为没有服务，企业也不敢再用这套软件了。

所以，选择软件厂商，一定要比自己企业的寿命长，至少也是一样长！换句话说，就是要选择有实力的公司或知名企业。

当然，有人可能会问了，选择大企业知名企业，他们的软件价格高啊！这样考虑也是对的，但还是要从投资回报的角度去考虑价格高不高的问题，大型 ERP 厂商提供的软件的功能更加全面，提供的顾问和服务对企业更加有帮助，带来更大的附加价值。况且，大厂商不但能伴随企业的成长过程，还能提供很多的增值服务，这在很多方面是小型软件公司做不到的。比如顾问方面，大厂商有提供高水平顾问的能力，服务方面也会做得更好，体系规范。可能又有人会问，我们是中小企业，在大的供应商的客户群里面我们只不过是他们的小客户，会不会不重视我们？这方面我认为大可不必担心，据我所知，除了那些世界顶级的 ERP 外，其他的软件厂商还不敢怠慢客户，毕竟客户的口碑比什么都重要，行内有句俗话叫"金杯银杯不如客户的口碑"，口碑可以给软件厂商带来大量优质客户，也可以让软件厂商寸步难行。所以，在选择大型 ERP 厂商的时候也需要去了解一下该厂商在市场上的口碑，在网上一般都有很多这方面的评论，另外也可以找朋友了解一下。

虽然笔者一直在强调要选择有实力的软件厂商作为合作伙伴，但并不是引导企业去找那些世界级的大型软件。国内外也有很多为中小型企业服务的 ERP 厂商，规模都比较大。

另外，知名软件厂商其实也各有所长，企业要在了解自己的需求的基础上去选择软件供应商，制造企业多数比较重视制造方面比较强的软件，那就去了解市面上哪些软件厂商专注于制造业或在制造业经验更加丰富。

软件层面

软件层面可以从以下几个方面来考虑：

第一，软件厂商的产品丰富程度。ERP只不过是企业信息化的开始，上了ERP以后，企业的信息化还需要更加深入，这种深入可能还需要用到OA、HR、CRM、SCM等很多软件，如果这些软件与ERP不是同一家公司的产品，则以后数据的接口问题会比较麻烦。虽然目前有公司专门去做各系统之间接口，但如果出了问题，企业需要向三家厂商来咨询，效率和效果、费用都是大问题。如果预测到未来的软件需求，在寻找软件供应商的时候就去找能提供这些软件的供应商。而且有必要在做系统演示的时候将ERP与这些系统连接起来进行，这样更加能证明各系统间是真正集成的，因为现在很多软件公司虽然声称什么软件都有，但接口并不一定衔接得很好，各系统间还是独立的。

以上讲的是横向考虑，在一个企业比较成熟，规模扩张速度相对稳定的情况下，可以考虑横向的软件需求。但是，如果一个企业扩展速度比较快或扩展规模目标已经确定，很可能目前购买的系统到时就不能适用了，那么目前的系统未来可以扩展吗？或软件厂商有更高级别的软件提供吗？这些因素也要先考虑到，所谓“未雨绸缪”嘛。

第二，软件产品的技术是否先进。这方面需要专业人员来判断，主要是看软件的架构如何（C/S或B/S，是两层结构还是三层结构？），使用了什么技术，开发工具是什么，数据库支持哪些，安全是如何保证的。其中，安全性是非常重要的，其中包括两个部分，一个部分是指内部安全性，即合法用户的权限控制到什么程度，比如使用相同功能的用户数据是否可区隔？对于关键信息或敏感信息是否可单独设置权限（如单价、成本），是否可提供更加细致的权限控制，如不同的用户负责不同的客户或产品系列，相互之间不能互相看到彼此的数据，但其上级部门又可以看到所规定权限的数据。另外一部分就是外部安全性，即数据库的安全性，系统是如何保证数据不会被外来人员入侵和破坏的？

第三，软件产品的成熟度、稳定性。这主要看软件发布有多长时间了，有多少客户在使用。因为新发布的软件一般BUG比较多，例如发布半年以上、有5家以上客户在使用就比较好，别一开始做信息化就当白老鼠，搞得筋疲力尽。

第四，软件产品功能全面性、扩展性。如何检验这点呢？可以将自己的业务数据放到软件产品中，让软件厂商来DEMO（演示），并提出自己的一些常见和不常见的业务请软件厂商技术人员演示，看是否能做到，最好在演示的时候每个部门都参加，每个部门都来提出一些自己部门的业务或问题。

第五，软件产品的灵活性，适应性。这一点非常重要，如果软件设计得非常死，想改点东西都要做二次开发，这样的软件未来的应用成本会很高。所以选择软件产品的时候要看看报表设计格式是否可以灵活调整，单据格式是否方便设计，是否可以自己制作一些系统没有的报表，系统现有界面是否可以自定义调整，甚至是否提供用户自己在系统中二次开发的功能。另外，系统的参数是否足够多？当业务控制方式发生改变时，是需要通过修改程序实现还是通过调整参数就可以了？

第六，软件产品的价格。看价格主要看其性价比，如果功能满足度高，综合评比各方面都比较好的软件产品，自然价格也会高一些，而产品功能和综合评价比较差的产品，即使再便宜也不要去买，否则以后花费的成本会很高。企业一定要牢牢记住，适用的才是最好的！

服务层面

行内有句流行语叫“三分软件七分服务”，这里的“服务”包括顾问和服务两个方面。顾问的能力在项目的成功几率和应用效果上会有很大的区别。资深顾问对企业熟悉，对软件业熟悉，结合应用就会提出比较优化的建议。另外，经验丰富的顾问在企业管理和问题的分析把握上也会给企业带来意外的收获。因此，在基本确定软件后，最好也将服务的顾问也确定下来，这样更能保证项目的效果。至于如何识别顾问经验是否丰富，主要从两个方面去看：一方面看顾问工作年限和工作经历，另一方面通过面谈来看看顾问对企业的了解程度，这叫面试顾问。一般来讲，当客户提出要面试顾问的时候，软件供应商或服务商通常会将最好的顾问请过去，但在真正实施的时候却派另外的顾问去服务，故企业在这方面需要注意约束。顾问的服务时间毕竟是有限的，企业的 ERP 应用却是长期的，顾问走了以后有问题如何解决？这就需要去了解软件供应服务商提供的服务模式，比如有些供应商提供了客户服务呼叫中心、网上在线交互支持和在线知识库等，这些对于企业来讲是很重要的。当然，可能很多服务商都声称有这些服务体系，建议企业真正去尝试一下，看看电话是否能打通，网上是否真的有人在回答问题，网上的用户活跃度如何。

成功案例层面

最后一个层面就是案例客户了，前面的过程都通过了，心里基本上有底了，但最好还是去了解软件供应商的一些案例客户 ERP 应用状况，可以通过各种途径去找寻客户来源，比如向软件供应商的业务人员索取，从网上查询或通过朋友了解，然后打电话过去咨询，一般来讲，如果是软件供应商提供的客户资料，其中可能有水分，他们可能只是将其中做得比较的客户提供给企业，甚至跟客户打好招呼，这样就得不到真实的信息。参观客户也是这样，如果是软件供应商提供的名单，多数是关系比较好的客户，一定会帮他说话，所以企业想参观案例客户，最好自己能主动一些，别被牵着鼻子走。

（**资料来源**：神州数码，沈俊杰，畅享网（http://erp.amteam.org/））

第6章

物流与运筹管理

所谓商业流通，是指因为制造者和企业具有相同的经营目标，即提供产品给消费者使用并供应产品到所需要的市场，所以必须通过不同的流通体系进行交流。所以，企业经理人应该具备充足的商业流通知识，才能成功地经营企业。而所谓流通渠道，是指产品从原料供应商，通过制造商、中间商、零售商直到交付消费者的转移过程中，其间所有参与的组织。这些参与成员之间，理应采取合作的方式；这种关系管理，也正是商业流通的真正含义。

6.1 物流与运筹的定义

"物流"，指的正是在商业交易过程中"物"的流通。而所说的"物"，其实包罗万象，凡是原物料、零配件、半成品、产成品、邮件、办公室用具、支票、废弃物、流通容器、包装材料、电子文件等，都是"物流"所要处理的对象。

"物流"和"运筹"这两个名词，英文都是"Logistics"。事实上"物流"和"运筹"可以说是同义词。在这里，我们将这两个名词做个简单的区分：

① 物流管理：来自于日本，可作为"物流管理概述"，涉及物流管理的作业面。

② 运筹管理：来自于美国，可作为"高级物流管理"，涉及物流管理的决策面。

6.2 物流工作的内容

企业的物流工作，主要具有下列功能，如图 6-1 所示：

① 运输：安排货物的载运车辆，并予以适当调度，将货物送到目的地。

② 搬运：将货物从货车上卸载后，需搬运到处理、加工或销售的地点。

③ 物品处理：有些货物是需要再处理的，例如贴标签、分类等。

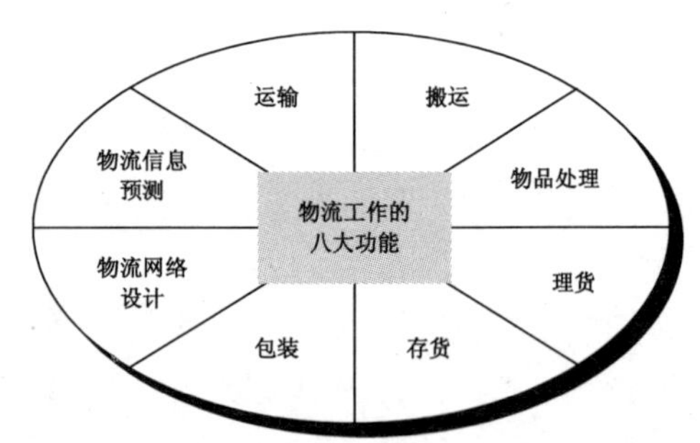

图 6-1 物流工作的八大功能

④ 理货：由于物流中心的库存是以集中化、大型化的方式存储的。但在要送到零售商或消费者手中时，其包装和数量并不相符，因此形成"配置差距"和"数量差距"。所以必须经过"理货"以挑选出所需要的商品与数量。

⑤ 存货：将货物存储在仓库中。

⑥ 包装：根据营销或者物流分发的需要，将货物进行分装与包装。除了美观、促销目的以外，更可以保护货物本身。

⑦ 物流网络设计：规划物品运送的路线、经过的中间点、载运的车辆种类、装置的容器、运输顺序的调度等。考虑的重点包括成本与效率等。

⑧ 物流信息预测：运用经验法则、预测工具和技术，对于物流过程所需要的信息，进行预测的工作。一段而言，物流信息包含了下列种类：运输文件、存货需求、顾客订单、发票、仓库表单、补货单。

现在已经有许多应用技术，能以更有效、更快速的方式，通过电子传输更好地管理信息。一般常见的物流预测技术有下列几类：季节性时间序列技术、周期性时间序列技术、趋势分析、因果分析。

对于企业而言，物流主要有以下目标：

① 快速响应：即快速响应客户的需求。

② 运送并合：如果物流网络设计能得到完善规划，就能将不同批次的货物合并运送，进而降低运输成本，达到经济日的。

③ 最小存货：通过巧妙的物流安排，让存货量降低，当然也可因此降低存货成本。

④ 最小误差：无论是订货量、订单承诺量或者生产计划等，都希望通过比较精确的物流预测，以达到最小误差。

⑤ 品质：对货物及运送品质的保证与维护，是一项重要目标。

6.3　运输管理

在物流作业中，所谓运输，就是运用运载工具，将货物在两地间进行转移的活动。所以，运输主要具有两项功能：

① 物品的搬运：将物品从一处搬到另一处，完成运输的目的。

② 物品的存储：运输过程中，物品需要暂时的存储，或者是目的地仓库空间不足时，也需要通过变换目的地、或是绕路而行的方式来解决，而这些情况都需要暂时存放这些货物。

在执行运输功能时，其基本结构有下列几项：

① 运输工具：移运货物时所需要的车辆或者飞机、船舶、火车等。

② 运输机构：提供运载工具以及执行运输的机关单位。

③ 路权与航权：所有运输过程中所经过的道路或航线等，必须先取得其使用权，才能经过此路线或航线。

基于不同的考虑与路线规划，常见的运输模式有公路、铁路、水运、空运、管道和网络。所参与的运输公司，还可以进一步分为下列种类：

① 单模式运输公司：仅使用一种运输工具提供服务者。

② 铁路/公路复合运输公司：结合铁路、公路两方面，提供复合式服务。

③ 卡车/飞机复合运输公司：结合铁路、航线，提供复合式服务。

④ 海陆复合运输公司：结合海、陆，提供复合式服务。

⑤ 特殊运输公司：主要指快递公司、宅配公司等。例如：UPS、DHL、Fedex、EMS 等。

⑥ 运输服务中间商：这类的参与公司，自己并没有运输工具和固定场所，仅以经销运输人的运输服务为主要工作业务。

而运输机构对于运输任务的计费方式，大致有下列几种：

① 等级计费：将产品依其特性分成几种类别等级，并按等级设定不同的计费方式。

② 例外计费：提供托运人比等级计费更低的特别收费方式。

③ 货物计费：若单一某货物经常大量在两地之间进行运送，可针对这种单一货物制定专门的计费方法。

④ 变换目的地：若需要变更目的地或收件人，由于会影响运输计划与成本，所以也会另外计费。

⑤ 分割运送：如果货物必须分装运送到不同的目的地，应该另计费。

⑥ 延迟装卸货：没有在约定期限内完成装卸货，按照规定应该另付费。

⑦ 在途服务：货物可在起讫点间中途卸货、存储、加工后，再装车运送到目的地。

⑧ 辅助服务：因运输产生的相关辅助服务。如 COD（Collect Payment on Delivery，代收款）。

6.3.1 运输管理与运输决策

进行运输管理，不外乎以效率和成本作为最重要的衡量点。基于这种特点，运输管理有两项因素需加以考虑：

① 规模经济：每次运输的数量，应该是具有一定经济效益的规模。

② 距离经济：运输的路线计划，应该以路径最小化为目标，尽量降低总距离，以节省成本、提高效率。

如果进一步地详细考虑，影响运输成本费用的因素还应该有下列几项：

① 距离：运送距离的远近，会影响成本。

② 密度：装运货物的放置密度，会影响一次可运载的数量，并且影响成本。

③ 装填性：有些形状比较容易装填，每次可载运的数量当然就会提高；而对于装填性较差的货物，就会增加其单位运输成本。

④ 搬运：货物是否经过包装以适合搬运，以及其搬运的难易度（例如，玻璃品就比较不易搬运），会影响运输成本。

⑤ 载重量：单位载重的运输成本会随总载重的增加而下降。主要的原因在于固定成本因载重量增加平均计算后而下降。

⑥ 产品责任：例如化学物品、生鲜易腐、高单价体积小易失窃的产品，由于其风险成本较高，也造成了运输成本的上升。

6.3.2 运输管制与运输行政

在政策上，针对运输也有一些管制措施。一般最常见的运输管制有下列两类：

① 经济管制。政府对企业实务活动予以控管，或者国家对其他国家予以经济活动的管制都称为经济管制，但随着经济社会越来越开放，经济管制也会逐渐予以解除。

② 安全及社会管制。相对于经济管制，安全及社会管制则愈趋严格。主要是全球社会的多元化，甚至基于反恐的考虑，运输管制必须防止如危险物品、易爆裂物、夹带毒品、带传染疾病的动植物等的运输。

对于货运部门而言，其主要的行政工作内容（包括责任与服务）如下：

① 设备排班：设备资源总是有限的，所以要根据智能与经验来排班，以供各种工作任务轮流使用设备。

② 人员排班：统筹人员编制排班轮值表与时间表安排班次。

③ 求偿行政：没有按照约定进行的运输项目，托运人可向运送者要求付费。常见的付费项目有遗失、损毁、延迟等。

④ 运费行政：负责处理运费的计算与交付。

⑤ 费用订定：负责制定在不同情况下、不同服务项目的费用计算方式。

⑥ 货运账单审计：负责审计复杂容易出错的货运账单。

⑦ 追踪：货物在运送过程中，应随时追踪其目前抵达或即将抵达的位置，并且为托运人提供方便的查询追踪体系。近几年来，由于网络的普及与发达，让托运人通过网络来追踪货物的运送情况将成为必然的趋势。

⑧ 催运：对于已经延迟或者可能延迟的货物，货运部门有催运的责任与功能。

⑨ 运输研究：研究运输路线、运输工具、排班、规模经济、距离经济等需考虑的因素，确定该如何计划，以达到最大效益与最低成本。

若从信息流的角度来看，运输文件在物流过程中，提供给企业与运输机构一些相当重要的信息。一般而言，常见的运输文件包含下列几种：

① 货物提单：这是采购及运输过程中最基本的重要文件。货物提单上多半记载下列数据：

- 承运货物名称
- 数量
- 托运人
- 收件人
- 目的地
- 托运人与运送人的义务与权利
- 对于损毁、遗失、延迟交件的赔偿条款。

② 货运账单：指的是运送人用来向托运人或收件人收取运费的文件，其相关计算信息主要来自货物提单以及相关费率。

③ 货运舱单：列示了在同一种运输工具（货车、火车、飞机、货船等）所载运的多笔货物的信息，如收件人、件数、重量、各停靠站、货物单号码、每一笔货物都各有独立的货物提单等。

6.4　存 货 管 理

一般而言，存货具有下列功能：

① 平衡供需：由于供应与需求不一定总是能完全相符，所以通过存货的方式来暂时存放货物，可以用来平衡供需双方无法完全同步的情况。

② 地理专业化：原料产地与市场集中处，往往不一定位于同一个区域。此时仓库或物流中心所扮演的，正是生产地与市场间的中间角色。

③ 制程分离化：对于每项产品，可以将制作过程分离为不同阶段，由不同厂商进行制造。而不同厂商制造出的半成品，如果能汇集达到合乎经济考虑的数量再一起运送，则可以减少物流成本。因为没有达到经济规模量的半成品，也需要一个仓库来暂时存放。

④ 缓冲不确定因素：无论是预测订单或是预计交货期，都有无法达到百分百正确的不确定性。适当的存货管理，可以缓冲这些不确定因素。

1. 存货管理体系

不良的存货管理会导致存货过多，而囤积太多存货将增加库存费用与流动资金，更形成种种风险成本，诸如存货毁损、保险、税金及报废等，进而降低了利润。除此以外，存货还具有下列风险：存货投资的机会成本、存货过时老旧的风险等，因此我们知道，是否做好存货管理，其影响力度是相当大的。至于存货管理的体系，主要可分下列几种方法：

① 需求反应法：等待顾客需求，以激活补货功能。每个零售商都是独立决定何时订货、订多少货、向哪一物流中心或批发商订。这是比较传统的做法。

② 存货计划法：采用一个共同的信息系统，来协调并整合计划价值链中各个据点的存货需求。在这个方法中，工厂仓库对多个物流中心的存货，同时进行分配与配送。

③ 弹性调整法：结合需求反应法与存货计划法，其特点主要是针对特定的产品区域或顾客，采取不一样的存货管理策略。

2. 存货管理的考虑因素

在规划存货管理政策时，需考虑以下因素：

① 存货持有成本：因为持有存货而产生的成本。通常存货持有成本占总物流成本高达 40%。其计算公式：存货持有成本＝持有成本率×平均存货价值。在计算存货持有成本时，所包含的成本项目有：资金成本、税金、保险、存储成本、因货物过时或老旧而产生的成本。

② 存货持有成本率对物流决策的影响：

- 低持有成本率的影响：有比较多的存货配置在靠近市场的许多流通中心内，以降低运输成本。
- 高持有成本率的影响：将存货集中，以频繁运输作业来解决配送问题。

③ 再购点：决定何时应该对外进行采购补货的存货量。

④ 经济采购量：使采购成本、存货持有成本的总值最小的采购量。

⑤ 服务水准：指的是企业设定的服务目标、服务水准定义存货功能所需达成的绩效目标。服务水准的评估变量有下列几项：

- 订购周期时间：从顾客下订单一直到收到货物所历经的时间。
- 箱数供品率：可依约送交订单箱数的比率，其余未按照约定送交的，有可能是原本预计的候补量，或者被取消了。
- 生产线供品率：以整条产品生产线来计算供货率。
- 订货供货率：在某段期间内，完美订单占所有订单的比率。所谓完美订单，是指所有订单物品项目都按照约定完成供货的订单。

6.5 仓 库 管 理

存储是营销过程中的重要环节。一般而言，仓库可分为下列几种：

① 储存仓库。主要作用就是单纯的“存储”。可存放原料、半成品、成品等。

② 物流中心。在商业自动化及电子商务时代，物流中心扮演着极其重要的角色，其兼具多功能角色。除了可以转运、存储，更能提供诸多附加价值与服务。

③ 货物并合场站。对于下列情况，可通过货物并合场站以进行货物并合功能：

- 有些产品的零部件，是来自于不同运送点。

- 有时候为了满足配置差距，必须将来自不同运送点的产品进行组合或者重包装，然后一起送往目的地。

④ 货物拆分设施。与上述功能相反。有些货物需要拆分，将货物分别送到不同目的地，则需要货物拆解设施及场站以协助此项工作的进行。

为什么需要仓库？因为它拥有下列能够带来经济效益或服务效益的功能：

① 存货堆放。主要是针对一些季节性产品进行储存。例如有些农产品，它必须在定期收成，但却全年销售。因此需要有存货堆放的仓库。

② 现场存货。直接在销售或展示现场进行存货。适用于类别较少、需求量较高的产品。

③ 当地市场。为了快速响应顾客的需求，在销售现场附近设置仓库，以备随时补货。有些大卖场会在最近的交流通道附近设置仓库，就有当地市场的功能。

④ 货物集散。将来自各地的商品集中放置，因此自然形成市场。可降低下游厂商所需面对的供应商数目。

⑤ 货物拆分。物件拆分后，根据需求分别运送到不同目的地。

⑥ 货物并合。将来自不同运送点的零件或商品，并合后一起运送到目的地。

⑦ 跨库作业。接收来自不同运送点的整车货物，立刻根据顾客需求予以拆解、分类，然后再装车送到不同的交货点。其间，所有货物都不放入仓库的存储空间。请注意，跨库作业与货物并合作业看来有些类似，但其实有不同的功能。

⑧ 加工处理。对运送来的货物，进行额外加工，甚至简易制造作业。仓库可以延缓生产活动的发生，以提高效益、降低风险。常见的加工作业，如根据顾客的需求来包装、分类、贴标签等。这些需求有时候是在生产阶段无法确切得知的。

⑨ 生产支持。为了支持生产活动所计划的库存需求，如零部件仓库等。

在进行仓库的设计时，应该考虑下列因素：

① 设计准则：

- 楼层数。仓库当然以单一楼层为最佳。但往往碍于土地的取得与成本问题，必须采用多楼层设计，这样就需要计划好进出货的路线。
- 高度。因考虑商品高度、堆高机的高度等。一般而言，多数是 6～10 m；但若是自动化仓库，则可能高达 30 m。
- 空间的利用。仓库寸土寸金，因此必须计划好空间的使用密度。
- 物品流程。谨慎计划货物进出路线和流程，以避免阻塞、不顺畅，而降低了效率。

② 存储规划：

- 产品销售量。根据销售情况决定存储的物料上架区，原则是搬运距离越短越好。
- 产品重量与存储特性。比如，重量大、容易碎的货物，就应该置放在低料架区。

③ 搬运技术：

- 移动连续性。尽量一次搬完，避免多次转搬，或者太频繁的短距离暂时改换位置。
- 移动规模经济。尽量一次搬运大量货物。如此可以让人员、搬运设施的使用与规划更有效率。
- 掌握搬运时机。最常见的搬运需求是在进货、库内搬运或出货时。

至于仓库搬运系统，则可分为四大类：

① 机械式搬运系统。由人工驾驶或操作机械式设备以进行货物装卸与转运。例如：拖板车、

人工台车、堆高机等。

② 自动化搬运系统。利用电子化的方式，通过自动化流程以降低人力需求。这是相当复杂并且高成本的方式，比较适合标准化流程、很少需要变动的作业。这样的理货系统，后来逐渐发展为全自动化的 ASRS（Automatic Storage and Retrieving System）。

③ 半自动化搬运系统。机械化与自动化的结合。通过某特定搬运的自动化搬运设备，以协助并提高机械化作业的效率。例如机械手、活动料架等。

④ 信息指挥搬运系统。通过计算机的指挥，来控制机械式搬运系统的操作。可有效协调人力与机械设备，进而提高生产力。

企业可运用的仓库资源大致有下列三种：自用仓库、公用仓库和契约仓库（即根据使用阶段需求签订契约租用的仓库）。

此外，包装也是物流作业中的重要一环。一般而言，可分成两大类：

① 营销包装。主要是以吸引人的包装计划达到促销产品的营销目标。所以，在质材的选择上，以符合消费者口味为关键。

② 物流包装。这类包装的目的主要是为了方便移动，并且保护货物。因此，物流包装的三个主要功能为：

- 防范货物损坏的可能性。
- 提高物品搬运的效率。
- 进行下列信息传播：包装货物的维护，例如以警示语标明其为易碎品，搬运请小心等；在包装上贴示流通条形码，用来协助货物运输的追踪；搬运指示：在包装上注明运输目的地、下一个运送点等的数据。

6.6 供应管理

供应流（Supply Stream），是从使用需求的确认直到最后使用获得价值，其间的相关步骤所构成的流程。此流程包括下列步骤：

① 需求确认：确认消费者对产品的需求。

② 开发：计划并设计上述消费者已确认需求的产品。

③ 购买：为了生产，必须向上游供应商购买原料、零部件或半成品。

④ 配送：由供应商配送采购品给制造商。

⑤ 使用：使用购买品。

⑥ 评量：评量使用状况。

⑦ 付款：付款给供应商。

⑧ 获得价值：在这个流程中，供应商与制造商都获得了利润。

供应管理有下列两种含义：

① 一个管理方法：用以监督所需物品或服务的采购，以及使用过程中所面对的所有问题。

② 一个新的商业程序：用以追求采购物品或服务所花费成本的最大价值。

一般而言，传统的“物流”或“运筹”主要是在制造业中，是关于“物”的移动，或者其相关的“操作”（例如搬移、运输、库存、理货等）。而所谓“供应链管理”则进一步着重于与上、下游合作厂商（诸如制造商、供应商、渠道成员、顾客等）之间的伙伴关系。所以，除了物流的操作以外，还必须加强决策的功能、并且善用信息科技 IT 的协助。至于近年来由于全球化趋势而相当热门的“全球运筹管理”则更侧重于决策；因为在国与国界线越来越模糊的全球化时代，如何跨国接单，然后跨国生产，让“物”在全球供应链伙伴之间有效转移，经营跨地域性的运营中心，已成为各企业的追求目标。换句话说，在全球运筹管理的观念中，除了要掌握全球化物流以外，更需要在决策上高瞻远瞩，真正地达到“运筹帷幄”。

6.7　习　　题

1．名词解释：商业流通、流通渠道、物流、运输、ASRS、理货、运送并合、货物计费、货物提单、货物账单、货物舱单、制程分离化、存货持有成本、再购点、EOQ、跨库作业、营销包装、物流包装、供应管理、自由贸易协议、海关同盟、共同市场、经济同盟、存货的服务水准。

2．请说明“物流管理”和“运筹管理”两个名词的差异。

3．请介绍物流工作的八大功能。

4．请问物流的目标何在?

5．请叙述运输的两大功能。

6．请介绍运输功能的基本结构。

7．请介绍常见的运输模式。

8．请介绍运输管理的考虑原则。

9．请问影响运输经济有哪些因素?

10．请介绍常见的运输文件。

11．请介绍存货管理体系。

12．请问存货管理有哪些需考虑的因素?

6.8　实验与思考

1．实验目的

本节“实验与思考”的目的是：通过仔细阅读课文和了解物流管理典型案例，进一步了解和熟悉物流管理的基础知识。

2．工具/准备工作

在开始本实验之前，请回顾教材的相关内容。

需要准备一台能够访问因特网的计算机。

3．实验内容与步骤

（1）概念理解

请认真阅读课文并回答以下问题：

① 请简单描述什么是物流管理?

____

____

____

② 物流的发展与电子商务有什么关系？为什么说物流是实现电子商务的保证？

____

____

____

（2）分析与思考

请阅读：

物流外包：想说爱你不容易

国外权威物流管理机构的调查显示：一个企业的物流运营成本通常占企业销售收入的 7%～16%，物流投资占企业净产值的 10%～35%。随着市场竞争的加剧，企业纷纷寻找新的方式来保持竞争优势，竞争的重点从外部价格和服务的竞争转向对内部成本的控制，特别是对被称为第三利润源的物流营运成本的控制，物流外包一跃成为企业竞争的利器。通过加强对整个供应链的管理，可以大大降低企业的库存和运输成本，提高企业的长期竞争力已经成为企业的广泛共识。愈来愈多的企业通过将非核心业务的职能物流外包给专业的物流服务商，专注发展具备核心竞争力的业务，注重于构建高价值生产模式，强调速度、灵活性和革新，从而使企业的运营管理提高到世界级水平。

据国外有关数据显示，目前欧洲使用 3PL（第三方物流）服务的比例为 76%，美国为 58%，日本为 80%，而中国目前这一比例尚不足 17%，发展潜力巨大，近年来国内物流外包市场发展迅猛，年均增长超过 30%。

中国物流市场潜力巨大

虽然出于专心构筑核心竞争力的考虑，很多企业纷纷选择将物流业务外包，但由于当前我国物流服务提供商的服务水平较低，服务范围有限，不少企业始终在不断考虑选择新的物流提供商，这一方面造成了较高的变更成本，另一方面也影响了相互间供应链伙伴关系的形成。目前企业外包的物流服务主要为传统的物流服务，合作关系多为短期合作，而且往往与多个供应商合作，真正的伙伴关系尚未形成，第三方物流提供的服务价值停留在较低层次。通过图 6-2 和图 6-3 我们可以分析发现这一事实。

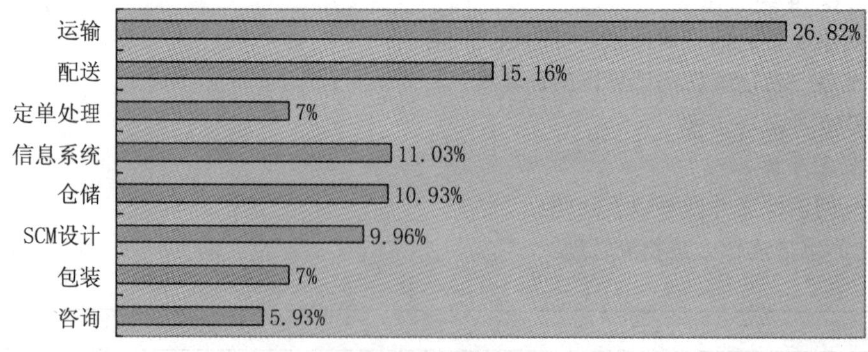

图 6-2　企业外包的物流服务内容

与此同时，物流外包市场充斥着不和谐，我们不得不面对这样的尴尬景象：企业外包的比例、意愿以及满意度指数都处于较低水平，物流外包市场掀起的热潮与差强人意的实际效果可谓是冰火两重天。

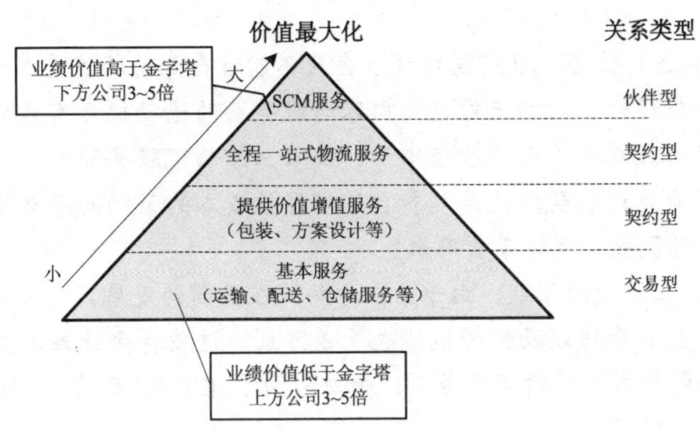

图 6-3　第三方物流价值金字塔模型

物流外包：驱动与陷阱

要想了解事情的真相与深层次原因，我们不妨冷静地对物流业务外包的驱动因素以及供需双方合作失败的陷阱进行剖析。对于企业而言，通过物流外包主要是想获得来自五个方面的价值：

① 强化企业核心竞争力。企业外包的主要目的是为了优化企业资源配置，集中资源与精力培育企业的核心能力。

② 充分利用企业外部资源。企业通过将短板业务外包可以利用外部资源弥补自己资源和能力的不足。

③ 降低和控制成本，节约资金。企业通过外包一方面节约了物流成本，同时减少了物流设施的投资。

④ 实现信息共享与风险分担。企业通过与第三方物流商合作，能够实现信息共享，风险分担，从而变得更有柔性，能够对市场的风云变幻做出敏捷反应。

⑤ 加快企业重构，降低系统风险。物流业务外包后，企业可以加快内部组织结构与流程的重组优化，提高管理效率，降低外部经营环境变化带来的系统风险。

根据研究，绝大多数企业选择 3PL 服务主要考虑的因素以及关注的价值呈现出的特点如图 6-4 所示。

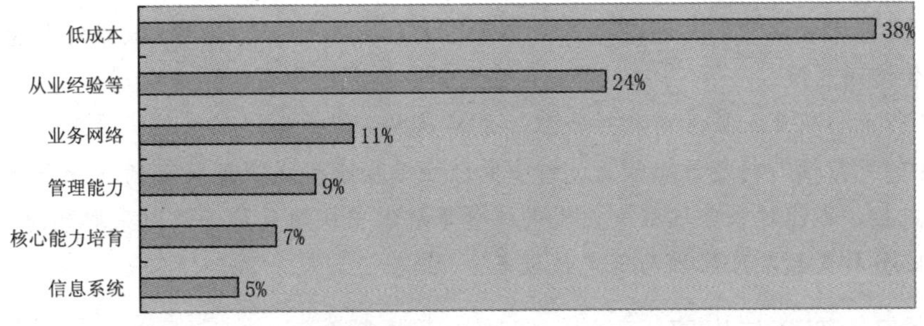

图 6-4　采购 3PL 服务主要考虑因素与比例

但是，由于物流服务提供者所提供的物流服务不能满足最终客户需求，加上企业对第三方物流服务绩效缺乏有效的监督和约束机制，不能直接和适时控制物流服务质量，在这种矛盾状况下就会产生物流服务不能满足最终客户需求的合作陷阱，导致双方合作陷于危机和失败。

企业与物流服务商合作遭遇的困境主要来自两个方面，首先，我们来看来自客户（企业）方面的陷阱：

① 对第三方物流认识的偏差。目前国内许多企业不能对自身的物流需求进行准确描述，对物流成本缺乏科学的分析评估，对物流外包的内容与服务商的选择缺乏有效的决策机制。另一方面，许多企业视物流为成本中心而非价值中心，视第三方物流服务商为卖方而非战略合作伙伴，导致双方合作表现为纯粹的契约关系，各自追求显性成本的节约而忽略了供应链合作伙伴关系的建立与双赢目标的达成，最终不欢而散。

② 对第三方物流企业能力的质疑。由于第三方物流在我国的发展只有短短几年时间，而且第三方物流企业擅长的业务领域以及经营地域也千差万别，这使得企业在考虑将其物流业务外包时，很难选定一家合适的第三方物流服务商。企业心动于 3PL 的“魅力”，同时又对 SCM 其能否提供高效的物流服务满怀疑惑。

③ 运营情报外泄的疑虑。企业引入第三方物流来经营其内部物流，其基本的运营情报不可避免地要向第三方物流企业公开，在日益激烈的市场竞争之下，核心竞争力成为生存与发展的重要保障，而核心运营要素的泄露成为企业实施第三方物流外包的又一心腹之患。

④ 业务流程失控之忧。企业在将物流业务外包后，其生产运营便在一定程度上依赖于第三方物流企业的绩效，随着第三方物流介入程度的深入，其物流运营能力越强，对企业形成的潜在威胁愈大，企业面临一个更大的难题是某些控制权将逐渐削弱，企业对于第三方物流介入和介入程度的这种业务流程失控之忧成为限制第三方物流服务商与企业建立客户关系以及进行深入合作的瓶颈。

⑤ 承担巨大风险之虑。诸多生产与流通企业本身有较大物流能力，实施第三方物流意味着裁员和资产出售，企业管理结构将会发生巨大变化，企业内部管理结构重大调整可能会引发系列的经营风险，这种疑虑使得企业掌舵者不敢轻易将物流业务进行外包。

其次，双方合作的陷阱来自于 3PL 服务商自身能力的缺陷，主要体现在以下 6 个方面：

① 许多物流服务商提供的服务内容与模式比较单一，普遍不能提供全程掌控的一站式服务，为客户提供的增值服务较少；绝大多数企业不具备物流一体化的规划能力与供应链整合能力。

② 国内的物流服务商地域性强，服务市场较多受到地域的限制，具备全国性网络的服务商较少。

③ 物流市场鱼龙混杂，服务缺乏统一的标准，行业操作不规范，缺乏一致认同的计价方式。

④ 除少数先进企业外，大部分物流企业信息化管理水平普遍较低，数据处理能力弱，信息沟通不畅，传递速度慢。

⑤ 物流行业的从业人员素质相对较低，尤其是中高级复合型高级物流管理人才严重匮乏。

⑥ 服务的可靠性与稳定性比较差。许多物流企业尚未形成规范标准的作业手册，对物流服务过程缺乏监控，不能对服务过程中出现的质量事故做出快速反应，及时采取预防与纠正措施，服务质量面临多种变数，可靠性与稳定性较差。

物流外包：变革与出路

要让企业与物流服务商实现双赢，必须双管齐下。

首先，第三方物流服务商要积极采取策略实施变革，在能力提升方面要实现运营高效，形成一体化解决方案的规划与实施能力；在服务改进方面要实现服务的标准化与定制化。同时，物流服务商必须转变服务模式，创新商业模式，由过去简单的契约式物流向集成式供应链管理发展。3PL 服务商要通过扩充服务领域、打破地域限制、培育新的核心能力以及建立战略联盟来实现物流服务的价值增值。物流企业的未来在于实现真正重大的供应链管理改进，转向新的商业模式，利用强大的基础设施使得第三方物流提供商能为电子化的商业世界提供新的商业运营模式，才能改变现有低水平的盈利状况，获得业绩的高速增长。

其次，企业在选择物流外包时必须采取合适的外包策略，妥善处理好以下问题：

第一，识别企业的核心竞争力。企业应深入分析内部物流状况，并探讨物流是不是企业的核心能力，分析物流是否能为企业带来外部战略经济利益；企业只有在拥有了合适的合作伙伴，企业内部管理层也认识到外包的重要性而且清楚针对外包应做的准备工作，才能决定是否实施外包。

第二，选择正确的外包伙伴。物流外包决策中很重要的一个问题是外包伙伴的选择。首先需要对外部的潜在物流供应商进行调查、分析、评价，调查物流供应商的管理状况、战略导向、信息技术支持能力、自身的可塑性和兼容性、行业运营经验等，评价其从事物流活动的成本状况、长期发展能力、信誉度等。特别是对于物流供应商的承诺和报价，企业务必认真分析衡量。在评价的基础上，对潜在的多个物流外包伙伴进行比较，从中选择最适合企业需要的外包伙伴。

第三，强化对物流外包活动的控制。对外包活动进行监控和控制是外包顺利实施的重要保证。企业即使与第三方物流供应商签订了协议，也应当监控第三方物流供应商的绩效，同时给他们提供所需的业务信息。企业与第三方物流供应商之间要注意相互沟通，共同编制操作流程。企业要建立物流外包的控制机制，对外包伙伴的业绩进行定期检查，制订标准对其业绩进行考核。

第四，加快企业内部组织结构重组。企业物流外包可能会受到企业内部作业流程的制约以及员工的抵制，因此，企业内部组织结构的调整主要集中在以下方面：如何在无缝衔接的基础上调整业务流程，进行职能变革；如何对外包的物流功能进行持续有效的监控；企业文化是否鼓励创新与变革等。企业应该从战略角度看待物流业务外包，致力于获得最佳合作伙伴，并围绕着这种伙伴关系建立一种健全的管理体系，从而实现无缝衔接，取得外包策略的成功。

第五，以“双赢”为原则，巩固合作关系。物流供应商对企业和客户的服务能力有赖于企业自身的工作表现的好坏，外包意味着双方利益是捆绑在一起的，而非独立的。良好的合作伙伴关系将使双方受益，任何一方的不良表现都将使双方受损。在选择物流供应商时，企业要改变现有的观点，即仅着眼于企业内部核心竞争能力的提升，而置物流供应商的利益于不顾，企业应以长远的战略思想来对待物流外包，通过外包既实现企业自身利益最大化，又有利于物流供应商持续稳定的发展，达到供需双赢的局面。因此，供需双方相互信任和忠诚以及履行承诺是建立良好的外包合作关系的关键因素。

我们深信，只要不懈地努力，企业与物流服务商在经历市场考验与磨合后一定会情投意合，中国的物流外包市场一定会走出尴尬，回归理性与繁荣。

（**资料来源**：全球品牌网（http://www.globrand.com/））

请分析：该文章有哪些观点对你产生了启发？请简述之。

____

____

____

4. 实验总结

____

____

____

5. 实验评价（教师）

____

____

6.9 阅读与思考：像送鲜花一样送啤酒——青岛啤酒物流管理案例

6月的青岛，天气异常闷热。此时，青岛啤酒销售分公司的吕大海手忙脚乱地接着电话，应付着销售终端传来的一个又一个坏消息。

“车坏了？要过几天才能回来？”“货拉错地点了？要隔一天才能送到？”“没有空闲的车辆来运货了？”……身为物流经理的吕大海每天都把精力花在处理运输的麻烦事上，对于终端的销售支持简直就是有心无力。

都说到了炎炎夏季，正是啤酒巨头较劲的开始。而那时的青啤，却因为自己内部混乱的物流网络先输一着。“有时候仓库里明明没有货物了，还要签条子发货。而到了旺季，管理人员更是不知道仓库里还有没有货……”

混乱的运输，高库存量的“保鲜”之痛

“当时，我们在运输的环节上简直可以用‘失控’来形容。由于缺乏有效管理，送货需要走多长时间我们弄不清楚，司机超期回来我们也管不了。最要命的是，本应送到甲地的货物被送到了乙地，这一耽误又是好几天……”

随着啤酒市场的逐渐扩大，在青啤想发力的时候，混乱的物流网络成了瓶颈。

吕大海举了例子说，由于运输的灰色收入比较多，司机出去好几天拉别的客户青啤也不知道。经常是司机一句“车坏了”，然后过了几天，运货的车辆才迟迟归来。在旺季时间前方需要大量供货的时候，不能及时调配车辆可谓是青啤心头之痛。

而运输的混乱，使啤酒的新鲜度受到了极大的考验。

可以说，新鲜是啤酒品牌的竞争利器，注重口感的消费者如果碰上了过期酒，品牌忠诚度绝对会大打折扣。而在青啤原产地青岛，由于缺乏严格的管理监控，外地卖不掉的啤酒竟流回了青岛，结果不新鲜的酒充斥市场，使青啤的美誉度急剧下跌，销量自然上不去。

北京商业管理干部学院副院长杨谦说，整个物流网络的规划和设计，与快速消费品销售的顺利进行密切相关。青啤在运输上的混乱，肯定会带来蹿货、损耗过多等一系列问题。

而事实验证了杨谦的说法，青啤不仅内耗严重，对市场终端的管控也力不从心。这样的结果是对销售计划的预估极其不准确，使安全库存数据的可信度几乎为零。

一位曾经参与过仓储管理的员工这样描述当时的仓库：陈旧、设备设施非常落后。不仅总部有仓库，各个分公司也有仓库。高居不下的库存成本占压了相当大的流动资金。有时局部仓库爆满、局部仓库空闲的问题，同时没有办法完全实现先进先出，这样使一部分啤酒储存期过长，新鲜度下降甚至变质的情况自然会出现。

就这样，青啤人坐不住了。如果没有合适的解决办法，青啤制订的“新鲜度战略”根本实施不下去。这时，供应链管理（SCM）的概念被引入到青啤，这个百年企业的变革也随之开始。

供应链管理不是简单地调整物流配送网络

青啤销售分公司总经理陆文金回忆说，自己接触供应链管理的概念是在 1997 年。当时由于同日本的朝日啤酒有合作关系，青啤便组织大家去参观学习。

陆文金在参观以后可谓感触颇深，他感慨地说，朝日啤酒的“鲜度管理”不仅实现了生产 8 天内送到顾客手里的目标，库存还控制在 1.5 天到 1.6 天，“供应链管理让他们的啤酒保持了最新鲜的口感，当时的我们，只能望其项背啊!”而陆文金的供应链管理情结延伸到 2001 年，才从构想落到了实处——青啤提出要实施自己的供应链管理了。

2001 年，青啤面向全国进行销售物流规划方案的招标，最终，招商局下属的物流集团胜出，与青啤同征战场。形容这次的结盟，吕大海用了“结婚”这个词，形容双方都是诚心诚意地“过日子”。因为他们知道，“供应链管理”在当时还被视为一件新鲜事，迎接他们的必然是重重障碍，要实施成功，他们必须密切合作。

“当时很多人不理解也不支持，为此我们还辞退了青啤的两个物流操作方面的经理，招商物流那边也换过人。”吕大海回顾起当时的情景，不禁有些感慨。

在三年跌跌撞撞的摸索中，青啤意识到，供应链管理给予企业的影响是巨大的。它不是简单地调整物流配送网络那么简单，在没实施之前，大家都认为只要拥有以 MRP（Material Requirement Planning，物料需求计划）为核心的 ERP 系统就足够解决问题。

不少制造业的企业都认为，ERP 等软件能解决以下的问题：制造什么样的产品？生产这些产品需要什么？需要什么原料，什么时候需要？还需要什么资源和具备什么生产能力，何时需要它们？而这些问题解决完了，制造商们似乎就可以高枕无忧了。

“但供应链管理的意义，并不是一个软件、一个操作系统就能涵盖的。而我们这三年在苦心操作的，也不过是整条供应链里的营销供应链一环而已。”吕大海解释说。

可以说，企业从原材料和零部件采购、运输、加工制造、分销直至最终送到顾客手中的这一过程被看成是一个环环相扣的链条。供应链管理是从原始供应商到终端用户之间的流程集成，从而为客户和其他所有流程参与者增值。

在整个供应链中，良好的供应链系统必须能快速准确地回答这些问题：什么时候发货？哪些订单可能被延误？为什么造成这种延误？安全库存要补充至多少？进度安排下一步还存在什么问题？现在能够执行的最佳的进度计划是什么？

上面的问题几乎个个都切中了青啤的要害。可以说在以前，一想起何时能发货，仓库里还有多少的货品，管理人员不由得“头皮发麻”，因为他们对这些都不能做到心中有数。但现在，情况在逐渐好转。“每个环节我们都希望能改进，如果能从采购–生产–营销，都能全部改革，形成一个完整的供应链，这当然是最佳的。但在研究后发现，营销供应链是当时我们最短的一块‘短板’，所以，由运输和库存为主的变革迫在眉睫了。”而操刀这次变革的陆文金和吕大海，对供应链管理的认识也在摸索中逐渐清晰。

“物”与“流”的相辅相成产生了明显效果

从变革一开始，青啤就狠心在服务商和经销商上“动刀子”。

“在严格的评估后，只在山东一个省，我们几乎把运输方面的服务商全部换掉，区域的经销商则换掉了一半。这些改变可谓牵一发而动全身。”

吕大海解释说，虽然青啤自己拥有进口大型运输车辆46台，但实际上是远远不够用的，必须拥有大批的运输服务商来解决运力问题。而以前这些服务商都由青啤自己管理，精力有限。现在评估筛选以后，青啤挑选了最优质的服务商，然后交给招商物流来运作。

由于有严格的监控，现在每段路线都规划了具体的时间，从甲地到乙地，不仅有准确的时间表，而且可以按一定的条件（客户、路线、重量、体积等）自动给出车辆配载方案，提高配车效率和配载率，这都是之前不能做到的。

而对于区域的经销商的要求，则是要有自己的仓库。青啤由于将各销售分公司改制为办事处，取消了原有的仓库及物流职能，形成统一规划的CDC-RDC仓库布局。

所谓CDC-RDC仓库布局，可以说是重新规划了青啤在全国的仓库结构。

青啤的员工解释说，青啤原本在各地设立了大量的销售分公司，而每家分公司都租有一定规模的仓库并配备车辆、人员、设备来负责当地的物流配送。

让人感到不可思议的是，这些仓库的管理方式仍是传统的人工记账，所以出错率高，更无法保证执行基本的“FIFO”（先进先出）原则。这样直接导致的原因就是总部对分公司仓库的情况无法进行监控，成为管理盲点。

而CDC-RDC则是设立了CDC （中央分发中心）、RDC （多个区域物流中心）和FDC（前端物流中心），一改以前仓库分散且混乱的局面。

这样，青啤从原有的总部和分公司都有仓库的情况，变成了由中央分发中心至区域物流中心，再到直供商，形成了“中央仓-区域仓-客户”的配送网络体系，对原来的仓库重新整合。

吕大海说，全国设置了4个RDC，分别是在北京、宁波、济南和大连。在地理上重新规划企业的供销厂家分布，以充分满足客户需要，并降低经营成本。

而FDC方面的选择则是考虑了供应和销售厂家的合理布局，能快速准确地满足顾客的需求，加强企业与供应和销售厂家的沟通与协作，降低运输及储存费用。

不仅仓储发生了变化，库存管理中还采用信息化管理，提供商品的移仓、盘点、报警和存量管理功能，并为货主提供各种分析统计报表，例如有进出存报表、库存异常表、商品进出明细查询、货卡查询和跟踪等。

对比以前，分公司不仅要做市场管理和拓展工作，还要负责所在范围内的物流运作。

“可以说我们以前80%的精力都在处理物流的问题上，但现在，我们可以把精力完全放到营销上了。”青啤办事处的人员深有感触地说。由于有全部的精力投入到市场终端，销售人员对终端的情况能及时掌控，所以缺货的要求能步步紧跟，青啤的销量也就慢慢往上走了。

吕大海对此表示欣慰：“‘物’与‘流’的相辅相成在实施供应链管理后明显产生了效果。”

在供应链管理里面，有一个难题来自于市场方面需求的不确定因素。匹配供应与需求如何达到平衡，是每个快速消费品企业都深感头痛的问题。而且到了销售旺季，供应链中库存和缺货的波动也比较大。

但由于终端的有效维护，青啤能较为准确地做好每月的销售计划，然后报给招商物流。而对方根据销售计划安排安全库存，这样也就减少了库存过高的危险。

可以说，从运输到仓储，青啤逐步理清头绪，并通过青啤的ERP系统和招商物流的SAP物流管理系统的自动对接，借助信息化改造对订单流程进行全面改造，“新鲜度管理”的战略正在有条不紊地实施中。

效果评估

可以说，在供应链中存在大量削减成本的机会。大量企业通过有效供应链管理大幅增加收入或降低成本，而青啤就是一个很好的例子。

在一系列的整合后，青啤的每年过千万元亏损的车队转变成一个高效诚信的运输企业。而且就运送成本来说，由 0.4 元/公里降到了 0.29 元/公里，每个月下降了 100 万元。

在青啤运往外地的速度上，也比以往提高了 30%以上。据称，山东省内 300 公里以内区域的消费者都能喝到当天的啤酒。而在其他地区，如东北的啤酒一出厂，直接用大头车上集装箱，运到大连时还是热乎乎的。

（资料来源：中国经营报）

第7章 供应链管理与电子化采购

所谓供应链（Supply Chain），是指产品从制造开始，通过配送、销售，然后送到消费者手上的过程中，所包含的上下游厂商，以及其所涉及的相关活动。随着流通业数量迅速扩张，销售点密集且庞大，已有企业实行联盟与渠道整合的策略，形成关系紧密的“供应链”。因此，所谓价值链的串联，则是指企业与其上下游的相关业者（如制造商、原料供应商、运输业者）所构成的复杂网络。而所谓供应链关系，指当企业与其顾客及供应商形成供应链合作关系时，即形成了所谓完全途径。

7.1 供应链管理的含义

“供应链管理”（Supply Chain Management，SCM）是通过有效的信息系统或其他体系，为顾客适时、适地、适量地提供适当产品。其主要效益，除了可以使企业增加收入、最佳化资产使用率、强化存货控制外，重要的是能掌握产品推出时效。

通常，产业具有下列特性：产销之间定价竞争激烈、接获的订单不易处理、库存高、周转率低、以代工业务为主、产业结构为中心的卫星工厂体系。

因此，产业面临着下列挑战：需求预测不准、成品存货太高、因缺料而导致生产线停工待料、产品生命周期越来越短、企业间策略联盟频繁、客户服务水准不足、全球化客户导向。

供应链是目前沟通形式中密合强度最高的一种形式，因为企业间已形成了所谓“链”的关系，是相互依赖很深的一种商业上的互动合作模式。企业间若形成供应链，则供应链的竞争力远高于一般渠道，因此可以提高这些企业的竞争力，包括市场、效率、成本、利润、顾客户服务等。而供应链的竞争力大小，主要取决于下列因素：效率大幅改善、消除浪费及重复性工作、风险降低。

总之，基于商业竞争与企业国际化的因素，有效划分顾客群体，进而针对其需求特性开发商品及渠道，建立强有力的供应系统，迅速满足顾客需求，已成为企业掌握市场与顾客的关键。

供应链管理的演变，大致可以通过下列三种观念的发展阶段来说明：快速响应（Quick Response，QR），有效消费者响应（Efficient Consumer Response，ECR），协同计划、预测、补货（Collaborative Planning Forecasting and Replenishment，CPFR）。

1. 快速响应

快速响应始于美国，源于成衣企业及超级市场 Wal.Mart、K.Mart 等公司，在当时遇到了下列困难：制造周期过长、存货成本过高、缺货率过高。

鉴于此，零售商与制造商开始合作，重点为研究如何缩短从制造商品一直到交货给顾客其间的周期，目的在于加速响应效率。快速响应因此成了相当受重视的议题。

2．有效消费者响应

有效消费者响应则由超级市场上下游产业主导推动，其主要目的在于去掉在整个供应链流程中并不能为消费者增值的成本，并将这些效率化的成果回馈给消费者。

ECR 的特点在于"不同的公司联合起来，更好、更快、更便宜地、共同地满足消费者的要求"。这其中包含了 ECR 的两个基本观念，即以顾客为主和一起工作。

关于 ECR 的实施策略，包含下列几项：效率化商品管理、效率化促销、效率化补货、效率化新品上市。

3．协同计划、预测、补货

协同计划、预测、补货（Collaborative Planning Forecasting and Replenishment，CPFR）是一种建立供应链管理协同程序的观念，将供应链各企业间的计划、预测、补货所需的信息加以有效联结分享，以备整合供应商、制造商、零售商之间的供需环境与作业流程所需。

根据上述的供需，CPFR 所必备的技术结构如下：可有效分享与传播的信息格式和内容、数据传播设备、信息安全系统。

所以，下列是 CPFR 的两种最常见的管理系统：

① 供应商管理库存系统（Vendor Managed Inventory，VMI）。通过零售商的库存系统，反映销售状况，以备供应商进行补货规划与供应预测。

② 共同库存管理系统（Jointly Managed Inventory，JMI）。供应商与零售商建立共同互通的数据库。因此，双方必须共同投入人力，进行经常性的沟通交流，以备该数据库可在第一时间、有效地提供供应链成员间所需的数据。

4．SCM 的分类

SCM 一般可分为企业内部、企业间和延伸性三个层次。

（1）企业内部 SCM

在这个层次中，重点在于企业内部资源与流程上的改善。例如丰田汽车，待有需要时才生产，因此可以达到零库存。这样的概念较符合 JIT（Just in Time，及时供补）的及时化生产系统，而公司内部资源管理从 MRP、MRP Ⅱ、一直到 ERP，都是为了改善公司内部基础建设，以备公司内部各单位间都能达到 JIT 的境界。

企业内部的 SCM 如图 7-1 所示。

（2）企业间 SCM

一般所指的 SCM 也是价值链与价值链的整合。当客户对某企业下单，该企业随即也会对其供应链上所有的合作厂商，通过因特网，从上游到下游，全部都下订单，如图 7-2 所示。

通过有效的信息交流与 JIT，可以达到下列目标：955（95%的产品在 5 天内送交客户）、983（98%的产品在 3 天内送交客户）。

在企业间 SCM 的观念里，是将其他合作厂商视为公司的一个部门，因此企业可以专注于自身专长。例如，沃尔玛将 POS 系统里的尿布数据交给 P&G 分享，空出货架让 P&G 直接管理存货和进货，这就是一种协同式的供应链管理与合作。

（3）延伸性 SCM

延伸性 SCM（Extended SCM，ESCM），简单地说，就是"SCM+ERP"。ESCM 是以 ERP 为

核心，配合 SCM 的软件，加上供应商管理库存系统、产品数据管理等，超越以往以 EDI 为接口的供应链连接，使企业间的信息交流宛如一张大网一样，使不只一条供应链能够更精准地达到 JIT，如图 7-3 所示。

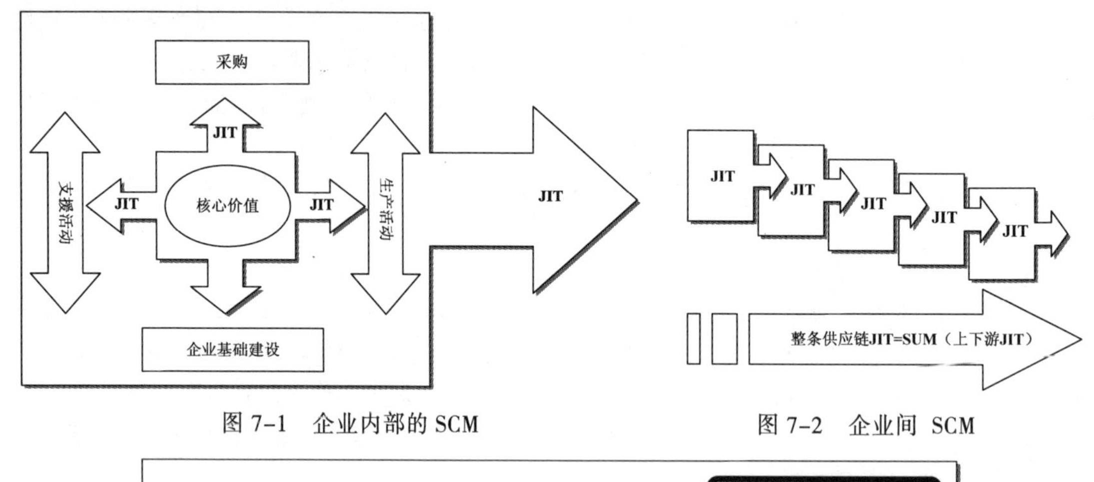

图 7-1　企业内部的 SCM　　　　图 7-2　企业间 SCM

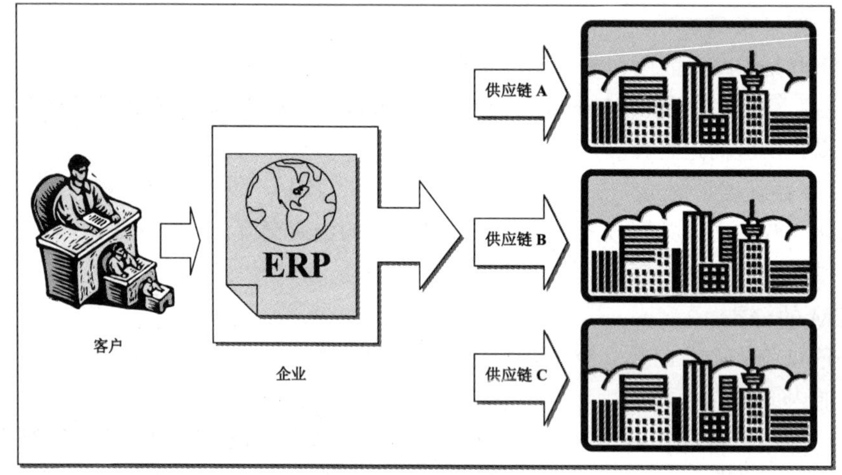

图 7-3　延伸性 SCM

比方说，当顾客对某企业下单 100 单位，则该企业的每一条供应链均被下单，将每一条供应链的生产能力均列入计算，计算要如何在多条供应链中相互配合，才能完成任务。通过 ESCM 的管理，可以将整个供应链伙伴企业视为协同单位，而形成一家全球性的虚拟企业。

7.2　SCM 的生产方式

在供应链中，基于库存考虑与顾客需求考虑，先后主要有三种生产方式，即计划式生产、订单式生产和装配式生产。

1. 计划式生产（BTS）

这是常见的传统生产导向方式。在 BTS（Build to Stock）生产方式中，根据市场需求预测来制定生产计划，然后进行生产程序。BTS 的目标，是建立一定程度的库存，并以其所生产的产品对客户作营销。在 BTS 的方式下，是直接以库存来满足客户的订单需求，但也因此不易满足客户多样少量的需求，而无法达到客户化的趋势。

2. 订单式生产（BTO）

BTO（Build to Order）生产方式是满足顾客导向的理念而发展出来的。BTO 的特点是产品完全根据顾客的需求来决定规格。因此，并不会事先生产与建立库存，而是在接到顾客的订单后，才开始设计并制造所订的产品。这是潮流趋势，同时也是重大挑战，因为制造商必须相当高效地按期交货，整个供应链必须完全达到 JIT，甚至在非计划式生产的情况下，还希望达到大量客制生产。所以，为顾客量身订制产品的 BTO，是公司制胜的关键因素。

3. 装配式生产（CTO）

最近几年，生产方式又朝向 CTO（Configuration to Order），即装配式生产的方向发展。所谓 CTO，是将装配零部件看成最终项目进行库存，收到客户订单后，再依订单进行最终装配。如此一来，不但可以快速响应顾客多样少量的需求，同时也比 BTO 的时程更加缩短。CTO 所要争取的，是更快速的响应效率，不过，完善的零部件库存管理、必须事先预测与规划该库存中有哪些零部件，都是考验公司实力的关键。

4. SCM 的计划与执行

供应链的计划与执行，如图 7-4 所示。其中在规划部分，一般而言包含了下列子系统：

① 订单确认系统：确认可承诺的交货量、计划替代方案。

② 先进调度系统：根据企业目标及资源，提供实时化的调度。

③ 需求计划系统：计划企业所需的各项资源。

④ 运输计划系统：计划运送方式、数量、时间。

⑤ 配送运输系统：计划由哪些发货仓库进行配送。

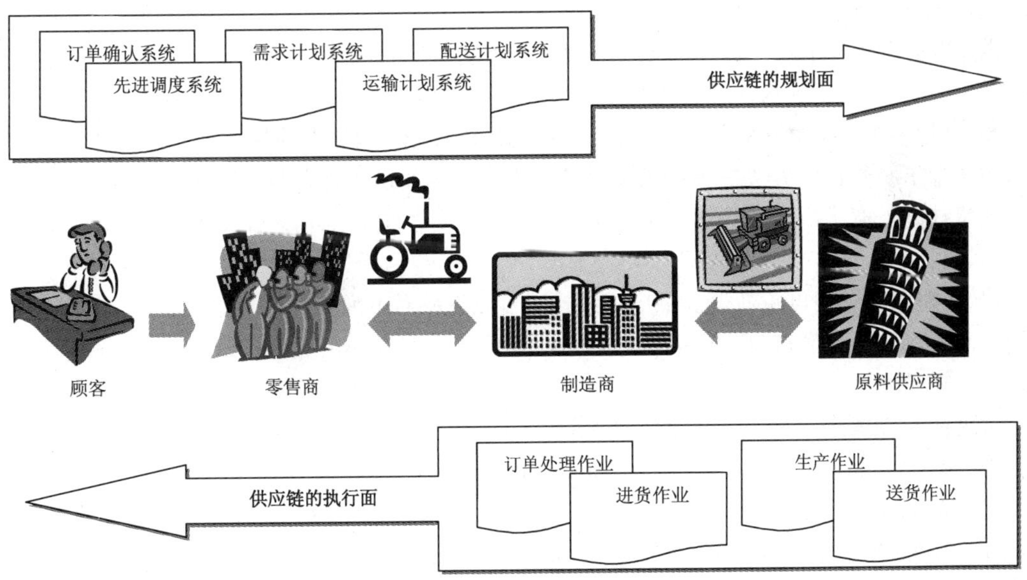

图 7-4　SCM 的计划与执行

而在执行部分，主要进行原料及半成品的采购、生产制造、成品的出货与送货等。其中包含了下列作业：

① 订单处理作业：订单输入、处理、确认、执行。

② 进货作业：原料进货作业、库存进货与订货。

③ 生产作业：原料库存确认、生产调度、计算机整合制造。

④ 送货作业：决定配送方式。

引进 SCM 管理系统，对企业而言，至少可得到下列收益：

① 提高产品的品质与开发速度。

② 缩短接单到交货的周期。

③ 提高市场与消费者的反应度。

④ 降低库存。

⑤ 减少浪费。

⑥ 达到实时的响应需求。

⑦ 增加竞争优势。

⑧ 提高销售量。

比方说，A 公司在引进 SCM 后，更能正确掌握销售状况，以此订定生产计划，并按照向上游零件供应商采购所需要的订购量，更精准地防止生产过剩或不足，因此节省了 1/3 的流通成本。B 公司在引进 SCM 后，大幅缩短相关信息传送的时间，并降低了库存。C 公司在引进 SCM 后，更能预测市场需求，达到接单后生产，零件及产品库存降为原来的一半，能节省生产部门 1/3 的间接人力成本。

SCM 想要成功，业者必须对供应商具有相当大的影响力，因为其取决于该企业是否有足够的经济规模与对外谈判能力，以作为主导厂商。对中小企业而言，策略联盟是最好的方式，先做水平的扩张，达成经济规模后，再提高团队上下游的议价力，加以垂直整合。

5. SCM 工具

供应链的管理技术与工具，主要可分为下列类型：

① 交易系统：管理每日运营状况。

② 计划系统：管理每周或每月计划。其中的需求计划工具，支持管理与了解主要需求动机，以运用统计历史数据的方法来预计未来的需求模式。例如运输计划与管理工具包含：运送者选用、载货计划、载货排序、最适合的运输工具的使用、货物追踪动态路线与调度、货物并合、回头车运用。

③ 策略工具：用以重新设计供应链结构。可以支持对下列项目的策略分析：仓库、工厂、配销中心、场站地址、产量、产能需求、最合适的物料搜寻、供应与运输模式、产品群的制作场所。

常见的 SCM 软件系统，主要有下列几种：

① IBM：BPMAT，Business Process Modeling and Process。

② SAP：APO，Advanced Planner and Optimizer。

③ i2：eBPO，Electronic Business Process Optimization。

7.3 供应链的最佳模式

所谓供应链最佳化，就是运用一些数学模式，将供应链参与者之间的距离、速度、成本予以最佳化。在此，我们可以简单地将供应链成员定义为以下四个成员：即原料供应商、制造商、物流中心和零售商。因此，四者之间的供应链运作行为就可以分为下列五种：制造商向原料供应商采购原料、原料供应商运送原料给制造商、制造商将原料组合为成品、制造商将成品运送到物流中心、物流中心将成品运送给零售商。

供应链的最佳化，就是将图 7-5 的供应链路径予以最佳化。计算的方法，可分为三种模式，即：线性、非线性和随机计划模式。

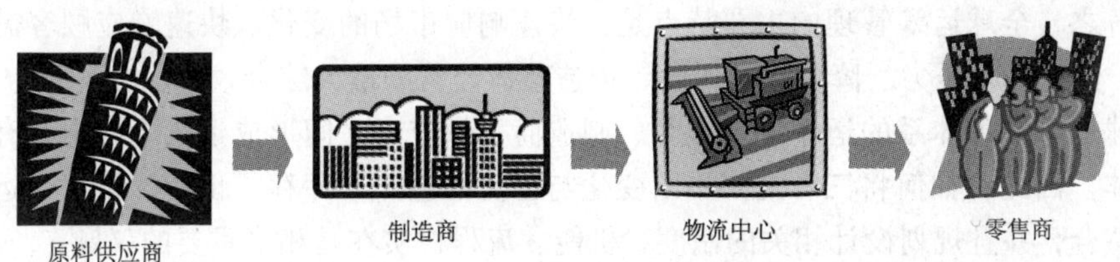

图 7-5　供应链的运作行为

① 线性模式。将各种函数都假设为线性的方法。这是最简单的计算方式，适用于整条供应链有一致不变的原料价格和制造成本时。

② 非线性模式。当整条供应链有不一致、变动性的原料价格及制造成本时，必须以非线性函数的方法来计算。动作时通常会有不一致现象的发生，例如制造商向原料供应商购买不同数量的原料时，会有不同的价格折扣；而制造不同数量产品所需的平均生产成本，也会是不同的。对于需求预测的计算方式，一般可通过回归分析、时间序列等分方式来进行评估。

③ 随机计划模式。在实际运作情况时，供应链中有很多因素是充满不确定性的。例如下列情况就必须采用随机计划模式来计算：

- 因为市场需求的变动性，造成顾客需求量的不确定性。
- 因为运输时间的延迟，造成前置时间的不确定性。
- 因为原料或成品的囤积，造成存货成本的不确定性。
- 制造商的工厂在进行生产时，也具有许多不确定性因素。

7.4　全球运筹管理

基于下列四大力量，各企业都朝向全球化发展：

① 供应链的考虑。

② 政府管制的解除。

③ 信息技术、网络技术、传播技术的进步。

④ 区域联盟的发展：

- 自由贸易协议：区域内各国之间的贸易关税，皆已消除。
- 海关同盟：除了消除上述关税以外，并建立对其他区域国家的共同外部关税结构。
- 共同市场：除了上述环境外，允许生产要素（包括劳工、资本等）、货物与人可在会员国之间自由移动。
- 经济同盟：这是最高阶段的发展。除了上述环境皆具备以外，会员国之间还会制定共同的货币与一致的税务结构。

对于一家拥有全球市场的企业，应当建设可以连至全球的制造与营销体系，以备将其产品销售到全球各地的市场。而不同区域的物流作业，则各自面对着不同的挑战。当然，全球物流的复杂性，主要来自两方面：各种不确定性的增加、企业对经营环境控制力的降低。

因此，所谓全球运筹管理（Global Logistical Management，GL）就是公司进行全球性市场的物流管理，其目的在于协调下列整体管理体系的运作：采购、供应、产品设计、生产、营销、后勤作业、成品库存、顾客满意等。企业全球运筹管理是针对支持企业全球策略所需的“物”进行控制系统的设计与管理。而此处所谓的“物”，则包含原材料、半成品、成品、废弃物等。

总而言之，全球运筹管理的主要特点是：快速响应市场的变化、快速响应顾客需求、降低经营成本、降低库存压力、降低经营风险、创造整体经营的最大综合效益。

在全球运筹管理体系的运作下，顾客、制造商、供应商之间形成了风险同担、有利同享的命运共同体。因此，如何将三者之间不断变化与汇流的生产、库存、出货、销售、运输等信息加以搜集整合，并且规划设计相关的制度、机能、流程，实在是相当重要的议题。

基于上述需求，全球运筹管理的管理模式分为三种，即：当地补货、海外组装和直接运送。

① 当地补货模式。制造商把货物送到客户当地的存储点；当地的库存风险，由制造商承担，如图 7-6 所示。

② 海外组装模式。针对客户的需求，在客户当地设立组装中心。并组装后直接送到终端客户，如图 7-7 所示。

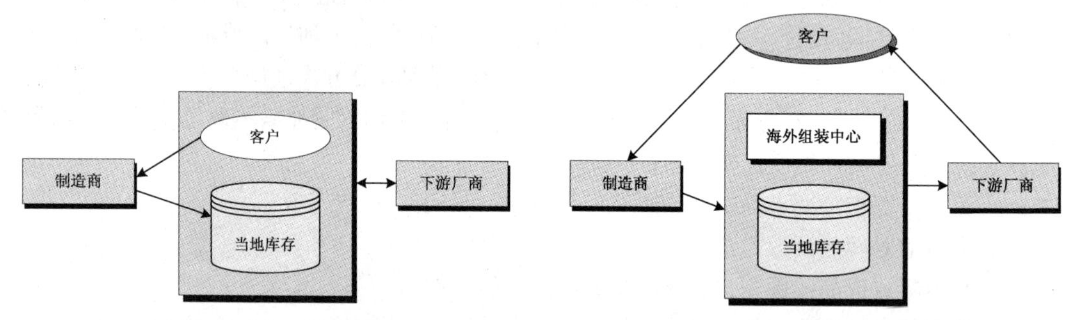

图 7-6 当地补货模式　　图 7-7 海外组装模式

③ 直接运送模式。由制造商以最快的方式，直接运送到终端客户，跳过中间商以缩短响应时间，如图 7-8 所示。

虽然全球运筹管理毋庸置疑是世界潮流，但其仍面临着下列挑战：各国法律不一致所带来的障碍、汇率变化无常、各国之间巧妙的关税问题、财务预测不易、各国财务机构基础结构不一致、渠道基础设施的标准化程度各国不同。

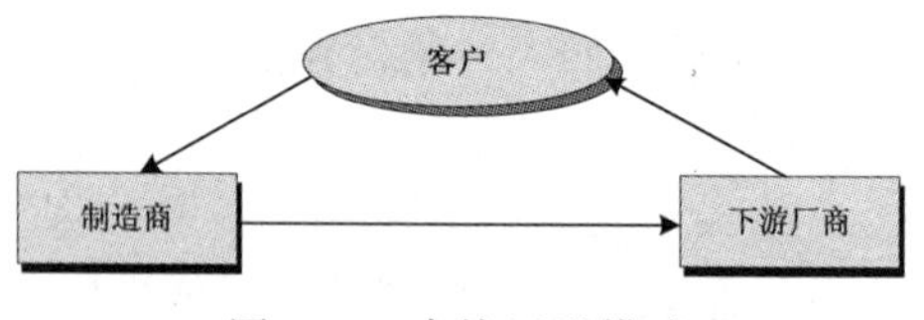

图 7-8 直接运送模式

企业必然朝着以国际货物处理为主要内容的运营形式发展。企业全球运筹模式的发起，主要是因为信息产品的生命周期都大幅缩短，还有电子商务在许多国家和地区已快速发展的缘故。因此，为了满足企业全球运筹的物流需求，企业的产业与经济的发展必须依赖下列关键因素：国际交通的货物运载航线、全球化的密集程度、周围土地有效转型成为有高度弹性的全球物流作业区。

其中，关于航线全球化的工作，必须有赖于主管机关及各个全球企业共同努力。至于以国际经贸角度而开发出的几种特区，主要有保税仓库、加工出口区和科学工业园区。

若基于全球运筹经营的策略考虑，企业可以发展下列不同形式的物流中心：

① 运筹中心：作为某企业进行全球运筹活动的运营总部之用。

② 供应中心：为了满足某区域的市场需求，在当地成立供应中心。

③ 增值中心：就某区域内选定一个适当地点，从事产品的增值活动，然后运交下游客户。

④ 服务中心：主要提供下列功能服务——产品的维修、退货、零件的储存与供应等。

7.5 采购管理

一般而言，凡是为了满足需求而采取的各项活动，都可以认定为是采购行为。具体而言，采购行为包括以下活动：购买、交换、赠与、租赁、外包、自制、转移、借贷、征收。

因此，企业对于上述活动进行管理，就是所谓的采购管理。

而供应管理与采购管理可以说是一体两面。所谓供应管理，指的是建立一个工作程序，用来检验原料、产品、服务的取得方式，还有使用时所涉及的各个相关层面。更重要的是，将领导供应商的资源与其企业策略目标相结合，以此强化企业在市场上的竞争优势。

任何商业组织，都具有外购财物的需求。以传统的采购组织而言，采购部门一般包含下列工作内容：

- 物料与商品的计划
- 制作采购单
- 选择供应商
- 物料的使用调度
- 编撰合约
- 供应条款的谈判
- 验收
- 付款
- 存货控制

7.5.1 供应问题

通常，企业外购的物品与物料，大约占销售额的 1/3。然而，其他诸如浪费、错误使用、处理、存货等与外购成本相关的间接成本，其实是相当高的。换句话说，企业的外购成本，远超过企业真正支付的购置成本。

旧式的采购特点在于集中式采购和标准作业流程，但旧式采购已不能完全适合现代经营环境。新式的采购则应该是：强调个别需求，即强调多样化、客户化的采购需求，强调团队运作。

不过，无论新、旧采购方式，采购总是容易形成下列各种浪费情况：不同单位的协调问题、采购人员及组织扩增、处理错误、交易时间增加、预算增加。

尤其是新的采购需求环境，还会产生下列问题：规模经济采购机会大幅下降；采购成本大幅度增加；供应商大幅度增加；交易大量暴增；对企业毫无增值作用，徒增许多间接成本。

而各种供应问题，显然会造成竞争力的下降，原因不外乎：较高的采购成本；采购周期较长；具有市场知识的采购人员反而经常被排除在重要采购决策之外；许多非采购部门却执行了许多种间接性采购功能；不当的供应管理，会导致缺乏将主要供应商与主要顾客整合起来的机会，因而没办法以此来创造新产品与增加顾客价值。

7.5.2 采购管理的演变

近代企业在采购管理与供应活动上的演变，大致可以分为下列时期：

（1）20 世纪 80 年代中期到 20 世纪 90 年代初期：采购优势的利用

在这个时期，企业在采购及供应管理上，强调采购优势的利用。所谓的采购优势，指的是：汇集采购量、不断进行标购竞争、可取得价格要求的优势。

但是，这会导致一些副作用，因为通过采购优势降低成本来增加利润，只不过是短期现象；原因在于供应商遭剥削后，必然在品质上会产生许多问题，诸如产品质量问题或者交期问题等。

（2）20 世纪 90 年代中期以后：整合供应商

因为存在上述副作用，大家开始察觉到，采购优势的作法其实会导致下列问题：破坏企业与供应商之间的信赖与响应关系；甚至造成买卖双方无法共同合作；增加许多供应过程中的隐藏成本，诸如物料过时、搬运费用和损坏等。

分析发现，许多采购部门耗费了九成的时间来处理只占采购金额一成的采购活动；而对于小额采购单，则几乎没有任何处理程序。因此，从 20 世纪 90 年代中期以后，新兴的管理方向转变为：减少供应商数目、整合供应商、简化供应流程、检讨并取消那些高成本的采购交易模式、尽量让供应流程顺畅化、降低采购所花的时间、让采购人员有比较多时间去进行一些分析性及学习性的工作。

（3）2000 年以后：改善措施——计算机化作业

传统的以人工方式进行供应作业，只能单纯地将采购的品名、数量做一些说明与陈述，报表也必须以人工方式统计，并且使用逐笔检视的查询方式，浪费许多时间。因此，许多公司都开始实施供应管理计算机化。报表作业改以计算机系统为主，不但可以减少人工操作时间、提高查询效率、减少错误率，更可以提高数据的正确性，并以此提高工作的效率。

7.6 电子化采购

电子化采购（e-Procurement）属于供应链管理的重要范畴之一，它是将传统的采购流程，以网络作为主要媒介，进行价格查询和采购物品或材料的过程。电子化采购的主要系统是网上目录与购买系统，因此，公司在处理订购作业、应付账款、应收账款时，可以省下相当可观的时间和金钱。有效的电子化采购其关键在于“协同商务”。

1. 协同商务

制造商与供应商间的物料采购或补货一直是供应链中最基本的问题。若建立电子采购，供应商可以随时监看制造商库存的状况，通过信息分享或交换体系（例如 XML）提供给供应商准备物料的参考信息，而供应商可以通过该平台主动且适时、适量地为制造商补货，如此不仅可以降低双方的库存，同时还可以把过去由制造商的采购需求交由供应商管理，以实时提供物料，满足市场或制造的需求。

供应链管理与协同商务的崛起，彻底改变了传统企业间的互动关系。在整个供应链中，已经没有任何成员足以支配整条供应链的作业，供应链中的各个成员必须协同合作地沟通与计划供应链中的各项作业。电子化采购运用信息技术建立虚拟的市场，或提供电子化采购系统平台。使供应链中的成员大幅减少采购成本，缩短采购前置时间，进而提高采购的效率和品质，除此之外，更有助于降低库存成本。通过供应商和顾客间的沟通与协调，建立合作互惠的关系，实现协同商务的理想。企业引进电子化采购是刻不容缓的，关系到企业竞争力的强弱。

2. 电子化采购的实施特征

在实时上市的需求压力下，高科技厂商都加快发展电子化采购。但在产品“实时上市”与

“降低库存”这两项相互制约的因素上，企业当然必须尽量寻找到平衡点，而电子化采购正可以协助企业搜集全球买家信息，进行网上采购。

过去的作业习惯，企业多半只和熟悉的供应商进行交易；但这样一来，价格与成本的降低当然只能达到某一限度。但通过电子化采购，企业可以通过网络以及交易平台，寻找到全球最便宜的电子零件商，在零件供货不足时，也可以就近寻找到适合的供应商进行递补。如此一来，除了降低企业采购成本外，更可以协助企业大幅降低库存成本，实现产品快速上市的目标。

3．采购的电子化流程

经营企业，总是需要购买原料或货物。而一般制造业的营业支出，大多来自原、物料的采购及支出。若我们结合 ERP 的观念，与采购相关的作业有下列几种：

① 原料（直接用于生产）的采购，由“采购作业”开始。

② 物料（非直接用于生产，例如润滑油等耗材）的采购，则由“请购作业”开始。

③ 公司的总务采购（例如纸笔），则归入“申购流程”。

④ 固定资产的采购，由“固定资产”管理项目去做。

⑤“物料申请流程”是指将物料从仓库拿出来使用，与采购无直接关系。

⑥“进货退回”指的是已经进行检测并入库，但后来才发现不合适而退货。

一个简单的采购及付款循环过程，如图 7–9 所示。

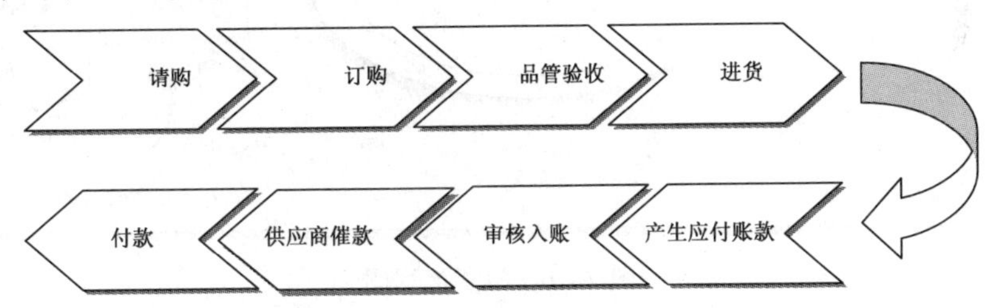

图 7–9　采购及付款循环

对于请购与采购流程，以 ERP 的运作观点简单描述如下：

① 请购。假如采购是由进口的方式来进行，则进口人员必须办理进口的相关事项。进口的采购单自动进入“进口管理”的相关事项，最后会产生“进口进货单”，而我国台湾地区采购自动进入“进货管理”的相关事项，最后会产生“进货单”。

② 采购。采购部门接到采购命令后，办理价格查询，决定选择哪一家供应商。而采购单经管理部门经理审核后，自动转成订单，再由电子窗口分送给供应商（确认厂商是否接受订购，并可以准时交货）、仓库管理员、会计、厂务。

③ 进货。详细情况请如图 7–10 所示。

④ 验收。品管人员进行验收、审核进货单、完成进料检验报告、会计传票、应付账款窗口的各项操作。

⑤ 付款。厂商核对单、应付账款核销明细。

总而言之，整体电子化采购流程如图 7–11 所示。

4．电子化采购系统的引进

为了获取电子化采购系统的优势，应通过下列步骤为公司配置电子化采购系统：

① 建立基础结构：在网络上进行商务活动，服务器要能够处理大企业的需求，并能同时建

立屏障，以确保网络流量的负载平衡。

② 修订企业流程：这是最困难的阶段，但可以让作业流程顺畅，并统一执行科技策略。

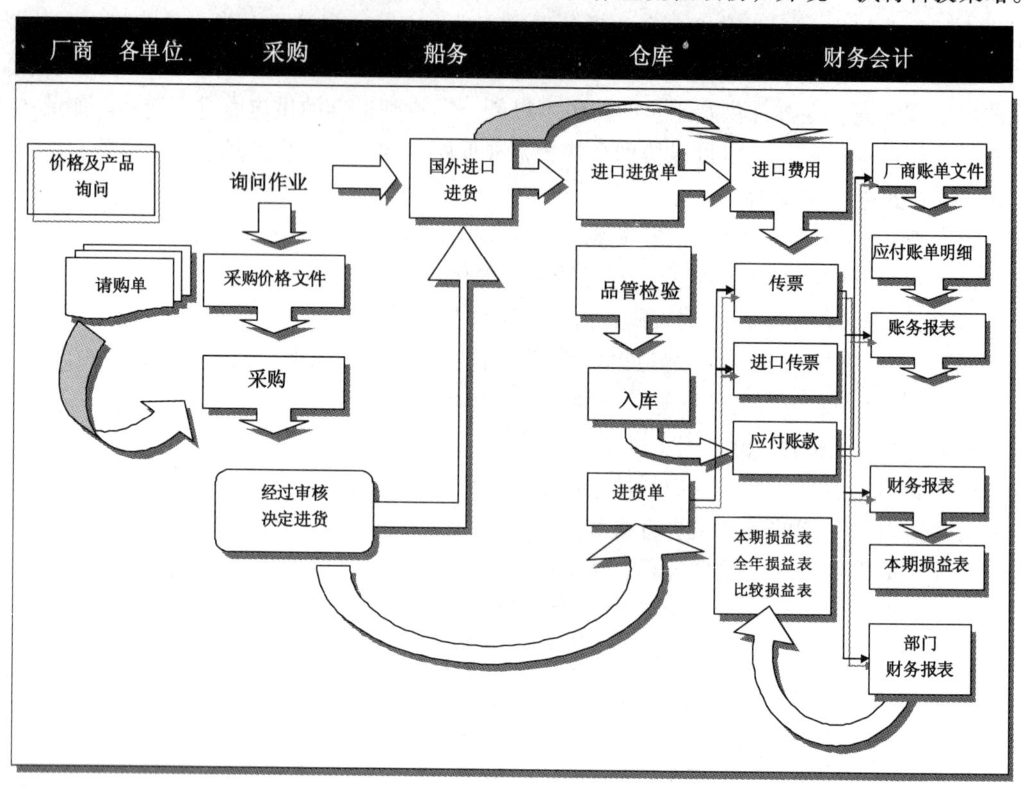

图7-10 进货流程图

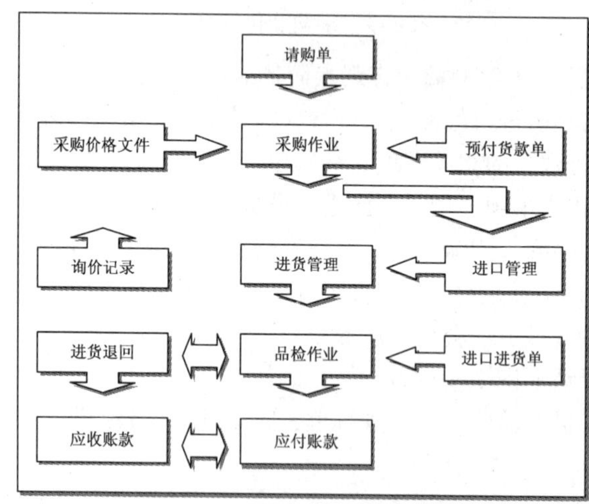

图7-11 电子化采购流程图

③ 评估客户的观点：一旦确定了新的流程和科技，必须征询客户的意见，以便了解符合其需求与期望的程度。

④ 将工作流程自动化：彻底了解现行的价格查询、采购程序。然后，以不偏离现行实行方式太远的方式，将采购相关的工作流程自动化。

⑤ 建造一套电子型号表：将各个供应商的电子目录，全部集结成一本单一的目录。同时，确定供应商能够接受哪一种电子付款方式。

⑥ 安装并测试系统：根据上述计划将系统进行安装，然后测试系统是否适用及效率如何。

7.7　电子交易市场

所谓电子交易市场（e-Marketplace）是提供买卖双方的交易环境和场所，扮演着一个中间人的角色，汇集采购商和供应商的各项信息，提供买卖双方一个交易的环境与场所，完成资金流、物流与信息流中的各项活动。所以，电子交易市场是以网络为技术前提，并专注于特定的垂直产业或共同需求的中介平台，主要目的在于汇集买卖双方，提供一对多或多对多的交易支持服务。基于安全性与公平性，凡是加入电子交易市场的采购商与供应商，都必须先登记公司的基本数据，而主持者必须对会员基本数据进行翔实查核，保证买卖双方身份的合法性。

e-Marketplace 还是个新兴产业，在世界各国，其运营模式都处于摸索领域，包括下列几项：

① 初期的连结标准化。

② ERP、SCM、e-Procurement 的引进与计划。

③ 企业管理交易流程的体系。

④ 与其内部进行整合。

在 e-Marketplace 里，基本应该提供下列信息：

① 产品目录公布栏。加入会员的供应商可以在此刊登产品目录，以供采购商搜索或查询。

② 询报价系统。该系统可以响应采购商的价格查询，给予实时的报价。

③ 电子下单。如果有满意的产品价格，可以直接在 e-Marketplace 中下订单采买。

④ 招标公布栏。采购商可以把自己想要的商品张贴在招标公布栏上，让相关供应商竞标，采购商以此来取得比较优惠的价格。

⑤ 电子招投标。

⑥ 共同供应契约。以跨单位共同需求，在网上进行集体采购。

⑦ 产业动态。

⑧ 发展趋势。

我们从经营模式和产业模式两个方面来分析电子交易市场的类别。

1. 以买卖方模式分类

根据买方为主 / 卖方为主的经营模式，可以将 e-Marketplace 分为两类：

① 以买方为主的电子交易市场，又称买方集中管理，属于产品目录型。例如目前政府正推动的“公共工程电子招标”，就是属于这种模式。

② 以卖方为主的电子交易市场，又称供应方集中管理，属于交易中心型，我们称之为 Mall。例如：设置一个交易平台，在其中有很多卖方提供商品，以方便客户进行商品选择与交易；这就好像在一般大型卖场中，有许多商家、专柜进驻一样。

此外，无论是以买方或卖方为主的电子交易市场，我们都可以再细分为：

① 交易市场聚集：拍卖市场型。

② 内容聚集：产品目录型。

2. 以水平垂直产业模式分类

若以水平产业/垂直产业来分，又可分为下列两大类别：

① 水平产业电子交易市场。产品是跨产业领域，可以满足不同产业的客户。

- 通过一个交易平台，让所有企业对非专业的共同业务，进行采买或交易。通过的方式可以是间接性材料采购、国际贸易行为等。
- 属于“低价多量”，单笔采购金额不高。
- 凡是文具、纸张、家具、住宿、交通等项目，具有下列特点，所以通过电子交易市场进行统一采购，就可以因经济规模而降低成本：
  - 无论在何种产业，事实上其需求都大同小异。
  - 比较不需要个别产业专业知识。
- 而贸易形式的电子交易市场则是源于标准化了的国际贸易流程，即，询价、报价、下单、交易、付款和货运交易，所以通过统一的电子交易市场，可以增强效率。
- 因为国际能见度大增，可以让以制造能力见长的中、小企业供应商获得更多的订单。

② 垂直产业电子交易市场。只着重在一个特定的产业。

- 依据一个产业，进行垂直整合交易。
- 牵涉到较多产业的专业知识和交易习惯。
- 目前的垂直产业电子交易市场多半是由各产业（行业）协会或领导者来组成。
- 必须具有该产业的专业领域知识。
- 垂直产业电子交易市场所提供的服务，通常先将采购自动化，然后垂直整合到其上、下游厂商。

7.8 习　　题

1. 名词解释：供应链、供应链管理、CPFR、VMI、JMI、企业内部SCM、企业间SCM、延伸性SCM、ESCM、STO、BTO、CTO、全球运筹管理、采购管理、供应管理、电子化采购、协同商务、共同供应契约、e.Marketplace、以买方为主的电子交易市场、以卖方为主的电子交易市场水平产业电子交易市场、垂直产业电子交易市场。
2. 供应链管理的演变，经历了哪三个发展阶段？
3. SCM可分为哪三个层次？
4. 在供应链中，基于库存考虑与顾客需求考虑，先后主要有哪三种生产方式？
5. 供应链的最佳化有哪些模式？
6. 供应链中存在哪些不确定性因素会造成最佳化时的预测困难？
7. 请叙述促进全球化的四大力量。
8. 请介绍全球运筹管理的三种管理模式以及全球运筹管理面临着哪些挑战。
9. 若以全球运筹考虑，可以将物流中心分为哪些形式？
10. 为什么会有供应问题的存在？
11. 近代企业在采购管理与供应活动上的演变，大致可以分为哪些时期？
12. 请叙述如何配置一套电子化采购系统。
13. 请介绍电子交易市场的分类。

14. 在电子交易市场里，基本上应该提供哪些信息？
15. 请简述电子交易市场的优点。

7.9　实验与思考

1. 实验目的

本节“实验与思考”的目的是：

① 通过对教材内容的仔细阅读，进一步了解和熟悉供应链管理知识。

② 通过对戴尔公司供应链管理的分析，加深理解和掌握 SCM 的管理思想以及应用方法。

2. 工具/准备工作

在开始本实验之前，请回顾教材的相关内容。

需要准备一台能够访问因特网的计算机。

3. 实验内容与步骤

（1）概念理解

请认真阅读教材内容并回答以下问题：

① 请简单描述什么是 SCM？

____

____

② 请简单描述 SCM 与电子商务的关系。

____

____

____

（2）分析戴尔供应链管理

请带着电子商务供应链管理的思想，来观察、了解和思考戴尔网站的供应链管理背景。

① 请回顾：戴尔生产物料成本的95%是由多少家供应商提供的？在这方面，戴尔公司所持的基本观点是什么？

____

____

____

② 在控制库存方面，戴尔的基本做法是什么？在通过戴尔网站进行计算机采购活动时，你能观察到哪些地方与控制库存有关？

____

____

____

③ 请把你观察和思考的情况与你的同学分享与讨论：

你的观点和讨论结果是：______________________________

____

4. 实验总结

____

5. 实验评价（教师）

7.10 阅读与思考：计划——供应链管理的核心

供应链管理已被当成企业成功的关键要素，实施供应链管理的企业与战略性供应商分享设计及需求信息，将触角延伸至企业之外。所谓供应链管理就是利用线性规划等核心优化技术，对从供应商的供应商、供应商、企业、客户到客户的客户的整个链条的管理和优化。实施供应链管理解决方案能使供应链上的所有成员在世界的任何角落协调一致地进行商业运作。

随着企业供应链管理意识的提高，i2公司的客户群体也在不断扩展。创建于1988年的i2公司总部设在美国达拉斯，是供应链管理市场的创造者与领先者，致力于为企业提供供应链管理解决方案，目前在全球的客户已达1 000多家，其中包括全球前14家半导体生产公司，全球前15家电子OEM[1]公司中的14家，前6家全球性汽车生产公司，全球前10家3PL[2]公司中的8家，全球前10家世界级金属冶金公司中的6家，全球消费品行业中10大名牌公司，福布斯评出的前10家航空/航天与国防公司、前15家零售商中的10家……

i2于2000年进入中国市场，联想、华为、摩托罗拉、神州数码、戴尔、东南汽车、宝钢、百事等知名企业都已成为其客户。

在i2的供应链管理系统中，计划处于供应链管理的核心地位，因为i2坚信：没有计划，企业的生产、经营就如同无源之水，不知自己要做什么、要达到什么样的目标。

记者：供应链管理对于外资企业也许并不陌生，而对我国大多数企业来说却是一个新名词。供应链管理的核心是什么？

傅淼（i2公司全球解决方案中心项目总监）：供应链管理重在两部分——供应链的计划和执行。计划包括仓储计划、预测需求计划、物流的配置计划、生产计划、销售计划等；供应链执行是以订单的执行和物流的执行来支撑的。

实施供应链管理，关键在于增加各环节的可视性。

企业在经营过程中有许多不确定性因素，库存相当于供应链系统的润滑油，对这些不确定因素导致的波动起到缓冲作用。企业的客户服务水平和库存是一对矛盾，是整个供应链管理的一对最基本的矛盾。在其他条件不变的前提下，客户服务水平越高，要求的库存就要越多。

为了解决这对矛盾，有效地匹配库存与客户服务水平二者之间的关系，企业需要对自己的需求及上下游企业的需求与供货能力进行预测，根据预测安排生产和原材料的采购。预测准确

1 OEM：（Original Equipment Manufacture，原始设备制造商）是指一种“代工生产”方式，其含义是生产者利用自己掌握的“关键的核心技术”，负责设计和开发、控制销售“渠道”，具体加工任务交给别的企业去做的方式。例如Intel公司本身并不生产CPU风扇，通常会找专业电机制造企业做风扇OEM生产。

2 3PL：（Third Party Logistics，第三方物流，又称物流代理）。在物流外包领域中，第三方物流的核心业务是为客户提供承运、转运或仓储服务。消费者非常急切想要减少成本，而这正是第三方物流所能提供的服务。

时则不需要很多库存，因为企业能够预知下游客户何时要货、自己的原料何时能到货。

由此可以看出提高预测准确度的重要性。如何达到这一目标？要实现供应链企业的信息共享，即协同。没有实现协同时，预测的依据只能是企业的经验、对历史数据的分析以及对市场信息的把握，即使用尽各种方法，预测的准确性也只能达到一定程度。协同要求企业内部有很强的计划能力，根据计划产生的信息反馈给上游供应商，供应商据此信息排程，并告知企业哪些需求能够满足、何时满足，哪些需求无法满足。这种信息共享、信息交互的过程能够提高整个供应链的可视化程度，把不确定性降至最低。因此，协同是提高供应链可视性的手段，计划是供应链管理的核心。

记者：实施供应链管理能给企业所处的行业带来哪些利益？

傅淼：实施供应链管理能够实现供与求良好结合，避免信息失真，降低整个供应链的成本。

举个简单的例子。通过供应链管理系统的计划功能，企业能够获得准确的计划，如果将这个计划提前一定时间就告知供应商，供应商可以降低自己的安全库存，按照企业的计划进行供货。这时供应商的成本相应降低，企业也能从中受益，整个行业的成本也随之下降。

反之，如果企业间不能达成信息共享，就可能造成这种局面：企业按照计划生产，突然得知某原料无法到货，企业已经按计划排产了，其他物料也占用了，就会造成企业资源乃至行业资源、社会资源的浪费。实施供应链管理就是通过协同，提高整个供应链的可视性，降低成本，形成供应链上所有企业的共赢。

记者：成功的企业非常重视供应链管理，而有些企业上了供应链管理系统却感觉效果平平。实施供应链管理系统要注意哪些问题？

傅淼：企业对计划的重视程度不够，只重视执行而不重视计划，往往是导致供应链管理系统应用不理想的重要原因。企业在成长阶段，一般把主要精力集中于开拓市场，企业的主要工作都是围绕销售进行的，所谓后方服务于前方。在此阶段，企业习惯于把压力传递给上游，而自身又不在预测和计划上下功夫。销售把压力传递给制造部门，制造部门又把压力传递给供应商。要求自己的库存降至最低限度，而要求上游随时供货。供应链上的所有环节都处于疲于奔命的状态，运作的效果和效率却并不高。可以说，此时的企业把着眼点完全放在执行上，而没有对企业未来的计划。计划恰恰是企业以及供应链运作的根本。

做到有效的供应链管理需要企业有效地做到以下三点：

① 观念的转变和理念上重视，企业必须对供应链有足够的重视，把供应链的效率作为企业的核心竞争力之一来抓。

② 实施供应链管理是企业持续改进、持续优化的进程，而不是项目上线任务就能结束，企业要有持续的动力。

③ 要有持续的投资、有专门的队伍，从组织上、人员上给予保障，并且企业要把这些投资看作是提高核心竞争力的必要条件，而不是负担。这是成功的供应链管理基础。

使用供应链管理系统要注意数据的准确性，要注重日常对数据的及时维护，随时把企业的现状反应给系统，系统才能根据企业现时的状况进行计划及优化。实施供应链管理系统要涉及一部分人的利益和责权关系，要求企业在组织架构上有相应的保证，否则就无法确保系统成功实施。另外，还需要企业在流程上做相应改进。

国外许多著名企业在供应链实施方面是很典型的。比如三星，不仅非常重视其产品、品牌，还十分注重供应链运作的效率，因为它们是相辅相成的，共同构建了企业的核心竞争力。如果仅重视产品、品牌，而没有供应链系统的支持，或供应链运作效率低下，而导致企业的利润低下，则不可能保证对产品研发和品牌建设所必需的长期投入，整个企业的发展也就无从谈起了。

记者：i2如何帮助企业进行供应链项目的规划？

傅淼：我们通常是分析某行业的供应链，对企业所处供应链中的位置进行分类，得到几种模式后，再进行优化，得到行业中的最佳业务实践。然后，根据企业的理念，分析企业适合什么样的供应链模式，帮助企业描绘供应链实施的路线图，告诉企业项目实施要分几个步骤，能够达到什么样的效果，企业在进行IT规划时就要把这些因素考虑进去。不同的企业对供应链的重视程度不同，企业的财务状况也不一样，企业要根据自身的情况选择实施长期、中期或短期的供应链项目实施方案。

记者：每个行业都面临着独特的供应链挑战。i2供应链管理系统如何适应不同行业的特点，如何体现灵活性？

傅淼：i2针对不同行业的软件产品，其核心层基本是统一的。在核心层之上是模板，针对不同行业的特定需求进行开发。第三层是针对具体企业的情况，以数据定义作为接口，通过数据建模进行调节。可以说，i2的软件系统既能符合行业的特性，又是客户化的产品。

目前i2已进入了与制造和物流相关的几乎每一个行业。i2通常的做法是，每进入一个新行业，首先与该行业的领先者合作，切合客户的实际情况，共同开发行业模板。通过这种合作方式，i2可以对新行业形成深刻的理解，并形成行业针对性很强的解决方案。

记者：i2的供应链管理系统包含哪些功能模块？

傅淼：i2供应链管理系统的主要功能包括：订单履行（协同补货、客户订单履行、供应链可视性）、供应商寻源与采购（协同供应执行、危险物料管理、产品寻源与重复使用、寻源执行、供应商战略及绩效管理）、供应与需求计划（协同供应执行、需求管理、工厂解决方案、库存优化、销售与运作管理、供应链可视性、供应管理）、运输与配送（补货计划、战略网络设计与分析、供应商可视性、运输投标协同、运输建模与分析、运输计划与管理）、内容与数据服务、供应链运作服务平台（业务流程执行、统一基础设施服务、主数据管理、绩效管理）。

企业在日常运作中会产生海量数据，简单的收集整理是无法从中获得有用信息的。i2的“供应链事件管理”和“绩效管理”工具可以协助企业进行信息的收集整理，从中提取出有用的信息，并转化为面向不同层面决策者的信息，满足不同层面决策者不同的需求。

（**资料来源**：物流技术与应用）

第 3 篇

企业对消费者（B2C）

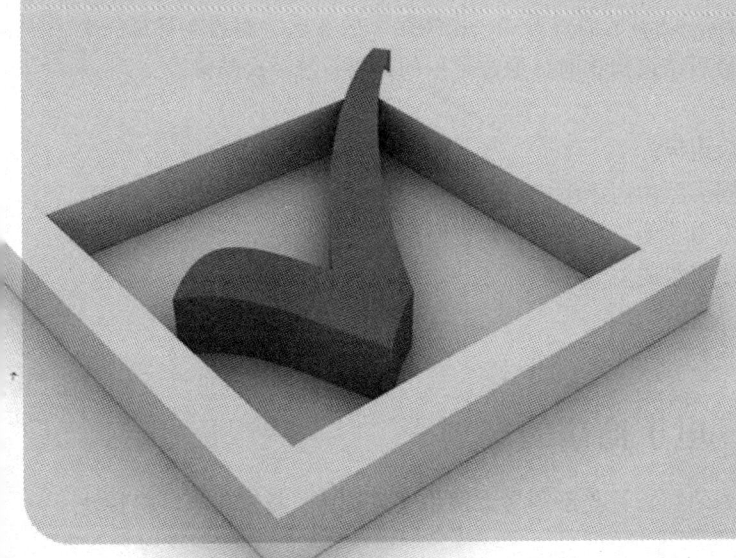

第8章 电子商店的规划与设计

对于企业而言，如果能成功地经营一个 B2C 电子商店，便能有效运用网络与顾客的联系，并以此降低成本开销、提高服务质量、通过网络得知顾客反应、提高顾客忠诚度与重复购买率、掌握新兴渠道、连接上下游协力厂商、从而创造更多的利润。所以，做一个完整的电子商店开店规划与设计，对于成功迈向电子商务而言是非常重要的。

为成功经营电子商店，首先必须拟定运营计划，并着手分析市场情报，看是否可从中获得利润，接着依据市场需要拟定营销策略，设定运营目标、预计经营成本，组织经营团队，规划广告、促销活动，在一段时间后分析运营成果，若成果不良或有何改善，则重新拟定运营计划。

8.1 电子商店的类型

B2C 电子商店大致可分为下列几种形式：

① 专卖店。只销售单一种类的商品，并且通常会提供一些实用的专业知识，以备消费者可以吸收这些商品信息而增加购买兴趣。

② 单一商店。经营者多半为单一公司，并且以销售自己所生产或是代理的商品为主。其经营特色，是拥有自己独立的网址及网站。它可区分为下列两类：

- 零售店：经营特点是所销售的商品种类多。目前这类商店的成功经营者，大多为传统的邮购与电视购物业者。
- 百货商场：提供多项种类的商品，以满足消费者“一次购足”的需求。商店本身是一个独立的电子商店，让消费者在最后结束购物时，通过单一的购物系统一次结账。

③ 购物中心。

- 小型购物中心：由少数几家商店组成。
- 大型综合购物中心：由多种不同类型的商店组成。
- 连结型购物中心：只提供商场索引功能，而不实际销售商品。
- 专卖购物中心：由单一类型的商店组成。
- 区域型购物中心。
- 跨国经营型购物中心。

8.2 电子商店的规划

电子商店的设置成功与否，在规划之初，首先必须考虑网络人数统计、技术发展、法律法规等多项大环境因素；此外，应该考虑整个产业竞争态势，诸如产品及服务特性、同业竞争者做法、上下游供应链的关系、开发及维护技术可行性等。所以，一个完整的电子商店规划作业应包含对这些因素的评估，图 8-1 就是电子商店的规划要素。

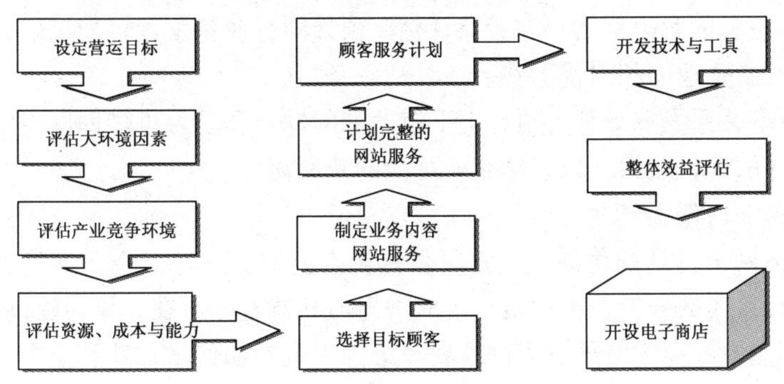

图 8-1　电子商店的规划要素

开设电子商店，其目的并不是要完全取代传统实体商店，而是在于利用网络沟通的便利性，提供一个新的经营模式，以作为企业产销的另一种选择。

1．设定运营目标

首先是要确定网站的定位点，目标是全国最大的竞标拍卖网站、门户网站、网上实时新闻网或是其他等，确定了网站的起始目标后，接下来再做设计与计划动作。运营初期应以拓展道路及增加知名度、建立口碑为目标，投入成本在短期内是无法收回的，对此要有心理准备。开店初期应根据对大环境、产业特有环境、企业本身的优劣势等的评估设定电子商店的运营目标。

2．评估大环境因素

电子商店以便利、快速、低价优势为竞争基础，与传统商店的建设计划并不相同，设立之前应先对整体经营环境与企业竞争状况等因素进行全面的考虑。其中包含下列五项因素：

① 整体经营环境因素。电子商店的网页、商品种类及服务等设计内容，应与网络人群、市场规模、政府法规、经营环境等因素相结合，并在评估相关可行性后再拟定商品、服务、定价水准，确定目标市场。

② 企业竞争环境因素。所面临的竞争环境会对企业竞争力产生直接影响，在企业政策拟定或介入决策前应有详细评估，并在电子商店设立前就列为重要的计划工作项目。

③ 网络市场发展潜力。将网络人口结构和产业特性作为建设电子商店的基础。在经营电子商店之前，我们必须知道目标顾客的特征。例如：男性居多还是女性居多？平均教育水平如何？大部分网友的职业是否和计算机相关？因此，我们计划电子商店应提供某一种服务或是销售某一种商品时，必须考虑目标顾客的特征，从而符合需求，以求增加利润。

④ 技术发展预测。对于相关技术，诸如认证、电子付款等，进行分析与预测。

⑤ 未来法规发展预测。对于相关法规应该进行评估，以备企业能在完全合法的前提下经营电子商店，并防范因法规变更而受到不良的影响。

3．评估产业竞争环境

评估产业竞争包含下列因素：

① 产业及服务特性的适合性。产品特性如产品轻重、价格高低及服务特性都是网络商店成功与否的重要因素。一般来说，体积轻便短小、价值不高、容易在网络上显示的产品都比较适

合消费者在网络商店购买。反之，一些技术复杂、价值高、有必要亲自察看的产品还是比较适合在传统商店销售。在计划电子商店时必须考虑到本身所提供产品和服务在网络上的适用性，以此来决定不同电子商店的发展重点。

② 同行业竞争者的竞争优劣势与策略评估。预计同行业竞争者可能采取的竞争策略和市场的发展，以此来判断企业的相对优劣势。

③ 企业上下游关系发展评估。预计上下游商家的冲击和是否可借助网络资源提高企业对上游厂商、下游顾客的议价能力，以归纳企业可能的获利能力。

4. 资源、成本与能力评估

充分分析目前网上网站的优缺点，进行数据调查分析。应针对企业本身所具备的资源基础和受到的限制进行具体的分析，再找出自己的潜力与利益基础所在，作为建设电子商店的基础。

① 评估获利能力。经营电子商店的首要考虑因素就是如何增加获利能力，除了直接由商品销售带来的利润外，也可以考虑增加广告收入。

② 预计经营成本。软硬件建设费用、宣传费用、售后服务、人事、网页内容维护、退货处理等成本都要计算在内。

③ 开发时程。电子商务发展的快速变化，在时程计划上必须快、准且有弹性、应变性。特别重要的一点是调整现行作业方式的配合时程，加快内部运作时间，提高效率。

④ 资源需求。应配合开发时程计划确定建设电子商店所需要的时间。每个时程都有不同的系统需求，如技术人员或是软件需求。而获取资源有很多不同的方法，如购买、招揽技术人员、由内部自行调配，甚至可能改变现有操作系统。

5. 选择目标顾客

顾客不再局限于某一特定群体，而可以根据顾客群体进行细分。我们可以依据商店的经营目标来确定适当的目标顾客群体；也可以根据前面对大环境、产业特有环境等的评估结果，先选定目标顾客再订目标，特别是新成立的虚拟商店更是如此。和传统商店运营流程一样，电子商店在设立前也要对潜在顾客开发、目标顾客选定、顾客筛选、顾客需求分析、购买程序、产品销售方式、营销活动、顾客意见处理、商品配送及售后服务等因素加以考虑，锁定主要的客户年龄层，针对消费能力较高的年龄层消费者设计出适当的服务，设计适当的浏览界面。

6. 制订业务内容

制订业务内容，包含下列诸项因素：

① 将市场范围扩展到现有传统商店的营业区域外。可依据不同的文化、语言、生活习惯来提供不同的业务内容。

② 拓展网上销售业务。必须要有网上购物和网上付款的功能。

③ 吸引人流以获取其他利益。应随时更新信息，以吸引人流，制造商机。

④ 扮演中介者的角色。开辟上下游相互交易的体系。

⑤ 增加产品与企业的知名度。公司的所有文件和识别中都应该有网站的地址，如名片、公司简介、公司车、信封、信纸、产品包装等，都应能传达公司的网址，让网址不断曝光。

⑥ 进行市场研究。收集消费者的消费习惯，提供给顾客更好的服务。

⑦ 通过好的服务来提高顾客的满意度。

7. 规划完整的网站服务

从美术设计到网站架设等烦琐的工作，其中包含了以下计划项目：

① 策划具有亲和力的购物流程。人性化界面可以方便顾客找到他们想要的东西、快速地结账。不用像在实体商店购物时，可能面对忍受人潮、排队结账等困扰。值得注意的是，我们经常遇到这种情况，顾客虽然对产品中意，但却因订购流程烦琐、网络拥塞等原因，感到不耐烦而作罢。所以，一个人性化的购物流程，也是策划一家成功的电子商店应注意的重要问题。

② 决定客户的付款方式。消费者的付款方式可以用划拨、货到付款或信用卡付款等方式。

③ 商品价格策略。电子商店销售的商品价格高度透明化，消费者有完整的比较空间。

④ 购物环境设计。网上购物必须依赖消费者的主动兴趣，并通过网络环境流程设计才可以完成。提供比传统商店更为合适的购物流程，使顾客能快速找到产品的相关信息，留下满意的购物经验，都是电子商店计划购物环境设计内容中所必须重视的问题。

⑤ 创造购买诱因。与传统商店的销售方式一样，电子商店也必须经常通过品牌、营销折扣或促销活动，创造消费者上线购物的诱因。

⑥ 后台作业处理的计划。后台作业，主要是 B2B 的作业内容。拥有一个完善的后台作业处理，除了可加速处理订单之外，对整个电子商店的经营成本也占了相当重要的地位。

⑦ 产品计划。例如产品上游厂商的进货管理、出货管理、物流管理。

⑧ 规划商品的销售及配送方法。商品配送应掌握便利和效率兼顾的原则，才能吸引客户并产生购买欲望。例如提供顾客在订购时选择快递、空运、海运等多种不同的配送方法，让顾客在期望的时间内用最方便的方式取货。

8．顾客服务的计划

吸引顾客的着眼点在哪里？是最低价、丰富的信息内容还是其他什么呢？实质计划的重点可能包含下列几项：

① 顾客管理计划。如客户会员分级管理以及会员数据管理、客户订单流程管理的规划等。

② 市场研究。最容易的市场研究，其实就是观察别人是如何做的，别人有的我们要不要做，我们有没有别人没有的功能或特色有哪些。

③ 问候客户。通过特别的电子邮件或卡片告诉客户，和顾客保持联系，可以提醒他们回来网站看看。

④ 提供 FAQ。如果销售产品或者是提供特定服务，一定要有 FAQ（经常询问问题）可以让消费者自助的获得解决，不但可以减轻网站的负担，更可以克服压力提高服务品质。而 FAQ 需要经常的维护才能满足消费者的需求。

⑤ 发行报纸。发行电子报或电子杂志，让消费者自行订阅，可以定期或不定期的通知顾客有关网站新闻或新产品的推荐、促销活动。当然也可以请他们参加产品的发布会或是相关的教育训练数据。

⑥ 设立讨论区。让消费者和公司可以互相讨论，增加网站的向心力和实时性。提供给网友互相交流生活、工作上的心得与意见的场所，进而建立虚拟群体，拉拢顾客，久而久之，能让网友们产生对群体的归属感并建立对网站的忠诚度。

⑦ 丰富并实时更新内容。如定期的优惠电子报、最新消息预告等。

⑧ 内容搜寻。如果网页的内容特别丰富，消费者到网站之后，反而可能不易找到他要的东西，如果网站内有内容搜索功能，就可以让消费者更方便地找到他要的产品或服务。

⑨ 设立聊天室。聊天室是实时的服务，可以让顾客自行聊天讨论相关的议题，并且互相讨论，顾客将会更愿意前来。

⑩ 签名文件。网站或公司员工的签名文件，都应该加入公司的网址或相关信息，可以提高网站的曝光率或链接率。

应根据不同的业务内容，选择较有弹性的技术和工具。商店的安全体系也是计划的重要一环，包括网上安全加密体系、网络安全控管系统体系、防火墙等。

9．整体效益评估

整体效益的评估包括下列需要考虑的因素：

① 经营管理。随时不断地更新维护，使各项业务功能真正能契合顾客的实际需求，提供亲切而有效的用户界面，后勤运作的配合，开发各项新业务。

② 与传统商店的经营搭配。与传统商店互相搭配的计划内容应包括：经营策略、组织结构调整、作业流程、信息系统整合、人力整合。其中应注意各项搭配作业是否协调一致、发挥互补的功能，并能起到综合效应。

10．开设电子商店

开设电子商店的步骤如下所列：

① 办理相关登记与申请。

- 向工商部门办理公司登记或公司名称变更、业务变更等。
- 与银行／信用卡中心签约为收单特约商店。
- 向 ISP 申请联机及网域名称。
- 向商标局申请商标服务标章。
- 向银行申请付款机制的租用服务。

② 决定店面的设立方法。

③ 准备信息设备（自行购买或租用店面）。

④ 网页的制作与购物流程的设计。

⑤ 后台作业处理的设计。

⑥ 安全的付款流程。

⑦ 广告。

⑧ 正式运营。

以上都是电子商店必须考虑的内容，当然，计划中对于消费者的看法、建议及消费习惯、市场调查也是不可缺少的，充分计划及考虑，可尽量避免网站亏损的情况发生，并增加市场竞争力。后面的设计部分可根据计划时所订立的目标，做出符合人性化与多元化的需求设计。

8.3　从商家与消费者角度考虑电子商店

从商家与消费者角度来考虑电子商店，分别有下列重点：

① 商家对电子商店的考虑重点：

- 店面的网页设计。
- 商品陈列、商品的上架与管理。
- 完整的销售流程。
- 上线后的维护及后端管理。

② 消费者对电子商店的考虑重点：

- 确认问题。
- 搜集情报。
- 评估可行方案。
- 购买决策。
- 交易及售后服务。

按照上述重点，分别从商家和消费者的观点看，电子商店所应具备的功能大致有下列几项：

1．从商家的观点出发

① 店面：商店数据的建设，例如 DM、Logo 等；可以提供类似百货公司的多店面共售环境。

② 商品陈列：货物上柜与管理、多种商品的陈列方式。

③ 完整的销售流程：前端购物系统的建设、订单管理系统。

④ 上线后的维护及后端的管理：搜集消费者信息、统计网站各网页被造访的次数、制作销售排行榜、个人化的页面。

2．从消费者的观点出发

① 问题认识：为了满足消费者对问题认识的动机需求，电子商店通过下列措施提高顾客购物兴趣——良好的商品展示、提供购物引导、促销策略的拟定、购物参考群体。

② 信息搜集：产品搜索引擎、提供增值信息、提供个人化信息。

③ 可行性方案评估，通过以下功能，协助消费者对评估可行性方案的支持：

- 会员制：有助于买卖双方进行身份确认，提高信任关系。
- 交易安全认证。
- 比价信息。
- 提供实际服务电话。
- 提供网上询问。

④ 方案选择：

- 设计电子购物车：协助消费者随时知道自己的购物状况。
- 建立相关产品链接，协助消费者必要时重新选择方案。
- 设计网上销售人员。
- 设计智能型代理软件。

⑤ 购买结果：便利且安全的交易过程、取货与退货体系的设计、付款体系的设计、售后服务、货物追踪与查询、意见交流。

8.4　电子商店的设计

一个好的网站内容设计，应掌握下列要点：

- 慎选公司的网域名称。
- 组织网站界面，对商品适当分类。
- 吸引人并且便利的商品摆设与陈列。
- 人机界面必须有亲和力。
- 强大的搜索功能和完整充分的产品信息。
- 适当的图片。

- 个性化与个人化。
- 内容时常更新。
- 便利高效的销售作业流程设计。
- 客户服务部分，要建立用户文件。
- 宣传并推广网站的知名度：在网络上制造信息、在网上杂志或网络论坛上投稿、在网上举办研讨会、充分运用电子邮件、赠送免费赠品。

电子商店要想获得消费者喜爱，建立良好的印象，掌握下列网站设计需考虑的因素如下：

- 需要的服务
- 公司可提供的人力及电子内容
- 设计网站的时间、建立及计划网站的时间
- 软件开发的额外费用
- 现货供应应用工具的费用
- 网站规模
- 网站引发的信息控制
- 网络小组的训练
- 外界顾问咨询
- 系统安装
- 服务器维护
- 应用程序设计
- 网站主控地点及需要的带宽
- 财务交易的安全性
- 系统能力规划

一个网站各个阶段所要发展的重点不同，所要赋予它的特征和功能也不尽相同，因此所要具备的技术也因各阶段而不尽相同。一个电子商店网站的设计阶段大致分为下列几个步骤：

① 网站与网页设计。这一阶段须具备基本的商业知识与管理理念。网站经营者必须能融合网络科技的领域新知与发展方向；了解如何利用网络来扮演营销、沟通及援助顾客媒介等诸多角色。所需要的技术，大致有 HTML 及文件转换工具、HTML 编辑器等网页制作工具。

② 连接。可以与其他网站或实体进行策略联盟，因此与其他网站进行接洽与条件协调，并将结果反应在网站超链接的计划设计上。

③ 多媒体酷炫效果。着重在 JAVA、Real Audio、VR、Flash 技术、动画、美工等技术的应用。有专业美工的设计，是本阶段的关键重点。

④ 互动及数据库。需要下列技术支持：

- HTML 的窗体格式。
- 简单的 CGI 程序，用以建立查询功能。
- 数据库，如 SQL Sever、Informix、Oracle。
- PERL、ASP、C++等程序技术。
- 高级软件数据整合的特别技术。

⑤ 大量顾客化。需要动态网页 HTML、高级 CGI、数据库软件等技术支持。

⑥ 个人化。数据查询软件、搜索工具、善用营销手腕与营销软件、一对一营销、E-mail。

⑦ 整合。各项技术及数字内容的整合。

⑧ 商流设计。主要是在订购方面的软件和特别技术，例如：信息安全和身份辨识系统。

⑨ 独特的风格。创意是此阶段的关键。巧妙地运用声音、影像、动画以创造独特的风格。信息流、物流、金流等电子商务的交易体系、购物车设计等。

⑩ 应用软件。知识管理、供应链管理、客户关系管理、企业资源管理。

⑪ 国际化。需要翻译多国语言，进行国际营销。

⑫ 评估检验。市场研究、评估业务量、营业额与收支状况、核心业务和策略方向。

8.5　电子商店的开发技术

我们从系统功能、硬件设备、软件需求等部分，来介绍电子商店系统的开发技术和需求。

1．系统功能

系统功能涵盖项目应包括以下几点：

- 须符合安全电子交易标准
- 应有动态店面网页效果
- 有后台整合功能
- 有仿真运作测试功能
- 有数据输入输出功能
- 可建立客户联络数据
- 有自动订购功能
- 有顾客个人数据处理功能
- 有消费群体分类功能
- 有虚拟购物车设计
- 有税率和运费计算功能

2．硬件设备

（1）自购主机

硬件设备所应考虑的因素，包括一般计算机规格所考虑的硬盘容量和 CPU 容量速度，以及影响系统效能的 RAM 大小。预留未来扩充空间也是很重要的。此外，还应考虑下列因素：

- 带宽
- 交换式集线器
- 温度控制、调节性交流电/直流电机房
- 不间断电源系统 UPS
- 机柜
- 一组网络接头

（2）主机代管

除了提供实体的主机供租用外，也提供了主机代管的服务。所以当运营者越来越依赖网站的产品和服务带来的收入和增加价值时，需要一个可提供网页服务器正常运作所需资源的网络伙伴。另一方面，对于无法 24 小时都投注在主机上的人们是一大便利。因为有专人做 24 小时的监控服务。网络营销最重要的是网页的稳定性，让顾客可以顺利地浏览。为用户提供服务的关键性在于网页运作需要高效能、具有延展性且可靠的网络连接。并且最好能提供下列服务：

- IP 代理发放服务
- 域名（Domain Name）注册服务
- DNS 设定服务
- 网上流量查看程序
- 可由客户指定适当的查询方式
- 系统整合咨询服务

（3）虚拟主机的部分

有多项功能，如：FTP 文件传输、电子邮件（POP3）信箱、支持 ASP 语法、数据库、不断电源系统保护、24 小时主机监控等服务。而且依据对象的不同而提供不同的计价方案。当然，还有提供虚拟主机的业主有其专业性与商业道德。

3．软件需求

包括操作系统与应用系统，其选择则以成本与效能为评估要点。成本除应考虑包括软件系统购入与维护运转作业耗费项目外，未来扩充发展投资也必须加以评估。

① 电子商务建设软件包。例如著名的电子商务建设软件包有：IBM Net.Commerce、Microsoft Commerce Server、Netscape Merchant System。

② 网页设计软件：

- 网页编写格式 HTML。

- 网页设计软件包，例如 FrontPage。
- 动态网页设计程序 ASP。
- 交互式表格 CGI（Common Gateway Interface）。能在网站上搜索各式各样的信息，是网络最吸引人的地方。各种不同业务性质的公司也可以提供顾客“搜索”的功能，通过顾客搜索数据库的内容而获利。通常在浏览器上输入关键字之后，计算机就将下达的搜索条件（也就是计算机参数）传回到网站服务器（Web Server）上，通过 CGI 程序加以处理，并到后端数据库去查询符合条件的数据，同时将查询后且符合该条件的商品数据再传回到浏览器上，这样我们就可以很清楚地知道自己要查找的结果了。
- 委外网页制作。随着网页编辑软件的进步，自己做网页并不难，但是要做得好则需要能力与经验。做网页相当花精力和时间，而且要做得美观精致，能吸引并留住顾客群，所以更是需要有足够的图形处理能力。在计划网络营销时，若自己的能力还不够，不妨把网页制作的部分交给他人。但长期经营下来，修改网页的部分由业者自己动手来做比较具有经济效益，因为整个网页就好像业者自己的店面，有任何的促销活动，信息的变更可由业者自己亲自动手来做，不仅及时性好，也可节省与第三者联络和沟通的时间及避开通过第三者可能造成的误差。

③ 主从式网络架构及浏览器、服务器软件。前端浏览器软件程序提供用户信息查询和文件浏览的接口，后端服务器软件则提供信息处理的功能，并传送所取出的信息或文件。

④ 数据库系统。建立数据库常以 SQL Server 为基础。程序语言有 Java Script、VB Script、HTML、XML 等。

⑤ 多媒体软件。建立个性化的企业网站，将有助于网站的发展。决定网站特色的因素有好几种：写作风格、字体字形、字和背景颜色、图像照片、代表性特征等。而整体网站的表达也可分为好几种：友好亲切型的网站、前卫型的网站、舒适自在型的网站、可信赖型的网站、非传统型的网站等，不同特色的网站将会产生不同的效果。我们必须了解自己的产品特点，来决定应该设计哪种个性化的网站，再来选择适当的软件，而好的软件能取到事半功倍的效果。

- 影像编辑制作软件。如 PhotoImpact、Photoshop 等。
- Real Audio。让网页能传送声音文件给用户。
- Java。让 Web Server 将部分的应用软件移到客户的计算机上执行。Java Applet 可用来制造动态效果。
- VR。虚拟实境应用在因特网上已经是不可阻挡的趋势，通过它所产生的效果，顾客可以在网站上有身临其境的感觉。目前被公认为未来网络虚拟实境标准的是 VRML（Virtual Reality Modeling Language）。
- 即时影像技术。有些公司在资料来源和其网站间会有条动态连接的线路，让公司的任何一点都能立即接受到其他点的最新信息。
- 多媒体动画软件。Flash、Ulead Shade 3D、Dreamweaver、Director、3D Studio 等。有些网站在进入后就可以看到一些影音兼备的网页，这些网站大都是利用 Flash 这种动画技术来制作的，而且所产生的执行文件不大，是目前比较常用的动态图片技术。

⑥ 网上安全体系。应用 SSL、SET 来保证顾客的隐秘数据、网络资源、身份，防止窃取及蓄意破坏。可以使用防火墙、加密、身份验证等全方位的安全标准。

⑦ 顾客服务系统。CRM（客户关系管理）技术用来充分了解顾客需求，并快速做出响应，

也就是预测需求、快速响应，另外，CRM 技术包括了 POS 销售点管理系统，有自动结账的功能，并且能与顾客数据结合，可以为顾客的消费能力与消费喜好做分析并存储。

Call Center（顾客服务中心）通过计算机语音的方式与顾客接触，并且以数字化的方式记录下来，可以对顾客做到体贴快速的响应。

8.6　电子商店的经营

一个电子商店，有了完善的计划与设计后，经营时更须对顾客用心，以提高顾客利润贡献度。通过一些营销经营手法，增加顾客的信心和忠诚度。电子商店的经营，除对整体环境与产业竞争有所了解外，还有一些持续性管理必须注意的原则与经营策略。

1. 在公司中推动电子商务计划

若要成功推动电子商务计划，必须先检查公司是否具备下列成功因素：

- 进行必要的教育及训练
- 审视当前的分配及供应模式
- 了解你的顾客和伙伴期待在网络上的收获
- 再评估产品和服务的质量
- 给人力资源部门新的定位
- 将现有系统向外扩展
- 追踪新的竞争者及市场分配
- 发展以网络为中心的营销策略
- 参与虚拟市场的建设及发展
- 注入电子商务管理风格
- 高层管理人员的支持
- 反映各种功能层次的项目小组
- 先导项目和组织知识
- 与企业继承系统的整合性
- 提高内部交流与沟通

2. 网站内容

网站和首页设计的表现包括：网站内容设计要有特色、改善网站速度。

对网站内容的要求是：

- 提供更多信息。
- 电子型号表：提供会员近期优惠、新推出服务等。
- 个性化与个人化。
- 内容管理：无论何种形式的网站，内容都是发展核心。
- 设计有特色的网站。
- 多样化丰富信息。

3. 增加收入与降低成本

为增加营业收入，考虑：增加并促销高单价的商品；增设广告业务，增加收入来源；弹性运用价格策略。

为降低运营成本，考虑：降低进货成本；积极扩展业务；改善物流配送。

4. 加强顾客满意度

可通过下列策略，提高顾客的满意度：

- 锁定正确的目标顾客群。
- 以最终顾客为焦点。
- 站在消费者的立场看问题。
- 强调客户服务。
- 建立群体。
- 服务意见箱。
- 让顾客拥有愉快的消费经验和感受。
- 改善与顾客有关的企业流程。

- 符合一定的标准，即发给客户贵宾卡。
- 由最终顾客的角度重新设计作业流程。
- 代客户寻找产品。
- 主动提供客户感兴趣的新信息。
- 与客户学习关系的经营。
- 针对目标市场进行一些别出心裁的服务。
- 与消费者互动。
- 设立聊天区与讨论区。
- 整体看待顾客和公司的关系。
- 让顾客自助。
- 协助顾客完成他们的工作。
- 提供个人化服务。
- 推荐者的福利。
- 建立值得信赖的商标品牌形象。
- 定期寄些贴心小卡片。
- 提升购买者与销售者之间的信用等级。

5. 宣传与促销

针对宣传活动，考虑：

- 命名很重要。帮企业与网站取得容易记忆并且有特色的名称。
- 到各大搜索引擎及索引站点登录你的网上商店。
- 到各大 ISP 网站刊登广告或登记建立链接。
- 与其他网站互连，共同推广市场。
- 利用 News 讨论广场。
- 网上促销活动。

可考虑的促销活动包括：

- 抽奖活动。
- 定期推荐商品。
- 畅销商品排行榜。
- 与人气商品做结合。
- 免费试用与周期的特价。
- 不定期发送折价券和红利点数。

6. 后台支持软件

建立完整的后台支持软件可以减少人力成本。例如：商品数据库管理系统、商品自动上柜系统、网上订购及订单管理系统、网上安全支付系统、会员管理系统等。

7. 交易过程

针对交易过程，可考虑：

- 安全方便的付款方法
- 便捷可靠的配送渠道
- 退货容易
- 良好的售后服务
- 注重安全性及隐私权
- 减少订购付款的复杂性
- 顺畅化购物流程
- 电子商务系统的安全性及操控性

8. 市场经营

针对市场经营，可考虑：

- 明显的市场区隔
- 整体的商店计划与商品包装
- 合理的售价
- 弹性化价格策略
- 个性化商品设计
- 付费方式多样化
- 竞争及市场情势分析
- 进行国际化运营

总之，要经营一家成功的电子商店，应掌握住市场的发展趋势。必须根据媒体特性来安排媒体预算，这可以从下面三个指标来评估：① 涵盖率；② 内容的丰富度；③ 与产品的关联性。

8.7　习　　题

1. 名词解释：主机代管、委外网页设计。
2. B2C 电子商店大致可分为哪些类型？
3. 计划开电子商店时，有哪些计划要素？
4. 请简述开设电子商店的步骤。
5. 请问设计一个网站时，有哪些步骤？分别需用到哪些技术？
6. 请例举说明电子商务建设的软件包。
7. 请简述电子商店的经营策略。

8.8　实验与思考

1. 实验目的

本节“实验与思考”的目的是：

① 了解电子商务系统（包括其他 e 概念系统）的规划、分析、设计和建设方法，熟悉系统规划、设计和网站建设的基本内容。

② 通过在因特网上对一些成功网站进行的搜索、浏览与分析，了解网站建设需要注意的问题，学习网站建设的成功经验。

2. 工具/准备工作

在开始本实验之前，请回顾教材的相关内容。

需要准备一台能够访问因特网的计算机。

3. 实验内容与步骤

（1）概念理解

① 你认为企业电子商务网站的域名命名一般有哪些原则？

____

____

____

② 电子商务网站的内容设计应该注意哪些方面？请谈谈你的看法。

____

____

____

③ 企业电子商务网站的维护主要应该注意哪些问题？

____

____

____

④ 什么是服务器托管？什么是虚拟主机？

____

____

（2）网站分析

在本实验中，我们主要通过对一些成功网站进行分析，来了解网站建设需要注意的问题，学习网站建设的成功经验。

步骤1：完成任务的分析。为了成功地提供企业整体形象，为访问者和潜在的消费者提供所需的信息，企业在建设网站时要完成的6个任务是：

① 表达企业的整体形象。

② 提供对企业信息的方便访问。

③ 允许访问者以不同方式和不同层次访问网站。

④ 为消费者提供有意义的双向沟通方式。

⑤ 维系消费者的注意力并鼓励重复访问。

⑥ 提供对产品和服务及使用方式的方便访问。

请在网上找到一个你认为能满足其中 3 个以上任务的网站，并解释这个网站是如何实现这些目标的（提示：你可以从前面实验中经历过的网站开始研究）。

请记录：你找到的这3个网站是：

① 网站名称：________________________________

网址：________________________________

入选理由：________________________________

____

____

请简述该网站是如何实现这些目标的：

____

____

____

② 网站名称：________________________________

网址：________________________________

入选理由：________________________________

____

____

请简述该网站是如何实现这些目标的：

____

____

____

③ 网站名称：________________________________

网址：________________________________

入选理由：________________________________

____

____

请简述该网站是如何实现这些目标的：

____

____

____

步骤 2：比较搜索引擎。搜索产品及比较价格可利用多种搜索引擎，请尝试利用不同搜索引擎来搜索同一商品信息，比较这几种搜索引擎（建议选择 3 种）哪个对你而言更有效。

你选用的搜索引擎是：

① ____

② ____

你搜索比较的商品（关键字）是：

① ____

两个搜索引擎的搜索结果比较：

____

____

____

② ____

两个搜索引擎的搜索结果比较：

____

____

____

③ ____

两个搜索引擎的搜索结果比较：

____

____

____

步骤 3：比较网站运营质量。进入网上书城（如当当、京东和互动出版网等），订购一本《网络营销学》书，比较其商品数量、价格（折扣）、配送和支付手段等环节的优劣。

请简述你的分析结论：

____

____

____

步骤 4：专业网站对比。请对中国钢铁联合网（custeel.com）和上海宝山钢材交易市场（Sinometal.com）进行比较，试分析两者服务的共同点和不同点以及成功之处，如投资者必须在两者之间选择一个，请问，你将选择那一个？请说明理由。

____

____

____

步骤 5：免费开店。请利用搜索引擎了解关于免费开店信息，从中选择三家有此项功能的网站，它们是：

① 网站名称：____

网址：
网站特色：

② 网站名称：
网址：
网站特色：

③ 网站名称：
网址：
网站特色：

请分析：在有免费开店功能的网站上开设网上商店及管理商店的过程。

请记录：上述操作能够顺利完成吗？如果不能，请分析原因。

4．实验总结

5．实验评价（教师）

8.9 阅读与思考：温州人总有温州人的办法

每一个黑暗时期，总会有人把希望的火把照亮。

在整个行业面临萧条或者危机的时候，也有一些勇敢者，做出了自己的一些尝试。而政府的主政者，也适时地推出了一些政策，希望能帮助温州这个传统产业走出困境，康奈和奥康就另辟蹊径，迅速实现转型升级。

康奈：去机场研究客户，打造高端品牌

康奈营销公司部门经理郑晖在 2009 年开年的时候，接到董事长郑秀康的一个电话。“董事长让我们去机场堵人。”接完电话后，郑晖向他的下属们布置说。这个奇怪的任务，始于郑秀康的野心：他想把“康奈”打造成一个高端品牌。

“没有品牌，就好比给别人拉板车，始终处于被动地位。”这个据说只花 45 天，就掌握了一般人需要 3 年才能学会的制鞋技术的聪明人，一直念念不忘要提升“康奈”的品牌档次。

为了完成任务，郑晖成立了一个调查小组，对高端人群消费需求进行市场分析。于是，有一段时间里，这个小组的成员天天蹲守在北京、上海、广州等地机场的门口，瞄准一些老板或者白领模样的人就扑上去，问他们喜欢穿什么牌子什么款式的鞋子。

很多时候，他们都被当成了"坏人"对待。"一开始我们寻找的目标主要是从宝马、奔驰等高级轿车上下来的旅客，由于我们工作小组是清一色的男同胞，手里还拿着相机，当我们靠上前同他们讲话的时候，客人第一反应就是警惕，有些甚至还用怀疑的目光看着我们。"郑晖回忆说。即使是这样，郑晖和他的同事们最后还是交给了董事长一个满意的报告。

"看到报告时，是喜忧参半。"让郑秀康忧的是，原本属于自己的客户在大量地流失，洋品牌垄断了国内高端市场的大半江山；而喜的是，他发现不是消费者主动离弃民族品牌，而是自己的研发和生产没有及时跟上他们的需求。不久，"康奈高端制造"概念频频出现在各大媒体上。

在 2009 年 10 月份春季新品订货会上，康奈高端产品的比重较上一季和往年同期均有大幅度提升。市场销售数据显示，康奈高端产品的销售比重与去年同期相比上升了约 10 个百分点。

奥康：一个 70 后带领三个 80 后，启动网络营销

奥康的网络营销部，应该是整个集团最年轻的一个部门。"我们是一个 70 后带领三个 80 后在干活。"网络营销部经理卢忠阳介绍说。

奥康是温州鞋企中第一家打造网络营销的企业。在 2008 年，奥康花了 300 多万元，在网上建了"奥康网络商城"，准备向电子商务发展。实际上，卢忠阳的工作在 5 年前就开始了。"2005 年的时候，我们就已经在淘宝等网站上开网店了。"

一开始，甚至连卢忠阳同一个大办公室的同事，都不明白这四个年轻人在弄些什么名堂。"他们就见到我们老是忙着拍照片，还整天对着计算机，一会傻笑，一会噼里啪啦打字，而且还都不按时上下班。"

看上去，这是一个特立独行的部门，甚至还带点网络世界"崇尚自由"的习气。不过，就是这四个"怪里怪气"的人，却创造了奥康的一个销售奇迹。现在奥康网络商城每天的销售额都在一万元以上，去年的销售总额达到了 400 万元。这几乎相当于奥康一家专卖店一年的销售总额。"我们网络销售大大降低了传统的商务流程的人力、物力成本，所以我们的利润至少是实体店的 3 倍以上。"

这样的成功，除了因为电子商务在这几年发展渐入佳境之外，奥康遍布全国的 3 000 多家连锁专卖店，也让奥康的网络销售有了可依托的平台。

"买家在网上下单后，我们就将订单分配给离消费者最近的实体店，这样就形成了最快的物流配送。" 卢忠阳介绍说。

今年，卢忠阳和他的三个同伴领到了更加艰巨的任务，网络销售要实现 1 000 万的总额。

不过，在这个习惯于凌晨一两点和客户交流的团队眼里，完成这个任务，并不是一个传说。

（**资料来源**：都市快报，2010.3.4，p15）

第9章 网络营销

网络营销的核心在于如何运用网络科技协助营销部门，以及如何为网站设计营销策略。“网络营销”偏重于B2C部分，是从商品营销的角度，探讨如何运用产品、价格、配销、促销策略，吸引消费者前来购买。当然，在配销策略部分，必须和中间商配合，因此还是会和B2B有关；而产品定位、定价政策、促销方案，一样需要和上下游厂商互相配合。

传统营销组合就是所谓的4P：产品（Product）、价格（Price）、配销（Place）、促销（Promotion）。我们将了解这四个P的特点；而电子商务的4P是产品（Product）、流程（Process）、人员（Player）、环境（Place）。我们将从这四个主题来探讨电子商务的营销活动和营销机会，以及如何通过4P来提高消费者选择网络购物的兴趣。

9.1 网络产品策略

在这一节中，我们来了解产品分类与营销策略理论。

9.1.1 消费性产品分类

依照消费者购买新产品时所需花费的精力、是否进行品牌的比较以及对品牌的喜爱程度，可以将消费品分为：便利品、选购品、特殊品。美国营销协会在1985年将营销对象定义为：观念、实体物、服务三类，而Murphy and Enis（1986）认为可以根据消费者所投入精力和风险的不同，又再区分为便利品、偏好品、选购品、特殊品等四类产品，以利于营销策略的制定。

理论上讲，消费性产品应根据消费者购买产品时花费的精力进行分类，但消费者购买商品的动机和心理，却是消费性产品分类理论所看不到的。随着社会进步，消费者购买产品，已不再只是单纯地追求物质上的满足。Swan & Combs（1976）认为产品所造成的满足，最主要来自期望的实现，所以将产品区分为：工具效用与表现效用。今川淳等人（1988）提出感性型产品与理性型产品的理论，把用来迎合消费者感觉、流行、气氛为优先的产品，定义为感性型产品；而把用来营造公司信誉、功能、品质及价格等条件为先的产品，划分为理性型产品。这是有别于消费性产品分类理论的分类模式，完全根据消费者的心理和动机作为产品分类的依据。林灵宏（1993）将产品依理性与感性区分为：高理性/高感性，高理性/低感性，低理性/高感性，低理性/低感性，其产品特性整理如表9-1所示，以作为营销管理与创新产品的策略运用。

Whinston（1997）根据实体产品可数字化、数字化之后的特性、消费者使用方式与价值，将数字化产品分成表9-2中的内容。

林震岩（1998）将产品形式按（低理性/低感性、高理性/低感性、高理性/高感性、低理性/高感性）四类用不同信息呈现方式（超文本加图片、超文本加图片加音乐、超文本加图片加音乐加动画）呈现后发现：低理性/低感性的产品，网络购物兴趣倾向较低，信息呈现方式越丰富广告效果越好。例如，卫生纸这种低理性/低感性的产品，一般不会特地在网络上购买；而若要提高消费者网络购物兴趣，那么同时具有文字、图片、音乐、动画的广告，效果会比较好。

表 9-1　心理与动机的消费性产品特性

	高　感　性	低　感　性
高理性	交易过程复杂 交易结果不确定性高 需提供售后服务的渠道 功能可变化性大	交易过程复杂度中等 交易结果不确定性中等 需提供售后服务的渠道 功能可变化性中等
低理性	交易过程复杂度低 交易结果不确定性低 售后服务的重要性低 外形式样变化性高 公开场合使用性高	交易过程不复杂 交易结果不确定性低 适合大众营销 无需提供售后服务的渠道 功能可变化性小

表 9-2　Whinston 信息产品分类范例

类　别	内　容
信息与娱乐产品	纸张为主的信息产品：报纸、杂志、期刊、书籍 产品信息：产品规格、使用手册、销售训练手册 图形：复印、明信片、日历、地图、海报 音频：音乐记录、演讲 视频：电影、电视节目
符号记号与概念	订票与预约：飞机、饭店、音乐会、体育比赛 财务工具：支票、电子货币、信用卡、证券
处理程序与服务	政府服务：申请表格、福利付款 电子信息：信件、传真、电话 商业价值制造程序：订购、簿记、存货、订契约 议价与电子标志 远程教学、远程医疗及其他数字服务 网际空间与互动式娱乐

余国维（1997）将产品分为：便利品、偏好品、选购品、特殊品，探讨消费者对网络购物的兴趣。研究结果显示：消费者对偏好产品的购买兴趣最高，选购品次之，便利品与特殊品的购买兴趣则相差不多。对于品质事前比较确定、价格中等、搜索属性、经验性与实体化程度中等的产品，则有较高的购买兴趣。

9.1.2　两面性的电子化产品

网络成为新的销售媒介之后，消费性产品分类理论需要根据网络媒体的特性，针对适合网络销售的产品类型，也就是从网络购物兴趣与电子化产品的角度来分类，做进一步研究。

销售渠道的选择分为一般商店与网络商店。通过“电子化产品类型”和“销售媒体”，我们可以区分出：完全电子市场、准电子市场、传统市场、准传统市场四种市场，如图 9–1 所示。

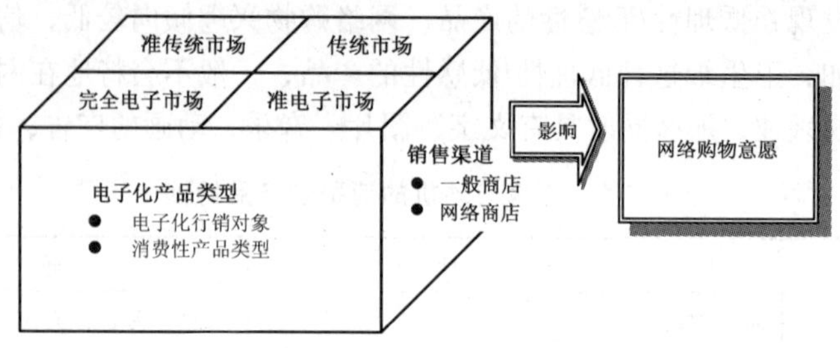

图 9–1 两方面的电子化产品类型

根据研究分析，一个电子化观点的消费性产品分类例子如表 9–3 所示。

表 9-3 电子化观点的消费性产品分类表

产品分类	产品分类模式	电子化营销对象			
	营销对象	可数字化			不可数字化
	产品分类	观念	服务	实体物品（可数字化）	实体物品(不可数字化）
心理与动机	高理性/高感性	航空机位订票 饭店住宿预约	网上拍卖会 远程教学	激光视盘 过期书刊	高级跑车 艺术品
	高理性/低感性	网络下单 电子柜台	人力中介 视频会议 财金投资顾问	商业实时信息使用手册 地图	电视 个人计算机
	低理性/高感性	音乐会订票 职业球赛订票	互动视频服务 代客送花送礼	期刊书籍 报纸杂志	服饰品 休闲背包
	低理性/低感性	网上会员 预约挂号	网络报税	贺卡	易拉罐饮料 卫生清洁用品

因此，在制定产品策略前，网络经营者必须先对产品进行电子化类型的分析，研究其属于哪一类的产品、了解其是否适合在网络上销售。然后，若产品性质并非完全与网络媒体特性契合，那应该计划新的营销策略，这是网站经营者必须面临的挑战。

9.2 网络价格策略

定价是相当重要的营销策略。巧妙的定价策略，可以提高消费者的购买兴趣，甚至还可以在以较高价格获得较高利润的情况下，同时让消费者获得较高的满足感，这有赖于技巧的运用。

1. 定价方法

下面，简单介绍几项常见的定价方法。

（1）标准定价法

是指主要考虑需求和成本的定价方式。常见的方法有：

① 平均成本定价法。先计算平均成本，然后将价格定得比平均成本高，以获取利润。平均成本（Average Total Cost，ATC）受下列各项成本因素影响：总成本（Total Cost，TC）、总变动

成本（Total Variable Cost，TVC）、总固定成本（Total Fixed Cost，TFCl）、平均变动成本（Average Variable Cost，AVC）、平均固定成本（Average Fixed Cost，AFC）。平均成本定价法是一种较保守的定价方式。

② 边际成本定价法。是指每增加一单位产量新增加的总成本。这种定价方法希望在每销售额外一单位的产品时，能将生产此产品的成本回收。这种方法并不能使公司获得最大利润，但它具有价格优势，适合打价格战。可以以此增加销售量，而以量制价，总收益仍然可观。

③ 逆弹性法则。这是以价格敏感度作为分析准则的定价方式。价格敏感度越高的产品，其获得最大利润的价格越低。因此，如何满足价格敏感度，是网络营销者面临的一项挑战。

（2）公式定价法

将产品成本、网站管理成本、运输成本、税率等全部考虑进来，加以权衡后写成公式，来计算销售价格。

（3）流行水准定价法

参考同行网站的价格来制定自己的产品价格。这样的定价法有三项优点：① 流行一致的价格水平有助于产业和谐度。② 是一种集体的智慧和能力。③ 适用于不易衡量成本的产品。

2. 影响定价的因素

影响定价的原因，大致有下列几项：

① 产品特性。日用品或奢侈品、耐用品或非耐用品，都会影响到定价。

② 市场特性。有两种情况：

- 完全竞争市场：厂商是价格的接受者。
- 独占市场：由单一企业来决定价格，则应以长期经营为考虑方向。

③ 需求弹性。在经济学的定义中，不同的需求弹性，会有不同的定价考虑：

- 当价格与总报酬成反比时，应采取减价策略。这种情况多半发生在替代品较多的情况。
- 当价格与总报酬成正比，应采取加价策略。这种情况多半发生在产品差异大或有高品质时（即替代品较少时），因此消费者不会太在意价格。

④ 市场划分。针对不同的目标市场，应有明确的价格区分。

⑤ 政府法令。诸如米酒价格、水电费、出租车费等，多是由政府来定价格。

⑥ 配销渠道。每一层渠道成员，都希望能获得利润，因此会影响最后的定价。

⑦ 顾客心理。这是一个很微妙的因素。不同的消费群体具有不同的价格敏感度。比方说有些高消费群体，他们需要购买高价位产品来肯定个人地位和满足购买欲，则不妨将价格定高点。

⑧ 品牌经营。一个有高知名度或信誉良好的品牌，即使成本可能不高，但也有机会将价格定高。反之对于知名度低或者口碑不佳的品牌，则无法通过高价来获取较多的利润。

3. 价格效应

考虑以下价格效应：

① 分担成本效应。若购物者与付款者是不同的人，则价格敏感度自然降低，换句话说，购买者不太会一一比较，所以价格就不必定太低了。

② 价格—品质效应。当品质不易判断时，则价格敏感度会降低。在这种情况下，消费者会偏向以价格作为品质指针。因此就不宜采取低价格策略，以免被认为是低品质产品。

③ 替代认知效应。替代品越多，需求弹性会越高，因此价格敏感度也会提高，所以价格不

能定得太高。

④ 存货效应。容易下载的和占用存储空间不大的产品，消费者比较愿意购买。反之若产品不易下载，则即使削价也很难提高购物兴趣。

⑤ 独特价值效应。产品越具独特性，则价格敏感度愈低，这时消费者的网络购物兴趣会随之提高。

4．单一定价与动态定价

所谓“单一定价”，顾名思义，就是对每位顾客都采取相同的定价。这种方式具有两项优点：第一、容易计算销售量和利润；第二、不会发生降价的矛盾：如因为对甲顾客降价，而造成乙顾客的不满。但也有两项缺点：第一、价格缺乏弹性；第二、无法将利润最大化。因为有些顾客的购物兴趣不高，必须降价才能形成其购物诱因；而另外一种情况恰恰相反，有些购物动机极高的顾客，其实即使提高价格也很愿意购买。

“动态定价”是在面对不同顾客、不同产品时，可能采取不同的定价。动态定价的优点是较有弹性。最常见的动态定价法就是拍卖和集体议价。在传统商场中，拍卖和集体议价所需耗费的人力成本与时间成本，是相当可观的，因此限制了其适用性。而在网络环境中，可通过信息科技克服上述限制，以“虚拟人员”及友善互动人机接口来达成。所以在电子商务网站上，反而很适合拍卖和集体议价。

5．网络定价策略

一般人会认为网络是过程最公开化且最有效率的市场，这是因为有许多新成立的公司，会为了抢占市场先机，而提供特别的低价以吸引消费者。

事实上，低价策略有其道理。因为消费者选择在网络上购物，其中一项很重要的理由就是价格较低。但是又有分析顾客网络行为的研究报告指出，会货比三家的消费者只占少数。在一项关于网络购物行为的研究中，得到的结论是大部分的消费者只会到同一个购物网站消费，而仅有8%的消费者会积极地货比三家。

在麦肯锡公司的研究中，只有30%的采购经理认为网络购物的优势是价格较低。B2B部门则表示，通过网络购物可减少文书处理等的交易和采购成本，并且网络购物系统的设计，可以明确的知道他们应补充的采购项目，很容易做出采购订单。事实上，整个销售行为的成本节省，14%的人回答是因为供应商降低利润的关系。通过逆向拍卖购物的企业中，有半数不会选择最便宜的供应商。此外，在未选择最便宜供应商的购买者中，有87%继续与原有的供应商往来。

所有的产品都有它的定价无差异区间。所谓定价无差异区间指的是，在一定范围内的价格变化，并不会影响消费者购物的兴趣。如果是名牌的健康及美容产品，定价无差异区间的变动值大约落在17%，一些金融产品就只有2%的变动区间。研究传统渠道产品的定价无差异区间的敏感度，通常非常耗时并且需要大量的经费支持。因此我们可得知，调整一般产品的价格必须耗费许多时间和成本。

网络企业如果想知道涨价3%对销售量的影响时，就会每隔50个点击人次后，提高产品的报价。这样一来就可以得知涨价对消费者购买兴趣的影响了。这样的实验测试方法，也可以预测出当价格调整到无差异区间以外时销售量是如何变化的。

当需求变化幅度很大时，网络企业可以利用网络提高产品价格，因为可以从全球信息网找到愿意支付较高价格的消费者。会愿意付出较高价格购买产品的消费者，通常是因为非常重视产品的附加值。在实体商店中，要为不同顾客量身订出适当的产品售价是很难进行的，像这样的问题在网络购物中都可顺利解决，因为企业可以通过网络进行一些简单又方便的定价结构的实验，进而测试出卖方的信息是否奏效。企业能通过网络完成上述实验，是因为网络具有一项其他工具无可比拟的能力，那就是测试消费者对价格的反应和定价无差异区间的界线。

9.3　网络配销策略

物流系统是否迅速顺畅，是网上购物市场是否能成功的极关键因素之一。换句话说，电子商务和物流管理之间，具有密不可分的关系。我们从快递服务的发展，就可以感受到配销渠道的不断进步。

1. 配销的意义

所谓“配销”就是“以正确的数量，在正确的地点将产品提供给顾客”，其目的是将时间效用、地点效用、拥有效用提供给顾客。由于制造商并不一定会将其产品直接递送给顾客，所以在制造商与顾客中间，存在一些营销功能不同的中间商，经过配销渠道将产品递送给顾客。不同的产品，会有不同的中间商数目和性质。而产品在不同配销阶段的过程中，附加值会提高。一般而言，配销渠道的流程，会经过原料供应商、制造商、配销渠道，最后到达消费者手中。

“中间商”是配销渠道的成员。不同中间商扮演着不同的角色，所以又会有一些不同的名称，如批发商、代理商、零售商、中介商、配销商、渠道成员等。中间商主要有三大作用：

① 提供服务。主要有：转运、存储、销售、定价、促销、购买、营销研究、资金融通等。

② 解决问题。中间商可解决三类问题：

- 数量差距。制造商一次生产的合乎经济规模的数量，往往和消费者每次购物所需的数量差距比较大。
- 配置差距。制造商的产品线是以制造与市场为基础考虑的，往往与消费者一次想买的产品种类不同。
- 交易次数。当众多制造商直接面对众多消费者时，交易次数将相当频繁，形成极高的交易成本。在交易过程中，若每增加一位中间商，则可让交易次数减少一半。所以，中间商的存在可以减少交易次数，进而降低交易成本。

③ 提供时间及地点效用。由于中间商的存在，可以缩短买卖双方的距离，因此可以提供时间以及地点的效用。例如拍卖网站和销售展示，它们将产品放在适当的地点以便交易，这就提供了地点效用，而快递公司显然是提供了时间效用。

2. 渠道阶层与渠道冲突

一项产品从制造商一直到送到消费者手中，其间所经过的渠道成员数目，称为渠道阶层。渠道阶层为零者，即所谓的直效配销。一般而言，在因特网上，渠道阶层有减少的趋势，因为网络媒体的特性，使得制造商无须通过诸多中间商的协助，可以很容易地将产品送到消费者手中。并且，中间商的减少也降低了产品的部分配销成本，制造商也更能掌握产品的定价。然而，因特网上的渠道阶层并不全然呈现全面减少的现象，因为在传统中间商逐渐消失的情况下，却陆续出现了一些新兴中间商。这些新兴中间商可运用网络的诸多特性，提供传统渠道成员不易提供的服务。例如比价信息、旅游咨询、网络代订票、家具行情比较服务等。

因此，在网购时代里，渠道冲突就无可避免地产生了。一般网站经营商为了分摊风险，多半采取“虚实合一”的策略。换句话说，就是消费者同时可通过实体渠道和虚拟渠道（即网络）

购得商品，因此可能发生渠道冲突。渠道冲突可分为两类：

① 实体渠道与新兴中间商的冲突。

② 制造商与新兴中间商的冲突。

而渠道冲突发生的原因，常见的有：

① 因为感受到威胁，而彼此心生猜忌排斥。

② 定价策略意见不一。

③ 工作分配的分歧：谁与顾客接触、保留顾客数据、接订单、运送等事项，大家看法不一。

所以，渠道冲突是电子商务网站经营者必须思考如何面对的问题。

9.4 网络促销策略

促销的主要目标是：通知、说服、提醒，以便将有关产品销售的信息传递给顾客，进而促进顾客的购物兴趣。最常见的促销活动有网络广告、公共关系、人员推销、销售促进、销售点促销工具和直销。

1. 网络广告

广告是一种付费的沟通方式，它是由广告业主通过大众媒体来说服或影响消费者。网络广告的促销方式有两项优点，即：它能在轻松的气氛下，将产品信息传递给消费者；它不会对消费者形成必须立刻作决定的压力。但传统的广告有两项限制：一是无法达到个人化；二是调整或修改时比较缺乏弹性。而这两项限制在网络化广告中，利用过网络媒体的特性，都可迎刃而解。

网络广告是网络营销最常被提到的促销方式，而网络广告的利润，也被认为是网站经营者的财务计划中成本回收的主要来源。常见的网络广告类型一般都是利用网络媒体的不同特性而发展出来的。根据网络广告内容的形式来分，其产品信息类型至少可以包括：

① 规格叙述型：描述产品物理性的规格。

② 文宣通告型：以电子邮件告知产品信息。

③ 属性强调型：强调产品的属性，例如显像清晰、低价或是流线型外观等。

④ 用户口碑型：以用户的经验推荐，例如书评。

⑤ 品牌比较型：进行不同品牌特色的比较。

⑥ 产品热卖型：提供产品销售量排行榜的信息。

⑦ 消费概念型：提供消费者产品使用情景的建议或使用方式的信息。

⑧ 实时互动型：及时互动和个人化的信息。

⑨ 消费决策支持型：提供一些决策模式，例如购买股票或基金各种风险报酬组合的模式，作为消费者决策的参考。

2. 公共关系

公共关系即公关。关于公共关系，各学者有不同的定义，其中一个最简明的定义是：“利用信息去影响民意”。最常被归类于公共关系的，就是“公众报导”，报纸和电视上的新闻报导，就是公众报导的一种实例。相对于广告，公众报导是不用支付费用的一种方式，它可以通过报导宣传有关组织的一些信息，当然可能是正面的，也可能是负面的。由于不必支付费用的特性，组织者无法拥有充足的主控权，也正因为如此，公众报导具有较高的公信力。所以，若组织者平时用心于公共关系的建立，与媒体广结善缘，则可以掌握较多的正面公众报导。

3. 人员推销

这是最传统的促销方式。最原始的贸易正是面对面的推销。由于人与人面对面接触时，容易获得较高的信赖感，因此对于产品本身比较复杂、需要详细介绍或示范的，特别适合采取人员推销的方式。不过，相对于其他促销方式，人员推销具有单位成本较高以及同时可接触的总数量有限等限制。所幸的是，通过信息科技与网络技术，可以建立"虚拟人员"以达到实体人员的功能，克服上述限制。所谓虚拟人员，主要是指建立有互动性的网站人机接口，让消费者感受到体贴便利的功能。这样的虚拟人员，对于客户服务而言，是相当重要的设计。

4. 销售促进

所谓销售促进，是一种相当广泛的概念。除了人员推销、广告、公众报导以外，其他可以促进产品销售的营销活动，诸如陈列、展销会、展览会等，都可称为销售促进。所以，像是赠品、折价券、虚拟商展、竞赛、抽奖、打折等，都是销售促进的有效方式。网上常见的例子有麦当劳、肯德基、麦乐迪、达美乐等公司所提供的可以直接从网上打印的折价券等。还有一些网络群体所提供的虚拟货币或累积点数，除了可增加网友忠诚度，其实也具有销售促进的功能。

5. 销售点促销工具

销售点促销工具多半是广告的延伸。最简单常见的例子就是在零售店面张贴的促销海报。因为相当高比例的消费者是属于未经计划而临时决定的购物人群，所以在最终销售点，再以陈列、海报等产品信息来提醒或刺激消费者的购物欲，通常可收到不错的效果。在网站上一样可以有类似的销售点促销工具，例如在消费者进行网上下单或付款时，适时地出现相关的广告。

6. 直销

直效营销一向都是重要的促销方式之一。由于其具有高度互动性、可发生在任何地点、便利、效率高等特点，是不可缺少的营销工具。有趣的是，网络上特别适合直销。原因有五个：① 网络媒体具备双向沟通的互动性。② 网络上本来就不受地理限制。③ 网络本来有便利和效率上的优势。④ 很多网站是由制造商直接规划经营的。在制造商所经营的网站上促销和销售产品，正好符合了直销的定义。⑤ 在网络世界里，中间商有减少的趋势。中间商层次的减少，也是网络商品被预计价格较低的主要原因。对于零阶渠道的网站而言，它原本就符合直销的特点。

7. 网络广告的计费方式

一般用来衡量网络沟通效果的指标大致有下列几项，即：曝露度、点击率、参访停留时间、浏览深度和购买结果。

网站提供给广告业主展示网络广告的空间，其主要目的就是为了赚取广告利润。但是网络广告的效果如何？要如何衡量？会直接影响计费的方式。下列是一些比较常见的网络广告的计费方式。

① CPM。以"网页阅读"（Page View）作为计价基础。当一则广告成功地被传送给符合资格的访客时，即完成了一次"广告曝光"。所以 CPM 的定义为"每千次曝光成本"（Cost Per Millennium）。其计算方式，CPM＝ 价格/（曝光次数/1 000）。CPM 是目前最常用的主流计算标准。

② CPC。以"点击率"（Click Through）作为计价基础。由于"曝光次数"并不容易衡量，因此有不少人主张，直接以最容易统计的点击率作为计费方式。CPC 的意义是"每次点击的成本"（Cost Per Click），其特点在于，只有当消费者确实点击该广告时，才算是达到广告效果。不过也有人认为，对于很多类型的广告，其实目的在于建立品牌知觉，并不一定需要访客点击了才产生效应，因此认为 CPC 计费的方式是不客观并且不公平的。

③ 固定期间的固定价格。这种计费方式和传统方法最接近。算法很简单，就是“你刊登多久的时间，就请付多少费用”，不去理曝光次数或点击次数。这种计费方式是公司老板最容易理解的，但却是不符合网络广告特性的。

④ 购买结果。根据实际的交易次数、销售量、销售金额来计费。当然这只适合网上购物网站。对于没有交易发生的网站，诸如电子报，并不适合这样的计费方式。

9.5 数据库营销

数据库营销是属于科技化营销的一种方式，因为它使用了较多的逻辑与分析，而不是光靠天马行空的灵感与创意。数据库统计出来的所谓“好顾客”，一般而言有三个特征：刚刚才来买过（最近一次购买时间）、常常来买（购买频率）、花大钱购买（购买金额）。现今营销人员正面临着的一种超级挑战，就是没有依靠信息技术的辅助，已经无法应付内外多变的环境了：在企业内部有各种管理、业务、渠道、库存及销售预计的问题；而企业外部则有强悍的竞争对手、需求多变的消费者、观念新颖善变的顾客。所以通过数据库来协助营销工作，是一种相当适宜并且好用的工具和方式。

所谓数据库营销，就是利用企业经营过程中收集、形成的各种顾客资料，经分析整理后作为制订营销策略的依据，并作为保持现有顾客资源的重要手段。从理论上说，数据库营销并不是网络营销中特有的手段，在传统营销中，如直邮广告、电话营销等，数据库营销也是一种常用的手段，不过，在网络营销中，数据库营销有着更加独特的优越性，因而成为网络营销的重要策略之一。与传统的数据库营销相比，网络数据库营销的独特价值主要表现在三个方面：动态更新、顾客主动加入、改善顾客关系。

数据库营销在企业营销战略中的基本作用表现在下列方面：

① 更加充分地了解顾客的需要。

② 为顾客提供更好的服务。数据库中的资料是个性化营销和顾客关系管理的重要基础。

③ 对顾客价值进行评估。通过区分高价值顾客和一般顾客，采取相应的营销策略。

④ 了解顾客价值。利用数据库资料，计算顾客生命周期的价值，以及顾客的价值周期。

⑤ 分析顾客需求行为。根据历史资料可以预测需求趋势，还可以评估需求倾向的改变。

⑥ 市场调查和预测。数据库为市场调查提供了丰富的资料，根据顾客的资料可以分析潜在的目标市场。

9.6 电子商务营销

电子商务的经营，就是在思考如何将产品（Product）数字化、销售流程（Process）电子化、销售人员（Player）虚拟化、购物环境（Place）网络化，以减少买卖双方的交易成本，促使消费者愿意选择通过网络渠道来实现购买行为。所以，我们针对电子商务的经营，定义了四个关键，称之为 EC4P（电子商务 4P）。

9.6.1 电子商务 4P

我们针对 EC4P，即 Product（产品）、Process（流程）、Player（人员）、Place（环境）这四个主题来探讨电子商务的营销活动和机会，以及如何运用 EC4P 来提高消费者选择网购的兴趣。

EC4P 和网络营销组合 4P 不同。在制定网络营销策略时，应该考虑如何决定传统营销组合的 4 个 P，如何规划产品策略、价格策略、配销策略、促销策略，以达到最佳营销效果。而以电子商务经营的角度，思考在经营网站时，有哪些要点是成功的关键因素，整理出了在 e 化时代最重要的四个 P，这是完全出于数字化观点，和传统营销组合 4P 并不相同。

（1）产品数字化（Product）

Magdalena（1997）将实体物品，按照营销对象的物流方式与使用的特点，分为耐久性产品和非耐久性产品；另外也将服务纳入网络商店销售的产品之中，如图 9-2 所示。

许多传统市场中的产品，其实本身的特点适合数字化，例如：地图、海报、音乐记录、演讲、电影、电视节目与出版物。所以要经营电子商务，对于新产品的开发与设计，第一就是要运用网络的低成本，不受时间空间限制，利用一对一的互动性，来设计数字化的产品。

从网络营销对象的角度来看，产品的数字化程度越高，越适合在网上销售。不过，非数字化或者无法数字化的产品，也不见得就不能在网上销售。我们还是可以按照可数字化程度的不同，制定不同的销售策略。就产品的可数字化程度，分别分析如下：

① 数字化产品。原本就以数字化形式存在的产品，因为可省下可观的物流成本，并且可以提供网上试用，降低不确定性，所以特别适合在网络上销售。例如：计算机软件、图文件、数据库等。

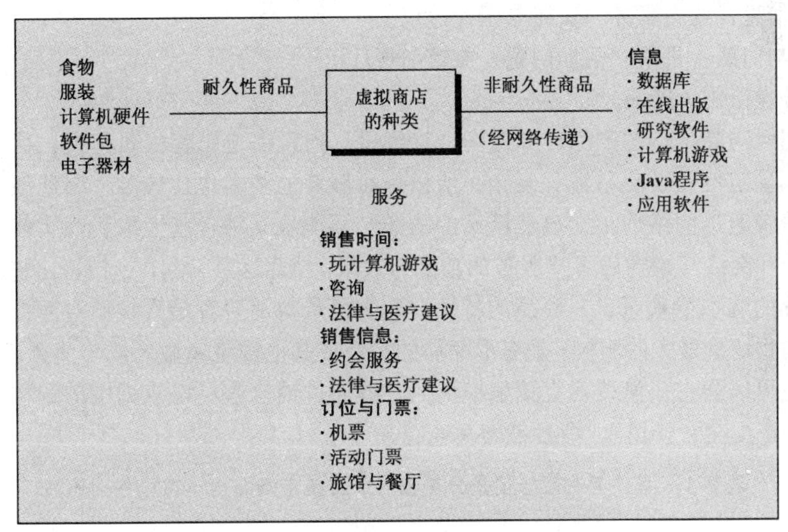

图 9-2　信息产品的一种分类

② 可数字化产品。有些产品虽然不是数字化产品，但是很容易将它数字化，那么它也很适合在网上销售。例如书籍，它原本是实体物品，但是很容易可以转制成电子书，放在网络上供消费者下载，一样可以降低交易成本。

③ 描述数字化的产品。对于不容易数字化的非数字产品，其实也可以想办法将其规格的描述予以数字化。例如套装旅游，可通过图片和说明来描述产品内容。例如汽车，也可以利用计算机和多媒体的效果，进行展现和描述。

④ 标准化产品。对于无法满足上述三类条件的产品，其实还是有机会在网络上销售的。例如钻石，它不可能数字化，连描述都很难数字化，因为以文字图片没办法充分体现其炫烂耀目与高贵质感。因此对消费者而言，这是个高度不确定的交易，并且也无法满足其虚荣满足感的购物情景。

所以，理论上它应该相当不适合在网络上销售。但是东森购物曾经很成功地在网络上创造出很好的销售量。原因有二，第一个是低价策略，第二个就是标准化产品。在这里指的标准化，主要是指规格的标准化，以便在网络上很容易就让人一目了然。并且更可以在实体媒体上进行该钻石产品的宣传，当消费者对这项产品已有足够的熟悉度时，就可以降低其不确定性，因此在网站销售展示时，只要标明是哪一系列的产品，消费者很容易理解是哪项产品，当然就比较愿意订购了。

（2）流程电子化（Process）

有些产品不能数字化并不代表该类型产品就不适合网络销售，因为消费者在购物过程中会：① 需求确认、信息搜索、购前方案评估；② 采购、消费；③ 购后方案评估、处置。流程本身就可以是产品价值的来源，也就是说消费者购买该产品所期望的价值，不止是产品本身的价值，采购流程与售后服务的价值也是伴随着购买产品的过程而来的。从另一个角度来看，服务本身就是一种产品，而如何将服务数字化与电子化，就是 EC4P 中 Process（流程）所要表达的意义，例如，流程电子化的范例有：

① 商业价值制造程序：订购、登记、存货、订契约、议价。

② 远程教学。

③ 远程医疗。

④ 销售时间：玩计算机游戏、咨询、法律与医疗建议。

⑤ 销售信息：约会服务、法律与医疗建议。

⑥ 订位与门票：机票、活动门票、旅馆与餐厅。

（3）人员虚拟化（Player）

有些高理性与高单价的产品，如房车、计算机，通常需要销售人员解说，而且因为该类型产品交易的不确定性高、交易流程复杂，所以售后服务的要求也比较高。因此该类型的产品，如果希望消费者通过网络购买，显然网站的功能必须能从某种程度上取代购买前人员的解说、购买中的议价和交涉与购物后客户服务的功能与效果。因此这是 EC4P 中销售比较难以虚拟化的部分。就传统的购物情景而言，商品的特性、购物情景与消费者是直接面对面接触。网络购物情景与传统购物情景最大的不同，是有形商品的特性或其他围绕刺激无法与消费者直接接触（传统商店的业主可以通过让消费者直接触摸商品，或通过销售人员以及周围的购物情景，与消费者的购买兴趣产生交互作用）。请参考表 9-4。

表 9-4　消费者决策与情景分类相对于传统市场与电子市场的对照表

情景分类	消费者购买决策过程	传统市场	电子市场
沟通情景	需求确认 信息搜寻 购前方案评估	广告媒体 ← 销售人员 ←	网络广告营销 网络中间商
购买情景	采购 消费	销售人员 ← 商店气氛 ←	网络中间商 网络商店网页设计
使用情景	购后方案评估处置	客户服务部门 ←	网络商店功能设计

注：“ ← ”表示角色与功能的替代

（4）环境网络化（Place）

购物环境是指商店的地理位置与商店的购物气氛。对商店的地理位置而言，越方便消费者购买的商品，也就是可购得该产品的商店越多，消费者选择网络购物的兴趣也就越低。相反的在传统的市场中，越难买到的商品，通过网络购买的兴趣就越高。如 Amazon 书店，提供本地区未代理的书籍，在跨地域的需求之下，提供消费者大量藏书的搜寻、书籍的评论与合理价格，网络购物的兴趣就会提高。也就是说电子商务经营者，运用网络跨地域的特性，将购物商店这个购物环境（Place）网络化。

另一方面，对商店的购物气氛的营造，则是对电子商务经营者的一项重大挑战。有些消费者购物的动机并非全部是理性选购，有些消费者主要是以享受逛街购物的乐趣为主，在心情放松的状态下，偶然发现喜欢的商品，而在事先没有计划下进行采购行为。因此网络商店要能够提供消费者逛街购物的乐趣，是未来网络技术与营销的重大课题。

9.6.2　交易成本

所谓交易成本，是指制造成本以外的隐含成本，包括各项数据与信息搜索成本、交易双方协商议价、确认交易成本以及交易处理与违约退换处理成本。交易成本可分为两大类：

① 事前交易成本，包括：信息取得成本、协调沟通成本、契约规范处理成本。

② 事后交易成本，包括：交易监督成本、执行成本。

9.6.3　电子商务 4P 与交易成本的关系

下面我们来探讨 EC4P，即 Product（产品）、Process（流程）、Player（人员）、Place（环境）与交易成本的相关性，以进一步了解：① 电子化产品特性与交易成本、不确定性与资产特殊性的关系，如何影响消费者选择网络购物的兴趣；② 适合网络销售的产品特性是什么。

（1）EC4P 与交易成本的关系

网络购物的交易成本与营销对象的 EC4P 的可数字化程度有关。

① 产品（Product）的可数字化程度越高，网络购物的交易成本将越低。

数字化的目的，在于减少买方与卖方彼此在交易过程中的成本，卖方可因数字化而大量复制，降低制造成本。而买方则可以因为产品数字化，而通过网络进行产品与价格比较，甚至先通过网络来试用，减少购买风险、降低搜索成本，然后直接通过网络来消费与使用产品。因为网络不受时间与地域的限制，又具有隐秘性的特色，所以能降低双方购买流程的交易成本。产品的可数字化程度越高，网络购物的交易成本就越低。

② 销售流程（Process）的电子化程度越高，网络购物的交易成本将越低。

销售流程的电子化可降低买卖双方的交易成本，整个销售流程包括：需求确认、信息搜寻、购前方案评估；采购、消费；购后方案评估、处置；卖方可减少作业流程、固定成本与人事成本，而买方可减少购买前、中、后的信息交换成本与交易成本，因此销售流程的电子化程度越高，网络购物的交易成本将越低。

③ 销售人员（Player）虚拟化程度越高，网络购物的交易成本将越低。

显然网站上的功能，必须能在某种程度上取代购买前的人员解说并使其具有辅助搜索、购买中的议价与购买后的客户服务的功能与效果。因为网络的低成本、跨地域、全天候与一对一的特性，让销售人员的功能通过网络虚拟化之后，不会因卖方人力有限而造成买方的等待与交涉的成本，而且可以减少客户服务人员的人事成本。因此越能提高销售人员（Player）的虚拟化程度，网络购物的交易成本也就越低。

④ 购物环境（Place）网络化程度越高，网络购物的交易成本越低。

电子商务经营者，运用网络低成本、跨地域的特点，将购物商店这个购物环境（Place）加以网络化之后，消费者不再受到时间和空间的限制，而减少购物往返的时间；而卖方也可因为商店的网络化，而降低经营的成本。

（2）EC4P 与不确定性

网络购物的不确定性与营销对象的 EC4P 的可数字化程度有关。

① 产品（Product）可数字化程度越高，网络购物的不确定性将越低。

就传统的购物情景而言，商品的特性、购物情景与消费者是直接面对面地接触。而网络购物，则因为缺乏传统商店消费者可以直接触摸商品，或通过销售人员以及周围的购物情景的互动，而影响购物兴趣。因此可数字化程度越高的产品，从另一个角度来看，则越是代表产品的标准化。产品既然能标准化，就无须担心网上所购得商品的质量；也就不会因为无法直接触摸商品，或不能体验销售人员以及周围的购物情景的互动，而影响产品品质的不确定性。因此产品的可数字化程度越高，网络购物的不确定性将越低。

② 销售流程（Process）电子化程度越高，网络购物的不确定性将越高。

虽然提高销售流程的电子化程度可降低网络购物的交易成本，并间接提高购物兴趣。但另一方面，正如第一点所提到的，网络购物因为缺乏传统商店消费者可以直接触摸商品或通过销售人员以及周围的购物情景的互动，因而提高了购买流程的不确定性，间接提高了交易成本，而降低网络购物兴趣。网络购物流程的不确定性来自消费者不熟悉网络的使用、对网络交易安全性的疑虑及交易过程和结果的隐秘性。

③ 销售人员（Player）虚拟化程度越高，网络购物的不确定性将越高。

前面提到过，对直接触摸产品确定产品品质的需求，可通过数字化或标准化来减少网络购物产品品质的不确定性（消费者不一定要摸到 CD 盒，才能知道这张 CD 好不好听）；而 Player（人员）虚拟化的需求，除了网站技术的改进外，产品品牌的建立也可以降低部分人员解说与售后服务的需求（比如说，消费者对知名大厂的产品多半会多两分信心）。消极的说，则可以选择销售过程中人员需求涉入少的商品作为网络销售的对象，例如：网络下单买卖股票或网络购票。相对来说，销售人员（Player）涉入需求越高或虚拟化程度越高，网络购物购买流程的不确定性也就越高，也越难说服消费者使用网络购物。

④ 购物环境（Place）网络化程度越高，网络购物的不确定性将越高。

购物环境（Place）加以网络化之后，消费者因为不用再受到地理与时间的限制，大幅减少购物过程中的信息交换与交易成本。另一方面，网络商店要加强对商店的购物气氛的营造，才能够提供消费者逛街购物的乐趣。另外，因为跨地域与网络化的特点，降低了消费者对于该网络商店的信赖感与真实性，就怕一夜之间网络商店从网络中消失，品质保证、售后服务不复存在。所以当购物环境（Place）网络化程度越高，网络购物交易的过程与结果的不确定性将相对提高。

9.6.4 电子商务 4P 的价值

电子商务的经营，就是在思考如何将产品（Product）数字化、销售流程（Process）电子化、销售人员（People）虚拟化、购物环境（Place）网络化，以减少买卖双方的交易成本，促使消费者愿意选择网络购物，而不是通过传统渠道来实现购买行为。因此，如何利用网络低成本、高互动、个人化、跨地域与不受时间限制的优点，以降低买卖双方交易的成本，将是“经营电子商务初期”的重要营销策略。本书提出明确的四个数字化的营销对象：Product（产品）、Process（流程）、Player（人员）、Place（环境），提供一个新的网络产品设计的理念，类似传统营销领域中的营销组合。过去的研究都是根据传统市场的营销组合来看电子商务，本书则根据电子商务市场的特点，提出电子商务 4P。若只单纯地将一般商店中商品，原封不动地搬上互联网，而不考虑互联网这个媒介所能创造出的价值，很难激发消费者通过网络购物的兴趣。

网络根本的价值在于低成本、高互动、个人化、跨地域及不受时间限制，固然使得买卖双方的交易成本降低。但光是如此，并不足以吸引消费者选择网络购物，因为人员、流程、环境的数字化、虚拟化与网络化之后，消费者对于产品品质、购买流程、网络商店与购物环境的真实性与信赖感将降低，交易不确定性与风险度则随之提高，因而减少了消费者选择网络购物的兴趣。所以“经营电子商务初期”重要的营销策略之一是策略性与选择性的开发与设计网络商品，初期以选择产品可数字化程度高、购物流程人员涉入少、购物环境要求简单的商品为主。本书提出这一简要的准则，就是以电子商务 4P 为出发点来设计网络产品，以降低交易成本与不确定性为主要考虑的因素。交易成本与不确定性越低，网络购物兴趣将越高。

进入电子商务市场发展成长期，电子商务经营者对网络基本价值都已充分运用，而且电子商务经营者与竞争者也不断增加，因此电子商务市场的竞争优势将进入网络附加价值的运用与发挥的竞争，也就是网络购物情景的创造。网络购物情景是指：何种产品搭配何种独特的网络化购物情景，会吸引消费者选择网络来购物，而这种购物情景是以满足消费者购物的流程中利益与需求的追寻为创造目标的。例如：便利品（家庭生活与清洁必需品），在便利超市与超市渠道绵密的环境中，消费者选择网络购物的兴趣将不高。但网络商店若能提供产品多样选择、一次购足与一周或一个月送货到家的服务，就有可能提高消费者选择网络购物的兴趣。因此未来研究将探讨进入电子商务市场发展成长期时，网络附加价值的运用与发挥，也就是购物情景的创造。换句话说，电子商务初期，是电子商务经营者以降低交易成本与传统商店来竞争；电子商务市场发展成长期与成熟期，是电子商务经营者彼此以网络附加价值来竞争。但是无论网络附加价值与购物情景如何创造，电子商务 4P 仍然是电子商务经营营销计划与策略的基础。

9.7　微博营销

微博是一种通过关注机制分享简短实时信息的广播式社交网络平台，其中有以下几方面的理解：

① 关注机制：可单向、可双向两种。

② 内容简短：通常为 140 字。

③ 实时信息。

④ 广播式：公开的信息，谁都可以浏览。

我国的互联网已经全面进入微博时代。新浪、腾讯 网易和搜狐等网站的微博注册用户数已经突破 3 亿，日登录数超过 4 000 万。同时，微博用户群是互联网使用的高端人群，这部分用户虽然只占其中的 10%，但他们是城市中对新鲜事物最敏感的人群，也是网上购买力最高的人群。

微博营销（Micro Po marketing）是指以微博作为营销平台，为商家、个人等创造价值而执行的一种营销方式。微博的每一个听众（粉丝）都是潜在营销对象，企业利用更新自己的微博向网友传播企业信息、产品信息，树立良好的企业形象和产品形象。通过更新内容可以实现交流互动，或者发布感兴趣的话题，来达到营销的目的。微博营销方式注重价值的传递、内容的互动、系统的布局、准确的定位，微博的火热发展也使得其营销效果尤为显著。

微博营销的理念是："以客户为中心的精准营销和主动式服务营销，在正确的时间把正确的信息传递给正确的人"的微博营销理念，也将引领微博精准化营销的发展。企业微博营销一个很关键的原则就是"一切围绕客户"。

企业可以在客户不同的消费阶段与用客户进行互动，并逐步建立情感关系。在消费者认知阶段，可以主动发现潜在客户的需求，帮助消费者了解品牌和产品的基本功能；在消费者购买阶段，可以有针对性的回答客户咨询，促进购买决策的达成；在消费者使用阶段，通过贴心的互动让客户有更好的体验；最后很关键的是要倾听客户怎么评价产品和使用体验，给予关注和奖励，促使客户更有动力的向身边的朋友推荐。

微博营销涉及的范围包括认证、有效粉丝、话题、名博、开放平台、整体运营等，当然，微博营销也有其缺点，例如有效粉丝数不足、微博内容更新过快等。

推广微博营销的平台有新浪、腾讯、网易、搜狐等知名网站。自 2012 年 12 月后，新浪微博推出企业服务商平台，为企业在微博上进行营销提供一定帮助。

关于微博营销的商业价值。数据显示：Twitter 每天有 102 322 个问题，66%的内容与商业有关。与普通粉丝的回答相比，80%受访者更相信企业账号的答案；超过 6 成的提问者会因为企业账号的回答而去关注这个企业，甚至进行购买。这是社交媒体赋予企业的巨大商机，也是无数电商企业在苦苦寻找转化率最高的用户群体，社交媒体上的活跃用户是帮助企业启动口碑传播的关键人群。如何发现他们，并且在第一时间，把企业相关的信息传递给他们，在互动中与他们建立情感连接和信任关系，是社交媒体赋予企业的下一座金矿。

9.8 习　　题

1. 名词解释：网络营销组合、产品策略、价格策略、配销策略、促销策略、中间商、渠道阶层、渠道冲突、数量差距、配置差距、横幅广告、按钮广告、电子邮件广告、纯文字广告、弹出式广告、滚动条广告、多媒体动画广告、分类广告、CPM、CPC、Flat Fee、Outcome、Click Through、广告曝光、扰人性、EC4P、产品数字化（Product）、流程电子化（Process）、人员虚拟化（Player）、环境网络化（Place）。

2. 在因特网世界里，渠道阶层一定会减少吗?为什么?

3. 为何在单一定价政策下，企业不容易将利润最大化?

4. 网络广告主要有哪些类型?

5. 网络广告的计费方式有哪些?

6. 横幅广告大受欢迎的原因是什么?

7. 请叙述电子邮件广告的前景。

8. 按钮广告有什么优点?

9. 纯文字广告有什么优点?请说明纯文字广告要注意的准则。

10．滚动条广告的优点是什么?
11．什么是多媒体动画广告的挑战与机会?
12．网络广告有哪些产品信息类型?
13．网络沟通效果有哪些衡量方式?
14．请论述：产品（Product）的可数字化程度越高，网络购物的交易成本将越低。
15．请论述：销售流程（Process）的电子化程度越高，网络购物的交易成本越低。
16．请论述：销售人员（Player）虚拟化程度越高，网络购物的交易成本将越低。
17．请论述：购物环境（Place）网络化程度越高，网络购物的交易成本将越低。
18．请论述：产品（Product）可数字化程度越高，网络购物的不确定性将越低。
19．请论述：销售流程（Process）电子化程度越高，网络购物的不确定性将越高。
20．请论述：销售人员（Player）虚拟化程度越高，网络购物的不确定性将越高。
21．请论述：购物环境（Place）网络化程度越高，网络购物的不确定性将越高。
22．请说明电子商务 4P 的价值。

9.9　实验与思考

1．实验目的

本节“实验与思考”的目的是：

① 通过上网实习操作，掌握网络市场调查的技巧与方法。

② 掌握制定网络营销策略的方法和实施网络营销的程序，初步具备从事网络营销的能力。

2．工具/准备工作

在开始本实验之前，请回顾教材的相关内容。

需要准备一台能够访问因特网的计算机。

3．实验内容与步骤

网络营销的内容包括商务信息搜索与整理、在线市场调查、网络广告、网络营销策略和网络数据库营销等。

（1）网络营销和传统营销的区别

市场营销中最重要的是企业与客户之间的信息传播与交流。网络营销和传统营销的区别主要在于让客户了解产品信息的渠道不同。

传统营销的信息传播渠道主要有：上门、电话、直邮、展销会（订货会）、各种媒体广告（报纸、广播、电视）和各种促销活动等。

请写出几种网络营销的信息传播渠道：

① ______________________________

② ______________________________

③ ______________________________

请阐述：网络营销和传统营销是互为补充的（200 字左右）。

____

____

____

（2）网络营销效果评价与控制：分析阿里巴巴网站

网络营销是一个长期的过程，其中既有连续的、长期的推广活动，如网站上的信息发布、在线服务、搜索引擎、邮件列表等，也有临时的短期的手段如网络广告、网上调查、在线优惠卷等。每一种网络营销方法有具体的评价方法，如网络广告的效果评价方法、E-mail 营销的效果评价方法等。网络营销整体效果是通过各种方法综合作用所产生的，整体效果如何，是否实现了网络营销计划的目标，除了对各种具体方法所进行的评估之外，还需要通过对网络营销效果进行综合评价来检验。网络营销效果综合评价是对一个时期网络营销活动的总结，也为制定下一阶段网络营销策略提供依据，同时，通过对网站访问统计数据的分析，也可以提供很多有助于增强网络营销效果的信息。

试分析：

① 阿里巴巴网站主要吸引哪些企业的加入？

② 阿里巴巴网站采用了哪些网络营销手段？

③ 试分析阿里巴巴网站的网络营销效果（不少于 200 字）。

（3）网络营销典型案例：腾讯携手润洁创营销新模式

行业间的整合经营已成为厂商新的盈利模式，在 2006 年德国世界杯期间，腾讯选择与润洁进行合作，试图以不同以往的植入方式，进行世界杯期间的整合营销。

世界杯开赛的前一天，当网民登录 QQ.com 浏览世界杯报道时，发现腾讯世界杯频道悄然更名为“润洁 2006 德国世界杯”。当用户开启自己的 QQ，在系统消息窗口中，自动送出“润洁提醒您关注某场比赛……”的字样，在这个平台上，腾讯推出了 2006 年世界杯迷你首页，新增了一屏为世界杯量身打造的页面，将世界杯相关资讯，推送至网友桌面。

值得注意的是，集中在 15～35 岁的世界杯球迷正是润洁的目标用户，他们熬夜看球、经常上网的习惯又为润洁功能与世界杯内容的顺利衔接打下良好基础，使得广告指向性精准，反馈直接。

请分析：阅读以上消息，对照网络营销的基本知识，你能从中得到什么启发？请分析并简单阐述之。

___

___

___

（4）分析贝塔斯曼数据库营销

贝塔斯曼书友会是一个活跃的图书直销机构，而实际上，贝塔斯曼直接集团（中国）还是一个重要的数据库营销服务机构。请登录贝塔斯曼（中国）网站（bertelsmann.com.cn），了解其提供的第三方服务（直复营销及 B2C 运营服务），并简单描述如下：

___

___

___

___

请记录：你在网上还找到了哪些在数据库营销方面是杰出代表的网站？其开展数据库营销的基本方法与技巧有哪些？

___

___

___

___

4．实验总结

___

___

___

___

5．实验评价（教师）

___

___

9.10　阅读与思考：垂直 B2C 艰难——动荡不断，依托京东天猫受挤压

从两年多前创办独立 B2C 维棉网担任 CEO，到如今出任京东实物团购部总监，林伟的人生随着国内电商环境变化发生过山车式变化，林伟的内心也充满苦涩。与林伟类似，初刻创始人许晓辉也选择放弃创业，在初刻被凡客收购后，重回老东家。

这也是国内中小电商命运的真实写照。过去一年多时间，随着电商游戏规则发生变化，电商流量不断向京东、天猫、腾讯旗下电商易迅等大平台集中，中小电商不断倒闭和收缩。一度如日中天的好乐买和乐淘也感受到电商寒冬的阵痛。

据悉，好乐买副总裁罗敏已离职创业。罗敏是好乐买创始员工，很早就跟随两位创始人鲁明和李树斌创业，去年才由总监提升为副总裁。更早之前，好乐买从蒙牛引入严桢做副总裁负责品牌营销中心，严桢则于去年上半年离职。

好乐买曾经的对手乐淘在放弃平台战略后，也经历转型阵痛。去年收缩北京团队后，今年乐淘副总裁陈虎、运营副总裁李振广又离职。有传言称乐淘 CTO 李勇人在美国，已无心恋战。这中间，陈虎、李勇是乐淘初创员工，也是公司股东，离职对乐淘影响巨大。

尽管乐淘 CEO 毕胜否认李勇离开，称李勇是美国国籍，每年都会选择在美国呆一段时间。好乐买创始人鲁明也表示罗敏是自己选择创业。不过，这些昔日明星企业在电商冬天里日子都不好过，内部经历多次震荡，也都揭示一点：中小 B2C 企业遭遇生存困境。

在最困难的 2012 年，这些垂直 B2C 企业均经历裁员风波，曾经一度想做平台的梦想也破裂。好乐买、乐淘这些垂直 B2C 企业逐渐务实起来，开始低头做事，也不再将垂直电商平台作为自己唯一发展目标和方向。最好方式是将自己演变成垂直品类渠道品牌。

幸存的中小 B2C 企业纷纷在天猫、京东等平台中开设旗舰店。对很多 B2C 企业来说，如今来自天猫、京东等平台的流量甚至超过主站。不过，幸存者在向大平台靠拢过程中又面临尴尬，丧失话语权的同时，也会经常遭遇京东、天猫类似“二选一”的抉择。

毕胜反思：乐淘当初过于激进

时针退回到 2 年前，资本狂欢还在激情燃烧，刚跨入 2011 年，乐淘便宣布融资 2 亿元，随后好乐买总裁李树斌也宣称，融资金额 4.5 亿元 C 轮融资将到账，彼时，乐淘与好乐买均野心勃勃要做鞋类最大 B2C 平台。其中，乐淘表现更为激进，尤其在广告投放领域。

乐淘 CEO 毕胜曾透露，在获得融资后，乐淘 2011 年营销成本是 50%以上，一个重要原因就是广告费太高。百度同样一个位置的广告，2010 年 35 万元一个月，2011 年初到了 70 万元一个月，2011 年底甚至到 800 万元一个月。

资本突然停止供血让有限融资在巨大市场投入下很快耗尽，也让乐淘被迫转型做自主品牌。乐淘一口气在天猫开了 10 个店，乐淘副总裁陈虎带领数十人驻扎在杭州负责 5 个自主品牌。不过，乐淘转型一年，道路并不平坦，今年春节后陈虎就已从乐淘离开。

据前乐淘中层透露，陈虎曾经历搜狐、淘宝等企业，一度做到淘宝副总裁，拥有淘宝价值不菲的期权，依然跟随毕胜创业。如今陈虎在淘宝的很多下属都做到总监、高级总监级别，陈虎却从乐淘离职，处境显得十分尴尬。

与最高峰的 300，400 人相比，乐淘现在仅 200 多人，在北京的办公地点也从北京王府井商业圈的繁华地带搬离到较偏地区。可以说，从资本宠儿到资本弃子，乐淘只用了 2 年时间，乐淘管理层也从当初憧憬上市到如今梦碎惊醒时刻。感受到落差的也不仅仅是陈虎。

乐淘曾有过转机。淘宝商城（天猫）刚开始邀请 B2C 企业入驻时，淘宝副总裁率队拜访乐淘与毕胜洽谈，淘宝开出优惠条件，只要乐淘入驻就给 100 万元的广告资源推广，前提条件是，乐淘使用支付宝进行结算。只是当时的乐淘势头正猛，毕胜态度相对傲慢，声称要乐淘入驻也可以，支付宝结算页面要跳转至乐淘。这一条件让淘宝无法接受，谈判最终破裂。

待到乐淘转型全面做天猫时，时机已晚，天猫不仅不再给乐淘当初要求其入驻的广告资源推广支持，乐淘还需支付一笔不菲的入驻开店费。

陈虎职务已由乐淘其他同事接替。谈及今日局面，毕胜称乐淘当时要做平台，自然不会入驻天猫。毕胜也在反思，后悔当初冲得太猛，并认识到电商本质还是零售，是卖货，做起来不容易，乐淘如今在自主品牌道路上摸索，也不再冲规模，而是低调调整，追求盈利。

资本疯狂时代并非是乐淘犯过错误，凡客当年也重重“跌倒”，迄今依然元气大伤。乐淘、凡客还有机会重头再来，维棉则早已倒闭。维棉倒闭一度让维棉的投资人愤怒不已。

一位不愿透露姓名的维棉投资人对记者直言：电商的虚假繁荣让林伟有些冲晕头脑。维棉融资之初就搬进豪华办公室，刚融资就在分众投入千万元广告，并放出分众投资维棉的假消息。当资本市场发生变化，维棉又错过改变机会，最终公司倒闭千万资产打水漂。

差异化成垂直电商生存之道

中小 B2C 企业活下来就是幸运。实际上，1 号店董事长于刚对其前景很看淡。于刚对记者表示，那些没有国家资质门槛，又只有标准化商品的垂直 B2C 企业很难生存。国内这些企业将是大平台收购目标，要想独立生存，必须具有很强专业化。

好乐买创始人鲁明并不完全同意于刚的观点，他对记者表示，电子商务说到底是零售，零售中有沃尔玛、家乐福，也有中小超市，还有路边摊。零售市场足够大，垂直 B2C 一样可以生存。中小垂直电商无法生存的说法都是基于理论。

鲁明也坦言，中小垂直电商以前太浮躁，现在没有足够的资金，只能提前回归到理性。好乐买当前最重要的是活下去，低头做自己的事，少说话，同时注意省钱。好乐买也会进行广告投入，但与一两年前的投入不同，好乐买只会在接近盈利时才加大广告投入力度。

如今好乐买已入驻京东、天猫等平台。百丽旗下电商优购也不再把垂直电商作唯一方向，而是做垂直品类渠道品牌。京东高级副总裁徐雷对记者表示，中小 B2C 企业都在多条腿走路。今年非常多的垂直 B2C 加入到京东店庆月活动，这跟京东往年完全不同。

据了解，今年上半年是垂直电商最艰难的一段时刻，全国零售行业依旧低迷，又无双十一等大型促销活动，不少电商企业在支出增多的情况下，主站销量还出现下降。类似京东 6.18 店庆等活动则被不少中小 B2C 视为拉动销量的重要动力。

实际上，当前垂直电商风头被综合 B2C 抢去，不过，随着综合 B2C 发展，聚集用户越来越多，用户要求个性化越来越强，垂直电商依然有很大的用处。派代网 CEO 邢孔育表示，垂直电商最重要的是服务和品类差异化。今年是电商综合化竞争的一年，明年将是垂直 B2C 发展的一年，会有一些 10 多亿元的电商出现，后年甚至会有垂直 B2C 上市。

对于外界看衰垂直 B2C 的观点，华平投资顾问黄若也表示，中小电商基本面临无钱可烧的局面。中国电子商务亏损 10 年，有很多要反思的地方。外界也不必过度看衰垂直 B2C 企业，虽然人口红利在快速消失，但电商板块增长并未停滞，依然有成长的空间。

黄若认为，电商行业将从以前只要拿到钱，烧钱做规模。回归到真正商业维度，主要有三个层面，第一在模式上是不是和别人不一样，是否创新。第二在运营效率上是不是比别人做的优秀。第三，是顾客留存，顾客回来购买率是不是比别人做得高。可以肯定的是，越来越多的企业会认识到不能再盲目追求规模，世界大而美的企业不多，更多是小而美。

面对未来，初刻创始人许晓辉也感叹说，凡客都已亏了 6 年，过去一年中小电商基本无融资，再不赚钱已说不过去。酒仙网董事长郝鸿峰则相对乐观，称在大家都缺钱情况下，能熬过今年的中小 B2C 企业明年会有相对好的前景。这也在于，不能熬过电商冬天的企业都已死掉，能熬过去的必然是既能稳健经营，又能寻找到盈利的途径的中小电商。

（**资料来源**：腾讯科技，雷建平，2013 年 06 月 05 日 07:24）

第10章

客户关系管理与数据挖掘

在服务至上、客户第一的经营时代，大家都在寻求可以提供给客户的最佳服务，以及促进良好客户关系的系统管理模式。因此，客户关系管理（Customer Relationship Management，CRM）逐渐成为大家关注的焦点，企业体会到，客户关系的提高已成为电子商务时代中的制胜关键。

客户关系管理可以定义为整合的业务、营销与服务策略。通过了解与改变客户的行为，达到吸引新客户、稳定旧客户的目标。所以，通过 CRM，企业不但可以利用已有客户来创造营业额，并且也能够赢得新客户，同时增进客户利润贡献度。CRM 可以根据客户个别的购买行为，提供量身订做的服务以满足客户需求。

10.1　长期忠诚客户

长期忠诚的客户很重要，因为他们比起只在乎价格的短期客户来说具有下列优点：更容易挽留、每年买的更多、每次买的更多、买较高价位的东西、服务成本比新客户低、会为公司免费宣传，介绍新的客户给公司。

在传统的杂货商店，当消费者来购物时，店主通常认识客户，并且叫得出客户的名字，这类店家的生意基础，多半就是建立在客户对他的忠诚度上。过去店主将客户数据记在大脑中，现在则是用计算机存储和管理这些客户数据。企业更可以利用这些信息来辨识客户、提供特殊服务，以及培养客户忠诚度。麦肯锡公司认为，客户关系管理，应该是持续性的关系营销（Continuous Relationship Marketing，CRM）。其强调的重点是：寻找对企业最有价值的客户，以微型区隔的概念，界定出不同价值的客户群。企业运用不同的产品以满足各客户群的需求，并且持续与各个层次的客户沟通，强化客户的价值贡献；同时，还必须进行反复测试，随着客户消费行为的改变，调整销售策略，甚至变动组织结构。

10.2　CRM 的定义

我们可以通过两种定义来解释 CRM：

① 企业为获得新客户、保留旧客户，以及增进客户利润贡献度，而通过不断地沟通，以了解并影响客户行为的方法。

② 通过 IT，将营销、客户服务等工作项目加以整合，以更精确且实时的方式预测与响应客户，提供客户量身订做的服务，增加客户满意度与忠诚度，提升客户的服务品质，达到企业经

营绩效的目标。

其中第一个定义泛指广义的 CRM，第二种定义则强调 IT 所扮演的角色。

建立客户信息是客户关系管理的第一步。假如客户电话打进公司时，客户服务中心可以根据电话号码，立刻判别是哪位客户，并在屏幕上同步显示该客户的数据，在电话接通时，客户服务人员询问客户对最近购买商品的满意度，并进一步询问这次是否需要其他服务。很显然，这样的举动可以拉近与客户的关系；对于客户而言，更可减少许多重复询问基本数据的烦人状况，缩短客户的等待时间。

从建立客户知识开始，企业必须维系与客户间的长期关系，此外，大企业客户众多，往往很难知道客户真正需求所在，反而小公司能比较详细地了解客户需求。所以，大型企业必须建立相关管理制度及体系，才能维系与客户间的良好关系。

CRM 是一种整合的架构和经营策略。要将 CRM 融入到实务中，需要开发一套整合的应用。由于客户由过去的被动接受转为主动探寻自我需求，因此注重个别差异性的面向客户服务策略将是重要的竞争趋势。面向客户的时代已经成形，唯有以积极而个性化的贴心服务，才能提高消费者的忠诚度，并建立长期的业务关系。

CRM 的概念认为，企业会有一群贡献度高的“最有价值的客户”，所以应针对这群客户，设计并销售更适用的产品。这与传统的大众营销、一次销售更多产品给最多的客户、任何客户都是好客户的想法截然不同。客户自己上门的想法已过时，应该要针对每个目标客户区发展不同的价值主张，并找出每个区域对企业的价值贡献度，发展不同策略。更重要的是，要着重于与客户建立长期关系，而非短暂的信息大量发布。CRM 是利用手中已有的数据，试图发掘客户的潜在需求，而不是仅着眼于眼前的利益。

1. 传统的客户关系管理

传统客户服务的方式，是设法改善企业经营效率、增加客户附加价值的服务，来满足客户的需求。传统企业组织通常通过下列四个重要层次增加在客户服务过程中的附加价值。

① 以客为尊的服务：服务目标是使客户感觉“宾至如归”，从而推出各式各样的服务，使客户觉得花的钱值得。

② 以促销为主的服务：例如降低价格、办理抽奖回馈，将利润分给客户等。

③ 以制造为主的服务：制造商通过产品的开发制造，提供客户所需的产品与功能。

④ 以时间为主的服务：为客户节省时间，以创造更多附加价值。

2. CRM 的发展历程与主要功能

从 20 世纪 80 年代开始，就有所谓的 Contact Management，主要是收集客户与公司联系的信息；90 年代演变为电话服务中心（Call Center）等支持数据分析的客户服务（Customer Care）。

而在电子化时代，CRM 结合了计算机软硬件，更进一步延伸到运用 IT，提供客户量身订做的服务，以提高客户忠诚度，因此 CRM 与企业整体经营有了更深一层的整合。

CRM 也可以分为 B2B 和 B2C 两大类。在 B2B 方面，有采购活动等往来行为，可以通过 CRM 来管理企业间的基本数据和交易数据。而在 B2C 方面，企业把消费者的信息加以记录并应用，以此促进与客户关系的维系和管理。

厂商引进 CRM 的主要原因，有以下四点：

① 提高服务品质：根据数据库中的客户数据，快速响应客户需求，这样不仅可减少抱怨，还可以增加客户的忠诚度。

② 推展营销业务：引进 CRM 后，为消费者发展客户化（Customized）的产品，并因此提高业绩。

③ 提升公司形象：例如，金融业者采用 CRM，可以配合潮流趋势，将金融业的经营层次提升到“服务业”的层次，塑造出全新的企业形象。

④ 提升经营绩效：企业期待采用面向客户经营管理后，可以降低各项成本，提高绩效。

3．知识管理与客户关系管理

CRM 的力量来自于对知识的掌握：对客户数据的搜集和处理；对数据进行分析应用；产生有效的知识，以了解客户需求、掌握客户情况；评估与反馈。

因此，我们认为，CRM 是一种知识的应用与管理，企业若能掌握关键客户的知识，就能掌握获利的关键。通过有效的客户知识管理，可以将其转化成 CRM 的基础：

① 善用客户知识。搜集并分析各种客户资料来源，企业可以针对数据间的各种关系进行分析，并针对个别客户的需求，设计他们最能接受的特定营销方式或信息。

② 强化客户互动。通过互动管道，企业能强化客户信息搜集的力度，并提供与客户相关的营销活动和客户服务。因此，CRM 也是管理与客户有关的知识，因此涉及知识管理方面的重要议题。

4．CRM 的四大循环过程

CRM 有四大循环过程，经过循环不断地执行与修正，将有助于改良企业与客户之间的关系。这四大循环过程是：

① 知识发掘。对搜集后的客户数据进行分析，目标在于找出以往未发现的可能商机、投资方向或策略。这个过程着重于客户的确认、客户群体区以及客户预测。

② 客户群体市场计划。针对特定的客户提供产品，进行客户群市场计划，定义特定活动的种类、渠道、计划等。

③ 客户互动与回馈。使用实时互动管道，对客户与潜在客户进行沟通与服务并取得回馈。

④ 反复分析与修正。将分析的结果作为不断修正的基础，以此改善系统，并提供更佳的服务。

5．推行 CRM 时可能遇到的障碍

推行 CRM 时，可能面临的障碍有下列几项：

① 初期引进成本太高。以目前引进 CRM 系统的总体成本来看，其初期成本高昂，会使得很多企业望而却步。

② 初期效益不明显。在引进 CRM 的初期，由于不像生产、销售活动那样可以直接见效果，所以无法明确地感受到效益。

③ 提供 CRM 解决方案的厂商能力不足。CRM 除了是计算机系统软硬件的计划之外，CRM 顾问团队必须具有各行业的相关领域知识，才能清楚地建设符合企业需求的 CRM 系统。

④ 公司内部缺乏相关的管理和信息人才。在引进 CRM 的各个阶段，公司各部门都必须共同合作；而在系统建设完成后，必须有专门的人员来管理或使用该系统。

⑤ 新科技与新流程所带来的冲击。在引进 CRM 之后，必须有所调试，以求充分应用 CRM。

6．CRM 的效益

有一些数字，可以让我们明确了解 CRM 带来的效益：将产品销售给一位新客户的成本，是现有客户的 6 倍；一位不满意的客户，会将他的不满意告诉 8～10 个人；每年将客户保留率提升 5%，就可以提升利润的 85%；将产品向新客户推销的成交机会只有 15%，旧客户则高达 50%；

如果后来补救得当，70%的不满意客户仍会继续与该公司往来。

应该清楚地认识到，CRM 不是销售，而是服务。所以必须考虑所有与客户接触的可能性。CRM 就是为了巩固旧客户、赢得新客户、增进客户贡献度，而通过各种沟通渠道了解并改变客户行为的一种管理策略。所以通过 CRM，我们能够区分客户价值，并以不同产品及方式满足个别需求，强化客户贡献度。通过适时、适地、适当的渠道，由适当人选对适当客户做适当服务。

CRM 的成功关键，在于下列几个要素：

① 与客户之间的良好沟通渠道。

② 详尽的客户知识管理系统。

③ 客户服务人员能实时妥善运用客户知识。

④ 依据贡献度区别客户群。

⑤ 高层主管的预算支持。

⑥ 公正有效的成效评估。

10.3 CRM 技术

企业与客户之间的互动方式已有了转变。做成这笔生意，并不意味着同一个客户的下一笔生意也能做成。因此企业必须更了解客户，并尽快对客户需求做出响应，而且要在客户掉头离去之前就响应。换句话说，公司必须能预测客户需求，并立刻行动。与以往相比，今天企业面临的是更加复杂的情况。更多的客户、产品、竞争者，但响应时间却必须更短，这说明想要了解客户的困难度提高了许多。因此，利用 CRM、掌握 CRM 技术，是成功的关键。

在执行 CRM 时共有四大步骤，即：信息搜集、信息存储、信息分析以及信息应用和呈现。在这四大步骤中，都使用到许多不同的技术，如表 10-1 所示。

表 10-1　CRM 所使用到的技术

CRM 的步骤	CRM 技术
① 信息搜集	企业资源计划（ERP） 客户电话服务中心（Call Center） 计算机电话整合系统（CTI） 销售点管理系统（POS） 电子数据交换（EDI）
	电子订货系统（EOS） 增值型网络（VAN） 市场调查分析 柜员机
② 信息存储	数据库（Database） 数据仓库（Data Warehouse） 知识库（Knowledge Base） 模式库（Model Base）
③ 信息分析	数据挖掘（Data Mining） 统计方法（Statistics） 智能型自动学习（Machine Learning）

续表

CRM 的步骤	CRM 技术
④ 信息应用与呈现	主管信息系统（EIS） 决策支持系统（DSS） 网上实时分析处理（OLAP） 报表产生系统（Report System）

在第一步骤中，通过企业资源计划（ERP）、客户电话服务中心（Call Center）、计算机电话整合系统（CTI）、销售点管理系统（POS）、电子数据交换（EDI）、电子订货系统（EOS）、增值型网络（VAN）、市场调查分析、柜员机等体系和技术，可以搜集并获取数据。

在第二步骤里，把搜集到的数据存储起来，存储方式则有数据库（Database）、数据仓库（Data Warehouse）、知识库（Knowledge Base）、模式库（Model Base）等。

第三步是关键，因为要对数据进行分析，所运用到的技术，最重要的就是目前相当热门的数据挖掘（Data Mining），其他常用的技术还有统计方法（Statistics）和智能型自动学习（Machine Learning）等。当数据分析完毕时，将信息呈现的方式根据不同应用情况而定，可能有主管信息系统（Executive Information System，EIS）、决策支持系统（Decision Support System，DSS）、网上实时分析处理（OLAP）、报表产生系统（Report System）等不同方式。

下面，我们就信息搜集阶段里的一些前端体系，如销售点管理系统（POS）、客户电话服务中心（Call Center）、计算机电话整合系统（CTI）等做一些简单的介绍。

1. 销售点管理系统（POS）

从上游的制造业、中游的批发物流业、到下游的零售业，其中与客户关系最密切的接触者，当属零售业，而零售业最常使用的收集客户信息的方式便是 POS。

POS 是最常见的数据搜集前端平台，其主要组成元素有三个：收款机、扫描仪、条形码。目前在超市或大卖场结账时，几乎全是这种设备了。通过扫描仪读取条形码数据，除了可以协助快速结账以外，还可以统计商品销售信息，以通知后端的库存系统，同时更可以分析客户数据和购买情况，以备客户关系管理的分析所需。很多大卖场和超市都要求客户办理会员卡，其主要目的就在于收集客户情况。

POS 利用计算机处理数据输入、数据统计、数据传送的功能，在商品销售的同时，一方面提供便利的收银方式，另一方面提供实时信息收集的功能，以便后续的情报处理。POS 系统的后勤支持管理功能如果与账务系统结合，具有自动结账的功能；如果与客户数据结合，便可以做客户消费能力与消费喜好分析；如果整合销售数据，也可做销售数据分析与营销建议；如果与库存数据结合，还可以有自动订货的功能。

2. 客户电话服务中心

客户电话服务中心（Call Center）是被普遍使用并且效果很好的客户关系管理体系。Call Center 通过电话系统，以语音的方式接触客户，再通过计算机，以数字化的方式来记录客户数据。除了可以对客户反应做到体贴的快速响应外，若再结合 CTI（计算机电话整合系统），就可以把计算机、语音、传真、通信、网络、数据库等技术进行整合应用。

客户关系管理运用得好，除了有效降低企业支出外，还可以为企业精简不少人力。目前的客户服务中心除了基本客户服务外，还将主动出击，提供销售服务，成为企业的获利中心（Profit

Center）。以银行为例，开设分行维护与客户间的关系，从实体银行到客户服务中心，再到计算机电话语音整合服务，与建立 Call Center 相比，其成本差距达十几倍之多。所以目前具备庞大客户基础的制造业、金融、电信产业等，无不积极建设 Call Center，甚至是 CTI 服务。

不过要注意的是，客户习惯了过去实体互动的客户关系，可能一下子不太习惯全部转变为虚拟的服务方式，例如查询银行余款，或网上提出问题等。所以，从实体客户关系到虚拟客户关系，其转变必须是渐进式的。

3．计算机电话整合系统（CTI）

CTI（Computer Telephony Integration，计算机电话整合系统）就是将电话技术与计算机的数据和设定互相整合，当客户打电话进来时，就可以立刻知道这位客户的问题大致是什么，如果可以用语音解决，就使用语音解决，若不能用语音解决，再转接客户服务人员与客户对话。引进 CTI 后，每当客户来电，系统就可以立刻找到客户喜欢问哪些问题、最近的通话量、消费的方案等，因此可以迅速响应，还可以为客户服务人员提供很多帮助。

例如百货购物中心引进 CTI 系统，能实现自动转接客户服务电话、问题分类、问题辨识等功能。管理者可在系统中更新客户的常见问题，供专人在网上快速查询并回答客户，系统也会同时自动记录专人所点击的问题，以进行数据统计。在客户服务人员无法对问题进行答复时，CTI 会转接电话，而且客户的数据也会同步显示在同事或主管的画面上，以便充分掌握客户的问题和记录，提高客户满意度。

10.4　网上客户支持

下面，我们继续介绍一些与客户关系管理相关的议题。首先，在面向服务的 e 时代里，网上客户支持是达到客户服务功能的重要做法，也正是 CRM 的一个实用的范例。并且，为了实现快速响应，企业应该做好知识管理，让公司的经营内涵可以很容易地进行存取。同时，为了让员工及客户都能通过自我学习而有所成长，在线学习的 e-Learning 体系是极佳的学习方式。

运用网络科技进行网上客户支持，至少有下列优点：降低客户服务成本、可更有效地解决客户问题、网络中可提供多样化的沟通渠道。

1．成本效益

网上客户支持所降低的成本，主要来自下列三类：

① 网上手册。就传统客户服务工作而言，印制产品手册所耗费的成本是相当惊人的。但通过网络来发行产品手册，可节省可观的成本。尤其是公司产品或宣传部门需要经常更改新版本时，利用网络来重新发布，则显得轻而易举。网上客户支持节省的最大成本，来自产品手册。

② 数字配送。宽带费用取代了实体配送的大量成本。

③ 电话费用。网上解决客户问题，可减少电话联系的次数和成本。

2．客户问题的解决

通过网络世界里的多媒体和互动性，可以提供更有效并且成本较低的服务，以解决客户的问题。一些充分运用网络媒体特性解决客户问题的方式主要由：

① 网上解决方案。网络媒体的特点可以节省许多人力。因此，要善用网络的这项优点，让客户可以网上查询问题的解决方案，甚至以多媒体互动的方式来呈现。许多设备都提供客户网上手册，或者如微软 Office 软件里的“助手”，都是网上解决方案的例子。

② 客户问答集。可以将客户经常遇到或者经常询问的问题存储起来，建成知识库。那么下次再有其他客户遇到类似或相同问题时，就可以省去很多重复思索和回复的人力与时间成本。所以，通过客户问答集 FAQ（Frequently Asked Questions），客户可以很快找到问题的答案，因而可提供优质的客户服务。

③ 自动回复。传统 Call Center 的最大成本就是回复电话的大量人力成本。在电子商店或者实体企业的网络客户服务窗口里，一般都提供客户以电子邮件的方式提问，而该窗口若仍以人工来手动回复电子邮件，这样岂不浪费了网络媒体的优势？所以，现在已有许多体系和系统可以让计算机在收到客户电子邮件后自动予以回复。这样的体系里，主要运用到五项技术：

- 解析客户服务电子邮件格式的能力。
- 剖析客户信件语句的能力。
- 自动搜索解答的能力。
- 自动产生语句的能力。
- 自动收发 E-mail 的能力。

④ 自动对话。除了以离线方式自动回复客户的电子邮件以外，系统也可以做到与客户在网上自动对话的功能。这里所谓的对话，指的是可以和客户一来一往对答句子。这有点像是 BBS 网站上“自动 Talk”功能。自动对话的技术，其实在几十年前，在人工智能（Artificial Intelligence，AI）的自然语言处理领域里就已发展起来了。当时是以“关键词配对”技术，在客户对话句子中找到预设的关键词，然后以预设的句子回复。

⑤ 客户群体。有一种很节省经营成本的网上客户支持方式，是通过客户之间的彼此交流信息，而自动获得问题的回复，一般的做法是在网站上提供“留言板”的功能，让客户养成习惯经常上网留言，交换使用心得。自然形成了一个群体之后，当有客户在留言板上发问，就会有其他客户提供解答。这样通过客户交流论坛的方式，可巧妙运用网上资源。

3. 沟通渠道

除了客户有问题需要解决外，平常也需要有效的沟通渠道。因此，网站应该提供适当的网上沟通渠道。

（1）电子邮件管理

电子邮件是网民最常使用的沟通工具。一般管理电子邮件的方式有三类：第一类是人工管理，第二类是系统智能型管理，第三类是混合式管理。当然，正如前面讨论过的，系统智能型自动管理是最理想的方式，但目前的技术尚待完善，所以还是需要人力的介入与协助。最困难的部分，是在系统无法找到预设的自动回复答案时，必须努力判断，并进入知识库寻找可能的解答，以结合现有的内容进行回复。这样的功能，正是“智能型代理程序”（Intelligent Agent）致力研究的领域。

（2）客户问题追踪

一个体贴的客户服务系统应该把客户每次询问的问题都记录下来。这样的优点是：

① 可以追踪客户问题被回复的情况；

② 客户下次再遇到类似问题时，可以直接参考问题记录；

③ 系统可以分析客户曾询问的问题，以此了解客户行为，甚至预测客户未来可能询问或遇到的问题。

10.5 数据挖掘与数据仓库

麻省理工学院（MIT）在科技评论中指出，数据挖掘（Data Mining）是未来会改变世界的十大新兴科技趋势之一。美国时代杂志更预测，数据挖掘是21世纪最重要的五大新兴行业之一。通过数据挖掘，我们可以“挖掘”出客户交易历史数据中的规律，以进行信用评等级、保险理赔滥用诈欺、客户流失分析、购买兴趣、直销营销响应预测。通过强大的预测能力，将能够全面强化企业竞争力。

所谓数据挖掘，就是从数据库中发现知识，将隐含的、先前并不知道的、潜在有用的信息从数据库中提取出来的过程。数据挖掘的精神在于，给你大量的数据，从这里你可以得到什么？在网络世界里，数据来得既多又便宜，多到没有人有时间去看的程度，甚至形成了信息爆炸。而数据挖掘帮助用户在茫茫数据中寻找蛛丝马迹，分析并整理，以得到有用的知识。所以数据挖掘又称为数据库知识发觉（Knowledge Discovery In Database，KDD），其目的是针对数据库当中的数据做分析处理，然后找出尚未被发觉的知识。

数据挖掘经常被拿来和统计方法比较。统计方法重视的是整体观点，所以必须建立“模型”，相当于所有数据的摘要。统计学里面的抽样，是用一组较小的、容易处理的、精选的数据来反应整体。而数据挖掘则是采用比较局部的观点，其重点在于“样本侦测”（Pattern Detection）。在数据挖掘的样本侦测里，我们多半还不知道我们要找的是什么，所以必须在一大堆数据中，分析出数据的局部结构，然后以其作为样本。这样的样本侦测是不能靠抽样来进行的，必须使用算法（Algorithm），以系统的方式来进行数据挖掘。

1. 数据仓库与数据库

所谓数据仓库，就是将信息系统中的数据，经整合、系统化、结构化后，转换成为有用的策略性信息。数据库与数据仓库各有下列特点：

（1）数据库

- 在单一时间点对单一数据进行处理。
- 偏重于选取详细的数据。
- 提供中层主管的决策参考。
- 重视数据文件的构成。

（2）数据仓库

- 注重某一段时间内的综合数据。
- 其数据有许多来源。
- 包含很多历史数据。
- 数据不会再变动。
- 包含一些衍生性、汇整性、摘要性的数据。
- 提供大量数据以分析未来走向与趋势。
- 偏重于数据所提供的意义，而非结构。
- 多半提供高层主管的决策参考。

2. 数据挖掘的功能

数据挖掘具有五项最重要的功能，分别是：

① 分类。根据分析对象的属性，加以分门别类并予以定义，建立类组（Class）。例如，将网络购物者的购物属性，划分为高度购物兴趣者、中度购物兴趣者及低度购物兴趣者。使用的技巧，常见的有决策树、记忆基础推理等。

② 评估。分类适用于非连续性的数据，而评估则适用于处理连续性数值的数据。所谓评估，是依照已有的相关属性数据，以推导一些未知的连续性变量，得到某一属性的未知值。例如，根据信用申请者的教育程度、行为类别来评估其信用卡消费量。还有，评估家庭的总收入、评估客户接受转账交款的几率等。使用的技术，包括统计方法的相关分析、回归分析及类神经网络方法等。

③ 预测。预测和评估其实是相当类似的。只不过预测特别是针对“未来”的趋势作推算。若要检查其正确性，就只能等事实发生后得出的结果才能定论。所以，所谓预测，是根据对象属性的过去观察值，评估该属性未来的值。例如由客户过去的刷卡消费量预测其未来的刷卡消费量。所有关于分类与评估的技术，也都可以修正后用来进行预估。值得一提的是，历史数据是相当好的来源。我们可通过检查历史数据，建立模型，用以获得未来变化的预测值。使用的技术，包括购物车分析、回归分析、时间数列分析和类神经网络方法等。

④ 关联分组。简单地说，就是分析“哪些事情总是一起发生”。最常见的例子就是使用超市的“购物车分析”，了解哪些产品常被一起购买。因此，所关联分组，就是在所有对象中，决定哪些相关对象应该放在一起。例如大卖场里，沐浴乳和洗发精就常被放在同一货架或附近货架上，因为它们被一起购买。在客户营销系统上，这种功能系统用来确认交叉销售的机会，以设计出吸引人的产品线。

⑤ 同质分组。把一个异质母体，区分成一些比较具有同样结构类型的群组。同质分组和分类最大的不同在于，并没有根据事先明确定义好的类别来进行分类。同质分组相当于营销术语中的区隔化，只不过，事先没有对区隔加以定义，而是从数据中自然产生区隔。使用的技巧包括 K 平均法和凝聚分法等。

3．数据挖掘技术

一般常见的数据挖掘技术，大致有下列几种：

- 购物车分析
- 决策树
- 记忆基础推理（Memory-Based Reasoning，MBR）
- 类神经网络
- 基因算法（Genetic Algorithm，GA）
- 实时网上分析（OLAP）
- 图形连结侦测
- K 平均法（K.Means）
- 凝聚分法
- 回归分析
- 时间数列分析

我们以购物车分析、决策树、记忆基础理解为例，来说明数据挖掘功能。

（1）购物车分析

当你手边有足够的数据，却又不知怎么寻找规律主题时，就很适合采用购物车分析。购物车分析就是通过分析消费者结账时的购物车内容，分析哪些产品之间具有高度相关性，以推论出：哪些产品总是经常被一起购买？哪些产品应该摆在同一个货架上？当消费者买了某一项产品后，应该再向其推荐哪些相关产品？

购物车分析的方法中，最重要的三项元素为：关联规则、可信度、支持度。其优点为：

① 简单明了的结论。

② 非常适用非监督式数据挖掘。

③ 能分析不同的原始数据。

而其缺点包括：

① 商品增加时，运算会成几何级数增加。

② 难以决定适当的商品数。

③ 容易剔除罕见的商品。

（2）决策树

这是人工智能领域已发展多年的决策分析体系。顾名思义，就是利用树状结构的数据表示法（Data Representation），再加上适当的算法（Algorithm）来完成。我们必须选择“最重要”的属性以作为“分隔属性”；而所谓最重要的属性，指的是“最有分隔能力”的属性。还有一个重要名词，称为“分散度”，指的是一群对象“分散的程度”。

能使分散度降得最低的就是最佳分隔属性。经过这些步骤，我们就可以将一群原本看来杂乱无章的大量数据，整理转换成一个树状的结构化关系，这样就可以分析各数据之间的关系。

（3）记忆基础推理（Memory-Based Reasoning, MBR）

这也是运用人工智能的方式，以现有数据库为基础，对新数据进行分类和预测。其进行的方式，是先找出新数据的邻近数据（Neighbor），然后根据邻近数据，对新数据进行分类和预测。记忆基础推理特别适合用来达成分类或预测功能，计算时主要有两个重要函数：距离函数和结合函数。记忆基础推理需要处理问题的三大主题为：

① 选择历史数据。其关键在于，数据的范围必须能涵盖原始数据。

② 转换历史数据。同时必须注意，尽量减少历史数据库的记录数量。

③ 设定距离函数、组合函数和邻近数据的数目。

记忆基础推理这项数据挖掘技术，其具备的优点有：

① 简单易用。

② 能运用在任何数据形式，甚至是非关系型数据上。

③ 结论容易推测。

④ 在任何数量的变量下都能运作良好。

当然这项技术也有其缺点：

① 占用大量的硬件资源。

② 在预测阶段运算操作烦琐。

③ 训练数据组需要大量记录。

④ 高度依赖距离函数和组合函数。

4．数据挖掘在企业界的应用

企业界已将数据挖掘应用在许多领域，例如：营销、财务、银行、制造厂、通信业等。早期的数据挖掘技术探讨，主要着重在人工智能的研究，而近年来被企业界大量应用，学术研究反而较少。人工智能可以在数据挖掘中发挥最大功效，例如：以模糊理论建立推论库，以企业知识建立决策法则，配合类神经网络具有学习功能，把一些环境变量引进，成为类神经网络的输入变项，经过学习调整，从数据中挖掘宝藏的精确度将提高。目前数据挖掘在企业界的应用，主要以银行界、保险公司、信用卡、邮购、移动通信公司等行业最常见。总的来说，下列问题特别适合使用数据挖掘技术来处理：

① 交叉销售：有哪些相关产品，可以顺便销售给某位客户。

② 广告分析：分析对于个别网友，该针对他给予哪一种广告。

③ 定价：对于不同网络消费者，可以制定不同定价策略，决定不同的折扣，以达到量身定制的个性化功能。

④ 风险管理：对于某特定客户，分析贷款给他的风险度，以决定该核准多少贷款额度。

⑤ 侦测欺骗行为：比方说，可以用来分析某笔刷卡是否会有问题。

当我们在亚马逊书店查找到一本书时，通常会接收到相关的推荐信息，诸如：该书作者的其他著作、曾买过该书的读者还买过的其他书籍等。因为网友的查找操作是主动并且有意识的，所以这些推荐信息是符合网友的兴趣的，精确的信息加上精确的目标，所以效果极佳。另外举个例子，甲网友上亚马逊书店只购买书籍，从未造访过 CD 产品网页，但买过同类型书籍的乙网友、丙网友曾购买过某张 CD，亚马逊网站便会通过数据挖掘技术，按照这种邻近性，运算出适合推荐给甲网友的 CD。所以甲网友也可以准确地收到该相关产品的推荐。

10.6　知识管理与知识经济

知识是新时代发展经济的重要因素，因此，知识管理（Knowledge Management，KM）成为各企业竞争制胜的关键。

1．知识管理

知识管理最主要的特点，就是“在适当的时候，将适当的知识，交给适当的人，存储在适当的地方”。并且更重要的是，当我们需要相关知识时，能够正确并且迅速地取得。所以，为了达成这个目的，我们必须制定良好的管理体系，来管理这些知识的分类与存取。因此，为了实现快速响应，企业应该做好知识管理。这更是完成网上客户支持的重要因素。提高企业优势竞争力的重要利器，就是知识资本。一个企业若想做好知识管理，必须先具备下列能力：

① 快速学习新事物的能力。

② 实时有效地转换知识的能力。

③ 快速流通与分享信息知识的能力。

④ 能充分运用拥有知识以创造价值的能力。

在 21 世纪新经济时代，强调网络与网页操作科技的运用。因此，使用信息科技并将数据存储在计算机中，就可以运用计算机加以管理。所以，必须定义信息系统，以管理数据。

知识管理的操作过程，包含了下列三项主要操作：

① 知识的创造。在创造新知识后，必须思考如何持续不断地继续创造新知识。

② 知识的编码。必须将创造出来的知识加以分类编码。因为只有有效的分类编码，才能建构良好的知识库，以备妥善整合运用。这是知识管理的必备条件。

③ 知识的扩散。其实知识管理最困难的问题在于如何使员工愿意分享知识。在员工分享经验与知识后，才能积累知识，建立优质的企业文化，创造出无穷的力量。

2．知识经济

所谓知识经济，是真正建立在知识与信息之上，对知识予以充分激发、扩散、运用的经济。创造知识和应用知识的能力与效率，凌驾于土地、资金等传统生产要素之上，成为支持经济不断发展的动力。

“知识经济”又被称为“新经济”，代表的正是新世纪的以知识为主的经济模式。此外，它又被称为“零阻力经济”，代表它以知识资本为利器，与传统经济截然不同的零阻力成长模式。所以，21 世纪新经济时代，提升企业优势竞争力的重要利器就是“知识资本”。在知识经济时代，强调的是信息科技的应用，并且重视客户需求。因此，运用信息科技，将数据存储在计算机里，并通过计算机加以管理，是在知识经济时代里善用知识管理的方式。

因此，在知识经济时代里，企业组织应该具备下列能力：

① 高度学习的适应能力。

② 弹性满足变动的能力。

③ 价值创新的能力。

10.7 在线学习 E-Learning

在线学习（E-Learning）已经成为全球最重要的网络应用领域之一。通过在线学习，学员可以进行异步远程教学（Asynchronous Distant Learning），同时可享用在线学习平台所提供的多媒体互动数字教材，甚至形成学习群体，在聊天室和讨论区中交流学习心得，这是目前相当热门的学习方式。由于时代的进步，科技的发达，传播通信与计算机科技的快速成长，影响了教学方式的突破，远程教学、网络学习或是虚拟教室已成为未来多元学习渠道之一。

以美国为例，学习市场（从幼儿到大学教育及企业培训和终身学习）已成为美国第二大经济区。据 2012 年的统计数字，中国的在线教育市场份额已经达到 723 亿元人民币。

随着网络与通信科技的发展，教育的形式、内容、范围与角色，都起了革命性的改变。信息与网络科技的应用，将学校的学习从内部有限的知识来源扩大到能够收纳全世界的信息，便捷的知识获取方式改变了传统到校学习的模式，远程教学迅速成为大众学习的方式，在家教育、体制外学习的人群越来越多，终身学习成为普遍的观念。“学校与外面的世界开始连接在一起”，学校的教与学变得更活泼、生动而有弹性，对学校教育产生了巨大的冲击。

当前各国政府与有识之士，都认为这是一大发展方向，更把教育提升到最受瞩目的焦点，美国教育部率先提出“国家教育科技计划”、新加坡推出“教育科技信息总蓝图”、芬兰教育部推动“信息社会五年国定策略计划”、日本文部省以“信息化教育立国”为“日本千禧大计划”打地基等，各国竞相把学生送上信息高速公路，接轨国际，通往未来。

在线学习产业可分为三个部分：第一部分是指使用在线学习的工具；第二部分是指对在线学习基本技能的基本训练；第三部分是指在线学习的内容。因为看好未来的市场，所以许多政府和大企业都积极进行在线学习的投资计划，希望借着一些大型计划（如电子书包）的推动，实施教学与在线学习的结合，为人们建立一个可以随身学习、主动学习的环境。

其他在线学习市场占有重要角色，还包括具有价格低廉优势的网络咖啡店，也是可以促进在线学习的途径。例如，政府可补助社区的民众和学生，让他们都能进行在线学习，或是通过政府的补助，与优良网吧合作，进行网上教学，达到在线学习的目的。

10.7.1 在线学习的组织结构

在线学习的主要目标与工作项目有以下几项：

① 建立网络学习环境。

② 建立网络学习平台。

③ 建立教材编辑工具等环境。

④ 建立网络教材数据库，充实网上建立的学习课程。

⑤ 推广在线学习。

⑥ 协助老师设计网络教材。

⑦ 利用在线学习系统辅助学生学习，提供给学生多元化的学习渠道。

一个完整的数字学习环境，至少需要有下列三大模块，如图 10–1 所示。

① 平台建设。建设在线学习所需要的各种平台（Platform），包括：随选服务器、媒体压缩设备、网络宽带管理系统。

② 数字内容。主要着重于数字内容与数字教材的制作与分享。包括：教材编辑、制作服务器与工具；数字教材数据库；数字内容所需的各项技术，数字编辑工具、美工（平面设计，影像、动画）、音效、动态内容、网络技术等。

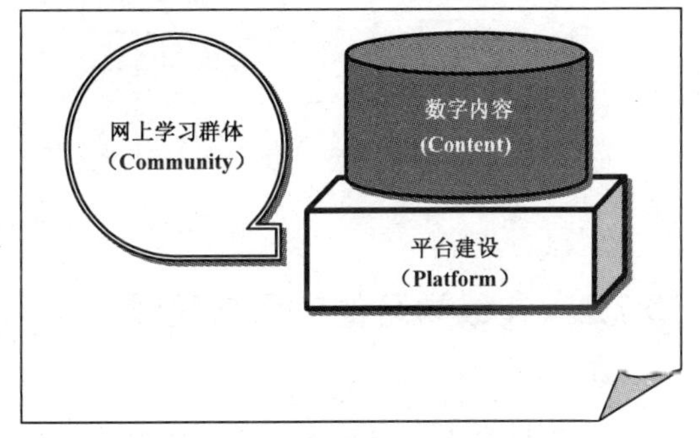

图 10–1 在线学习三大模块

③ 在线学习群体。提供一个网络群体网站，作为师生互动教学的交流园地。主要包括：

- 网上讨论区
- 网上聊天室
- 网上留言版
- 教材下载区
- 网上交作业
- 网上测验
- 网上教学评量
- 适应性测验与补救教学
- 网上教务管理

所以，通过在线学习平台，可以提供网络课程随选的功能，其整体架构如图 10–2 所示。

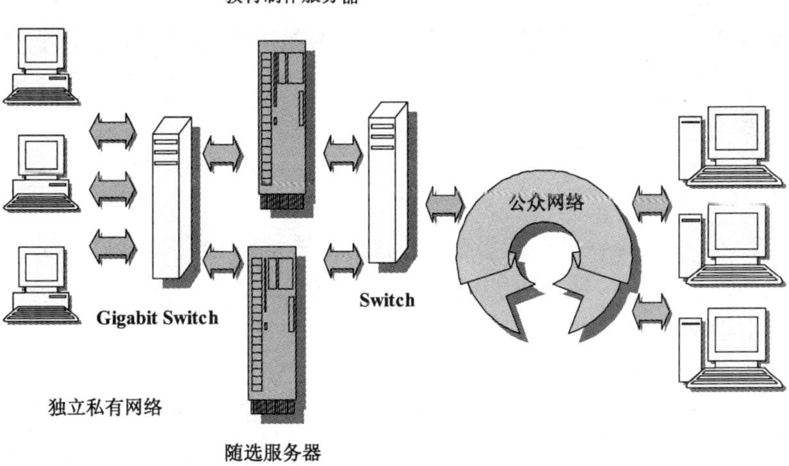

教材制作服务器

Gigabit Switch

Switch

公众网络

独立私有网络

随选服务器

图 10–2 网络课程随选架构示意图

整个学习管理系统的学习平台架构图，如图 10–3 所示。老师可以在这个平台上进行教材制作，并建立网络学习群体，让学员在网络上学习、讨论、交作业、进行测验。对于软硬件系统的维护和效能的调整，进行网络品质的监控与分析。建立学习教材管理系统和学习管理系统，可以按照学生的学习经过和记录组织适当的教材，达到因材施教的目的。

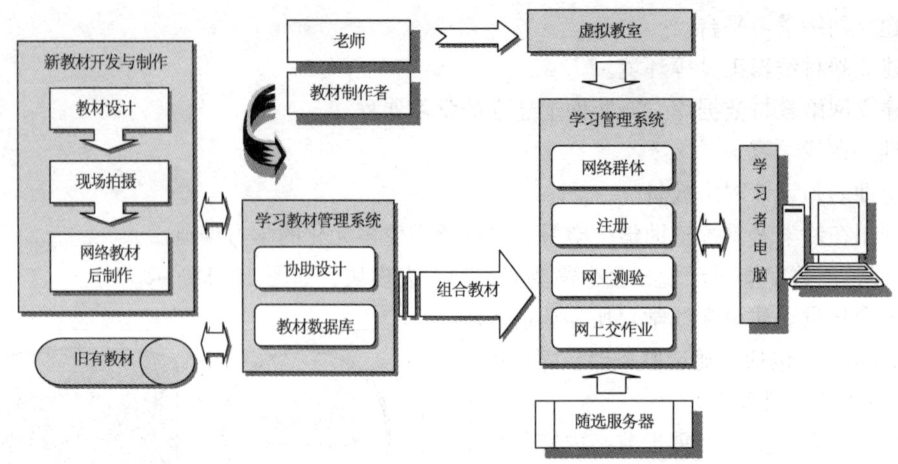

图 10-3　学习管理系统学习平台架构图

10.7.2　在线学习的应用与发展

在线学习可以提供的在线支持，至少具有下列几个应用方向：

① 学校教育：通过学校选修课程，学生可以更便利地进行多样化学习。并且可以进行成人教育，例如成立网络社区大学等。

② 消灭数字落差：对于住在偏远乡镇的居民，可以通过在线学习来获得各种新知识，进行各项学习和训练。所谓“数字落差”，又可称为“城乡落差”。指的是人们对计算机知识涉猎上有悬殊的差距。

③ 人力资源员工训练：让员工在网上进行内部人力资源培训。IBM 就运用在线学习节省了一笔可观的培训费用。

④ 用户教育培训：提供客户网上培训体系，以熟悉他们购买的产品，或从中学习解决问题的方案。

⑤ 渠道训练：供应链上下游的训练。

⑥ 销售训练：培训业务部门销售人员，让他们更了解公司的产品。

⑦ 网络营销应用。

已经有不少企业将 E-Learning 应用在客户营销的领域并取得成功，这样的应用建立在一个简单的假设上：“当客户愿意（或习惯）从你身上学到感兴趣的知识，客户的购买几率也就越高”，的确，在产品同构型变高、客户忠诚度渐低的时候，以 E-Learning 建立与客户的关系会是一个不错的方式。

美国 MIT 大学推行一项名为 OpenCourseWare 的计划，准备将 2 000 多门课程的教材通过数字化之后，放在网络上让人们学习，而且不设任何限制，校外人员也可以使用。IBM 公司打广告，在西班牙或是南美洲都可以通过网络修得美国大学的学位，这是一种非常令人期待的学习方式。网络大鳄思科公司建设网络学院，设计一系列高品质的网络课程，高级教师上课时，只有助教简单说明课程的结构，网络教材使用方式等，接下来就是自行上网去看精心设计的课程，然后上网考试评鉴，整个过程并没有老师在上课。学校参与思科网络大学方案，购买相关设备与教材，老师使用思科丰富的教材进行授课，学生上课前可以事先预习，下课之后随时可以上网复习与练习测验，调查显示老师与学生都相当肯定思科的网络学院。

总之，在线学习是一个大趋势。如果能在各单位建立一个网络学习的平台并制作丰富生动的教材，将提供另一种多元的学习方式，可以帮助或迫使老师更进一步去设计与表达所要讲授的内容，学生将可以从不同角度去了解老师讲授的东西。不但可以帮助学生随时预习和复习课程，不受时间和空间的限制，也可以提供给偏远地区的学生一个更方便、更丰富的学习渠道，弥补城乡间的差距。通过网络学习平台的学习跟踪和学习反馈功能，老师也更能了解学生的状况。

不过，有分析认为，很多企业在谈论 E-Learning 的同时，其实指的只是 E-Learning，也就是以采购适当的学习管理平台为中心的思考模式。因此，在了解平台的技术功能、学习标准的符合、价格等因素上花了很多时间，却很少真正弄清学习的 e 化和企业竞争力的提升有多大关系。其实，当企业面对“速度”的竞争，学习的速度也必须加快。然而，真正要营造一个 E-Learning 的环境，却不是单纯建立学习平台，或一个“学习入门网站”所能满足的，它必须结合下列重要条件才行：

① 知识管理的体系。未来存在的企业大多会是以“知识”作为制胜的关键。除了 Training，知识可能来自于与工作伙伴的互动、客户的回馈、网络搜索的学习等。因为 KM 与 E-Learning 的本质接近、又都以 Web-based 为沟通的接口，因此整合这两者的趋势已经清晰可见。

② 学习群体的互动。E-Learning 引进失败的原因之一，常常是员工不知道在线学习和工作本身有什么关系，当员工“不知为何而学”时，效果不佳就是非常容易理解的了。而当 E-Learning 变成“工作支持”的一项工具后，员工自然会为了自己绩效的提升而进行必要的学习。

③ 有效的混合学习。例如同步学习、异步学习、虚实环境学习等等方式的交叉进行。

10.8　习　　题

1. 名词解释：CRM、POS、Call Center、CTI、客户问答集、自动回复、自动对话、Eliza、客户群体、客户问题追踪、知识管理、数据挖掘、分类、评估、预测、关联分组、同质分组、购物车分析、决策树、记忆基础推理、e-Learning、网络内容。

2. 长期忠诚客户有什么特点？

3. 厂商引进 CRM 的主要原因有哪些？

4. 请介绍 CRM 的四大循环过程。

5. CRM 执行时，主要包含哪四大步骤？

6. 推行 CRM 时，可能会遇到哪些阻碍？

7. CRM 所用到的技术有哪些？

8. 请介绍 POS 在 CRM 中所扮演的角色。

9. 请说明 CRM 的成功要素。

10. 网上客户支持具有哪些优点？

11. 请分析网上客户支持的成本效益。

12. 请介绍一些运用网络媒体特性解决客户问题的方式。

13. 请说明自动对话的原理。

14. 网站上可以提供哪些客户沟通渠道？

15. 请比较统计方法和数据挖掘。

16. 数据挖掘主要有哪五大功能？

17. 一般常见的数据挖掘技术，大致有哪几种？
18. 哪些问题特别适合使用数据挖掘技术来处理？
19. 数据挖掘在企业界有哪些应用？
20. 购物车分析有哪些优缺点？
21. 记忆基础推理有哪些优缺点？
22. 请问 e-Learning 主要分为哪三大部分？
23. 请问 e-Learning 主要有哪四大应用？

10.9 实验与思考

1. 实验目的

本节“实验与思考”的目的是：

① 通过仔细阅读教材内容，进一步了解和熟悉客户关系管理知识。

② 通过对 CRM 软件 FreeCRM 的初步使用，理解和掌握 CRM 的管理思想以及应用方法。

2. 工具/准备工作

在开始本实验之前，请回顾教材的相关内容。

需要准备一台带有浏览器，能够访问因特网的计算机。

3. 实验内容与步骤

在本实验中，我们通过对教材内容的认真阅读，通过对 CRM 软件的初步使用，来进一步加深理解和掌握 CRM 的管理思想以及相关知识。

（1）概念理解

请认真阅读课文，并回答以下问题：

① 请根据你的理解，简单阐述什么是 CRM。

____

____

____

② 请简单描述 CRM 与电子商务的关系。利用电子商务，企业应该如何改进和客户的关系？

____

____

____

③ 为方便与客户的沟通，CRM 可以为客户提供多种交流的渠道。这些渠道包括：

____

____

____

④ 请简单介绍企业信息门户网站在客户关系管理中的作用。

____

____

____

⑤ 在 CRM 系统中，客户主文件一般应包括以下 3 个方面的内容，请举例说明其所包含的内容：

a．客户原始记录：______________________________

____

____

b．统计分析资料：______________________________

____

____

c．企业投入记录：______________________________

____

____

以上 a、b、c 这三个方面是客户档案的一般性内容。客户档案应设置哪些内容，不仅取决于客户管理的对象和目的，而且也受到企业的费用开支和收集信息能力的限制。企业应根据自身管理决策的需要、顾客的特征和收集信息的能力，选择确定不同的客户档案内容，以保证档案的经济性、实用性。

（2）CRM 软件的浏览

围绕 CRM 业务的需要，有许多应用软件做了精心设计。例如，WiseCRM 软件设计的功能模块如表 10-2 所示，可以在因特网上找到并下载该软件的演示动画（Zip 格式），通过演示，可以了解到 WiseCRM 的使用技巧。

表 10-2　WiseCRM 的功能模块

基本信息	客户管理	新增客户 ｜ 客户积分管理 ｜ 批量修改字段 ｜ 客户编码规则自定义
	联系人管理	新增联系人 ｜ 发送短信
行动管理	活动和历史	新增活动 ｜ 历史记录 ｜ 新增附件 ｜ 批量建立活动
销售管理	机会销售	新增机会 ｜ 新增销售订单 ｜ 应收账款管理
	库存管理	采购 ｜ 入库 ｜ 出库 ｜ 库存调整
	合同管理	新建合同 ｜ 合同审核
营销管理	通信管理	新增短信 ｜ 发送短信 ｜ 通过因特网发送短信 ｜ 发送 E-mail
	费用	新增费用
	知识库	使用知识库
分析报表	分析与报表	分析简介 ｜ 销售分析 ｜ 设计报表
辅助功能	权限设置	权限设置
	导入导出	导入 Excel 文件
	界面自定义	使用窗口设计工具 ｜ 修改界面语言→使界面语言生效
	视图自定义	使用自定义字段 ｜ 使用过滤条件 ｜ 客户面板选项卡自定义
	列表	列表操作技巧 ｜ 按列分组

请记录：

① 找到并下载 WiseCRM 软件演示文件的操作是否能正常进行？

____

② 请尝试评价一下该软件的功能和用户界面设计。

____

____

（3）CRM 软件 FreeCRM

CRM 软件一般都追求功能繁多，这样用户操作起来会觉得复杂难用。而 FreeCRM 免费客户关系管理系统是一个简单实用的免费软件，不付费、不注册、没有功能限制、没有使用期限限制；安装文件很小（约 550 KB），并可以卸载。

① FreeCRM 是一个客户通讯录。

② 来电显示功能：当客户来电时，会显示来电号码，并关联显示在通讯录中对应的客户资料（此功能需要一个能支持来电显示的 Modem）。

③ 拨号功能：当找到某个客户资料时，可以直接通过软件向客户拨打电话，而无须电话拨号，并且还支持 IP 拨号功能。

④ 重要日期提醒功能：可以提醒某个客户的生日或交易日等重要日期的到来。

提 示

支持来电显示的语音/传真 Modem。

并非所有的语音 Modem 都能支持来电显示，只有很少部分的语音猫才支持此功能（采购时，应注意选择支持来电显示的语音猫）。

安装 Modem 驱动程序时，Windows 2000/XP 操作系统会自动安装操作系统自带的 Modem 驱动，而此驱动程序只能支持数据传送（即只能用来拨号上网，而没有传真和语音功能）。所以，必须升级 Modem 的驱动程序，并且在升级的时候手工指定到跟随 Modem 的光盘中的驱动程序（而不是让系统自己搜索）。在升级完之后重新启动系统。

另外需要注意的是，所有 Modem（专业用 Modem 除外）一般只能支持 FSK 制式的来电显示格式，原因是市场上的 Modem 都出产于美国（或美国产品的 OEM），所以只能支持美国的 FSK 标准，而且在设置 Modem 属性的时候最好将它的国别设为美国（如果有这个选项的话）。但也不用担心，因为我国的许多城市都使用了美国的标准。如果不能肯定当地的来电显示格式是 FSK 还是 DTMF，可以拨打电话向当地电信部门询问。

⑤ 客户历史记录功能：可以在每次交易或联系的时候输入有关资料，以备日后查询。

⑥ 邮件群发功能：可以利用在 OutLook Express 所设定的邮件账号群发邮件。但是，首先要确认已经在 OutLook Express 里设定好了邮件账号。

⑦ 全国邮政编码和长途电话区号查询功能。

⑧ 数据导入导出功能：与 OutLook Express 的通讯簿兼容，可以将其中的资料导出到一个 .csv 文件，然后导入到 FreeCRM 中，反之亦然。

请记录：你认为其中哪一项功能最有意义？为什么？

____

____

步骤 1：如果要使用上述⑥和⑧项功能，首先应设置好你的 Outlook Express 电子邮件软件。为此，启动 Outlook Express，然后在“工具”菜单中选择“账号”命令，屏幕显示如图 10-4 所示。依据软件提示，完成邮件账号的设置。

步骤 2：下载 FreeCRM 软件。FreeCRM 是一个免费软件，可以很方便地在因特网上利用搜索工具找到并下载保存。当然，网上还可以下载到其他一些用于 CRM 的软件产品。

请记录：下载 FreeCRM 软件的操作能够顺利完成吗？如果不能，请分析原因。

____

____

图 10-4　设置 Outlook Express 账户

在因特网上还找到了哪些可供下载使用的 CRM 软件？请做简单描述。

a. ______________________________

____

b. ______________________________

____

c. ______________________________

____

步骤 3：安装 FreeCRM 软件。安装后，安装程序会在屏幕右下方的信息栏建立一个软件图标。单击该图标，可进入 FreeCRM，系统将首先显示登录界面，提示输入或修改登录密码。然后，屏幕显示 FreeCRM 软件的操作主界面如图 10-5 所示。

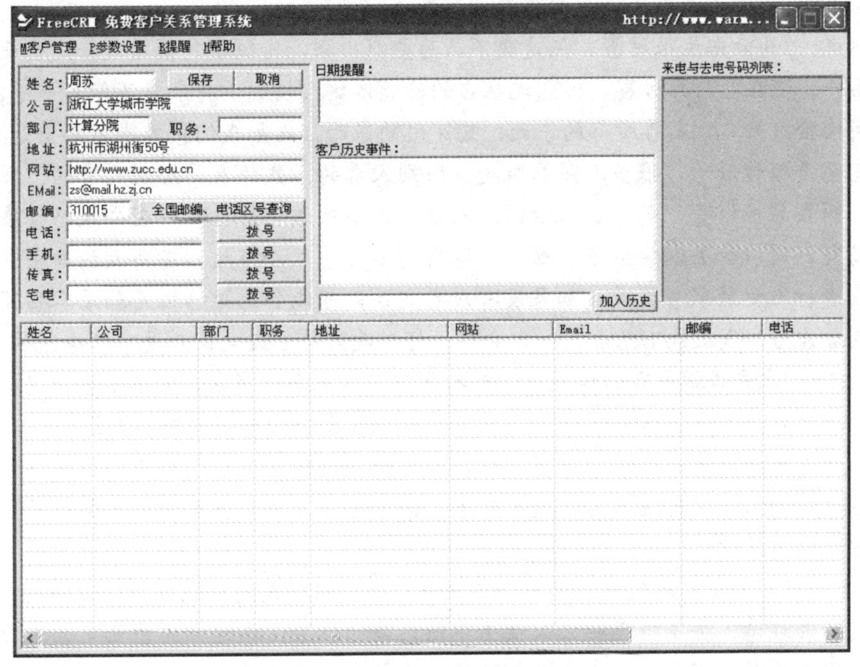

图 10-5　FreeCRM 操作界面

请简单使用该软件，并体会软件设计的各项功能。通过实际操作，请简单评价 FreeCRM 软件。对照CRM的基本思想，你觉得FreeCRM至少还需要增加哪些CRM基本功能？

____

____

你能够推荐一款比FreeCRM更为适用的免费CRM软件吗？请简单描述之。

____

____

4. 实验总结

____

____

____

5. 实验评价（教师）

____

____

10.10 阅读与思考：十年后电商份额能否过半

12月13日晚上，2012年CCTV经济年度人物颁奖盛典举行。阿里巴巴董事会主席马云和万达董事长王健林等10人当选2012中国经济年度人物。在颁奖晚会上，阿里巴巴集团董事会主席兼首席执行官马云与万达集团董事长王健林就“电商能否取代传统的店铺经营”展开辩论。

在颁奖晚会上，马云被评价为在虚拟世界里纵横，王健林被评价为在实体经济店铺里开疆破土，双方就“电商会否取代传统的店铺经营”展开辩论。马云说：“我一定说电商会胜。”王健林则表示：“我觉得不是胜负，我觉得双方都能活。”

王健林说：“马云先生很厉害，但是我不认为电商出来，传统零售渠道就一定会死，基于三个理由。第一，现在电商再厉害，但是现在占的份额依然比较小，将来能不能占一半以上份额，还有待时间检验。第二，零售所有的东西，吃穿用的东西，比如我们穿衣服不完全是为了避寒，吃东西不完全是填饱肚子，很多人穿衣服是穿给别人看的，戴的表是给别人看的。现在消费有一个观点，叫炫耀性消费，是为别人活的。所以，这些东西弄得再好，在公众场合展示，要走入人多的场所，所以会去零售渠道。第三，零售商不会等死，当然，在马云的冲击下，一些不思进取，或者标准化的零售渠道，如果没有应对之策，可能会死掉，但是如果零售商加以自己的发扬，或者作为，线上线下结合，一定会得很好。美国前十大电商都是零售渠道的案例。”

马云回应：“我先告诉所有的像王总这样的传统零售一个好消息，电商不可能完全取代零售行业，同时告诉你们，是基本取代你们。重要的是电子商务今天不是模式的创新，是生活方式的变革。很多人看成是商业模式，事实上它在影响一代一代人。电子商务今天一万亿只是刚刚开始，现在所做的只是对传统零售渠道的变革，未来三年五年，将进入生产制造的变革，直到影响生活方式的变革。”

“今天电子商务不是想取代谁，不是想消灭谁，而是想建设更加新颖的、透明的、开放、公正、公平的商业环境，去支持那些未来成为中国最佳的像王健林这样的企业家。中国成功的未来的主导中国经济的，不是马云，不是王健林，而是今天没有见到过，甚至没有听说过，很多人可能看不见、看不起、跟不上、看不懂的年轻人，他们将取代我们，他们将成为中国经济的未来。因为他们今天正在用互联网的思想和互联网技术在改变今天的商业环境。”马云说。

以下为马云和王健林对话实录：

主持人：欢迎两位。你们二位用这样的神态走过来，让我觉得你们好像不是观察团，而是考评团。我们想听二位今天到底出什么样的考题给两位年度人物。

何刚：我跟姚老师商量一下，考题我出，姚老师做一个点评。我们的题目是这样的，准备请两位做一个小型的辩论，因为你们两位正好来自两个领域，马云先生在虚拟世界里纵横，王健林先生在实体经济店铺里，尤其是电影院开疆破土，非常有成就。11 月 30 号 9: 50 止，淘宝和天猫平台共实现的交易额已经突破了一万亿年度交易额，非常惊人的数字。同时我们看到，王健林先生的跨国电影院经营的也是赚的盆满钵满，11 月份零售额同比增长了 14%，我们的题目就是电商会否取代传统的店铺经营。不要说都可以，一定要选一个，两位各发表自己的看法，辩论一下。

马　云：老大先来，他说任何我都会反对。

王健林：我虽然比他年长，既然你说电商能不能取代，先听马云忽悠，然后我再来挑毛病。

陈伟鸿：两位都已经做足了充分的准备，跳过前面的准备，直接跳入自由辩论阶段。大家同意吗？前提是先要有立意，给你们 10 秒钟的时间先表达自己的观点，再进入自由辩论。马云先生先亮开自己的观点。

马　云：我一定说电商会胜。

陈伟鸿：当仁不让，王健林先生。

王健林：我觉得不是胜负，我觉得双方都能活。

陈伟鸿：有点投机取巧，姚老师您可以及时指出。

何　刚：一定要选出一个明确的立场。

陈伟鸿：比如说电商必败。

王健林：我要说电商必败，根本不是我的观点，我觉得都能活。

何　刚：传统店铺也能活得非常好。基本成立。

陈伟鸿：既然你都认同了他们有一点模棱两可，咱们就这么且辩且看。电商来势汹汹，一个双十节，马云先生收到了 191 亿，面对这样得惊人数字，请问在传统零售业当中坚守的王健林先生，是羡慕是嫉妒，是恨，还是什么表情？

王健林：震撼。马云先生很厉害，但我不认为电商出来，传统零售渠道就一定会死，基于三个理由。第一，现在电商再厉害，但是现在占的份额依然比较小，将来能不能占一半以上份额，还有待时间检验。第二，零售所有的东西，吃穿用的东西，比如我们穿衣服不完全是为了避寒，吃东西不完全是填饱肚子，很多人穿衣服是穿给别人看的，戴的表是给别人看的。现在消费有一个观点，叫炫耀性消费，是为别人活的。所以，这些东西弄得再好，在公众场合展示，要走入人多的场所，所以会去零售渠道。第三，零售商不会等死，当然，在马云的冲击下，一些不思进取，或者标准化的零售渠道，如果没有应对之策，可能会死掉，但是如果零售商加以自己的发扬，或者作为，线上线下结合，一定会得很好。美国前十大电商都是零售渠道的案例。

陈伟鸿：辩的很好，但是稍候要加快速度，节省时间。面对对方的咄咄逼人，江湖上一般只有两条路，一个是忍，一个是残忍，请问您选择哪条路？

王健林：只能选残忍了。

陈伟鸿：被逼无奈。要用残忍的姿态对待你们的咄咄逼人。马云有一句名言，给别人机会就是给自己机会，在残忍的情况下，您会给别人机会吗？

马　云：我先告诉所有的像王总这样的传统零售一个好消息，电商不可能完全取代零售行业，同时告诉你们，是基本取代你们。重要的是电子商务今天不是模式的创新，是生活方式的变革。很多人看成是商业模式，事实上它在影响一代一代人。电子商务今天一万亿只是刚刚开始，现在所做的只是对传统零售渠道的变革，未来三年五年，将进入生产制造的变革，直到影响生活方式的变革。

所以，我想告诉大家的是，这只是刚刚开始。另外一个，今天电子商务不是想取代谁，不是想消灭谁，而是想建设更加新颖的、透明的、开放、公正、公平的商业环境，去支持那些未来成为中国最佳的像王健林这样的企业家。中国成功的未来的主导中国经济的，不是马云，不是王健林，而是今天没有见到过，甚至没有听说过，很多人可能看不见、看不起、跟不上、看不懂的年轻人，他们将取代我们，他们将成为中国经济的未来。因为他们今天正在用互联网的思想和互联网技术在改变今天的商业环境。

而今天真正创造一万亿的不是马云，创造一万亿的是今天可能不会回头的店小二，小年轻人，90后、80后，我们在街上不会点头的快递人员，他们正在改变今天的中国经济，而只有他们才是未来经济的希望。所以我不是取代你，而是帮助他们取代你。

王健林：我补充一点，因为临时的题目，没有想好，大家如果把零售仅仅理解为买东西，那就大错特错了，大的概念包括吃穿用很多东西，比如电商再厉害，电影虽然可以上网，3D技术出来以后就彻底取代了，还有洗澡、捏脚、修耳朵，电商再厉害，这些也取代不了。我跟马云先生早就对这个问题，既是讨论学习，也是争论，我们有一赌，2020年，10年后，如果电商在中国零售市场，整个大零售市场份额占50%，我给他一个亿，如果没到他还我一个亿。

陈伟鸿：我们希望看到双方唇枪舌战，但今天看到的是英雄的惺惺相惜。

马　云：光有勇气是不够的，尽管我们都需要勇气。在机枪面前，形意拳太极拳是一样的。

陈伟鸿：中国武术异曲同工，他们用不同的招数同样希望制胜，都有强烈的渴望。

姚景源：我是经济年度人物的评委，我在给他们两位投票的时候，曾经有一个评价，我说他们两位是老模范，做出了新贡献，大家知道他们两位过去曾经是经济年度人物，也是商业领袖，他们现在做出的新贡献是什么呢？就是创新。诺贝尔经济学奖获得者萨米尔申给商业的定义是，商业是最古老的艺术、最新颖的文明。

马云恰恰把最古老的艺术和最新颖的文明网络结合到一起，这个创新就影响了当代中国，影响了当代经济，所以我给他投了票。电商不能取代健林的店铺商业，今后如果单体传统的店铺商业会受马云强有力的冲击，但是健林的万达集团不会，为什么呢？我给健林的投票也考虑了万达的创新，万达广场的口号是什么呢？一个万达广场是一个城市中心，健林和他所率领的团队把万达的经济建设和整个中国的城市化结合在一起，不是单体的传统商业，有高档办公楼，高档公寓，还有电影院，还有其他各种各样的，是城市中心，这个中心就为店铺经济的成长奠定了非常好的基础。

陈伟鸿：姚景源先生狠狠表扬了两位。还是要难为您一下，选择一位最佳辩手。

姚景源：他们两个人都会在未来中国商业模式的发展当中不断创新，不断努力，不断发展。当然，电商确确实实有一个广阔的前景，因为他不仅仅改变了商业营销模式，更重要的是改变了生活方式。但是作为单体的传统商业，肯定会受到冲击，而且万达广场，像健林这种创造性思维，我认为还是很有前景的。

陈伟鸿：手心手背都是肉，不管是两位辩手，或者是两个人所在的行业，都是这样的感觉，不能任意、轻率去舍弃或者否定任何一个行业未来的发展趋势，最后还有个人 10 秒钟的总结阐述，交给两位，一人 10 秒。

马　云：电商今天不是摧毁谁，不想取代谁，只想创造未来的生活。为未来的年轻人打造一个平台，让他们去改变、影响、完善这个世界，这是我们想做的，而不是想挣更多的钱，因为赚钱只是个结果，不是我的目的。

王健林：所有新的商业模式出来，必然对传统形成冲击，但是 2000 多年历史将证明，传统产业生命是最强的，不然的话，商业不会存在 2000 多年，所以我一定要坚守传统产业，但是在传统产业基础上尽可能去创新，也包括向马云学习。

陈伟鸿：刚才经过一场辩论，给现场带来了一些轻松时刻，但与此同时，更给我们带来了很多沉重的思考，对于电商或者传统零售而言，绝不是非黑即白的选择，我们之所以通过这样一种看上去多少有点娱乐化色彩的辩论，是希望能够在今天的舞台上真实呈现商业模式变革背后，给整个社会的前行带来的巨大影响力。其实从历史发展过程当中，大家可以很清晰地看到，任何一次商业模式的革命式的突变，都会给实业的发展带来巨大的机会，因此，也能够给社会，给时代，给人类的发展带来巨大的影响力，我们的生活因此会变得丰富多彩，我想电商在这一刻也许正在扮演着这样的角色，我们因此有理由期待着他们的未来。好，谢谢两位得奖人的辩论，谢谢观察团的成员，祝贺他们。

（**资料来源：**腾讯科技，可心，2012 年 12 月 13 日 00:30）

第 4 篇

电子商务技术

第 11 章　网络技术

第 12 章　信息安全与网上支付

第 13 章　电子商务技术

第 14 章　电子商务相关法律

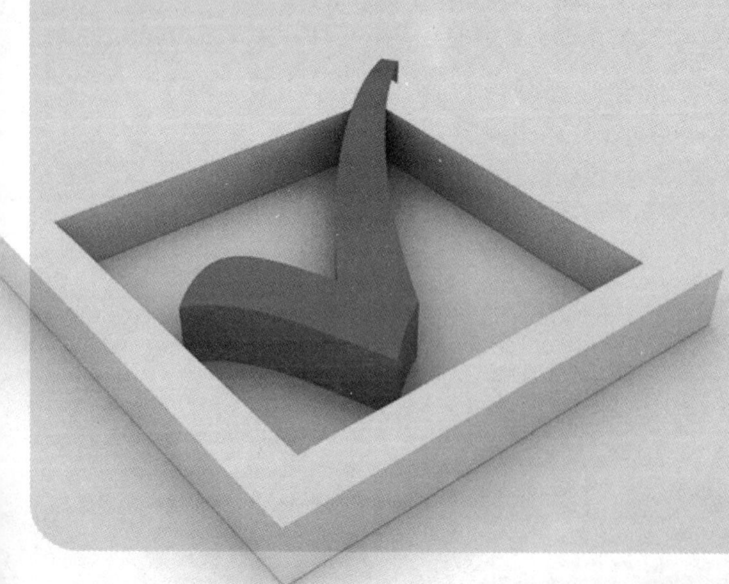

第11章 网络技术

在这一章里，我们要介绍一些网络技术的专业名词。例如，从ICP我们很容易联想到ISP；提到ISP，可能会想到ASP、SSP，甚至IISP；而讲到SSP，免不了应该提一提存储市场（Storage）里的几个相关名词，如IDC、SAN、NAS。图11-1描绘了这些类似名词之间的相似性。这些名词涵盖了拨号网络、宽带、固网、存储市场等IT领域。

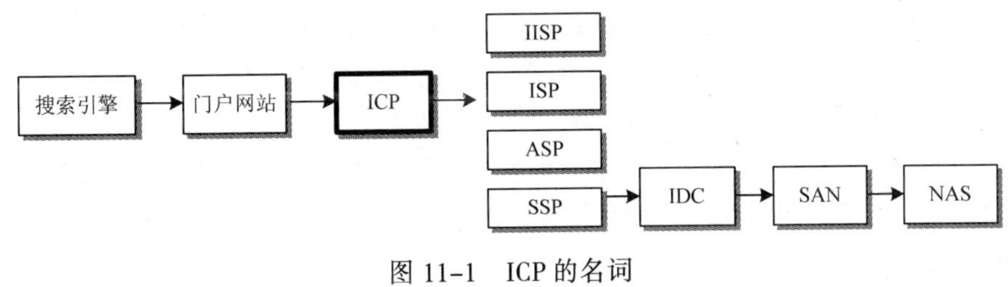

图11-1　ICP的名词

11.1　数字内容产业：从搜索引擎到ICP

早期在没有发明搜索引擎之前，用户必须自行查找、收集感兴趣的网址；后来有些用户收集了很多网址，加以分类编排，以工具书的形式在市面上出售，接着再辅以电子化以及其他IT技术后，就成了搜索引擎的前身。而全球第一个搜索引擎，就是Yahoo网站，中国也有类似的网站，就是马云的“中国黄页”。

1. 从搜索引擎到ICP

一开始，网站使用搜索引擎来吸引网络上的人群，使人们为了使用搜索引擎而光临他们的网站，进而从中获取广告利润。当然，搜索引擎更是想尽办法拉拢上网人群，希望人们上网时，第一眼就能看到他们的网站，以求更多的广告接单，谋取更多的广告利润。但是后来发现事实并非如此，因为人们只是将搜索引擎当作网络入口，一上站就利用搜索引擎跳到人们所要查找的网站，而并不会流连于搜索引擎，更不用说注意到搜索引擎放在网页上的广告了。

所有的网站只靠广告赚钱来维持生存是很困难的，1998年下半年，门户网站（Portal Site）成为IT业界的重要议题之一，搜索引擎纷纷转型为门户网站，仍保有搜索引擎的功能，可以被设为首页，提供网站分类，以及放入很多链接，可以链接到其他的网站上。为了创造“流量”，在网站内会提供一些内容，目的就在于，希望所有网友都把该网站当作其通往网络的“入口”，每次上网第一个就先光临该网站，这正是“门户网站”（Portal）的特点。

但尽管如此，广告收入仍不足以让网站生存，于是门户网站又转型成为ICP（网络内容供应商，Internet Content Provider），完全利用“内容”来吸引上网的人群，此时网络就掀起了一股无人可挡的热潮。网页各显神通，内容五花八门，此时 ICP 已是网络上的主流。因此，网络“内容”（Content）才是网站经营的命脉。

2. 网上出版

通常，一本 3 000 册印量的书籍，扣除编辑、渠道费和库存等成本，大概卖出 2 000 多本就算是赚钱。2 000 多本的限制，是其人数上的限制。一个无法吸引 2 000 人购买的出版主题，是很少有机会变成一本书的。不过，对于新的传播科技，如果让 200 位消费者的销量就足以支持内容制造的成本，就可以按照这样的体系和程序，再一次细分下去。

在网络上，由于可以大大降低每本书的单位成本，所以我们有机会在每本书或杂志仅销售几百份的情况下获利。换句话说，在因特网上，其实格外具有小众媒体的特性，如果谨慎地进行市场划分，很好地利用诸多小众媒体，可取得原先大众媒体所独享的优势。所以，数字出版业一样可以具有足够的市场以及经济规模。由于大家都意识到网上出版产业的经济效益，于是数字出版业逐渐蓬勃发展。

社会知识库的建设依赖于推动数字典藏计划，例如将图书馆、博物馆等文物馆藏数据数字化，通过业界将这些数字内容做增值，包括建立索引体系、建立数字内容交易平台等。

不过，要建设数字内容交易平台，首先面临的是获得数字内容的版权。传统出版品版权的取得比较单纯，主要是出版者与作者间的授权关系。但是，就数字内容来说，不只是单纯将作者的智能产出数字化，还包括程序、美术、企划整合等部分，因此与作者洽谈版权的模式和版税有所不同。换句话说，创立内容的授权体系，对于数字出版而言，将是相当重要的。

3. 虚拟群体

在网络社会中，很自然地就能形成网络群体，而这种自然形成的群体，可以成为推动多项措施的重大力量。我们把它称为“虚拟群体”（Virtual Community），其类型包括：

- 网络同学会
- 群体留言板
- 新闻讨论区群体
- BBS 网站
- 网络游戏群体
- 社团群体
- 运动球迷支持会社团
- 娱乐明星支持会群体

虚拟群体的建立可以自然形成市场划分，这对于企业和电子商店的经营而言是非常重要的。

11.2 从 ICP 到 SAN

传统上连接网络的方式大体上可分为两种：

① 利用网卡通过 TCP/IP 上网的方式，例如：宿舍网络。

② 利用调制解调器（Modem）的拨号方式。

1. 通过网卡的上网方式

一般在学校里或宿舍中通过 Ethernet（以太）网卡的方式上网。有网卡、网线、驱动程序、上网软件，在计算机中做好网络的设定（TCP/IP）即可上网，如图 11-2 所示。

2. 通过调制解调器的上网方式

一般在家里或公司里的拨号方式。有调制解调器（Modem），通过 ISP，具备拨号软件、上网软件即可。计算机通过 Modem 将计算机的数字信号转换成电话的模拟波形信号，通过电话或其他线路，连到 ISP 的 Dial.up Server（拨号服务器），通过 PPP 通信协议连到因特网，如图 11-3 所示。

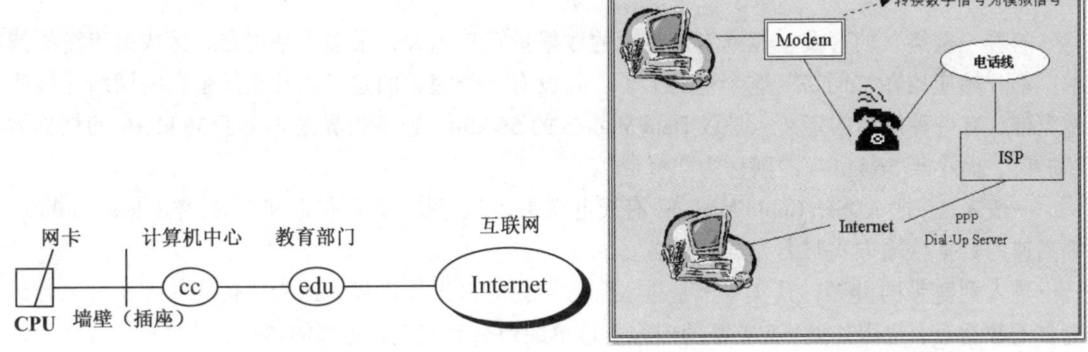

图 11-2 通过网卡的上网方式

图 11-3 通过调制解调器的上网方式

在家中上网，除了利用电话线，其实利用有线电视线路也可以，这是宽带网络的一种方式。

3. ISP 因特网服务供应商

ISP（Internet Service Provider）是为用户提供上网服务的公司。如果把因特网比喻成通往全世界各地的高速公路，那么 ISP 就像是连接上这条高速公路的交流道，所有想要神游因特网高速公路的人，只要向提供交流道的 ISP 公司申请就可以了。申请之后，ISP 会提供给一组拨号账号和密码，以及相关的拨号网络设定，设定好之后，就可以进入因特网的世界了。此外，ISP 通常会发给用户免费的电子邮件，供上网收发信件使用。

每家 ISP 计费方式不尽相同，有购买时数制（例如预先购买多少时数，用完之后再购买）、不限时数制（每月付固定费用，不限时数上网），以及月租费制（每月付固定但较低的费用，基本时数免费，超过则以分计费）等。

4. 拨号网络

一般在家里使用个人计算机，通过调制解调器和电话线连上因特网，这种方式称为“拨号网络”。想要上网的时候，只要计算机设定好拨号网络联机，执行后调制解调器就会进行拨号的操作，通了就能连上因特网。

使用拨号网络，除了必备调制解调器和电话线外，还需要向 ISP（网络服务提供商）申请拨号账号。当使用调制解调器拨通连到 ISP 后，ISP 会核查账号和密码，符合后才能连上因特网。

5. PPP 是调制解调器与 ISP 之间的桥梁

使用调制解调器进行联机时，会注意到有 PPP 联机的字样，即 Point to Point Protocol（点对点通信协议），调制解调器跟 ISP 之间就是利用这个通信协议来传送 TCP/IP 的数据包。

所以说，PPP 跟 TCP/IP 是不同的两件事情，TCP/IP 的封包在用户的计算机上转换成 PPP 的数据格式再送到 ISP，然后解开还原成 TCP/IP 的封包，再送到网络上。PPP 对于低速、高噪声的线路（电话线）有很好的抵抗能力，所以目前成为普遍使用的拨号连线协议。

6. ISDN 整合服务数字网络

整合服务数字网络（Integrated Service Digital Network，ISDN）是一种数字网络服务的接口，这种接口可同时传送语音、数据、数字化影像；一般的 ISDN 调制解调器数据传输速率是 64 kbit/s。

ISDN 是一种较稳定的传输方式，在当时的缺点是比较贵，并且每次需要拨号，属于较传统的电信服务项目，现在已经很少使用了。

11.3 宽带网络

随着“网络”的普及，在网络上流通的数据量越来越大，很多本来用在高速数据传输的技术，都开始应用在“网络”这个范畴上了。并没有一个完整的定义说什么样带宽的网络才能叫做宽带，有一种简单的定义，是以 Data Modem 的 56 kbit/s 速率为界限，大于 56 kbit/s 的就称为“宽带”，而小于 56 kbit/s 的则称为“窄带”。

一般来说，把 ADSL、Cable Modem（有线电视）、卫星直播、光纤传输和无线（Wireless, Mobile）等高速的数据传输方式归类为宽带网络。

进入到宽带的世界，其实等于是进入到数字化的多媒体世界，因为比较高的带宽可以容纳更多的数据量，也因如此，WWW 的内容不再单纯地只有网页，更多的影片、计算机动画、音效与交互式的服务纷纷被开发，并且很快让 WWW 发展成我们难以想象的境地。

1. Cable Modem 缆线调制解调器

Cable Modem 是利用有线电视的缆线来上网。和电话线比起来，有线电视的缆线可以提供更多的带宽，传输更多的数据，使上网的速度更快，所以也属于“宽带网络”的一种。

使用 Cable Modem 上网，平均在数百 K 左右，最快可达到 1 500K。和 56K 调制解调器比起来，速度至少快上数十倍，以同样下载一个 10 MB 的文件来说，不到一分钟就可以下载完毕。因此，我们把利用电话线路拨号上网的图 11-3 改成通过有线电视的 Cable 来上网，并把 Data Modem 换成 Cable Modem，于是成为图 11-4 所示的上网方式。

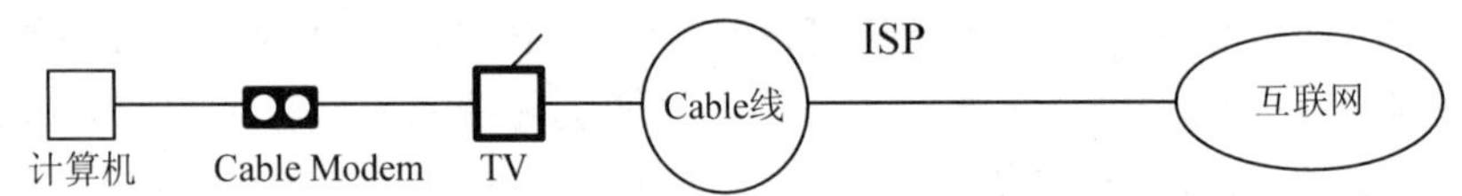

图 11-4 Cable Modem 的上网方式

由于有线电视的布线区域很广，且使用的同轴电缆（Coaxial Cable）网络比电话线路能够提供更高的带宽，使得使用 Cable Modem 来连接网络看起来像是不错的选择。但仍有一些技术问题需要克服，例如，传统有线电视是从电视台的机房到收视用户家中的单向传输，无法从用户端传出数据，因此，Cable Modem 上网可分为单向传输和双向传输。

① 双向：上传（Upload）、下载（Download）都通过 Cable Modem。

② 单向：只有下载是通过 Cable Modem，上传则是通过传统拨号。

2. ADSL 非对称数字环路

ADSL（Asymmetric Digital Subscriber Line）是一种使用传统电话线路通过高频段（25 kHz～1MHz）传输数据的高速数字通信技术，提供客户端到 ISP 端之间一条专属的数字电路，能让用户以 1.5～9 Mbit/s 的速率从网络上下载数据，并且以 16～640kbit/s 的速率上传数据。称为“非对称”式的原因是因为用户上网之后，通常数据都是下载多于上传，所以 ADSL 的设计理念，就是以高速下载、低速上传的方式，来均衡数据传输量。

ADSL 能够提供很高的传输速度，但要求从用户端到线路机房的电话线路距离必须在一个较短的范围内，且线路品质也要很好。ADSL 是目前占有率最高、被普遍使用的宽带网络技术。

3. DirectPC 直拨卫星网络

DirectPC（卫星）是通过卫星传输来提供网络的服务。使用 DirectPC 上网的方式，是利用碟形天线接收器和适配卡等设备，接收卫星所传输的数据，但是上传数据还是要通过传统的调制解调器连上 ISP 才行，所以可说是“单向”的传输模式。

DirectPC 的传输速度大概在 200～400 kbit/s，其优点是不受地形的限制，较适用于有线网络并不是很普及的地区，但缺点是使用卫星传输会受到天气的影响，如果天气不好，云层太厚的话，信号就会受到干扰。

4. 四大宽带网络的比较

四大宽带上网的方式如表 11-1 所示。

表 11-1　四大宽带上网方式

上 网 方 式	简 介
Cable Modem	利用家中有线电视的宽带上网，其下载数据的瞬间传输速度比现在的电话拨号快上几十到几百倍，但其平均速度可能远比瞬间速度低，这要视网络状况而定
ADSL	运用双重调变技术，通过现有电信建置的电话双绞线，提供用户最高上传 640 kbit/s 与下载 9Mbit/s 的非对称上网方式
DirectPC	网络信息由卫星下载，上传则经一般市话数据机，目前也有双向都由卫星连网服务技术，其速度比一般 Modem 快
无线	指提供以无线方式传送资料，接取网络

在表 11-2 中，对四大宽带做了简单的比较。

表 11-2　四大宽带的比较

种 类	Cable Modem	ADSL	DirectPC	GPRS
连接方式	有线电视频道	电话线路	卫星天线	无线网络
优点	普及	普及 现有线路再利用	不受地理环境限制	瞬间连线
缺点	连线共享 仅单向传输	调变技术不统一 费用居高不下	气候影响接收力	尚未普及
目前市场群体	一般个人用户	个人、中小型企业	大型企业	年轻群体

11.4 固　网

固网（Fixed Line）就是“固定通信网路”的简称，属于有线电话网络，这是为了对应“移动通信网络”（Mobile Network）所产生的名词，也就是特别将电信网络分为两种性质——移动通信与固定网络；固网完全依赖紧密的有线网络，平常使用的市内、长途、国际电话和网络都是这类有线传输，所提供的服务包括语音服务（国际电话、长途电话、市内电话）、数据服务（宽带网络服务、数据中心服务）、还有影像、视频与多媒体等各项整合服务。

固网以光纤作为传输线，由于需要架设有线网络，所以成本非常高，但是这样的通信比较不受地形、气候的影响，和无线通信（移动电话）最大的不同点就在这里。固网业主可以根据各类型用户提供不同的传输带宽，所以其实固网就包括了 ADSL 与 Cable 上网的业务。

11.5 IISP与ASP

简单地说，IISP（Internet Infrastructure Service Provider）就是ISP的ISP。就是说，一家公司虽然经营ISP，但是它却只是全力地发展其业务，而不去负责它的技术及客户的维修，它将技术及维修发包给IISP了。例如，全球最大的ISP公司是美国网上AOL，它将它的技术外包给UUNet。未来的网络经济核心，并非以资本的多少决胜负，而是以经营视野、系统整合、上网群体和丰富的网管经验实力决定。

ASP（Application Service Provider）即应用程序服务供应商，是应用程序软件的供应者，它的特点在于帮用户做出软件后不交给用户，而是放在供应商的计算机里，如果用户要使用，就必须通过网络进入供应商的计算机，因此又称为“软件租赁公司”。ASP之所以会发展出来，主要原因是：传统的方式是用户委托软件公司帮自己开发软件，软件交给用户后就一拍两散。这样的方式使得用户必须雇佣一些人来维护这个程序，如软件操作者、系统管理者、程序员等，这势必是一笔不小的开销。而如果软件公司将软件放在它们的计算机里，那么在用户需要使用软件的时候，只要连上软件公司放软件的计算机，就可以使用了，不需要再去雇佣一些计算机系统维护人员，节省了不少的开销，而且如果需要修改程序的话，软件公司就可以直接帮用户修改了。另外，如果是依照次数收费的话，那也可以节省成本。

图11-5比较了传统SH（Software House，软件公司）和ASP之间的差别。

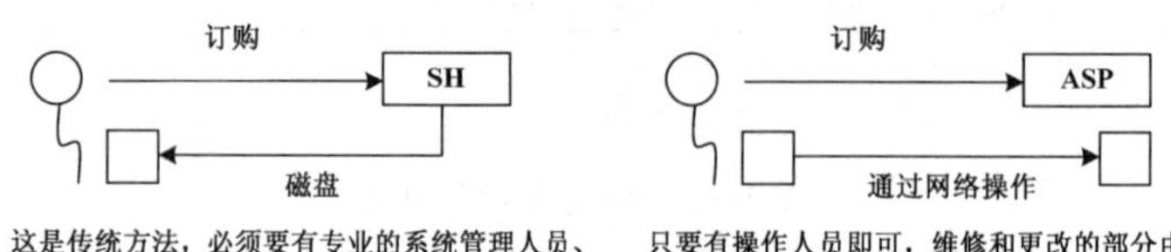

图11-5 SH和ASP

ASP技术近几年才渐趋成熟，因为通过因特网会面临跨平台的情形（操作系统和硬件都可能需要跨平台），因此发展出 Virtual Machine 的程序语言，例如Java等。

11.6 存储市场

在网络浪潮下，由于 ICP 以及电子商务网站对于存储容量的庞大需求，存储系统已经成为成长最快、竞争最为激烈的市场之一。如今，“存储”（Storage）市场的规模已经相当可观。IDC、SSP、NAS、SAN以及云存储等，都是这个领域重要的技术或者概念。

1. IDC因特网数据中心

IDC（Internet Data Center，因特网数据中心）是ISP（因特网服务供应商）的经营技术之一，主要向用户提供下列服务：① 硬件环境，包括主机与带宽、安全措施、温湿度调节、保全措施、相关工程人员维护等；② 租用网络硬盘空间以存储数据；③ 网管服务等，进而成为SSP（存储服务供应商）。IDC提供的网络硬盘空间，具有服务器的功能，由一家公司统一提供机房建设，再分租给其他有需要的公司。IDC所提供的就是从通信、计划到硬件、系统的人力，让承租的公司可以将注意力集中在真正跟经营管理有关的应用程序和数据处理上。承租公司可能节省的费用有：机房建设、日常维护、人事管理、教育训练、网络安全等。

数据交换中心除了需要很大的场地之外，也需要很高的成本，因此大多由大型 IT 企业建设。

2. SSP 存储服务供应商

SSP（Storage Service Provider）即存储服务供应商，是提供数据委外存取管理服务的公司，这种网络应用服务公司提供客户大容量数据存储空间，并给予完善的数据管理与保全。这么做其实非常有经济效益，因为公司不需要再费心管理日益增大的数据量，也因此不需要升级计算机软硬件设备，可以节省人事、教育、计算机软硬件购置等开销，省事、省时、省力又省钱。

综合上述几项新兴领域，可以看出，当传统 ISP 在面临拨号市场无法拓展并且日渐萎缩的情况时，ISP 业者必须选择转型。一般而言，ISP 的转型方向，大致如表 11-3 所示。

表 11-3　ISP 的转型方向

简　称	中文名称	说　明
ICP	网络内容供应商	专门提供网络内容，可以用各种方式来产生有用或有趣的内容
宽带 ISP	宽带网络服务供应商	传统拨号 ISP 大多也经营宽带业务，多半选择电信技术 ADSL 宽带网络
IISP	网络基础建设服务供应商	即 Internet Infrastructure Services Provider，简略来说就是 ISP 的 ISP
IDC	网络资料中心	原为 ISP 的服务业务之一，其功能为"租用网络空间"，代管 ISP 的客户资料。由于 IDC 的蓬勃发展，让 ISP 的角色由网络连线提供者一跃而成为网络整合性增值服务供应商。同时 IDC 不仅提供硬件设备，网管及软件服务的品质更是判别其是否优良的重要依据
SSP	数据存储	以往 ISP 单纯提供拨号上网的功能已经不能满足用户的需要，因此推出了主机代管等附加功能，而今又推出了数据存储服务，更加减轻了企业的负担，对于需要庞大资料存储空间，却又苦于无多余人力管理工作的企业来说，可以说是一种理想的解决方案
ASP	应用服务供应商	通过网络提供软件给企业，如企业资源管理系统、会计或是财务软件，可以节省企业每年花在软件设备更新上的成本和人员培训所需要的花费。ASP 未来服务项目方式可能会多元化，以收费来说，包括用交易次数计算、采用授权方式，或者是以时间计算，服务类别也会按照各种企业不同的需求，产生出各种不同的 ASP

3. NAS 网络存储

NAS 即网络存储，通过网络达到存储目的。给各种不同平台（包含 UNIX、Windows、Linux、Netware 等）提供客户端和服务器端，使文件能够共享。它可以做到不同平台之间文件格式的转换，以及文件、网页资源共享。NAS 网络存储不但具备高效能传递，多任务效能的最佳化，而且能够减少 IT 人员安装、管理、备份的成本，是最佳化的附加式网络存储装置。

NAS 将主机和数据存储分开，可以将数据集中管理，让用户通过局域网进行存储空间的共享。鉴于发生灾害时数据会全部毁损，所以将硬盘分区另外再做备份。这样，当遭受突发事件时所受到的损失将会降低。NAS 备份可分成"本地备份"和"异地备份"，所谓本地备份是指将硬盘和备份的数据存在同一地区。而异地指的是硬盘与备份的数据存在不同地区。一般本地与异地的区分以 50 km 为定义，如图 11-6 所示。

NAS 尤其能为需要获取与共享大量文件数据系统的企业环境提供一个具有高效率、性价比优异的存储解决方案，经常被用在 UNIX 的 NFS（Network File System）或 Windows 的 CIFS（Common Internet File System）的文件共享工作中。原则上，NAS 适合存放不需要运算的数据，例如电子邮件和文件。

图 11-6 NAS 网络存储装置

异地备份的建设大致可分为 5 个步骤：

① 将系统整合并简单化。

② 发展网络存储系统。

③ 加入信息备份和回存功能。

④ 确保商业信息的永续运作和存取能力。

⑤ 准备可靠的意外事故恢复计划。

当然，最重要的还是要先进行完整的企业信息整合，这样将使异地备份工作事半功倍。

4．SAN 存储区域网

SAN（Storage Area Network）指的是将硬盘与主机放在不同的地区，而且硬盘自成一个局域网络，并统一通过一个总服务器向外联机，这样，虽然硬盘和主机是分开的，但是仍可以正常存取数据，就像一般计算机一样。同样，备份可分成"本地备份"和"异地备份"，如图 11-7 所示。

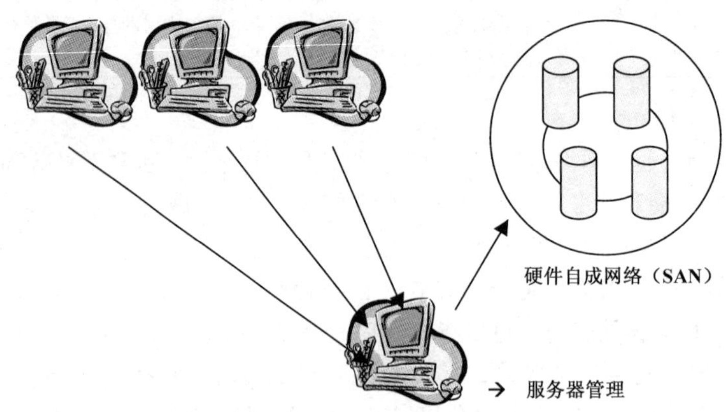

图 11-7 SAN 存储区域网

SAN 的概念是提供一个专属的光纤信道网络，把许多存储装置从局域网络独立出来，并通过集中式的信息管理、保护与分享，将原本分散在企业内各个服务器的存储工作释放出来，使这些服务器能专注处理数据。它最大的特点是可以实现服务器和存储设备间多对多的高速连接。因此，SAN 可以降低企业服务器对服务器间庞大的数据流动，而利用光纤专属信道传输大量数据，也不会占用服务器资源，更不会影响主网络上的数据流量。简单来说，SAN 是一个高效率的数据传输专属光纤网络，具备随时存取重要数据的功能，可以帮助企业节省众多的人力物力。

现阶段技术比较成熟的 SAN，是通过光纤信道（Fiber Channel）与服务器做连接，传输速率一般为 100 MB/S，最快可达 200 MB/S。企业要建构 SAN，则必须要在服务器内部安装光纤适配卡，在主机外则必须安装光纤缆线、光纤接口的集线器（Hub）、交换器（Switch）与路由器（Router）等装置，如此各服务器才能通过光纤信道与 SAN 进行连结。

在应用层上，由于 SAN 拥有专属的光纤信道，能为数据传输提供高度的可靠性，相当适合应用在动态数据库与交易记录中，例如数据仓库、客户关系管理（CRM）或是企业资源计划（ERP）等关键商业模式。

存储区域网络的优点包括：

① 以光纤信道为基础，使得 SAN 技术的存储功能更高、成本更低、升级更快也更具弹性。

② 大量的信息传送不会影响主网络（LAN）的功能。

③ 存储的信息容易备份，当存储的数据遭到意外损害时，复原的能力很强。

④ 光纤信道是通过光纤或铜线传输数据以取代传统的 SCSI 信道。SCSI 的传送速度为 40～160 Mbit/s，而光纤信道则可将传送速度提高到 400 Mbit/s，此外，光纤信道与 SCSI 可以彼此兼容。

5．NAS 和 SAN 的区别

一般的网上存储产品可粗略地分为存储区域网（SAN）和附网存储装置（NAS），NAS 和 SAN 都是负责保存数据的存储系统，它们是与负责应用程序和运算的主机间为了不同需求而衍生出的解决方案，两者各有优点。

对于需要减轻服务器负担，且数据在固定时间之内只需被少数人同时读取使用的环境来说，利用 SAN 是理想的解决方案。相反，对大量用户需要同时读取数据的环境来说，NAS 是一个理想的选择。其各自支持不同需求的存储产品解决方案，SAN 采用光纤信道，NAS 则通过网络，不仅某些部分具有互补性，同时也出现整合趋势。更简单地说，NAS 可视为“产品”加上小型的解决方案，SAN 则是以大中型的结构计划与建设为主，两者都有结合存储环境和服务器的功能。

由于网络的兴起，让计算机连接起来，实现了资源共享，但是同时也产生了存储管理的问题。由于 NAS 可以简化存储结构，加速网络中的数据存取，让数据的存储更为安全可靠，切中了企业用户所面临的存储问题的要害。因为 NAS 采用的是高速以太网（Gigabyte Ethernet），相信 NAS 会有较好的市场机会。

NAS 和 SAN 的关系是互补的。一般而言，多平台的网络环境，适合采用 NAS，而单一平台的环境，或者像是 IBM 的 Mainframe（大型主机），则适合采用 SAN。

11.7　云　存　储

云存储是在云计算（cloud computing）概念上延伸和发展出来的一个新的概念，是指通过集群应用、网格技术或分布式文件系统等功能，将网络中大量各种不同类型的存储设备通过应用软件集合起来协同工作，共同对外提供数据存储和业务访问功能的一个系统。当云计算系统运算和处理的核心是大量数据的存储和管理时，云计算系统中就需要配置大量的存储设备，那么云计算系统就转变成为一个云存储系统，所以云存储是一个以数据存储和管理为核心的云计算系统。通过云计算技术，网络服务提供者可以在数秒之内，处理数以千万计甚至亿计的信息，达到和“超级计算机”同样强大的网络服务。

11.7.1 云状的网络结构

一般来讲，局域网的使用者需要非常清楚地知道网络中每一个软硬件的型号和配置，如采用什么型号交换机、有多少个端口、采用什么路由器和防火墙、系统中有多少个服务器、服务器分别安装了什么操作系统和软件、设备之间采用什么类型的连接线缆，分配了什么 IP 地址和子网掩码等。但是，我们只需要知道是什么样的接入网和用户名、密码，就可以方便地连接到广域网和因特网，广域网和因特网对于具体用户来说是完全透明的。

参考云状的网络结构，创建一个新型的云状结构的存储系统，这个存储系统由多个存储设备组成，通过集群功能、分布式文件系统或类似网格计算等功能联合起来协同工作，并通过一定的应用软件或应用接口，对用户提供一定类型的存储服务和访问服务。

当我们使用某一个独立的存储设备时，必须非常清楚地了解这个存储设备的详细技术参数，为了保证数据安全和业务的连续性，还需要建立相应的数据备份系统和容灾系统。除此之外，必须对存储设备进行定期的状态监控、维护、软硬件更新和升级。然而，如果采用云存储，那么上面所提到的这一切对使用者来讲都不需要了。任何地方的任何一个经过授权的使用者都可以通过一根接入线缆与云存储连接，对云存储进行数据访问。

云存储系统的结构模型由 4 层组成（见图 11-8）。

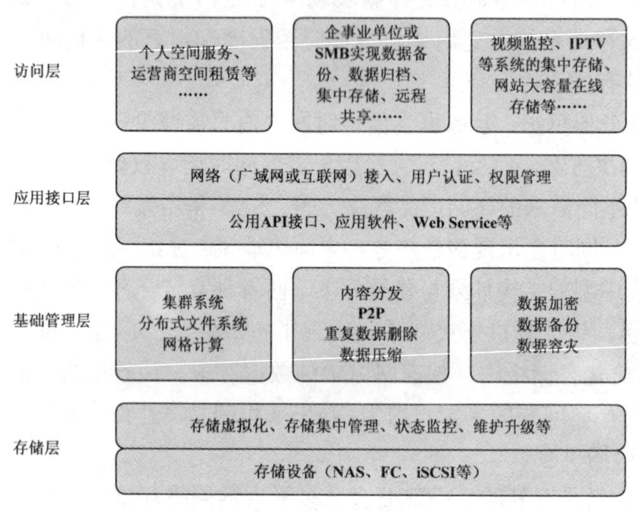

图 11-8 云存储的结构模型

① 存储层。是云存储最基础的部分。存储设备可以是 FC 光纤通道存储设备，可以是 NAS 和 iSCSI 等 IP 存储设备，也可以是 SCSI 或 SAS 等 DAS 存储设备。云存储中的存储设备往往数量庞大且分布于不同地域，彼此之间通过广域网、因特网或者 FC 光纤通道网络连接在一起。

存储设备之上是一个统一存储设备管理系统，可以实现存储设备的逻辑虚拟化管理、多链路冗余管理，以及硬件设备的状态监控和故障维护。

② 基础管理层。是云存储最核心的部分，也是云存储中最难以实现的部分。基础管理层通过集群、分布式文件系统和网格计算等技术，实现云存储中多个存储设备之间的协同工作，使多个的存储设备可以对外提供同一种服务，并提供更大、更强、更好的数据访问性能。

③ 应用接口层。是云存储最灵活多变的部分。不同的云存储运营单位可以根据实际业务类型，开发不同的应用服务接口，提供不同的应用服务。比如视频监控应用平台、IPTV 和视频点

播应用平台、网络硬盘引用平台、远程数据备份应用平台等。

④ 访问层。任何一个授权用户都可以通过标准的公用应用接口来登录云存储系统，享受云存储服务。云存储运营单位不同，云存储提供的访问类型和访问手段也不同。

11.7.2　技术基础

云存储应用的发展依赖于宽带、Web 2.0、集群、网格和分布式文件系统等许多技术的发展和逐渐成熟。

① 宽带网络的发展。真正的云存储系统将会是一个多区域分布、遍布全国，甚至于遍布全球的庞大公用系统，使用者需要通过 ADSL、DDN 等宽带接入设备来连接云存储，而不是通过 FC（光纤信道）、SCSI（接口）或以太网线缆直接连接一台独立的、私有的存储设备。只有宽带网络得到充足的发展，使用者才有可能获得足够大的数据传输带宽，实现大量容量数据的传输，真正享受到云存储服务。

② Web 2.0 技术。这项技术的核心是分享。只有通过 Web 2.0 技术，云存储的使用者才有可能通过 PC、手机、移动多媒体等多种设备，实现数据、文档、图片和视/音频等内容的集中存储和资料共享。Web 2.0 技术的发展使得使用者的应用方式和可得服务更加灵活和多样。

③ 应用存储的发展。云存储不仅仅是存储，更多的是应用。应用存储是一种在存储设备中集成了应用软件功能的存储设备，它不仅具有数据存储功能，还具有应用软件功能，可以看作是服务器和存储设备的集合体。应用存储技术的发展可以大量减少云存储中服务器的数量，从而降低系统建设成本，减少系统中由服务器造成单点故障和性能瓶颈，减少数据传输环节，提高系统性能和效率，保证整个系统的高效稳定运行。

④ 集群技术、网格技术和分布式文件系统。云存储系统是一个多存储设备、多应用、多服务协同工作的集合体，任何一个单点的存储系统都不是云存储。

既然是由多个存储设备构成的，不同存储设备之间就需要通过集群技术、分布式文件系统和网格计算等技术，实现多个存储设备之间的协同工作，多个存储设备可以对外提供同一种服务，提供更大、更强、更好的数据访问性能。如果没有这些技术的存在，云存储就不可能真正实现，所谓的云存储只能是一个个的独立系统，不能形成云状结构。

⑤ CDN 内容分发、P2P 技术、数据压缩技术、重复数据删除技术、数据加密技术。CDN 内容分发系统、数据加密技术保证云存储中的数据不会被未授权的用户所访问，同时，通过各种数据备份和容灾技术保证云存储中的数据不会丢失，保证云存储自身的安全和稳定。

⑥ 存储虚拟化技术、存储网络化管理技术。云存储中的存储设备数量庞大且分布多在不同地域，如何实现不同厂商、不同型号甚至于不同类型（如 FC 存储和 IP 存储）的多台设备之间的逻辑卷管理、存储虚拟化管理和多链路冗余管理将会是一个巨大的难题，这个问题得不到解决，存储设备就会是整个云存储系统的性能瓶颈，结构上也无法形成一个整体，而且还会带来后期容量和性能扩展难等问题。造成的另外一个问题就是存储设备运营管理问题。虽然这些问题对云存储的使用者来讲根本不需要关心，但对于云存储的运营单位来讲，却必须要通过切实可行和有效的手段来解决集中管理难、状态监控难、故障维护难、人力成本高等问题。因此，云存储必须要具有一个高效的、类似与网络管理软件一样的集中管理平台，可实现云存储系统中设有存储设备、服务器和网络设备的集中管理和状态监控。

⑦ 云存储完整性监测方法和标准。完整性监测在云存储服务中是必不可少的，同样，数据

完整性也是所有数据中心最核心的任务。任何级别的存储和任何类型的媒质都有可能发生数据损坏。位衰减（存储介质上的数据减弱或丢失）、控制器故障、重复数据删除元数据损坏、磁带故障是导致不同类型媒质数据损坏的主要因素。元数据损坏是上述故障导致的直接结果，比如位衰减，并且也极其容易受到除硬件错误率以外的软件故障的影响。不幸的是，重复数据删除的一个副作用是损坏的文件、块（block）或字节将影响到每一块与之相关联的元数据。事实上，存储环境内的任何一个环节都有可能发生数据损坏。将数据迁移到不同的平台过程中很容易就被损坏。云存储系统也是由硬件和软件组成的数据中心，容易受到攻击而导致数据损坏。

因此，关键是了解云服务提供商要承担的法律责任，以及每个服务水平协议（SLA），以采取一切可能的措施以确保数据的安全，防止数据丢失。就很多法律文件来说，SLA 大多偏向于提供商的利益，而不是客户的利益。许多云服务提供商都提供了不同层次的数据保护，但是，所有的存储供应商都不对数据完整性承担责任。

11.7.3 系统架构与类别

架构方法分为两类：一种是通过服务来架构；另一种是通过软件或硬件设备来架构。

传统的系统利用紧耦合对称（TCS）架构，这种架构的设计旨在解决 HPC（高性能计算、超级运算）问题，正在向外扩展成为云存储，从而满足快速呈现的市场需求。下一代架构已经采用松弛耦合非对称（LCA）架构，集中元数据和控制操作，这种架构并不非常适合高性能 HPC，但是这种设计旨在解决云部署的大容量存储需求。

云存储可分为以下三类：

① 公共云存储。像亚马逊的 Simple Storage Service（S3）和 Nirvanix 提供的存储服务一样，它们可以低成本提供大量的文件存储。供应商可以保持每个客户的存储、应用都是独立的、私有的。其中以 Dropbox 为代表的个人云存储服务是公共云存储发展较为突出的代表，国内比较突出的代表的有搜狐企业网盘、百度云盘、金山快盘、坚果云、酷盘、115 网盘、华为网盘等。

公共云存储可以划出一部分用作私有云存储。一个公司可以拥有或控制基础架构，以及应用的部署，私有云存储可以部署在企业数据中心或相同地点的设施上。私有云可以由公司自己的 IT 部门管理，也可以由服务供应商管理。

② 内部云存储。和私有云存储比较类似，唯一不同点是它仍然位于企业防火墙内部。

③ 混合云存储。这种云存储把公共云和私有云/内部云结合在一起，主要用于按客户要求访问，特别是需要临时配置容量的时候。从公共云上划出一部分容量配置一种私有或内部云可以帮助公司面对迅速增长的负载波动或高峰。尽管如此，混合云存储带来了跨公共云和私有云分配应用的复杂性。

11.7.4 云存储的功能

云存储提供的诸多功能和性能旨在满足伴随海量非活动数据的增长而带来的存储难题：

① 随着容量增长，线性地扩展性能和存取速度。

② 将数据存储按需迁移到分布式的物理站点。

③ 确保数据存储的高度适配性和自我修复能力，可以保存多年之久。

④ 确保多租户环境下的私密性和安全性。

⑤ 允许用户基于策略和服务模式按需扩展性能和容量。

⑥ 改变了存储购买模式，只收取实际使用的存储费用，而非按照所有的存储系统（包含未使用的存储容量）来收取费用。

⑦ 结束颠覆式的技术升级和数据迁移工作。

为此，云存储有多重模式供选择：

① 服务模式：最普遍的情况下，当用户考虑云存储的时候，就会想到其所提供的服务产品。这种模式很容易开始，其可扩展性几乎是瞬间的。根据定义，用户拥有一份异地数据的备份。然而，带宽是有限的，因此要考虑恢复模型，必须要满足用户网络之外的数据需求。

② HW 模式：这种部署位于防火墙背后，并且其提供的吞吐量要比公共的内部网络好。购买整合的硬件存储解决方案非常方便，而且，如果厂商在安装/管理上做得好的话，其往往伴随有机架和堆栈模型。但是，这样用户就会放弃某些摩尔定律的优势，因为会受到硬件设备的限制。

③ SW 模式：SW 模式具有 HW 模式所具有的优势。另外，它还具有 HW 所没有的价格竞争优势。然而，其安装/管理过程要谨慎关注，因为安装某些 SW 的确非常困难，或者可能需要其他条件来限制人们选择 HW，而选择 SW。

11.7.5　云存储的隐患

相关统计数据显示，每天都有数以亿计的用户正在云存储空间中上传下载着各种文件，除了网络带宽消耗之外，应该反思云存储所面临的隐患：

① 版权风险。这个问题已经大范围地出现在了网盘服务中，一些个人或团体会将以影视音乐为主体的文件通过云存储的客户端上传至网盘中，然后通过分享的方式对圈子内提供下载，大量的有版权的视频音乐被这种特殊盗版方式进行传播，而且这种传播方式暂时属于监管的空白，部分云存储提供商在版权单位的压力下开始限制链接分享的范围，加强文件的过滤。但是这些手段不能从根本上解决云存储中用户上传文件的盗版传播。而要建立起一整套影视文件数字指纹签名检验系统，除了庞大的研发、运维成本外，各个利益团体之间的技术标准统一也是短期内难以统一的。

② 个人隐私。有很多移动平台用户喜欢随时将自己用手机等拍摄的照片与视频通过云存储快速上传到网盘中，这样可以非常快捷地通过 Web 或 PC 客户端在异地甚至即时取回照片，但是，上传的每一张照片或其他文件都有可能是云存储的服务端是明文保存的。管理员可以在服务端的平台中直接查看和删除用户上传的文件，这些文件中不乏用户的机密文件或用户私隐，现阶段大型服务端都是通过建立严格的制度体系来约束管理人员的职业操守。

③ 数据安全。一是用户的操作安全：大多数的云存储都设计了多客户端数据同步机制，一般以最后一次更新为标准，其他客户端开启时自动同步。当一个用户在公司编辑某个文件后，回到家中再次编辑，那么当他再次回到公司时文件已是昨晚在家更新过的。在很多时候用户编辑一个文件后，会发现编辑有误，想取回存在公司的文件版本时，可能在没有支持版本管理的云存储中这个附本也已经被错误地更新了。版本管理会加大用户的操作难度。二是服务端的安全操作：云存储服务器早已经成为了黑客入侵的目标，因为服务器上有无穷用户数据，对此类大用户群服务的劫持更加是黑色收入的重要来源，也就是说服务器的安全性直接影响着用户上传数据的安全，在服务器虚拟化技术的支撑下，V2V 迁移的可靠性相当高，多数的云存储厂商都预备安全防护方案，但是不能忽视的人的操作。

④ 运营停止。在互联网环境下，提供公众云存储服务每年的资金投入在 5 亿元以上，而且

对私提供的云存储盈利模式还并不清晰，究竟有多少服务商可以持续永久地提供这种服务？这种服务后期是否收费？是否会因为亏损问题、盈收问题而被迫停止运营？在这种情况下已有用户的数据向何处迁移？数据安全由谁负责？厂商之间的服务整合和公约形成，首要解决的并不是技术问题，而是利益分配问题，服务商在一定时间会关停服务是用户数据留存问题最大隐患。

考虑到公共云存储所存在的数据异存安全性、私密文件保护隐患方面的问题，以及企业上网行为管理在执行上的需求，云存储作为一种方便快捷的文件备份方式，很多企业开始在自己的网络内部架设私有的云，将云存储的服务端部署在企业的内部网络中，服务端的维护与管理可以由企业自行控制，企业员工可以在授权范围内安全地使用私有的云存储功能。很多在公共云存储服务端无法实现的功能，都能在私有的环境下得到很好的解决。

11.7.6 云存储的发展趋势

云存储已经成为未来存储发展的一种趋势。但随着云存储技术的发展，各类搜索、应用技术和云存储相结合的应用，还需从安全性、便携性及数据访问等角度进行改进。

① 安全性。从云计算诞生起，这一直是企业实施云计算首要考虑的问题之一。对于想要进行云存储的客户来说，安全性通常是首要的商业考虑和技术考虑。许多大型、可信赖的云存储厂商也在努力构建比多数企业数据中心安全得多的数据中心。用户可以发现，云存储具有更少的安全漏洞和更高的安全环节，云存储所能提供的安全性水平要比用户自己的数据中心所能提供的安全水平还要高。

② 便携性。一些用户在托管存储的时候要考虑数据的便携性。一般情况下这是有保证的，一些大型服务提供商所提供的解决方案承诺其数据便携性可媲美最好的传统本地存储。有的云存储结合了强大的便携功能，可以将整个数据集传送到用户所选择的任何媒介，甚至是专门的存储设备。

③ 性能和可用性。一些托管存储和远程存储总是存在着延迟时间过长的问题。同样地，互联网本身的特性就严重威胁服务的可用性。最新一代云存储有突破性的成就，体现在客户端或本地设备高速缓存上，将经常使用的数据保持在本地，从而有效地缓解互联网延迟问题。通过本地高速缓存，即使面临最严重的网络中断，这些设备也可以缓解延迟性问题。这些设备还可以让经常使用的数据像本地存储那样快速反应。通过一个本地 NAS 网关，云存储甚至可以模仿终端 NAS 设备的可用性、性能和可视性，同时将数据予以远程保护。

11.8 习　　题

1. 名词解释：宽带网络、固网、网络存储市场、ISP、ISDN、Cable Modem、ADSL、DirectPC、IISP、ASP、IDC、SSP、NAS、SAN、异地备份、搜索引擎、入口网络、ICP、原生报、数字内容、网上出版、云存储。
2. 请问传统网络连接上网有哪两大方式？
3. 请介绍拨号上网的方式。
4. 什么是四大宽带网络？各有哪些业者在经营？
5. 请比较 NAS 和 SAN 的适用情况。
6. 请介绍从搜索引擎、入口网络到 ICP 的演变过程。

7．网络内容（Content）为什么是网络的命脉？

8．请列举三个有名的搜索引擎。

9．请分析数字出版业的经济规模。

11.9 实验与思考

1．实验目的

本节“实验与思考”的目的是：

通过学习 Windows 系统管理工具的使用，熟悉 Windows 系统工具的内容，由此进一步熟悉 Windows 操作系统的应用环境。

2．工具/准备工作

在开始本实验之前，请回顾教材的相关内容。

需要准备一台运行 Windows XP Professional 操作系统的计算机。

3．实验内容与步骤

（1）Windows 管理工具

为了帮助用户管理和监视系统，Windows 提供了多种系统管理工具，其中最主要的有计算机管理、事件查看器和性能监视等。

步骤 1：登录进入 Windows XP Professional。

步骤 2：在“开始”菜单中选择“设置”→“控制面板”命令，双击“管理工具”图标。

在本地计算机“管理工具”组中，有哪些系统管理工具，基本功能是什么？

① ________________________________

② ________________________________

③ ________________________________

④ ________________________________

⑤ ________________________________

⑥ ________________________________

⑦ ________________________________

⑧ ________________________________

⑨ ________________________________

⑩ ________________________________

（2）计算机管理

使用“计算机管理”可通过一个合并的桌面工具来管理本地或远程计算机，它将几个 Windows 管理实用程序合并到一个控制台目录树中，使管理员可以轻松地访问特定计算机的管理属性和工具。

步骤 3：在“管理工具”窗口中，双击“计算机管理”图标。

“计算机管理”使用的窗口与“Windows 资源管理器”相似。在用于导航和工具选择的控制台目录树中有“系统工具”“存储”及“服务和应用程序”等结点，窗口右侧“名称”窗格中显示了工具的名称、类型或可用的子工具等。它们是：

① 系统工具，填入表 11-4 中。

② 存储，填入表 11–5 中。

表 11-4　实验记录 1

名　　称	类　　型	描　　述

表 11-5　实验记录 2

名　　称	类　　型	描　　述

③ 服务和应用程序，填入表 11–6 中。

（3）事件查看器

事件查看器不但可以记录各种应用程序错误、损坏的文件、丢失的数据以及其他问题，而且还可以把系统和网络的问题作为事件记录下来。管理员通过查看在事件查看器中显示的系统信息，可以迅速诊断和纠正可能发生的错误和问题。

表 11-6　实验记录 3

名　　称	类　　型	描　　述

步骤 1：在“管理工具”窗口中，双击“事件查看器”图标。

在 Windows 事件查看器中，管理员可以查看到三种类型的本地事件日志，请填写入表 11–7。

表 11-7　实验记录 4

名　　称	类　　型	描　　述	当前大小

步骤 2：在事件查看器中观察“应用程序日志”：

本地计算机中，共有__________个应用程序日志事件。

步骤 3：单击“查看”菜单中的“筛选”命令，系统日志包括的事件类型有：

①____

② ______________________________

③ ______________________________

④ ______________________________

⑤ ______________________________

（4）性能监视

“性能”监视工具通过图表、日志和报告，使管理员可以看到特定的组件和应用进程的资源使用情况。利用性能监视器，可以测量计算机的性能，识别以及诊断计算机可能发生的错误，并且可以为某应用程序或者附加硬件制作计划。另外，当资源使用达到某一限定值时，也可以使用警报来通知管理员。

在“管理工具”窗口中，双击“性能”图标。

“性能”窗口的控制台目录树中包括的结点有：

① ______________________________

② ______________________________，其中的子结点填入表 11-8 中。

表 11-8　实验记录 5

名　称	描　述

（5）服务

在“管理工具”窗口中，双击“服务”图标。

在你的本地计算机中，管理着__________个系统服务项目。

通过观察，重点描述你所感兴趣的 5 个系统服务项目：

① ______________________________

____

② ______________________________

____

③ ______________________________

____

④ ______________________________

____

⑤ ______________________________

____

（6）数据源（ODBC）

ODBC，即开放数据库连接。通过 ODBC 可以访问来自多种数据库管理系统的数据。例如，ODBC 数据源会允许一个访问 SQL 数据库中数据的程序，同时允许访问 Visual FoxPro 数据库中的数据。为此，必须为系统添加“驱动程序”软件组件。

步骤 1：在“管理工具”窗口中，双击“数据源（ODBC）”图标，打开“ODBC 数据源管理器”对话框，请描述其中各选项卡的功能，填入表 11-9 中。

表 11-9 实验记录 6

选 项 卡	功能描述
用户 DSN	
系统 DSN	
文件 DSN	
驱动程序	
跟踪	
连接池	

步骤 2：单击“驱动程序”选项卡，试分析系统为哪些数据源默认安装了 ODBC 驱动程序：

① ____________________

② ____________________

③ ____________________

④ ____________________

⑤ ____________________

⑥ ____________________

⑦ ____________________

⑧ ____________________

4．实验总结

____

____

____

____

5．实验评价（教师）

____

____

11.10 阅读与思考：互联网女皇报告——移动设备仍有 3～4 倍的发展空间

整个世界正处于风口浪尖上，会比以往任何时候更安全？有很多牺牲，有很多新领域。只有时间能够说清楚这一切将如何发生。

一年一份互联网趋势报告，有“互联网女皇”之称的玛丽·米克尔（Mary Meeker）成为科技和投资新趋势、新领域的代言人，她在 D11 大会（第 11 届 All Things Digital 大会）上发出了自己对科技发展的新预言。

在这份《2013 互联网趋势报告》报告中，米克尔总结到：

- 受益于新兴市场推动，2012 年全球互联网用户总数为 24 亿人，增长率同比为 8%，中国居于首位。

- 按全球月独立访问者数量看，前 10 大网站排名前三是 Google、微软和 Facebook，中国公司中，腾讯、百度跻身前十。
- 2012 年，全球 3G 用户数为 15 亿，同比增长 31%，3G 渗透率 21%。移动设备使用率迅速增长，仍处于早期阶段，仍有 3～4 倍的发展空间。
- 智能手机操作系统各领风骚。2005 年时，诺基亚塞班约占了 65%的份额，2012 年只剩下 5%左右。反观 2005 年时，iOS、Android、Windows Phone 只占 5%的份额，到了 2012 年，这三大平台占了 85%以上份额。
- 智能手机和平板计算机生态圈尚且年轻，可穿戴设备、驾驶、飞行、扫描等新设备已崭露头角。新科技产品的出货量和用户数往往是上一代主流科技产品的 10 倍。

“你可以逃跑，却无处可藏。”伴随着移动新势力的崛起，所有关于工作和生活一切都在被重塑：

以前人们在演唱会上唱歌跳舞，如今他们拍视频、发 Twitter 消息并与好友分享。过去五年间被创造和分享的数字信息增长了 9 倍。人们每天上传和分享 5 亿张照片，这一数字每两年翻番。每分钟上传至 YouTube 的视频达 100 小时。但每分钟上传到 Dropcam 上的视频比 YouTube 还要多。语音像刚刚回到手机上一样重焕新生。SoundCloud 每分钟上传的声音达到 11 小时。社交媒体迅速发展，Facebook 引领浪潮，YouTube、Twitter、Google、Pinterest、Instagram、Tumblr 增长迅速。过去的 20 年间，廉价和可用的计算的兴起，让人们全时段在全球获取商品，包括共享商品成为可能，新一代极客企业家英雄的成长，乔布斯、谢尔盖、拉里 · 佩奇以及扎克伯格，通过创立苹果、谷歌和 Facebook 这样的大公司改变着世界，社交网络的兴起，让人们彼此发现、创建和共享。

“（让我们）在史诗般的互联网调色板上，把激情转化为事业。”米克尔发出了呐喊。

咄咄逼人的移动增长

在 2013 年的总结和预言中，米克尔给出的最迅猛的信号是移动。“智能手机上的社交和沟通让美国用户感到，实时在线，兴奋，好奇、有趣，并可富有生产力”。米克尔如是说。

（1）第一个移动互联网增长的维度是流量

在她披露的数据里，移动设备在 2009 年 5 月贡献的互联网流量份额仅为 0.9%；一年后这一份额增至 2.4%；到 2013 年 5 月，这一份额增长到了 15%。预计到明年底的时候，这一份额将增至惊人的 30%。

过去一年来自全球各地的数据足以证明移动互联网的迅猛增长。在中国，2012 年第二季度，用手机上网的网民百分比超过 PC；在韩国，2012 年第四季度，用手机搜索的用户数量超过 PC；在北美，Groupon 团购活动中有 45%的交易通过手机完成，两年前，这个数字还不到 15%。Facebook 也是移动互联网的受益者，移动端正推高其用户和营收增长，在过去的第一季度，营收增长 43%，活跃的手机用户增长 54%，ARPU 增长 15%，移动 ARPU 的增长已经抵消了桌面 ARPU 的下滑。

（2）另一个移动增长的维度是移动设备

2012 年，米克尔认为，移动设备使用率迅速增长，而且仍处于早期阶段。一年过去，她依然将其定位于早期阶段，并称之有巨大（3～4 倍）发展空间。2011 年，全球 3G 用户数为 11 亿，同比增长 37%，3G 渗透率 18%。这一组数字在 2012 年已经改写为 15 亿用户，增长率为 31%，渗透率达到 21%。

从设备的增长来看，过去两年里，苹果快速发展，市场份额增加 1.4 倍，三星扩张了 7 倍。平板计算机的增长比智能手机更快，比如 iPad 的增长速度是 iPhone 的 3 倍，达到现在的成绩，平板计算机刚刚问世了 3 年。

这些并不意味着增长的结束。米克尔预言，移动流量占全球互联网流量的百分比将年增 1.5 倍，甚至会保持加速增长。

来自移动互联网上的商业潜力还未充分挖掘。2012 年，美国互联网广告规模 370 亿美元，移动广告只有 40 亿美元。她认为，在互联网和移动上的广告投放与用户分别在两种设备上投放的时间并不匹配。现在平均每位网民将 12%的时间用在他们的移动设备上，而那些移动设备占有的美国广告开支的份额仅为 3%。

米克尔称，移动广告客户还没有看到智能手机和平板计算机中的价值。如果移动设备占有的广告开支的份额能够赶上它们占用的用户时间的份额，那将增加 200 亿美元的广告商机。

向中国学习

2012 年，米克尔称赞美国公司在科技领域的表现非常令人鼓舞，今年这一赞誉给了中国公司。“从体量和创新上来说，中国值得学习。”米克尔强调说。

从总量上来看，2013 年第一季度，中国 iOS 和 Android 用户总数超过美国，中国用户使用移动和互联网服务的时间相对于看电视的时间超过了美国。中国的数字为 55%，美国为 38%。

互联网公司的表现前所未有得好。阿里巴巴 2012 年第四季度的总商品量超过亚马逊和 eBay 之和。京东商城在中国超过 25 座城市开展同日送达服务，商品的送达进度可以实时跟踪查询。新浪微博用户以每年增加两倍的速度增长，已超过 5.3 亿，营收从无增加到 1 亿美元。并在北京空气质量检测、自发组织紧急救援等方面，通过用户帮助推进社会变革。十分有趣的是，正在中国兴起并遭遇监管的打车软件也写入了米克尔的 PPT 中。

中国互联网公司的发展依赖于整个中国经济体量的巨大变化。过去的三十年间（1980—2010），中国 GPP 占世界 GDP 的份额不断攀升，已经从不足 5%上升到 2010 年的 15%，与此同时，欧洲和美国的份额一直持下降态势，欧洲大概从 30%下降到 16%，美国从 25%降至 19%左右。

前瞻：高技能移民

尽管美国的 GDP 的全球占比不断下降，米克尔却大幅介绍了在美国高技能移民的前景。这在以往的报告前所未有。

目前 99%的美国人是移民或是移民后裔。按照 2010 年美国人口普查的结果，移民或者移民后裔有 3.06 亿，本土美国人只有 300 万。高技能移民的人数仅占美国总人口的 1%。具体到科技领域，前 25 家科技公司中，由第一代和第二代美国人创建的公司占到 60%。

为何要发布高技能移民报告？“对科技行业来说这是一个非常重要的问题”。她说。

美国作为科技行业的全球领导者，拥有 STEM（科学、技术、工程、数学）学位的移民对增强科技公司活力尤其重要，这一点显而易见。实际的情况是，美国缺乏高技能的 STEM 员工，这甚至让技术领袖认为这种缺憾限制其参与竞争以及增加就业的机会。

究竟到了多么缺乏的地步？据米克尔的统计，仅 IBM、英特尔、微软、甲骨文和高通五家公司当前在美国空缺的岗位共计达一万个。大部分初创公司与科技公司根本无法雇到足够的工程师来工作。

科技人才缺乏的状态单靠美国本土的毕业生，预期中无法缓解。以计算机专业为例，2010—2020 年，计算机科学学士学位的毕业生约为 51 474 人，但目前开放的工作岗位在 122 300 人，相当于计算机科学毕业生人数的 2.4 倍。

"美国进行移民改革迫在眉睫，未来的发展方向可能会在今年确定。"米克尔预测。

（**资料来源**：腾讯科技 2013 年 5 月 30 日，宗秀）

第12章 信息安全与网上支付

各项调查与研究均显示，电子商务网上购物的“不确定性”，是影响消费者网上购物兴趣的显著因素。如图 12-1 所示，不确定性会提高交易成本，进而降低消费者的网上购物兴趣。

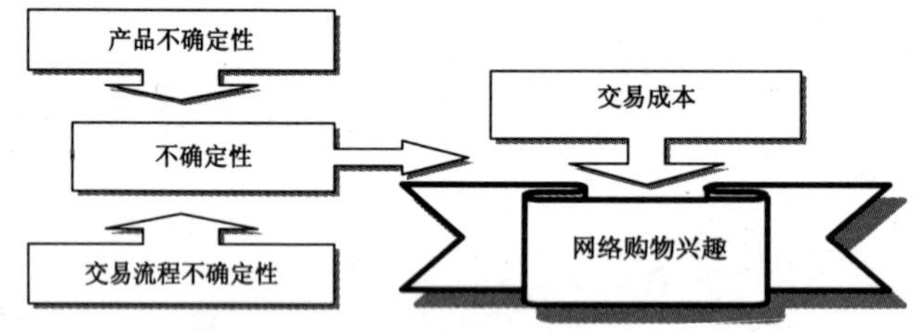

图 12-1　不确定性对购物兴趣的影响

而所谓的不确定性，包含两大类：

① 产品不确定性。消费者会担心，收到的产品，会不会和他预期的不一样？是否有瑕疵？寄送过程保不保险？这些担心，往往会使消费者在采取购买行为之前犹豫不决。

② 交易流程不确定性。消费者对交易过程的不确定性，也会影响其购物兴趣。而交易流程的不确定性可能包含下列几类：

- 担心在交易过程中，个人数据被泄露。
- 担心无法确保交易内容的隐秘性。
- 当消费者下了订单，不确定商家是否收到。
- 对于付款体系的不信赖感。
- 若采用信用卡付款，担心号码被盗用、担心商家重复收款。

对于这些交易流程的不确定性，可通过信息安全体系来降低。提供一个安全、便利并且令人信赖的付款方式，也是电子商务经营者必须考虑的问题。

12.1　信息安全特性

安全的信息服务，应该具备下列特性：

① 机密性。数据传输过程中，必须确保数据不外泄、不会被窃取。并且即使数据安全送到，保存数据的单位也必须持续妥善保管数据，不得被未经授权者存取。

② 识别性。系统必须能识别所有用户和发送者。识别的目的，主要是为了授予不同等级的安全权限、判断是否允许该用户进入系统、是否拒绝接收其数据，并且翔实记录该用户的所有

活动和行为。

③ 完整性。数据在网络媒介的传送过程中，必须确保数据的完整性。即使基于传输需要而必须进行封包分割，也应该确保重新组合后，数据仍保持完整性和正确性。

④ 无法否认性。通过信息安全体系设计，当数据送到对方，必须保证送收双方不得抵赖数据传达的事实。这是为了保障电子文件交换的有效性。

12.2　网络安全攻击

一般而言，常见的网络安全攻击可分为四大类，即：中断、介入、篡改和伪造。

1．中断

攻击者在发送者送出数据后，予以拦截中断，通过一些干扰方式，致使接收者无法收到数据，如图 12-2 所示。

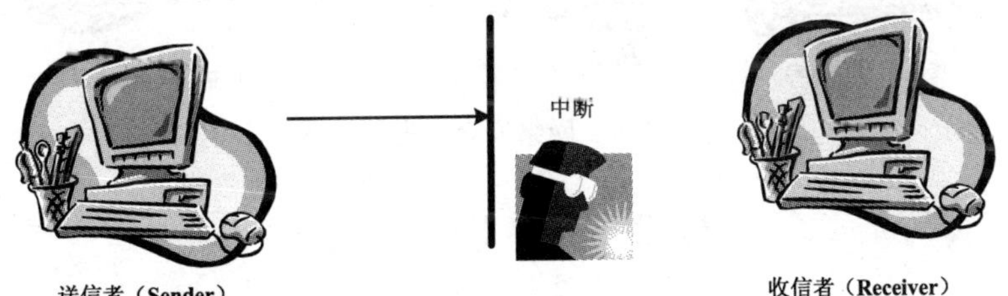

图 12-2　网络安全攻击：中断

2．介入

攻击者介于发送者与接收者之间，从中将数据截取窃读。数据虽然仍可送到接收者处，但发送/接收双方却浑然不知数据已外泄，如图 12-3 所示。

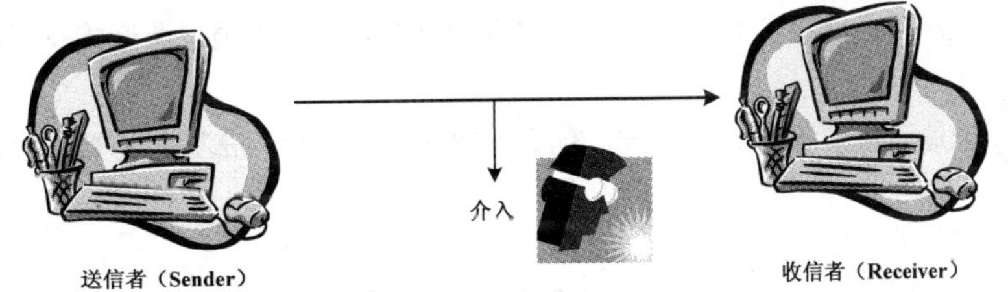

图 12-3　网络安全攻击：介入

3．篡改

情况与“介入”类似。攻击者介于发送者与接收者之间，从中将数据拦截。不同的是，攻击者还会将数据修改后，再重新送出。结果，接收者拿到了错误数据却信以为真，而发送者也以为自己已成功将数据送到对方手中，如图 12-4 所示。

4．伪造

可以称之为“伪造文书”或“假传圣旨”，其特色在于“无中生有”。在这类攻击中，发送端并未发出任何数据，但攻击者却伪装成发送者的身份，假造一份数据传给接收端。接收者会以为这是发送者发来的数据而信以为真，如图 12-5 所示。

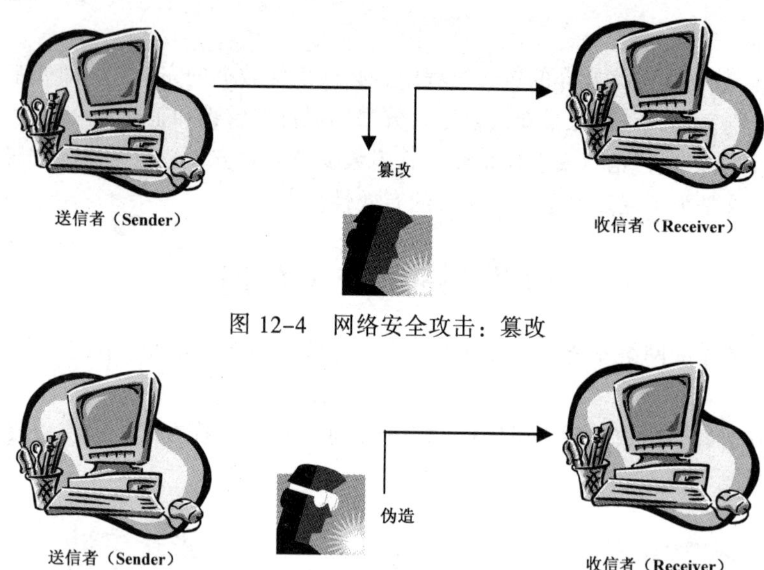

图 12-4　网络安全攻击：篡改

图 12-5　网络安全攻击：伪造

12.3　身 份 识 别

身份识别是交易安全的第一道防线。因为必须先确认进行交易的是本人，接下来安装的安全体系才有意义。现行常见的识别体系有下列几种：

① 数据询问。询问诸如身份证号、生日、地址、配偶数据、电话号码等私人数据，以确定是否为本人。

② 印章。这是最传统最常见的方式，但以东方国家比较常用。

③ 签名。西方国家以签名为主。由于信用卡的日益普及，中国也渐渐接受了签名的身份识别方式。

④ 密码。这是信息系统常见的方式。优点是容易处理，缺点是密码易被破解或被盗，因此易于被冒用。

⑤ 数字签名。见 12.5 节。

⑥ 实体卡片。例如 ATM 消费和信用卡购物时，都是以实体卡片来识别身份。

身份识别体系不断进步，新的识别方式大致有：

① 无须电子证书的数字签名。其运作方式为：银行接受客户产生的用户公钥注册后，将它与账号、密码一同存入数据库记录中，用以验证日后客户交易时的数字签名。它具有下列优点：

- 无须电子证书。银行直接从数据库中取出客户密钥，进行验证。
- 银行直接从数据库取出数据验证，效率较高。
- 避免 PKI（Public Key Infrastructure）的复杂程序。
- 省去建立 CA（Certification Authority）的成本。
- 能在对客户原先习惯造成最少改变的情况下，提高识别效率的安全体系。

② 生物特征识别。常见的方式有：指纹识别、掌纹识别、视网膜识别、脸部特征识别（例如：眼窝上半部、脸颊骨周围、嘴巴两侧等）和声音识别。

③ 动态签章识别。配合对比参考样本的签章形状、签章速度、签章加速度、书写力度，以增加签章识别的正确率。

12.4　加 密 技 术

图 12-6 表示了一般的网络加密安全模式。

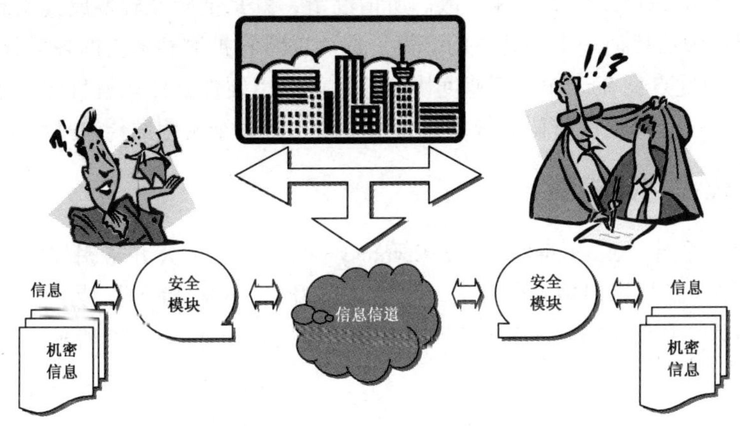

图 12-6　一般性网络安全模式

加密技术具有下列两项特性：

① 运用加解密技术，将信息转换为密文（Ciphertext）。所以即使信息在中途遭到拦截，也无法解读。

② 通信双方共享某机密信息，例如加解密用的密钥（Key）。只有拥有此信息的人，才能解读加密过的信息。

而公正第三者，则扮演可信赖的独立单位。其功能包括：

① 担任机密信息（如密钥）的保管与分配。

② 当通信双方发生争议时，可以扮演仲裁者的角色，或提出有力的证据。

③ 负责认证通信双方的身份，并核发公开密钥证书（Public Key Certificate）作为身份证明。

信息加解密的方式，又可分为两大类，即对称式密码系统和非对称式密码系统。

12.4.1　对称式密码系统

对称式密码系统（Symmetric Key Cryptosystem）又称“私密密钥加密法”（Private Key Cryptosystem）。用户产生一把自己的密钥（Key），由数位（Byte）组成，并用这把密钥与数据作数字运算，以产生“密文（Ciphertext）”。如果没有这把钥匙，就无法将信息还原。对称式密码系统如图 12-7 所示。

图 12-7　对称式密码系统

通过这种机制，由发送端将信息加密，并由接收端利用同一把密钥将信息还原，即使在传送过程中遭人中途拦截，也只能得到一堆乱码。

其中，数据加密标准（Data Encryption Standard，DES）是IBM公司在20世纪70年代发展出的一个加密算法，并被正式宣布为美国联邦政府所使用的数据加密标准。目前，DES已广泛使用在全球各处，尤其在自动提款机ATM中都可以看到它的踪迹。

DES系统的基本原理就是混淆和扩散。所谓混淆，就是把明文转换成其他的样子，而所谓扩散，就是指明文中的任何一个小地方的变更，都可以将它扩散到密文的各部分。

DES最主要的优点就在于加解密速度快，并且可以用硬件操作。就目前的密码破解技术而言，DES仍不失为一个安全的密码系统。而其主要缺点就在于密钥的传输过程必须绝对安全。

12.4.2 非对称式密码系统

非对称式密码系统（Asymmetric Key Cryptosystem）又称“公开密钥加密法”（Public Key Encryption）。其中一把可以向他人公开的，称为“公钥（Public Key）”，另一把必须自己保存，且不可公开的称为“私钥（Private Key）”。非对称式密码系统如图12-8所示。

图12-8 非对称式密码系统

非对称式密码系统具有下列特性和功能：

① 密钥管理（Key Management）。

② 数字签名（Digital signature）。

③ 数据正确性（Integrity）。

④ 无法否认性（Non.repudiation）。

非对称式加密法的运作方式如下：

① 假设B小姐想传送机密数据给A先生。

② A先生必须先将自己的“公钥”传送给B小姐（不需任何保护即可，因为“公钥”本身就是可以公开的）。

③ B小姐将数据用A先生的“公钥”加密过后传送过去。

④ A先生接收到后，只要用自己的“私钥”就可以解开这份数据。即使中途被截取，也无法揭露信息内容。

其中应用最广泛的，就是MIT三位学者Rivest、Shamir、Adleman在1978年发表的RSA密钥密码技术。RSA原理的运作主要来自以下数学原理，即欧拉函数（Euler's Function）、费马定理（Fermat's Theorem）和欧拉定理（Euler's Theorem）。

公开密钥加密法最令人不满的就是加密速度慢，例如RSA与DES相比，速度约慢一千到五千倍左右。

12.5　数字签名与电子证书

12.5.1　数字签名

所谓数字签名（Digital Signature）主要在于确定两件事情：

① 这份文件到底是不是 B 小姐的“亲笔签名”？

② 检查通过后，再确认文件在传递过程中有无被他人篡改过。

如果这两件事情都检查通过，A 先生就可以确定这份文件确是由 B 小姐签章过。这样的功能，传统加密法（对称式加密法）无法做到，但却可以利用非对称式的加密法的反向运作来达成。

数字签名的产生过程如下：

① 每个人最初自己产生一组非对称性密钥。

② 把加密的密钥自己保留（私钥）。

③ 而另一把（公钥）则放在公开的地方让他人存取。

④ 当签名者要对某份文件“签名”时，先将其通过“杂凑函数”产生一份“信息摘要”，再将这份摘要用签名者的私钥做运算，产生数字签名，与原信息一起传送出去。数字签名的产生过程如图 12-9 所示。

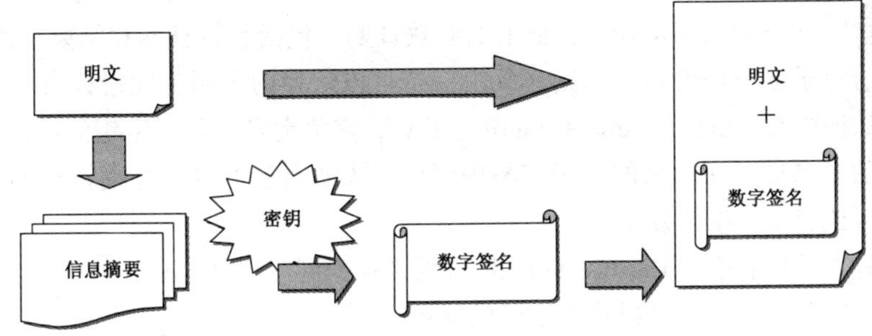

图 12-9　数字签名的产生过程

文件接收者在收到这份签名后，进行下列反向运作：

① 将信息原文通过杂凑函数产生“信息摘要”。

② 并用签名者公布出来的公钥解开数字签名取得其中的信息摘要。

③ 两者做比较，若相同则表示这份签名是正确的。数字签名的解读如图 12-10 所示。

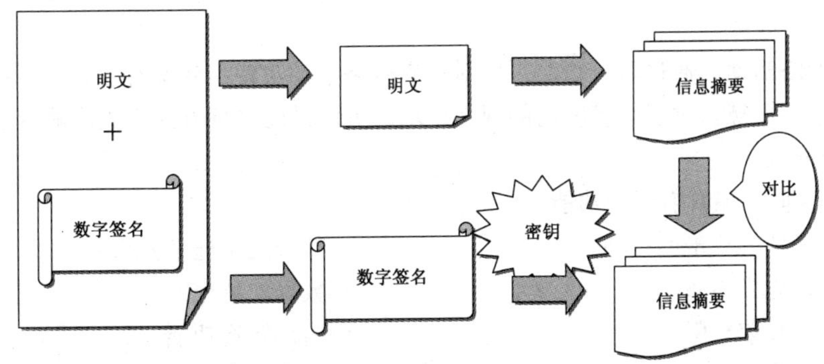

图 12-10　数字签名的解读

12.5.2　电子证书

电子证书（Digital Certificate）又称“数字证书”，它和数字签名息息相关，主要用来证明公钥的效力。它相当于网络上的证明文件，证明这一把公钥的拥有者就是证书上所记载的用户。

国际电信联盟 ITU.T（Telecommunication Standardization Sector of International Telecommunication Union）所提出的 X.509，可以说是密钥管理系统的始祖。通过可信赖的第三者（Trusted Third Party，TTP）作为公钥的认证单位，以签发电子证书来证明公钥的效力。

电子证书的内容包括以下字段：

① 版本（Version）：用来区分 X.509 证书格式的版本。

② 序号（Serial Version）：用来识别电子证书的唯一序号。

③ 算法（Algorithm Identifier）：认证中心用来签发这份证书的公开密钥算法。

④ 发证者（Issuer）：核发这个电子证书的认证中心（Certification Authority）。

⑤ 发证者识别码（Issuer Unique Identifier）：发证者的识别码。

⑥ 用户（Subject）：拥有这个公钥的用户。

⑦ 用户识别码（Subject Unique Identifier）：用来识别个别用户的识别码。

⑧ 公钥信息（Public Key Information）：与用户对应的公钥和其公开密钥算法名称。

⑨ 有效日期（Period of Validity）：证书的有效日期，包括起始日期和结束日期。

若要让这份电子证书获得信赖，则必须由一个可以信赖的来源为此份证书作备案，而这个可信来源称为认证中心（Certification Authority，CA），它负责发出公开密钥的使用证书。买卖双方在获得自己的证书后，在未来的电子交易中可用以表明自己的身份并确认对方身份，以防止交易双方事后否认交易的事情发生。

另外，所谓“证书路径”（Certificate Path），则是在不同阶层的 CA 中心之间，依照签发证书与备案的先后顺序，建立一个可以获得信任的路径。

12.6　防　火　墙

为了捍卫企业内部的信息安全，通过防火墙（Firewall）来进行保护和防范，是一种常见的方法。防火墙具有下列优点：

① 执行安全政策。可以将企业的网络安全政策集中在位居网络咽喉点的防火墙，以有效地执行安全政策。

② 记录网络活动。通过防火墙，可以对所有网络活动与使用状况有效地进行搜集记录。

③ 分隔敏感区域。对于敏感度高的网络区域，可以采取这种方式将其隐藏分隔，以减少在网络中暴露的危机。

一般而言，防火墙具有下列功能：

- 检测外来黑客攻击的行动
- 强化身份识别体系
- 限定网络存取权限
- 隐藏网络架构
- 整合网络通信协议
- 数据加解密
- 内部转换功能
- 强化操作系统

- 与防毒软件的整合
- 警告功能
- 管理工具

而常见的防火墙技术，则可分为三种类型：封包过滤式防火墙（Pack Filter）、应用层网关式防火墙（Application.Level Gateway）、电路层网关式防火墙（Circuit.Level Gateway）。

① 封包过滤式防火墙其运作方式，是监视通过它的数据流，根据防火墙管理事先制定的系统安全政策，来选择性地决定是否让这些数据通行。

② 应用层网关式防火墙，又称为"代理服务器"（Proxy Server）。所有要向服务器索取的数据，都通过代理服务器来索取。比方说，客户端向网页服务器索取网页时，会先经过代理服务器。代理服务器会进行下列两项程序：

- 本项读取操作是否合法。
- 若该网页已存在于代理服务器中，则直接把网页传回客户端；而若代理服务器目前并没有这份网页，它会向网页服务器索取，然后在传给客户端后，自行保留一份备份，以便加速下次客户端对网页的索取。

在客户端有个"快取"（Caching）动作。比方说，客户端向网页服务器索取了一份网页，它就会在自己的近端硬盘里复制一份备份暂存盘，当下次再需要读取此页时，就可以直接访问近端硬盘里的备份，而不必再向服务器索取，可以提高效率。这个动作，和代理服务器备份网页的原理非常类似。

③ 电路层网关式防火墙。电路层网关式防火墙作用于 OSI 的交谈层（Session Level），是介于上述两者之间的一种形式。它和代理服务器类似，但作用在较低层次，并没有针对每个应用程序设定组态。当一个许可的服务接通后，防火墙会建立一个 Session，然后马上将它关闭，利用这种方式来控制系统安全。

1. 防火墙的系统结构

根据不同的需求，防火墙有三种不同的安置方式：

① 网站服务系统安置在防火墙之内。优点是服务系统可以得到安全保护，缺点是对用户造成不便，尤其是对希望从网站得到服务的客户而言。

② 网站服务系统安置在防火墙之外。优点是把不安全因素隔绝在公司外部，对内部而言比较安全，缺点是服务系统容易遭受破坏，必须有修复体系。

③ 网站服务系统安置在防火墙之上。直接把服务系统架置在防火墙上，是介于上述两者之间的方案。当然也兼具上述两者的优缺点。尤其是当服务系统受到破坏，整个企业就陷入高危险状态，必须防范。

2. S.MIME：安全电子邮件标准

MIME（Multi.purpose Internet Mail Extension）是一系列开放性的标准文件，改变了过去传统纯文字形式的电子邮件模式，而在电子邮件中整合了多媒体，如图片、音效、Rich 文字、压缩文件等；另外也提供多种语系的支持，以及不同计算机系统之间的整合性。

S.MIME（Safe Multi.purpose Internet Mail Extensions）则是针对 MIME 标准所设计的一种安全电子信息交换规格，能对网络上信息传递所可能产生的威胁加以保护，目前以电子邮件安全为其主要应用领域。它除了支持原来的 MIME 格式之外，另外还提供了许多安全功能，包括：发送方身份识别、信息的正确性、信息传递过程的机密性。

12.7 电子支付体系

不论是 ICP 或者是门户网站，都有一项重要的工作要突破，就是收费体系。网上的收费体系可分为网上刷卡、网上虚拟信用卡、预付卡、邮局汇款、上门收费、小额付费等体系。另外网络的收费也可以按使用时间（如网络游戏）、次数（如电子书）、每月收取或预付扣点等方式计算，可谓相当复杂。在网络上进行网上购物或电子交易时，最常见的付款方式有下列几种：

- 划拨
- 汇款
- 货到付款
- 电子现金
- 电子钱包
- 电子支票
- 信用卡转账
- 智能卡
- 小额付款体系
- 预付卡
- 虚拟货币

12.7.1 电子现金

电子现金（e-Cash），也称为“电子钱包”（e-Wallet），是一种以数字签名为基础的电子付款体系。购物前，消费者必须先向网上货币服务器或是银行购买电子现金，按照下列程序使用：

① 先向网上银行总行申请账户。

② 完成账户申请后，用户就可以使用计算机上的电子现金软件产生随机码——票据（Note）。

③ 将票据送给银行以取得正式的电子现金。

④ 银行使用其私密密钥，对用户所要求的票据进行签章。

⑤ 银行再将该票据传送给用户。

⑥ 用户将电子现金传送给商店。

⑦ 商店可以利用网上验证的方式进行验证。

从 20 世纪 80 年代起，就开始了电子货币的时代。起初电子货币是利用电子资金转移方式，客户和厂商都在某个可信的第三者那里开立账户，当客户通过计算机进行网络购物时，也同时下达了转账命令，第三者收到命令后，就自动将厂商的账目增加，将客户的账目减少。最主要的是，这些操作都是利用计算机和网络在购物的瞬间完成的，和传统的支票或信用卡比起来，有节省时间、减少文件作业的作用，不会有日后才发现客户存款不足的问题。

如今电子货币已演变成数字钞票，它可能以各种形式存在，一般而言，可区分为有形的和无形的两大类。有形的数字钞票是用卡片的方式，将现金的信息存储在计算机芯片中，这种卡片就是通称的智能卡或充值卡，购物时购买金额会自动从卡片存储金额中扣除；无形的数字钞票则不具有任何实体特征，由发行银行将金额、货币号码、身份证号码制成密码形式的电子信息，付款时则是通过网络将这些 0 与 1 组合成的字符串由买方送交卖方。

电子现金的优点有下列几点：

① 充分保障持卡人的网络购物及付款，即商家看不到卡号和有效日期等个人机密数据。

② 利用 SET 协议为卡片持有人和商家提供身份确认等必要的安全保护。

③ 通知商家接收及认可订单。

④ 查询历次交易记录。

⑤ 快速（刷卡消费不必联机与发卡行取得授权，所有的计算和授权工作，只靠 IC 芯片）。

⑥ 安全（比一般的信用卡磁条安全多了，不易被伪造）。

电子现金的缺点，则有下列几项：

① 开户麻烦。

② 学生族一般无法充分了解其用途及功能。

③ 因为比信用卡多了 IC 芯片，其办理价位可能较高。

12.7.2　电子支票

电子支票和传统支票一样，电子支票的内容主要包含了付款者姓名、付款金融机构、账号、受款者姓名及支票金额字段等。

电子支票系统使用传统的密码学技术来进行支票的验证，因此，在效率上远比使用公开密钥密码系统的电子现金高。这也就是电子支票适用于小额付款的原因。

在电子支票付款系统中，提供账务服务器的第三者可以通过两种方式获利：向交易双方收取手续费、通过提供存款服务在集资市场中获利。

电子支票系统的另一特色就是双方无须承担任何的财务风险，所有的财务风险将由提供财物服务器的第三者来承担。这一特性大大提高了电子支票的可接受度。

电子支票系统的运作方式如下所列：

① 客户向银行注册开户。

② 客户进行消费。

③ 商店将电子支票传送给商店的开户银行。

④ 商店的开户银行向清算中心要求进行清算。

12.7.3　信用卡转账

一般说来，现在消费者在网上购买产品时，需要填写一些较为隐私的基本数据，也许这些数据是消费者的姓名、身份证或是消费者的信用卡账号或是消费者的出生年月日等。消费者对于这些要填写的数据在开放型网络上传送、是否安全的问题十分在意。为了让消费者安心、使用便利，于是便出现了一些安全体系。

网上信用卡系统可分为三类：

① 不采用任何加解密技术的网上信用卡付款系统。

② 采用传输加解密技术的网上信用卡付款系统 SSL。

③ 提供证书作为个体识别的网上信用卡付款系统 SET。

目前使用比较普遍的网络交易体系为 SSL 和 SET，虽然这两种体系都广为人知，但是在试用时接受度却有较大差别。在市场使用率方面，SSL 占了 90%，造成如此迥异的落差，是因为使用 SET 的消费者必须先亲自到银行领取网上付款的密码和 ID，造成消费者使用上的不便，而影响使用的兴趣。虽然 SSL 的市场占有率极高，它也有一些让用户不放心的地方，就是其安全性不足，这是因为消费者必须在网站上直接留下个人数据，因此消费者会担心厂商是否会将这些个人数据外泄，另一方面，厂商也会担心是否会收到假卡。

（1）SET 简介

SET 是安全电子交易（Secure Electronic Transaction）的简写，是用来保护消费者在开放型网络（如因特网）持卡付款交易安全的标准。由 VISA、MasterCard、IBM、Microsoft、Netscape、GTE、VeriSign、SAIC、Terisa 等公司联合制定，运用 RSA 数据安全的公开钥匙加密技术，保护交易数据的安全和隐秘性。SET 通过双重数字签名的应用，在开发式网络环境下，确保客户的交易信息不会被银行取得，而厂商也无法知道客户的信用卡信息。

（2）SET 交易环境

SET 是由几个成员共同组合起来的。分别是 Electronic Wallet（电子钱包）、Digital Certificate（电子证书）、Payment Gateway（付款转接站）、Certification Authority（认证中心）。而运用这四个成员，即可构成在因特网上符合 SET 标准的信用卡授权交易。

基于以上的 SET 系统结构，SET 系统的网络购物交易流程如图 12-11 所示。当消费者在一个网页上登记个人数据，例如姓名或身份证号码后，数据就会传送到商户的数据库之中。但是，在这个过程中，消费者的个人数据是经过了一些加密的程序，确保不会有人盗取。

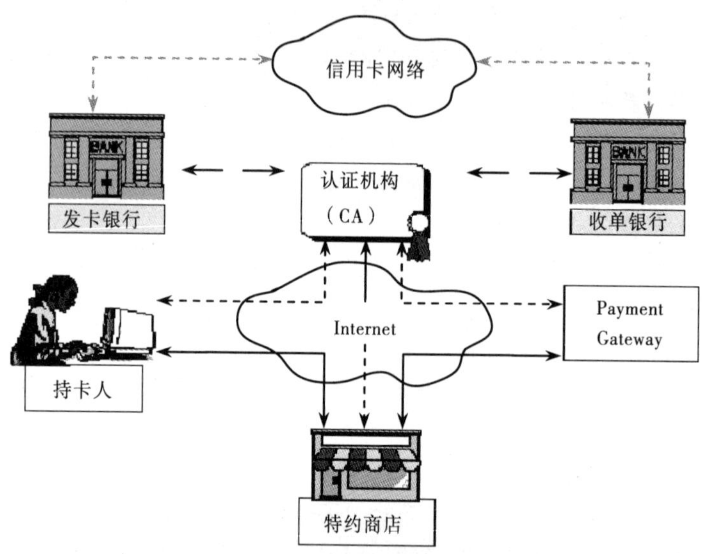

图 12-11　SET 系统的网络购物交易流程

然而即使如此，我们并不知道我们购物的商户是否可靠；同样地，该商户也不知道我们是否正在使用真正的信用卡，除使用假卡之外，还会有其他盗用别人的信用卡的情况。为了解决这个问题，SET 使用电子证书让消费者在与商户进行交易之前，可以先确认对方身份，免除了因为“信错人”而造成的损失。而这个由认证机构（CA）扮演的角色，正是 SET 交易体系的核心。

（3）进行 SET 电子交易

初步的工作完成之后，接下来消费者就必须在自己的网站上安装付款软件，但是由于银行交易系统所能理解的都是 ISO 8583 的格式（ISO 8583 是金融业在国际银行转账时所使用的标准格式），而不是计算机 SET 的格式，于是这笔交易就必须通过付款通道（Payment Gateway）来做翻译，其实 Payment Gateway 也是一部计算机，安装了特定的软件将计算机上传输的数据转换成 ISO 8583 的格式。这样，在网络上所完成的交易，银行才可以通过原有的系统来做清算的操作。所以，想要在网络上使用信用卡网上交易，必须要有一台 Payment Gateway 的存在。建设一台符合 SET 体系的系统，成本是相当高的，但由于 Payment Gateway 负责转换 SET 交易和银行数据的交易格式，因此，建设 Payment Gateway 大多是银行必须考虑的事情。

通过 Payment Gateway 才能和银行之间的系统进行授权、清算的操作。所以特约商店还是有一点必须考虑的，那就是消费者在网络上刷卡之后，要如何才能把这一笔数据传送到 Payment Gateway。这个时候，我们就必须在网络商店的网页里安装一个电子收款机的软件（通称为 Payment Server），这样才可以把这些信用卡的数据传输到 Payment Gateway 中去。

（4）SSL 简介

而另一种安全体系 SSL（Secure Socket Layer）是由 Netscape 首先发表，是一种为了确保信息在网络上安全流通的网络数据安全传输协议。SSL 是利用公开密钥的加密技术（RSA）来作为客户端与主机端在传送机密数据时的加密通信协议的。目前，SSL 技术已被大部分的 Web Server 和 Browser 广泛使用，也是目前网上购物网站最常使用的一种安全协议。

SSL 协议可提供以下三种基本的网络传输安全保护：

① 身份识别功能。

② 数据机密性的保护。

③ 数据正确性的检查。

许多银行在接受网络刷卡时，都必须同时申请 SSL 和 SET 的付款体系，银行并不强迫使用 SET 来作为唯一的付款体系，因此目前采用 SET 体系的商户并不是很多，大部分所看到的网上交易仍然是采用 SSL 的方式。

采用 SSL 的交易形式和 SET 其实是相当类似的，只是在这个中间少了一个 CA 认证中心来确认持卡人的身份。因此在使用 SSL 交易的过程中，持卡人并不需要像 SET 一样需要安装电子钱包。不过少了这样一道手续，任何人只要知道了消费者的卡号都可以在网络上完成交易，交易的风险相对地大了许多。SSL 比 SET 方便，但安全性就远不如 SET 了。

对于商户来说，SSL 的作法省去了许多 SET 复杂的确认体系，也不需发送电子钱包给消费者，可以采用更有弹性的收费方式，但是对于消费者来说，相对的保障也弱了一些。如果单就网上购物来看，一般的商户也可以自已在网络上设个网页，采用 SSL 的加密保护，消费者可以在网络上订购商品，输入信用卡卡号，在传输的过程中仍然有加密的保护，但是这个卡号在商户端就已经解开成为明码，商户依据解开的信用卡数据，仍然可以通过传统的方式向银行要款。

另外，2001 年 9 月，VISA 在全球同步推出“Visa 认证支付服务”（Visa Authenticated Payment），通过“认证技术标准”“确认支付”和“商务架构”三个层，确保网络交易安全。有别于 SET 安全电子交易规格须在用户计算机加装软件，才能以密码文件传递个人金融信息，“Visa 认证支付服务”使用更容易执行的 3.D 安全模式“认证技术标准”，协助发卡银行实时在网络交易中确认持卡人身份，并告知网络特约商店购买者的合法性，同时创造消费者、特约商店和金融机构的三方营利。

因为有 SET 和 SSL 两种安全体系，使得消费者在以往的付费方式上有很大的转变，使传统的支付方式（如支票、现金、信用卡）转换成可利用网络的方式来进行支付。例如：中 / 大额付款（美金十元到数千元），消费者可使用信用卡付款，对于小额付款（美金十元以下），目前 W3C 组织已经发展出“小额交易支付协议”（Micro Payment Transfer Protocol，MPTP）。并已经被美国 First Virtual 网络银行采用。数字钞票（Digital Cash）功能与电子钱包相似，它会记录并保存消费者交易的每一笔数据。

12.7.4　智能卡

网络交易环境的安全性仍是大家关心的重点之一。而通过智能卡技术的使用，将可以确保网络付款作业的安全性和可靠性大为提升，因为通过智能卡技术的使用，可以使下列工作项目在实体上得以分开：

① 鉴定用户身份的程序。

② 买卖双方进行沟通互动的程序。

③ 以安全和匿名的方式在网络上传送。

目前大家所熟悉的智能卡是一张外表与信用卡相仿的芯片卡，卡中包含了微处理器和内存，提供了数据的运算、存取控制和存储功能。而智能卡内部数据的存取则得依赖读卡机才能完成。

依照内部数据存取方式的不同，智能卡可分为接触式和非接触式两种。接触式的智能卡通过卡上的接触点与卡片阅读机上的接触点相互接触以进行数据的存取操作；非接触式智能卡则是通过红外线与读卡机进行数据交换。智能卡的功用，如图 12-12 所示。

智能卡的实体结构，主要是根据 ISO 7810、7816/I、7816/2 标准而设计的。整体而言，智能卡的实体结构主要包括了下列三部分，即塑料卡片、印刷电路和集成电路芯片。

智能卡的商业应用现状，如图 12-13 所示。

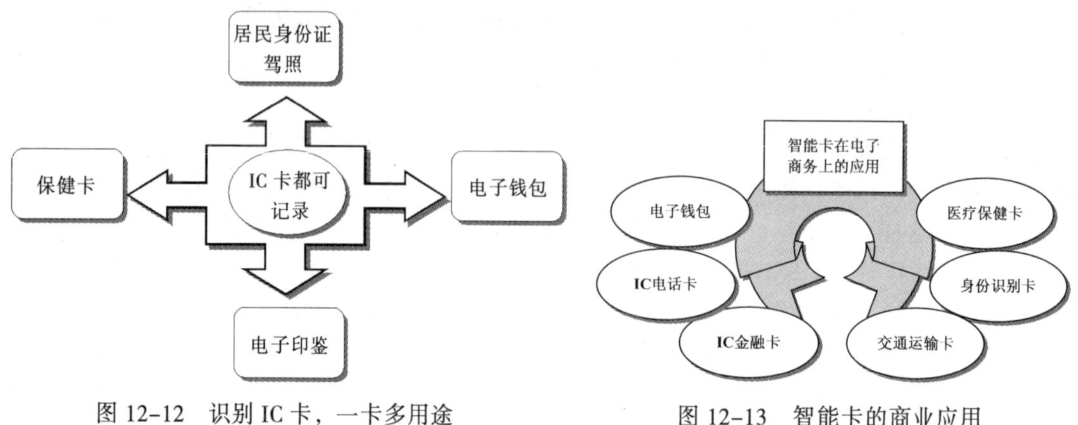

图 12-12 识别 IC 卡，一卡多用途

图 12-13 智能卡的商业应用

12.7.5 小额付款体系

小额付费体系与现在一般市面上常见的储值卡类似。这样的储值卡通常是消费厂商进行发卡的，先向消费者收钱，再给每一张卡一个 ID 和密码，让消费者凭卡号等信息就可以在网络上消费使用。对消费者而言，他们一次必须先买一定金额的储值卡，卡中的金额会依消费逐次减少，可使用到储值金额用完为止。储值卡的付费模式最早是由网络服务提供者（ISP）Seednet 开始的，之后网络游戏的厂商也开始使用这样的小额付费体系，将游戏软件和游戏的点数，成套通过实体渠道出售给消费者。小额付款（Micropayment）体系的使用与推广大多发生在消费者使用网上服务的交易上。很早就进入有价信息网络服务而闻名的 ISP 业者 Seednet 最具代表性。

12.7.6 虚拟货币

已有越来越多的网站推出类似点券或折价券形式的电子钱币，这些网络货币虽然还不能完全取代一般金钱在网上购物，但目前的主要目标在于培养网民的忠诚度和信任感，形成网络群体。虚拟货币的取得，主要有下列两种方式：

① 对网友的绩优奖励。当网友进行了一些对网站有贡献的活动，则酌情累加其虚拟货币点

数。例如，下列都可被视为对网站有贡献、或者应予奖励而可以累加虚拟货币的活动：

- 介绍网友加入会员。
- 发表文章。
- 担任讨论区管理员（一般称为“版主”）。
- 上站次数较多者。
- 购买产品。
- 游戏闯关成功。

② 红利积点或红利回馈。为了创造客户价值，当网友购买产品或者年资累积到一定程度时，则会予以累加红利积点，以虚拟货币形式存储。

目前网络上所能看到的虚拟货币，仍然是一种“虚拟”的形式，也就是只能通行于发行网站上使用的工具。

虚拟货币拥有下列优点：

① 不会具有真实金钱的风险。

② 让学生网络族能够轻松地赚取虚拟货币，例如：张贴文章、玩游戏、上站次数等，都可以获取不等的虚拟货币。

③ 用途广泛。

④ 培养网友以劳务赚钱的精神。真实世界的玩者为了在虚拟世界中交易、置产，必须想办法赚钱。赚钱的方法也不少，譬如当该站的站长或管理人员，反正就是要花时间在虚拟世界中生产物品或贡献“劳务”来赚钱，与现实世界的劳工并无不同。

虚拟货币具有下列缺点：

① 各网站之间的货币无法相互流通。

② 无法大批交易。

③ 虚拟货币因采用累积红点的方式，其交易的数量有限，不能一次大批地购买，无法满足消费者的购物需求。

④ 某些网站并不能完全以虚拟货币支付。

⑤ 有些商品必须配合现金支付。

⑥ 虚拟货币的盗用问题。

⑦ 网络黑客总让人不太放心，所以对低安全性的虚拟货币，如何防止被复制或盗用，也是一大挑战。

12.8　习　　题

1. 名词解释：中断、介入、篡改、伪造、无法否认性、动态签章识别、对称式密码系统、非对称式密码系统、DES、RSA、数字签名、电子证书、CA、防火墙、封包过滤式防火墙、电子现金、应用层网关式防火墙、Proxy Server、Caching、S.MIME、电子支票、SET、SSL、智能卡、小额付款体系、虚拟货币。
2. “不确定性”可分为哪两大类？
3. 请叙述不确定性对网络购物兴趣的影响。
4. 安全的信息服务，应有哪些特性？

5．常见的网络安全攻击可分为哪四大类？
6．现行常见的身份识别体系有哪些？
7．新型的身份识别体系有哪些？
8．常见的生物特征识别方式有哪些？
9．请叙述DES的优缺点。
10．请介绍数字签名的产生程序。
11．请介绍数字签名的解读程序。
12．常见的防火墙技术可分为哪三种类型？
13．在网上进行网上购物或电子交易时，最常见的付款方式有哪几种？
14．网上信用卡系统可分为哪三类？
15．请比较SET和SSL。
16．虚拟货币的取得，主要有哪两种方式？
17．虚拟货币具有哪些优点？
18．虚拟货币具有哪些缺点？

12.9 实验与思考

1．实验目的

本节“实验与思考”的目的是：

① 通过本实验，了解Windows的网络安全特性及其提供的安全措施；

② 学习和掌握Windows安全特性的设置方法。

2．工具/准备工作

在开始本实验之前，请回顾教材的相关内容。

需要准备一台运行Windows XP操作系统的计算机。

3．实验内容与步骤

本机器中安装的操作系统是：________________________________

在“Windows资源管理器”中，右击计算机中各个硬盘标志，在弹出的快捷菜单中选择“属性”命令，在“常规”选项卡中分别了解各个硬盘设置的“文件系统”：

C盘：________________________________

D盘：________________________________

E盘：________________________________

请回答：Windows的安全机制包括哪几个方面？

____

____

____

____

（1）设置安全区域

步骤1：在Windows控制面板中双击“Internet选项”图标，打开“Internet属性”对话框，选择“安全”选项卡。

如果将网络按区域划分，可分为哪 4 大区域？各区域分别包含哪类站点？

① ____________________

② ____________________

③ ____________________

④ ____________________

步骤 2：指定“本地 Intranet”区域，单击“站点”按钮，了解此类站点可以进行哪三类设置选择：

① ____________________

② ____________________

③ ____________________

步骤 3：尝试为每个区域设置不同的安全级。各级别的含义分别是：

高：____________________

中：____________________

中低：____________________

低：____________________

步骤 4：指定自定义级别。

如何指定安全级别和 Web 站点完全取决于用户，虽然已经定义了每个安全级的操作，但用户仍可以为每个安全级创建自定义的安全设置。

在“安全”选项卡的“区域的安全级别”框中单击“自定义级别”按钮，了解自定义设置的内容。

步骤 5：在上面的操作中改变了区域的安全级别后，为各区域恢复系统默认的级别（如果需要的话）。

（2）设置“证书”

步骤 1：在 Windows 控制面板的“Internet 属性”对话框中选择“内容”选项卡。分别描述“内容”选项卡包含的内容：

分级审查：____________________

证书：____________________

个人信息：____________________

步骤 2：在“证书”栏中单击“证书”按钮，“证书”对话框中的选项卡分别是：

① ____________________

② ____________________

③ ____________________

④ ____________________

“证书”的主要作用是：

____

____

（3）“高级”安全设置

步骤 1：在 Windows 控制面板的“Internet 属性”对话框中选择“高级”选项卡。

步骤 2：“高级”对话框中列举了可以进行设置的高级安全项目。请列举你认为的主要项目及其当前值，填入表12–1中。

表12-1 实训记录

序号	项目内容	当前是否选中
1		
2		
3		
4		
5		
6		
7		
8		
9		
10		

（4）设定目录权限

为设置目录权限，按以下操作步骤执行：

提 示

进行本实验步骤时，请注意确认该硬盘分区的文件系统是否为NTFS。

步骤1：在“Windows资源管理器”中选择要设置权限的目录（可以选择多个目录），例如Office目录。

步骤2：对选择的对象右击，从快捷菜单中选择“属性”命令，打开“属性”对话框，单击“安全”选项卡。

在“名称”栏中当前有哪些用户和组？

①________________

②________________

③________________

④________________

在“权限”栏中直接显示了哪些基本权限选项？

①________________

②________________

③________________

④________________

⑤________________

⑥________________

步骤3：要添加允许访问该目录的用户和组，可单击“添加”按钮，打开“选择用户、计算机或组”对话框来选择组或用户名以便赋予它们访问权限，之后单击“确定”按钮关闭对话框。

在本地计算机“选择用户、计算机或组”栏中列举了哪些可供选择的用户和组？

①________________ ③________________

②________________ ④________________

⑤ ____________　⑮ ____________
⑥ ____________　⑯ ____________
⑦ ____________　⑰ ____________
⑧ ____________　⑱ ____________
⑨ ____________　⑲ ____________
⑩ ____________　⑳ ____________
⑪ ____________　㉑ ____________
⑫ ____________　㉒ ____________
⑬ ____________　㉓ ____________
⑭ ____________　㉔ ____________

步骤 4：要删除用户和组的目录权限，在“名称”列表框中选择组或用户名，然后单击“删除”按钮即可。

步骤 5：要设置用户和组的权限，先在“名称”列表框中选择该用户或组，然后在“权限”文本框中设置用户和组的权限。例如，在“权限”文本框中，只启用“读取”选项后的“允许”复选框，则被选用户和组只具有该共享目录的读取权限。

步骤 6：要为用户和组设置其他权限，可单击“高级”按钮，打开访问控制设置对话框。该对话框中有哪几个选项卡？

① ____________
② ____________
③ ____________

步骤 7：单击“查看/编辑”按钮，打开“权限项目”对话框。在“权限项目”对话框中，用户可设置各种访问权限。例如，在“权限”文本框中，启用“写入”选项后的“允许”复选框，可使被选用户和组具有“写入”的权限。

了解当前系统中系统管理员组（Administrators）具有哪些权限（允许的项目）：

① ____________
② ____________
③ ____________
④ ____________
⑤ ____________
⑥ ____________
⑦ ____________
⑧ ____________
⑨ ____________
⑩ ____________
⑪ ____________
⑫ ____________
⑬ ____________
⑭ ____________

步骤 8：其他权限设置完毕，单击“确定”按钮返回到访问控制设置对话框。

步骤9：单击“确定”按钮返回到属性对话框，然后单击“确定”按钮保存设置。

提示：同理，也可按上述步骤对“文件权限”“特殊访问权限”进行设置。

（5）获得文件和目录的所有权

用户在NTFS卷中创建文件或目录后，自己就是该文件或目录的所有者，通过赋予权限，可以控制文件或目录的使用方式。用户可将对其文件和目录的所有权赋予另外一个用户，使其具有控制文件和目录的使用方式的权限。

步骤1：在“Windows资源管理器”中选择要设置所有权的文件或目录（可以同时选择多个文件或目录）。

步骤2：右击，在弹出的快捷菜单中选择“属性”命令，在弹出的对话框中打开“安全”选项卡。单击“高级”按钮，打开“访问控制设置”对话框。

步骤3：单击打开“所有者”选项卡，在“目前该项目的所有者”文本框中显示出文件或目录的所有权，如果要更改所有者，可在“将所有者更改为”列表框中选择一个所有者。

目前该项目的所有者是：________________________________

可以将所有者更改为：

① ________________________________

② ________________________________

步骤4：单击“确定”按钮，即可完成更改操作。

4．实验总结

____

____

____

____

5．实验评价（教师）

____

____

12.10 阅读与思考：该给口碑营销降降温

2007年11月21日艾瑞网的同仁通知说，我的文章被推荐到了频道（http://a.iresearch.cn/34/）上，我浏览该频道首页时发现，该页面上同时推荐了6篇与“口碑”有关的文章：

① 观点：口碑是可以营销出来的（u/flyeshop/archives/2007/10509.shtml）。

② 跨越鸿沟，引爆流行——口碑营销模型（u/zhengzhi/archives/2007/10350. shtml）。

③ 消费2.0时代：网上口碑将主导消费者（news.iresearch.cn/0200/20071021/ 71598.shtml）。

④ 艾瑞网专家：互联网是口碑营销的放大镜（u/zhang_tao/archives/2007/8758. shtml#Nlink8758）。

⑤ 艾瑞网专家：无障碍口碑营销的六种简便法则（u/xiying/archives/2007/8421. shtml）。

⑥ 口碑营销急速起飞，测量技术功不可没（u/xiying/archives/2007/10508.shtml）。

34条被推荐的文章里有6条与“口碑”有关，估计艾瑞上还有众多涉及口碑营销、传播有关的专业文章被埋没在专业文献堆里。于是我开始惊呼，难道口碑营销的时代来临了吗？

来看看专家们都在说什么。“口碑是可以营销出来”“口碑可以引爆流行”“去找出最权威或最有影响力、最有说服力的上家用户，利用企业的传统媒体渠道传播”“口碑是可以被测量的”，等等。是的！口碑的力量很大，这个虚拟的“它”主导着消费者的态度，但是它是最具价值的营销方式吗？或者说，这个营销方式运用以后还是不是真正具有价值？

口碑营销的平台很有限，无非就是论坛、博客及留言板三个载体，而综观全球的广告营销案例，南非有个葡萄酒厂的博客营销，确切的说是口碑营销，那叫一个绝，但是我们要看这个案例是哪年的成功案例？2004 年的！而且南非的广告主对“最有说服力的上家用户”即他的广告对象的态度是：收到葡萄酒并不意味着你有义务要写博客，你可以写，也可以不写，可以说好话，也可以说坏话。我们再来回顾一下中国网络广告的口碑营销的案例，博客网在 2005 年就和一家名不见经传的化妆品公司合作，凡是领到该化妆品样品的 blogger 必须写一篇博客，但最后是草草收场不了了之。而且，为什么大的广告主不会用这样的创意？有几家大公司的市场总监会有胆量敢放开对“最有说服力的上家用户”的限制？面临市场营销真刀实枪考验的时候，真的是说好说坏都可以吗？此外在口碑营销的过程中，意见领袖如何控制？就算是和媒体紧密联系，花钱找来“托”、“种子写手”，等等，但是这些媒体选送来的意见领袖都会是真正的草根领袖吗？真正有影响力、说服力、号召力的“上家用户”会愿意以何种形式，何种程度来与广告主合作都还要探讨。

我在博客网任过职，也运营过一些和博客、口碑有关的案例，做为广告公司的媒介人员和一些和口碑定位有关的媒体也有过沟通，比如试用网。它们的网站上已经有几个成功案例了。但是广告主选择投放口碑传播为平台的时候有一个问题，我们拿什么来口碑营销？如果仅仅是把试用品发给用户体验，然后获得对该产品的体验感觉，并在网络上分享用户提交的简单的试用感受，这些评论对消费者而言的确会有一定的参考性，但这些口碑如何传递给产品的目标受众？以什么样的形式传播出去？还有一个重要的问题是多少样本量被传播才能达到口碑营销的作用？我同意这些反馈意见可以修订产品，但很难达到真正的营销作用。假设广告主是化妆品，那么口碑营销的目的是为了让更多有效受众分享到最新的产品并传播出去，那还不如结合网络活动设置受众过滤的门槛，把有效受众组织起来到各卖场的地面柜台领取试用品，并在活动环节中设置鼓励用户自传播并获得更多奖励会更有效，这样受众准确，样品还不用快递成本，而且在柜台人员与活动参与者的双向沟通中，可以让受众获得更多增值服务。我要强调的是，口碑营销是有组织、有序、有深度，在表现形式上有亮点，并且一定要针对有效受众制定营销策略，如果一场口碑营销活动中所提供的素材没有可以挖掘的深度，那还不如找个有影响力的形象代言人来玩产品、写博客、制作播客、做深度的营销更有价值——虽然这种营销方式也是博客营销，但并不是真正意义的口碑营销。

再撇开广告主与口碑营销的案例来看互联网，我个人比较认同专家张涛先生（大众点评网 CEO）的观点“互联网是口碑营销的放大镜”。产品特别是著名品牌的缺点在互联网上都会被放大，而且这些言论几乎不能被左右。张涛先生还在他的文章里提到过“对于那些排行比较高的餐馆，有人认为是花钱买来的，我们不会去收钱做这个排行，这样做对大众点评网的公正性会大打折扣，网站的品质就会出现问题。”关于这个公正性的媒体态度，我很赞同。那好，现在要说的就是非常关键的一点，口碑营销过程中的负面信息怎么办？负面信息可以分两种：一种是产品真正有质量问题而引发的，我认为这种负面信息对广告主还是有价值的；另外一种就是恶意的虚假信息攻击！互联网太大了，何种监测手段可以找出这些负面报道？多长时间可以删除？面对真假负面的情况下需要多少人力和物力来运营？这些都是问题。另一位专家戴志康先生在他的专栏文章《探索口碑营销的力量》里提到："其实我们不是帮助广告主去消除负面的口碑，而是帮助广告主发现更多正面的口碑。"其实这个观点我也同意，但从现实的营销操作上来看，至少全球的大品牌的广告主都不可能有南非葡萄酒这样的中小企业的勇气和胆识，做为市场甲方的他们，会引导甚至是逼迫乙方即广告公司和媒体们去为他们服务。

说完了大品牌的广告主，再来说说中小企业广告市场。从市场营销成本来看，相对于大品牌的中小企业而言，口碑营销反而是有效的工具，即使有适量的负面口碑也不会被人广为传诵，加上企业体制灵活，可以随时调整产品和营销策略来组织新一轮的口碑营销。另外现在各种各样的小众社区以及各种行业垂直网站的兴起，相信除了百度竞价排名以外，中小企业在营销方式上可以有更多更有效的选择。

在互联网高速发展的明天，会发生什么？

① 网络媒体将越来越丰富！网民的信息需求也会多样化。

② 个人成为信息传播中不可忽视的重要组成部分。

③ 网络传播需要更多草根阶层的参与及分享。

④ 意见领袖的声音从官方媒体逐渐过渡到个人。

网络媒体的发展造就了传播特征的转移，广告主们开始重视电视、报刊以外的媒体、开始重视网络口碑营销是时代的进步，但我想不论口碑营销的方式有多么完善、多么科学，广告主苦练内功，不断完善产品质量以及售后服务才是口碑营销的最有效的根本。如果所有的企业仅仅在询问广告公司和市场人员，我们的口碑营销要怎么做才会一夜之间成名？那我的惊呼"口碑营销的时代来临了吗？"就要变成了"狼来了！"

但愿，"狼"不要真的来了。

（**资料来源**：杨韬，艾瑞网（http://www.iresearch.cn/））

第13章 电子商务技术

电子商务是利用计算机技术、网络技术和远程通信技术，实现整个商务（买卖）过程中的电子化、数字化和网络化。

13.1 电子商务硬件终端

各种计算机终端平台，大致可分为以下几种类型：

- 台式（桌上型）个人计算机（Desktop PC）
- 笔记本式计算机（Notebook）
- 平板计算机（Tablet PC）
- 液晶计算机（一体机，LCD PC）
- 个人数字助理（PDA）
- 可穿戴计算机（Wearable Computer）
- 瘦客户机（Thin Client）

13.1.1 台式（桌上型）个人计算机

研究数据显示，个人计算机（PC）产业在 2002 年 4 月已推出第 10 亿台个人计算机。并且在 2008 年跨越第 20 亿台的里程碑，其中最大的增长幅度将在市场规模庞大的中国内地、中南美洲以及东欧等新兴市场。

随着后 PC 时代的来临，信息产品已经不限于台式（桌上型）（Desktop PC）计算机（见图 13-1），而是横跨五大平台，开发与网络应用有关的产品。这五大平台包括：台式（桌上型）计算机、信息家电（Desktop IA）、移动计算机（Mobile PC）和数字家电（e.Home）等。

图 13-1 台式（桌上型）个人计算机

另有所谓书本型计算机（Book size PC），在功能上属于台式计算机一类，在设计上施行减肥计划，所以并不强调扩充性，而以安装方便、容易使用、不占空间、易移动性强为其主要特点。书本型计算机的发展，其原因与特色有如下几点：

① 从 1998 年下半年起，整合芯片组的成熟发展，形成了一个革命性的重要议题。许多原来由多颗不同控制芯片或适配卡才能完成的功能，现今可由单一芯片完成相同的功能。随着计

算机科技的演变，昔日计算机上所需要的扩展卡（如显卡、网卡、声卡等）都可以整合在几颗主要的芯片中，使得计算机的尺寸得以大幅缩减，达到节省空间的目的。

② 在技术上，许多原先要内建显卡的应用，现在都由USB或IEEE 1394以外接方式达成。

③ 随着硬盘容量大幅增加，减少了消费者对硬盘空间大幅扩增的需求。

④ 在一些应用上，计算机被移动或搬动的几率非常高，书本型计算机比台式计算机更能兼顾易移动性与功能性的最佳选择。

⑤ 以规格为考虑，书本型计算机可达到一般台式计算机的规格等级。

⑥ 以整合芯片组为主要设计理念的主板，称为All.in.One主板。结合这样的主板，则促进了“准主机”（Bare Bone或称“空机”）的发展。可推出内置光驱与软驱的准主机，日后主板经销商可能就不是销售主板而已，而是销售已具雏形的计算机系统。

13.1.2 笔记本式计算机

“易移动性”是笔记本式计算机发展的初衷（见图13-2）。因此，又称为“便携式计算机”（Portable PC），其发展历程也忠实地反应了笔记本式计算机对易移动性的追求：轻、薄、面积小。现在最轻的笔记本式计算机已经同时具有上述三项优点。

图13-2 笔记本式计算机

当然，笔记本式计算机也有一些限制，如规格不如PC、价格高、升级缺乏弹性等。再加上一些新式硬件平台的出现，诸如PDA、平板计算机、WebPad等，让笔记本式计算机的发展逐渐受到一些威胁和挑战。例如，笔记本式计算机用的机动型3D显示芯片，与台式计算机的3D显示芯片相比，其效能要晚上1～2年，因为设计与制造笔记本式计算机的技术门槛比台式计算机要高得多。

未来，笔记本式计算机将会变得更轻薄、甚至可以直接拨打电话。燃料电池与各种强化电池技术将可以让电力至少延长3～5倍。另外，在硬盘和屏幕上也会出现更小的设计；多频无线通信也将更为流行，使得笔记本式计算机可在手机与Wi-Fi之间作转换。影响笔记本式计算机性能的因素包括整机的散热和主机的稳定性。配置的高低并不一定能够表现笔记本式计算机的真正性能指标。因为购买一部“旗舰型”的笔记本式计算机，由于影响了其易移动性，那么从价格方面考虑，倒还不如索性采用更豪华的台式计算机了。

市场上对笔记本式计算机的需求其实是相当矛盾的。消费者希望屏幕加大、处理器更快、更大的硬盘容量。但这三种组件都与耗电量多少有着直接的关联，也因为这一点，笔记本式计算机在设计上往往只有两种选择：“提供更多电力，或者牺牲电力。

13.1.3 平板计算机

所谓平板计算机（Tablet PC，见图13-3），顾名思义，就是把计算机做得像平板一样，不必靠键盘，就可以直接在纸张大小的屏幕面板上“书写”，直接输入数据，符合人们最自然的输入方式。

图13-3 宏基 Travel C100双用平板计算机

Tablet PC一开始由微软主推，是整合无线通信产品所派生出来的新时代PC，产品设计上以笔记本式计算机屏幕大小为基准，兼具台式PC的效能，同时搭配 WLAN 或蓝牙技术，与其他周边配备进行无线数据传输与上网，希望能把计算机产品从书房带入客厅中。除了传统键盘和鼠标等输入方式外，平板计算机用户还可以利用数字笔，以仿真鼠标的方式来操控计算机。平板计算机供书写的表面尺寸大约跟一般的标准笔记本相同；用户在屏幕上书写或使用软件时，还可以把手靠在屏幕上，这是使用平板计算机最自然的方式。

早在 20 世纪 80 年代初，计算机公司 GRID 就曾经发表过一款平板概念的个人计算机的创意。但一直到 2001 年，随着便携式计算机技术的进步，平板计算机才正式登上了舞台。

平板计算机在 2002 年 11 月正式发表后，成为最亮眼的新星，大致有下列原因：

① 产业技术成熟：

- 低电压、高效能的 CPU。
- 更精密技术的 LCD。
- 更长使用时间的电池。
- 基础建设更完备的无线环境。
- 更精进的手写和语音辨识能力。

② 微软背书及主导：

- 软件上 Windows 操作系统的强势。
- 与所有 Office 软件兼容。

③ 人类原始书写习惯：

- 简单易用，想写就写。
- 笔墨真迹，无须等待。

13.1.4　液晶计算机

液晶计算机（一体机，LCD PC），就是将液晶屏幕与计算机主机整合在一起，把处理器、主板以及光驱等主机内的零部件整合到液晶显示器中，结合成轻薄一体成型的液晶计算机，因此又称为“一体机”，如图 13-4 所示。它不仅外观赏心悦目，空间也较为节省。超薄触控液晶计算机将计算机主机、LCD 显示器及触控屏做巧妙的结合，其小巧的尺寸和允许平躺、站立及壁挂的组合方式，增加了各种应用场合的实用和搭配性。

图 13-4　LCD 多媒体液晶计算机（LCD PC）

目前应用在 POS 系统、ATM 系统、证券交易操作系统、旅馆、机场、查询系统、医院挂号及医师诊疗系统、旅馆订房系统、餐厅订位系统、停车场自动交款机、工业自动控制系统、工作站操作系统、通信网路控制系统等系统上。

笔式触控屏是触控输入技术观念上的一大创新，其可设定为三种模式：

① 只感应手（Finger Only）。

② 只感应笔（Pen Only）。考虑到用户书写的习惯，当用户习惯性的手放在触控屏上以触控笔书写时，控制器会忽略手的触摸，而只接受笔的输入，完全体贴一般书写的习性。

③ 手和笔（Both）都可以感应。笔式触控屏若搭配手写辨识系统，笔迹随即显示在笔尖底下，更增加一般书写的真实感。适合的应用领域有：电子商务签名辨识、无纸办公室公文传送签章、网络视频会议系统、病患康复学习系统、医院诊疗系统、挂号系统等。

13.1.5 个人数字助理

个人数字助理（Personal Digital Assistant，PDA）如图 13-5 所示。其实称它为“掌上型计算机”最能反应其真正产品定位。PDA 的特色是提供用户在不受时间及场合的限制下，依然能灵活处理个人事务，包括行事历、记事、理财、上网、通信传真、电子字典、安排约会行程、与计算机同步传输数据、通讯簿、小游戏等。

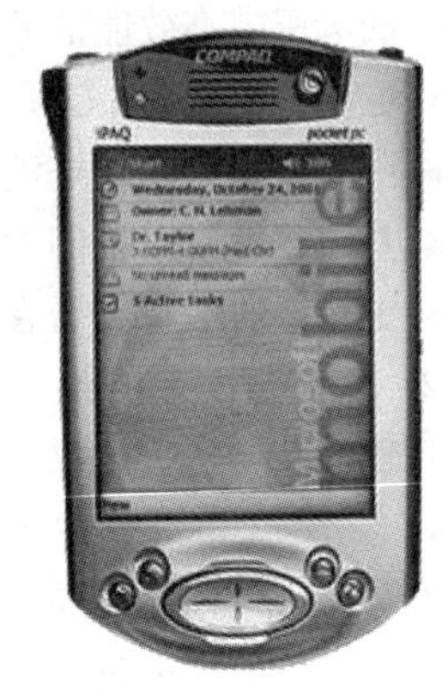

图 13-5 个人数字助理（PDA）

全球第一台 PDA 是由苹果计算体系造的，名为 Newton。其实早在 1990 年 CASIO 就曾开发出一部 PIM（Personal Information Manager，是 PDA 的前身），虽然仅是封闭式的系统，但可以看到随身信息数字化的概念已开始萌芽，之后又出现了 SHARP 的类似产品，同样属于封闭式系统。直到 Apple 和 Palm Computing 相继推出了 Newton 和 Zoomer，才正式将 PDA 与 PC 连结起来。并且经过不断进步，直到 1997 年，PDA 才正式在全球信息市场扬眉吐气，成为重要角色。大部分 PDA 产品都有一个灵敏的面板可供手写辨识。随着产品功能的推陈出新，现在更兼具个人数字通信能力。在 2000 年，PDA 是全球最红的信息产品。但到了 2001 年开始，由于 Tablet PC 和 WebPad 等新产品的出现，以及各式新款手机已兼具 PDA 功能，纯 PDA 已出现逐步走下坡路的趋势。

13.1.6 可穿戴计算机

可穿戴计算机（Wearable Computer，见图 13-6）就是可以穿在身上的计算机。对于某些工作性质比较特殊的人而言，额外再携带一部 Notebook 或 PDA，其实是一种累赘，这时候不禁要想“如果能把手空出来就方便多了”。例如：施工者可以从计算机上获得管线的信息、盘点人员不必再手写清单等。为了适应各种工作性质，穿戴式计算机的各种输入/输出设备也有不同，有可以戴在头上的单眼显示装置，也有架在眼镜上的双眼显示装置，如果需要较大的显示面积和触控输入的话，也可以在手臂上穿上个人数字助理大小的触控屏幕。标准的输入装置则为小型的键盘，同样可以绑在手臂上，使用另外一只手来输入。

图 13-6 可穿戴计算机

日本 Hitachi 的迷你计算机 WIA.100NB（Wearable Internet Appliance）于 2002 年春在美国和

日本上市。其具有一个 128 MHz 的处理器和 32 MB 的存储量，大小为 140 mm × 90 mm × 26 mm，可以放进衣袋里，总重只有 500 g。Monitor 虽小，但通过特别的设计，会让人有 13 英寸 TFT 大小的错觉。在穿戴式计算机的发展中，IBM 公司所发明的只有一元硬币大小，却拥有高达 1 GB 容量的微型 Microdrive 硬盘，也扮演着重要角色。

此外，为了更落实“穿戴式”的精神，纺织业和通信业携手，开发可穿戴型的手机、计算器、MP3、耳机，手表，皮带等，朝着“可穿戴型电子”方向努力。

软性开关技术（Softswitch Technology）是关键前提。这种特殊的聚合物材质平时是绝缘体，手指一碰触之后，瞬间就有导电特性。利用软性开关技术，可以在衣服上做键盘，在枕头上、窗帘上暗藏电视摇控器或电灯开关。Levi 和 Philips 与意大利设计师 Massimo Osti 共同合作，在 2000 年率先推出嵌有手机、耳机、MP3 的夹克。图 13-7 所示为与纺织业共同研发可穿戴计算机。

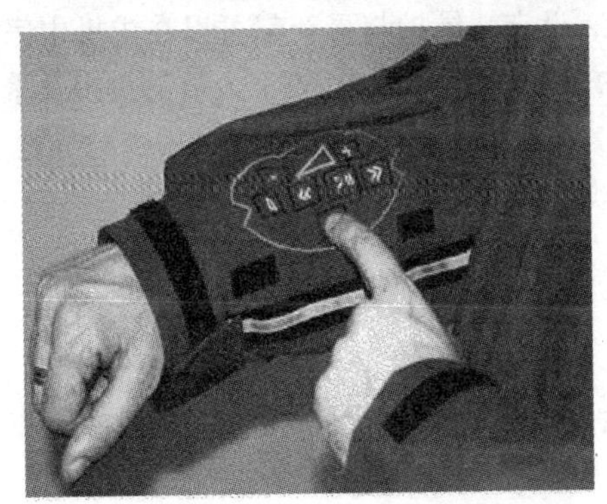

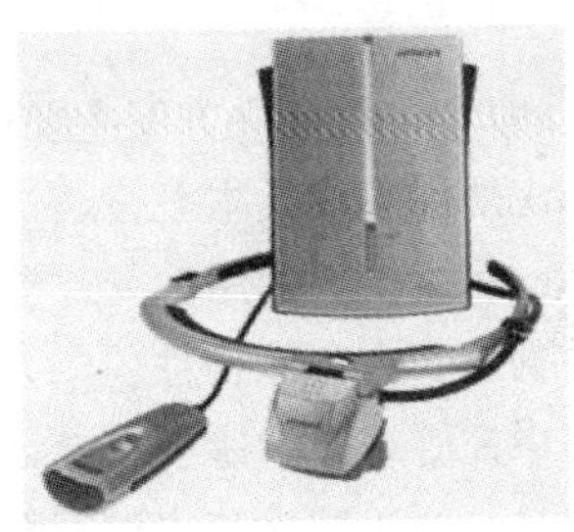

图 13-7　与纺织业共同研发的可穿戴计算机

能让双手空出来的智能型电子是时势所趋。Philips 成立专门小组，在肩膀夹层设计天线，一方面必须防止人体吸收无线电波，另一方面则需加强收讯效果。德国的 Infineon 也已经开发出一种发热器，可利用温差的方法，让身体自动产生能量，提供给硅芯片使用，使得穿戴式计算机更轻便化。

美国国防部在进行的一项计划，是为陆地战士开发可穿在身上的计算机，兼具无线通信和定位功能，像眼镜的屏幕到夜晚的时候，还可以摇身一变，成为夜视镜。随着科技的越来越进步，身份辨识与穿戴式计算机的技术也会越来越成熟，或许在不久的将来，我们只需要瞄收款机一眼，就可以轻松地进行付账。而在坐公交车或出租车时，也可以使用穿在身上的计算机来收发电子邮件或上网了。

13.1.7　瘦客户机

瘦客户机（Thin client）概念来自于 1995 年的“Network Computer”或“Internet Terminal”，是从主从计算机（Client/Server）的观念派生而来的。所谓“瘦客户机”（Thin Client），就是利用服务器（Server）来进行信息的存取。它之所以被称为“Thin”，是由于这类产品比较着重于存取（Access），而不是传统上的运算（Processing）。目前一般企业用计算机的用途，大多只处理简单的数据或收发电子邮件。简化主机功能后的瘦客户机，就足以充分提供信息存取的功能。因此，瘦客户机主要的特色除了不具备硬盘外，其所需的运算功能也交由服务器执行，员工可以通过企业下载使用主机或服务器的软件或数据，甚至文件存储也是集中在服务器中进行。

瘦客户机解决方案（Thin Client Solution），主要是精简客户端设备，还维持相同的运作效能，降低整体计算机的成本。大多数的业主，已经厌烦了个人计算机（PC），为了追求速度，不断地弃旧换新，造成企业资源浪费和重复投资。因此，不需升级的瘦客户机被誉为后 PC 时代以来最具创意的信息产品。采用瘦客户机解决方案之后，企业主不必再为执行新的软件而替换刚买不久的 PC 硬件。这一产品结构不但使企业对硬件设备的投资下降，在软件升级、硬件升级和维修、雇用的信息技术人员等成本上也可大幅度下降。信息部人员无须疲于奔命维护所有的个人计算机或工作站，只要在服务器上作更新或升级即可完成；此外，瘦客户机具有即插即用的方便功能，也可以节省更多的时间和资源。

瘦客户机具有管理容易、安全性高、整体持有成本降低等优点。由于瘦客户机解决方案是采用集中式管理运算模式（Server.Based Computing）的应用环境，应用程序和数据都交由服务器统筹配置、管理和支持。所以软件的安装、设定、维护与更新都可以在主机中完成，不需到用户端设定，可大幅节省信息管理和后续维护的人力，并减少 MIS 人员的负担及繁杂的系统维护工作。

根据分析，瘦客户机解决方案主要的效益如下：

① 降低 30%硬件建设成本。

② 降低 70%后续维护费用。

③ 提高数据的安全和保密性。

④ 软件集中控管，减少版权查核困扰。

⑤ 备份容易：便于防火防灾的安全备份。

⑥ 容易管理：全面远程控管、统一信息升级，安全性高。

⑦ 高信赖度：无可拆除零件、没有计算机病毒感染问题。

随着应用范围的逐渐扩大，瘦客户机产品向以下两个方向发展：

① 仍旧走精简的路线。根据各种企业环境的要求，为其适度地量身定作，并采用最精简化的软硬件配备，以降低软硬件成本和产品价格；另外，由于价格低廉，并且这一区域的产品不须太多的应用程序支持，所以推论 Linux 操作系统的产品会在这一区域中占大多数。

② 豪华型的高级产品。在达到某一普及率时，瘦客户机产品的应用范围同时也会更多元化，即不坚持完全精简，在硬件方面可能回归到须增加光驱，加强网络装置、通信装置，加强绘图能力，以及某些输入/输出装置；软件方面则须提供浏览器、通信与网络应用相关软件、少部分客户化的应用软件等。未来瘦客户机的存储媒体 Flash ROM 的容量会走向越来越大的趋势。

13.2 电子商务软件技术

在本节中，我们将简介下列常见的电子商务软件技术：

- Java
- Linux
- Flash
- HTML
- FrontPage
- ASP
- XML

13.2.1 Java

Java 是由美国 Sun 公司研发的，该团队当年是由 Cosling 工程师所带领，一开始是为了消费性电子产品的需求所设计的。由于 Java 是以“虚拟机器”（Virtual Machine）的观念所设计的，所以具有“跨平台”（跨机器与跨操作系统）的特性，因此在网络时代，其刚好满足了网络软件的“可移动性”（Mobility）需求，于是成了当红角色。

Java 采用 Bytecode（位码）以取代传统程序语言将程序编译（Compile）为机器码的方式。换句话说，只要浏览器可以直译（Interpret）Bytecode，便能执行 Java 程序的指令与功能。Java 将应用程序分为一般应用程序与 Java Applet 两大类，其中，Java Applet 才是用在浏览器上工作的应用程序。

此外，Netscape 公司发展了 JavaScript。JavaScript 并不等同于 Java，它与 Java 之间的关系，就像是 C Shell 与 C 语言之间的关系一样，JavaScript 是一种“脚本”（Script），可以把一串 Java 指令或程序放在一起执行，并且可以在 HTML 网页中使用，而 Java 码并不出现在 HTML 中。

13.2.2 Linux

如今，Linux 操作系统不仅为业内所看好，更是众家厂商竞逐的战场。Linux 之所以成为各家厂商最瞩目的宠儿，主要有下列原因，即成本上的优势、开放性、具有“群体”特性，并且 Linux 内核系统的文件极小，所需要的系统资源比较简单。Linux 可以经过群体的讨论、改进，因而能持续不断地成长，并随世界脉动而调整。它的开放性和群体特性使其具有无比的弹性。

最值得注意的是，Linux 的应用领域广泛，已不仅是 PC、服务器上的重要平台，它更将触角伸向 PDA 及移动设备，在此网络经济时代，Linux 已密切结合了锐不可当的移动商务潮流，成为企业建立竞争优势的重要关键所在。

可以断言，Linux 是相当具有经济规模的。从许多公开市场调查单位的数据来看，Linux 都是成长最快的操作系统，Linux 复合成长率远高于其他操作系统的成长。设备的“微型化”肯定是趋势，在这个领域，Linux 肯定有它的优势。

Linux 来自于 1991 年 10 月 15 日一位就读于芬兰赫尔辛基大学的大学生 Linus Trovalds，他在 News Group 上表示想发展一套操作系统，并且免费提供全球人士下载使用。结果通过网络的无远近与开放性，大家不断地改善及传播它，至今已有超过 3 000 万以上的用户。所以，“Linux”这个名词，正是来自于“Linus”与“UNIX”的结合。Linux 的家族成员常见的有下列各种版本：

- Red Hat Linux
- Mandrake Linux
- OpenLinux
- TurboLinux
- Slackware
- PowerLinux
- Debian
- SuSE
- MKLinux

13.2.3 iOS

iOS 是苹果公司开发的手持设备操作系统。苹果公司最早于 2007 年 1 月 9 日的苹果 Macworld 展览会上公布这个系统，随后于同年 6 月发布第一版 iOS 操作系统，当初的名称为“iPhone 运行 OS X”。iOS 最初是设计给 iPhone 使用的，后来陆续套用到 iPod touch、iPad 以及 Apple TV 等苹果产品上。iOS与苹果的Mac OS X操作系统一样，也是以Darwin为基础的，因此同样属于类UNIX的商业操作系统。2010年6月7日WWDC大会上宣布改名为iOS。截至2011年11月，根据Canalys的数据显示，iOS已经占据了全球智能手机系统市场份额的30%，在美国的市场占有率为43%。

2011年10月4日，苹果公司宣布iOS平台的应用程序已经突破50万个。2012年2月，应用总量达到552 247个，其中游戏应用最多，达到95 324个，比重为17.26%；书籍类以60 604个排在第二，比重为10.97%；娱乐应用排在第三，总量为56 998个，比重为10.32%。

2012年6月，苹果公司在WWDC 2012上宣布了iOS 6，提供超过200项新功能。2013年1月29日，苹果推出iOS 6.1版，更新仍以完善iOS系统为主，对Siri、Passbook等进行了改善，修复了一些iOS 6上存在的bug等。2013年3月20日，苹果推出iOS 6.1.3更新，主要修正了iOS 6的越狱漏洞和锁屏密码漏洞。

iOS的系统结构分为以下四个层次：核心操作系统（the Core OS layer），核心服务层（the Core Services layer），媒体层（the Media layer），Cocoa 触摸框架层（the Cocoa Touch layer）。

作为C语言的升级版，Objective-C是iOS的开发语言。对初学者来说，Objective-C存在了很多令人费解的写法。有C语言基础的程序员在专业老师的指导下，很快就可以完全掌握Objective-C这门编程语言。

iOS 6拥有更完善的文本输入法，并内置了对热门中文互联网服务的支持，从而让iPad、iPhone和iPod touch更适合中文用户使用。有了全新的中文词典和更完善的文本输入法，汉字输入变得更轻松、更快速、更准确。用户可以混合输入全拼和简拼，甚至不用切换键盘就能在拼音句子中输入英文单词。iOS 6支持30 000多个汉字，手写识别支持的汉字数量大幅增加。当用户向个人字典添加单词时，iCloud能让它们出现在用户所有设备上。百度已成为Safari的内置选项，还可将视频直接分享到优酷和土豆网，也能从相机、照片、地图、Safari 和Game Center向新浪微博发布信息。

iOS 6为iPhone增添了全新呼叫功能。当用户拒绝来电时，可以立即通过文本信息进行回复，或设置回拨提醒。如果事务太过繁忙，可启用勿扰模式，用户就不会被任何人打扰，除了用户不愿错过的联系人。

iOS 6为iPhone、iPad和iPod touch带来更佳的网络浏览体验。iOS 6里的Mail经过重新设计后，界面更加简洁流畅，让阅读和编写邮件更轻松。用户可设置自己的 VIP 名单，这样就不会错过来自客户、老板或挚友的重要信息。为电子邮件添加照片和视频也更容易。

iOS 6和iCloud现提供“丢失”模式，让用户更轻松地使用“查找我的iPhone”来定位并保护丢失的设备。可使用4位密码锁定丢失的iPhone，并发送信息在屏幕上显示联系电话。这样，好心人就能在锁屏模式下给电话主人打电话，而不会访问 iPhone 上的其他信息。在“丢失”模式期间，用户的设备将追踪记录它所到过的地点，用户可随时使用“查找我的iPhone”app 登录，即可查看设备发回的信息。

13.2.4 Flash

在网络时代，出现许多可在网络环境中提供多媒体效果的软件，纷纷变成热门的工具，诸如 FrontPage、Flash、Dreamweaver、Director 等。其中，Flash是最普遍实用的。Flash是由原Macromedia公司（现并入Adobe公司）发展出来的矢量式多媒体网页设计软件，具有下列特色：

① 可制作具有动画影音效果的网页。简单说，Flash是兼具下列功能的多媒体工具软件：

- 动画设计
- 音效设计
- 绘图工具
- 文件大小的控制
- 影像处理工具
- 支持各种图形文件

② 许多主流平台已内置了 Flash 播放程序，使得网友不必再下载安装 Flash 播放程序，就可以播放 Flash 作品或者具有 Flash 功能的网页。

③ 虽然有丰富的多媒体动画效果，但文件体积却可以极小，因此在网络世界，不会造成下载时的带宽不够，所以更适合网络上使用。

13.2.5　HTML

HTML 是网络上最主要的网页设计语言格式，其全名是 HyperText Markup Language（超文本置标语言）。HTML 文件是由许多卷标（Tag）所组成的，当浏览器读取到这些卷标时，会按照卷标中所描述的方式将文件展示出来，例如将字体放大、断行、改变字型颜色等，甚至在文件中加入图片、音乐、动画、影片等。例如，下面的 HTML 便可将文字设定为 2 号字、红色、楷体。

```
<FONT SIZE=2 COLOR=red face=楷体>
字体范例
</FONT>
```

其中，<FONT> 正是一种卷标（Tag）。此外，常见的卷标还有：建立超链接的 <A HREF>、插入图片的 <IMG> 等。

为了让 HTML 文件在下载到浏览器后还能被改变，Microsoft 公司提出了 HTML 的加强版 DHML（Dynamic HTML）。其主要是通过扩充 IE 的对象，并搭配 VBScript（或 JavaScript）所组成的，与 HTML 不同的地方在于 DHTML 上的每个卷标都会被当作对象（Object），并且个别赋予属性以供 VBScript 在执行阶段控制这些对象。

HTML5 是用于取代 1999 年所制定的 HTML 4.01 和 XHTML 1.0 标准的 HTML 标准版本，现在仍处于发展阶段，但大部分浏览器已经支持某些 HTML5 技术。HTML5 有两大特点：首先，强化了 Web 网页的表现性能；其次，追加了本地数据库等 Web 应用功能。广义论及 HTML5 时，实际指的是包括 HTML、CSS 和 JavaScript 在内的一套技术组合。它希望能够减少浏览器对于需要插件的丰富性网络应用服务（plug-in-based rich internet application，RIA)，如 Adobe Flash、Microsoft Silverlight 与 Oracle JavaFX 的需求，并提供更多能有效增强网络应用的标准集。

13.2.6　FrontPage

由于 FrontPage 是 Microsoft Office 的标准成员之一，因此目前是相当多的人在学习网页设计时的入门软件。FrontPage 提供给用户“所见即所得”的编辑环境，所以用户即使完全不懂 HTML 格式，也可以轻松完成网页设计。

FrontPage 除了提供网页制作环境，事实上也是一种网站管理工具。网站（Web Site）是由多个网页（Web Page）所组成的，在建立网站之前，得先编辑网页，再将网页通过超链接合在一起成为网站。FrontPage 正提供了网站的管理与维护体系。比方说，FrontPage 具备一些有用的功能，可以有效地找出下列网页：

① 最近增加与变更的文件。

② 较旧文件。

③ 未链结的文件。

④ 中断的超链接。

⑤ 慢速网页（指在 28.8 kbit/s 联机速度下，需费时至少 30 s 才能下载的网页）。

13.2.7 ASP

ASP（Active Server Page）是一项微软公司的技术，是一种使嵌入网页中的脚本，可由因特网服务器执行的服务器端脚本技术，指 Active Server Pages（动态服务器页面），运行于 IIS 之中的程序。

ASP.NET 的前身是 ASP 技术，是在 IIS 2.0 上首次推出（Windows NT 3.51），当时与 ADO 1.0 一起推出，在 IIS 3.0（Windows NT 4.0）发扬光大，成为服务器端应用程序的热门开发工具，微软还特别为它量身打造了 Visual InterDev 开发工具，在 1994 年到 2000 年之间，ASP 技术已经成为微软推广 Windows NT 4.0 平台的关键技术之一，数以万计的 ASP 网站也是这个时候开始如雨后春笋般的出现在网络上。它的简单以及高度可定制化的能力，也是它能迅速崛起的原因之一。不过 ASP 的缺点也逐渐的浮现出来：

意大利面型的程序开发方法，让维护的难度提高很多，尤其是大型的 ASP 应用程序。直译式的 VBScript 或 JScript 语言，让效能有些许的受限。延展性因为其基础架构扩充性不足而受限，虽然有 COM 元件可用，但开发一些特殊功能（像文件上传）时，没有来自内置的支持，需要寻求第三方控件商的元件。1997 年时，微软开始针对 ASP 的缺点（尤其是意大利面型的程序开发方法）准备开始一个新项目来开发，当时 ASP.NET 的主要领导人 Scott Guthrie 刚从杜克大学毕业，他和 IIS 团队的 Mark Anders 经理一起合作两个月，开发出了下一代 ASP 技术的原型，这个原型在 1997 年的圣诞节时被发展出来，并给予一个名称：XSP。这个原型产品使用的是 Java 语言。不过它马上就被纳入当时还在开发中的 CLR 平台，Scott Guthrie 事后也认为将这个技术移植到当时的 CLR 平台，确实有很大的风险，但当时的 XSP 团队却是以 CLR 开发应用的第一个团队。

为了将 XSP 移植到 CLR 中，XSP 团队将 XSP 的内核程序全部以 C#语言重新撰写（在内部的项目代号是 Project Cool，但是当时对公开场合是保密的），并且改名为 ASP+，作为 ASP 技术的后继者，并且也会提供一个简单的移转方法给 ASP 开发人员。ASP+首次的 Beta 版本以及应用在 PDC 2000 中亮相，由 Bill Gates 主讲 Keynote（即关键技术的概览），由富士通公司展示使用 COBOL 语言撰写 ASP+应用程序，并且宣布它可以使用 Visual Basic.NET、C#、Perl、Nemerle 与 Python 语言（后两者由 ActiveState 公司开发的互通工具支持）来开发。

2000 年第二季度，微软正式推动.NET 策略，ASP+也顺理成章的改名为 ASP.NET，经过四年的开发，第一个版本的 ASP.NET 在 2002 年 1 月 5 日亮相（和.NET Framework1.0 一起），Scott Guthrie 也成为 ASP.NET 的产品经理（到现在已经开发了数个微软产品，像 ASP.NET AJAX 和 Microsoft Silverlight）。2010 年 ASP.NET 4.0 以及.NET Framework 4.0 已经在 Visual Studio 2010 平台内应用。2012 年最新版本 ASP.NET 4.5 以及.Net Framework 4.5 已经在 Visual Studio 2012 平台应用。

13.2.8 XML

XML 的全名是“可延伸性标记语言”（eXensible Markup Language），主要是由全球信息网标准制定组织（World Wide Web Consortium，W3C）所制定的，已被全球信息界视为关键性技术。XML 可用来制定标准结构，提供给半结构性或非结构性数据使用，因此常用于不同应用软件系统间的数据转换。换句话说，XML 是一套网络上的标准，提供一套弹性的格式，让用户去制定自己的规格。XML 可以说是取代了当年的 EDI 功能。EDI 是由委员会制定标准的信息格式，规定大家都要遵守；而 XML 则是鼓励各个不同的使用团体去发展自己的语言和共通标准，作为信息交换之用。例如后文将介绍的 RossettaNet，就是一例。

XML 文件的结构和第一代网页语言 HTML 文件非常类似，因为它们的语法都是标准通用标记语言 SGML 的子集，使用 SGML 语法的卷标和属性。不过 XML 文件的结构比 HTML 文件更多样化，因为 XML 允许自己定义卷标，并且自己定义文件所需要的结构。W3C 协会于 1996 年决定将网页的文法结构做一些改变，只规范网页语法的结构，而其功能完全开放给各行业的人自行决定，于是发展出了 XML。XML 其实和 SGML 一样是一种“元语言”，是用来定义其他语言的语法系统，可促进产业界、学术界和特定应用领域发展各自标准的文件和信息，以利于数据交换。这也是 XML 功能强大的主要原因。

XML 具有下列三大优点：

① XML 为开放性平台，与硬件环境、操作系统完全没有关系。

② 就语意性方面来说，XML 可以让用户对其应用领域自行定义 TAG。

③ 就程序可读性为例，XML 文件很容易了解。

XML 文件主要包含下列元素：

① 文件内容。它又包含下列部分：

- Metadata：定义控制功能标签的部分。
- Data：数据内容。

② 结构定义 DTD (Data Type Definition)。主要用于定义文件的结构及格式。XML 文件内容方必须通过 DTD 文件的结构定义描述。

③ 样式显示。

对于 XML 的语法及其基本规则，简述如下：

① XML 的元素一定要有开始卷标和结束卷标，例如：<TAG>内容</TAG>

② 在元素中加入属性，可以让这个元素除了内容之外，拥在较多的设定值，便于让处理 XML 文件的程序能对此元素进行更灵活地处理。例如：<TAG attr1 ="value1">。

③ XML 采取嵌套结构，可以将一个对象包含在另一个对象之中。

④ 在一份 XML 文件中，只有一个根元素，就是 Document Element。下面是一个简单的 XML 文件范例：

```
<? XML version="1.0 "encoding="Big5"? > <BOOKS> <BOOK ISDN="957.717.885.5">
<TITLE>电子商务实务</TITLE> <WRITER>周苏</WRITER> <PUBLISHER>中国铁道出版社
</PUBLISHER> </BOOK> </BOOKS>
```

常见的，每家公司都使用不同的数据库系统，因此双方在数据结构上的差异，总是会造成庞大数据交换上的障碍。而 XML 由于具有可延伸性以及自我描述的特性，从电子文件的内容收集，数据的处理、存储、传输，以至后端的数据搜索比较、运算、再处理和呈现等工作，几乎可以完全由计算机代劳。所以，目前许多垂直产业纷纷引进 XML 技术，以作为其产业的数据格式和流程标准。目前国内外各产业 XML 标准与规范的制定，都在持续进行中，例如：

① RosettaNet，进行半导体产业标准的制定。

② ebXML，是建构一个模块化的电子商业架构，使全球各大、中、小型企业，都能通过 ebXML 的标准交换商业信息和建立全球性的电子交易市集。

13.3 电子商城建设解决方案

电子商城建设解决方案，就是一个提供企业可以轻松通过其图形接口，通过一些参数的设定，就可以把电子商城建设起来的软件系统。下面两个是常见的电子商城建设解决方案：

① IBM：Net.Commerce。

② Microsoft：Site Server、Commerce Server。

下面以 IBM Net.Commerce 为例，进行简单介绍。IBM Net.Commerce 是由 IBM 公司所发展的电子商务解决方案软件，主要有下列三大单元：

（1）Site Manager（电子商城管理系统）

它包含：电子商城基本信息、权限控制、商家信息、消费者信息、工作管理、物流管理。

（2）Store Manager（电子商店管理系统）

它包含：商家基本信息、商品型号表、商品信息、电子付款体系、订单信息、消费群组、折扣。

（3）Template Designer（样板设计系统）

通过 Net.Commerce，可以简易迅速地建构一套完整的电子商城或电子商店，设计功能强大的数据库（与 Oracle、DB2、AS/400、NT、Solaris 等数据库都可以兼容），并且轻松整合已有系统，轻松地与原料、生产线、库存、货运、物流、银行等系统作联机整合。此外，Net.Commerce 已内置 SET 等安全体系，让经营者不必大费周折地学习 SET，就可以让电子商城的付款模块等系统都拥有令人信赖的安全体系。

13.4 智能型代理软件

由于因特网具有无可比拟的特性，使得人们面临了信息量超载、寻找所需信息耗时和耗成本等问题，智能型代理软件正可以协助人们解决这些问题。智能型代理软件（Intelligent Agent，IA）又称为“软件代理人”或“自动代理软件”，是一种可根据委托人的需求而工作的程序。

简单来说，智能型代理软件就好比是我们现实生活中的行政秘书、数据收集人员或网上采购员等，它负责接受来自用户的要求，代表用户去完成所要执行的工作。譬如说，用户可以要求智能型代理软件去搜集网络上所有同类产品的价格并加以比较，最后才将价格最低的同类产品的相关数据送回给用户，如此一来，用户就可以减少了上网寻找数据所需花费的时间和金钱。智能型代理软件的观念源自于人工智能的应用发展，早在 1960 年就有人工智能专家提出了利用智能型代理软件来协助人工智能的应用发展，但是当时相关的研究仍不是很多，直至近年来电子商务的崛起，才进一步带动了智能型代理软件的发展。

Guttman 等人于 1998 年将消费的行为模式，归纳成六个基本阶段：需求的确认（Need Identificaiton）、产品中介（product Brokering）、商务中介（Merchant Brokering）、议价与协商（Negotiaiton）、购买与递送（Purchase and Delivery）、产品服务与评估（Product Service and Evaluation）。

所以，针对上述行为阶段，智能型代理软件在电子商务的常见应用，至少有：产品中介、议价、购买。

智能型代理软件可分为下列两大种类，其在运作方式和工作环境上都不相同：

① 静态智能型代理软件。一般是位于个人计算机或服务器上，由于它只会静静地呆在某个地方负责委托人授与它的工作，而不会在网络上四处奔波，所以被称为静态智能型代理软件。静态智能型代理软件主要是以内置的知识为依据，来判断和处理大量的信息，以完成委托人所要求的工作。例如过滤垃圾信、病毒邮件等。

② 动态智能型代理软件。与静态智能型代理软件相比，动态智能型代理软件可就自由多了，因为即使是在远程服务器上的动态智能型代理软件，也能执行委托人所要求的工作。动态智能型代理软件会根据委托人的要求，到网络上四处寻找或搜集所要的信息，直到命令执行完毕为止，动态智能型代理软件才会向基地台报告执行状况。图 13-8 就说明了动态智能型代理软件如何在网络上执行委托人所授予的工作。

动态智能型代理软件的功能虽然较为强大，但对于庞大且复杂的任务而言，则要结合静态及动态智能型代理软件所具有的功能，才能发挥最大的效用。比如，当用户很忙而没有时间浏览电子邮件时，此时在用户个人计算机中的静态智能型代理软件就可以对其所有的电子邮件进行处理，依据邮件的重要性，判断是否应该马上告知用户，若所收到的电子邮件极为重要，则会立刻转达命令给几个动态智能型代理软件，负责通知用户。

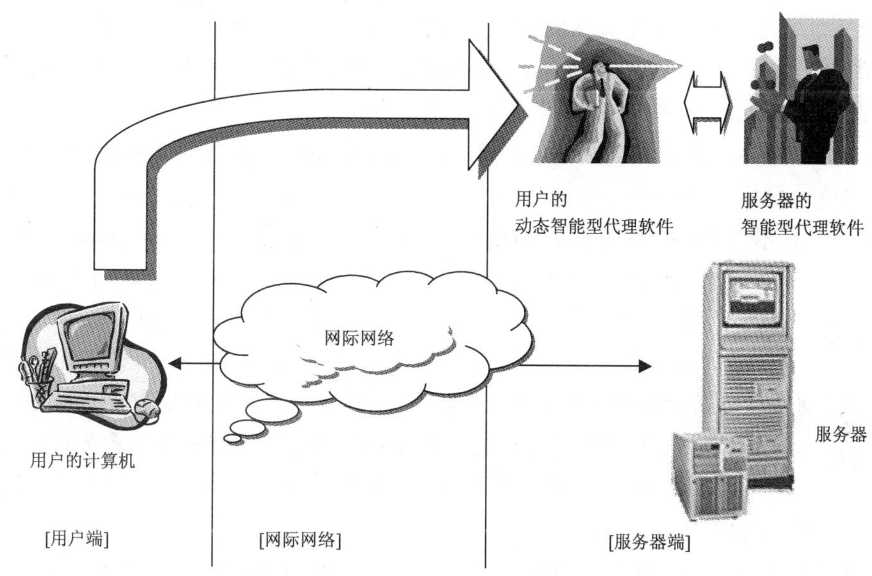

图 13-8 动态智能型代理软件

对交易双方而言，它们往往会故意隐藏对他们不利的信息。例如卖方会尽量隐藏价格信息、产品品质信息等，而买方也会尽量隐藏消费者喜好信息。如此一来双方所得信息就很有限了，且无法代表对方的真正交易态度。因此，在以智能型代理软件为中介的电子商务时代，卖方的智能型代理软件可以针对用户的偏好档次（Profile）加以记录和分析，以获得用户的喜好信息，达到知己知彼的功效；而买方则可以通过委托智能型代理软件长期在网络上负责搜集所有相关信息，进一步了解交易现状。所以，在代理软件的协助下，交易双方能够获得较为完整的交易信息，达到更有效的交易行为。一个优良的智能型代理软件，应该具备独立性、跨平台、合作能力、学习能力和推理能力等特性。

13.5 移动商务与无线通信

经过多年的发展，电子商务不仅为全球经济带来了巨大的增长，更通过技术革命和观念革新改变着商业交易模式和企业管理流程，从而在根本上影响着社会的发展和变革。

随着移动通信与计算机、因特网等技术的结合，以移动支付为代表的移动商务(M-commerce，M—mobile，又称移动电子商务）应运而生。移动商务的出现标志着新一轮商务革命的开始，一个新的移动商务时代正在到来，也必将成为带动电子商务发展的新引擎，继续扩展企业从事商务活动的方式，并改变公司、客户、供应商和伙伴的关系。

1. 移动电话的发展

移动电话，又称手机，已经经历了丰富的发展和变化。

① 1G：主要技术为 AMPS（Advanced Mobile Phone System，模拟式移动电话系统）。只能用于语音通信，不具备数据传输功能，也就是早期所推出的“大哥大”。

② 2G：主要技术为大家熟知的 GSM（Global System for Mobile Communication，泛指数字式移动通信）、WAP（Wireless Application Protocol，无线应用协议）、CDMA（Code Division Multiple Access，码分多址）等。传输速率为 9.6 kbit/s，可传少量的文字。GSM 是欧洲规格，主要为 900 MHz 和 1 800 MHz 双频。CDMA 则是美国陆军和韩国的系统，主要为 800 MHz 和 1 900 MHz 双频。经韩国推广，CDMA 成为 3G 系统的前身。

③ 2.5G：主要技术为 GPRS（General Packet Radio Service，无线分封数据服务）。传输速率为 32～115 kbit/s。可传图片文件。

④ 3G：主要技术为 CDMA2000、WCDMA、TD.SCDMA。传输速率为 384 kbit/s～2 Mbit/s。这样的传输速度，甚至比计算机宽带上网还快，可与 WLAN（Wireless LAN，WLAN）共同创造无线通信新世纪。3G 手机可与 PDA、笔记本式计算机、移动电话等平台结合。

⑤ 4G：是第四代移动通信及其技术的简称，是集 3G 与 WLAN 于一体并能够传输高质量视频图像且图像传输质量与高清晰度电视不相上下的技术产品。4G 系统能够以 100 Mbit/s 的速度下载，比拨号上网快 2 000 倍，上传的速度也能达到 20 Mbit/s，并能够满足几乎所有用户对于无线服务的要求。此外，4G 可以在 DSL 和有线电视调制解调器没有覆盖的地方部署，然后再扩展到整个地区。很明显，4G 有着不可比拟的优越性。

⑥ 5G：是第五代移动通信技术的简称，目前还没有一个具体标准。不过已经有相关报道，据称手机在利用该技术后无线下载速度可以达到 3.6 Gbit/s。这一新的通信技术名为 Nomadic Local Area Wireless Access，简称 NoLA。

2. 无线商机

在 IDC 的一项调查中显示，在受访的欧美 360 多家企业当中，有 21%的美国公司表示已经开始建设自己公司内部的移动通信系统，有 56%的受访公司表示已经将内部移动通信系统列入未来发展建设当中。在欧洲国家中，有 35%的公司表示已经建设好公司内部的移动通信系统网络。另外，考虑采用移动商务应用解决方案的美国公司有 91%、欧洲公司有 75%。

另一项针对无线网络使用的调查中显示，在无线上网工具的使用比例上，手机的使用率最高（42.2%）、然后是笔记本式计算机（36.6%）和 17.4%的 PDA。在使用手机上网的受访者中，有 59.3%的人表示是为了处理公事和个人事情而使用网络。在上网时有 70.4%的受访者表示会考虑到联机的速度、59.3%的人会考虑到联机的费用。另外，有 37%的受访者表示会每天联机。

在商业模式方面，网络和移动网络有所不同。

3. 移动商务

移动商务是指通过移动通信网络进行数据传输，并且利用手机、PDA（Personal Digital Assistant，个人数字助理）、掌上计算机、笔记本式计算机等移动终端开展各种商业经营活动的一种新的电子商务模式。通过移动通信解决方案可以真正实现使任何人在任何时间、任何地点得到整个网络的信息和服务。

所谓的企业 M 化解决方案，就是满足移动商务而派生出来的，企业 M 化解决方案所要解决的难题就是针对企业后端数据库、账务系统和物流等的整合。根据多家市调公司对未来移动商务市场的预计，使业界对未来的移动商务抱有无限的期待。正因大家都很肯定未来移动商务的发展潜力，所以许多的计算机硬件业者都非常看好未来的移动商务市场，纷纷投入。

4. 无线局域网络

根据一项 Cahner's In.Stat 的调查显示，在一片不景气的大环境当中，无线局域网络（Wireless LAN，WLAN）的设备却一枝独秀，所以可预期的是，未来无线局域网络设备依然会是热卖的重点项目。

WLAN 的主要市场有两个：企业市场和家庭市场。在过去短短几年内，因为企业市场的产品效能提高、价格降低等因素，导致企业的市场快速成长许多。个人网络的无线网络设备是蓝牙，在家庭中可用 WLAN 设备当作无线传输的骨干。

WLAN 的主要组成设备有：

① 无线网卡（Wireless NIC）。

② 存取桥接器（Access Point，AP）。

③ 无线桥接器（Wireless Bridge）。

WLAN 的市场主要分为企业、家庭和公共场所，在这三种市场中，企业和家庭的用户只要安装了网卡和具备了 AP 就可以进行无线通信了。但是公共场合的无线通信如果想要运作就没有前两种市场容易了，因为不同厂牌的 AP 和网卡在连结的时候还是会有问题。

WLAN 的确会影响 GPRS 和 3G 市场。不过还是可以做一个市场区分：WLAN 的特点是定点服务，而让真正移动的用户能够随时上网，这才应该是 GPRS 和 3G 的市场所在。因此我们可以说，宽带移动网络市场一端是固定网络，另一端是 Mobile，而 WLAN 就在中间。

IEEE 802.11b 和蓝牙在无线连网方面，因为只要接上了计算机或者是可携带式设备的天线，就可以彼此沟通了，若是再与集线器（Hub）的 AP 结合，就可以做到对外界的网络沟通，是未来取代有线沟通的最佳选择，所以许多国际企业纷纷投入这一市场的开发。而在 IEEE 802.11b 和蓝牙的竞争中，因为 IEEE 802.11b 价格较低，但传输功能高，所以在市场反应上比蓝牙好了许多。还在发展中的蓝牙技术，因为价格无法压下，而且其基频右翼受到其他的干扰，所以在推行上并不十分顺利，如果能克服前面所提到的弱势，或许大有可为。

5. 移动商务发展分析

通信系统的演变历史是：AMPS 系统（只能传语音）→GSM 系统（可以传语音和简单的文字）→WAP 系统（可以传语音、文字、单色图像，但不能同步进行）→GPRS 系统（可同步传送语音、文字、单色、彩色图像）→3G 系统（可同步传送语音、文字、单色和彩色图像）。

GPRS 发明人芬兰赫尔辛基科技大学教授 Dr. Kari 表示，在未来的几年内，移动通信的大趋势将为 GPRS（整合封包无线电服务）与 WLAN（无线局域网络）。因为 GPRS 不但可以让消费者随时随地连结网络，而且业者也不需花费像 3G 那么高额的执照费和网络系统建设，这些有利条件都是促成 GPRS 可高度发展的优势。但是漫游间造成的彼此账务系统转换问题及语音通信和数据流量的计费方法、费率等不相同，都是业者目前必须面对的难题。

无线局域网络也渐渐成了无在线网的主要解决方法，因为和 GSM 或是 GPRS 的上网方式相比，无线局域网络的上网费用便宜了许多，所以在一些咖啡馆、机场或饭店等都设有无线局域网络的服务，只要通过智能电话、平板计算机等，即可通过无线网卡连接网络的设备，都可以轻松地上网。Dr. Kari 也认为，4G 的未来发展应该会比 3G 要好，因此不要对 3G 存有太高的期待。

除了手机、PDA、Notebook 以外，其他各式 IA 设备、Tablet PC、WebPad、LCD PC、瘦客户机等，也都可能成为无在线网的重要平台。

13.6 习　　题

1. 名词解释：移动商务、PDA、可穿戴计算机、笔记本电脑、软性开关技术、Java、Linux、Flash、HTML、FrontPage、ASP、XML、IBM Net.Commerce、Intelligent Agent、静态智能型代理软件动态智能型代理软件。

2. 一般用来提供无线网的设备平台有哪些?

3. 介绍一下移动电话的发展史。

4. WLAN 的主要组成设备有哪些?

5. Java 为什么可以满足网络软件的“可移动性”？

6. Linux 为什么可以成为各家厂商最瞩目的宠儿？其主要家族成员和常见的版本有哪些？

7. XML 具有哪些优点？

7. 请例举常见的电子商城建设解决方案。

8. 智能型代理软件可分为哪两大种类?

9. 对于一个优良的智能型代理软件而言，应该具备哪些特性?

10. 为什么 Dr. Kari 表示，在未来的几年内，移动通信的大势趋向于 GPRS 和 WLAN。

13.7 实验与思考

1. 实验目的

本节“实验与思考”的目的是：

① 阅读移动商务解决方案案例，了解移动电子商务的需求、分析、设计与建设。

② 在网络环境中对移动电子商务主题进行搜索和信息浏览，以更多地熟悉和丰富关于移动电子商务的知识。

2. 工具/准备工作

在开始本实验之前，请回顾教材的相关内容。

需要准备一台带有浏览器，能够访问因特网的计算机。

3. 实验内容与步骤

（1）概念理解

① 什么是移动电子商务？移动电子商务的主要特点有哪些？试谈谈你对移动电子商务的看法。

② 制约移动电子商务发展的因素是什么？

③ 实现移动电子商务的技术主要有哪些？

（2）移动商务解决方案案例

北京某科技公司经过多年对保险行业的潜心研究与长期的业务实践积累，针对保险行业的移动应用需求制定了保险行业移动商务整体解决方案。该方案整合了目前移动通信领域中短信、WAP、K-Java、BREW 以及 IVR 等各项流行的移动增值技术，为保险企业提供了各类移动接入功能和各种系统接口功能，以高效、快速、灵活的特点帮助保险企业进行险种销售和客户管理。

① 方案概述。保险行业移动商务解决方案将移动用户和保险公司的业务系统、网站系统、办公自动化系统、客户服务系统等有机地整合在一起，架构起一套功能强大、服务形式多样化的移动商务系统。它主要包括四个子系统，即应用框架、移动接入子系统、功能子系统以及外部接口子系统等。

② 主要功能模块。

- 移动客服系统。这是客户在整个解决方案中能够直接感受的部分，通过该系统可以支持各种形式的短信服务，以实现客户需求的各类上、下行短信服务。

系统提供的上下行服务的项目包括：新单祝贺、续期交费通知、续保银行划账不成功通知、催缴费通知、保单失效告知、保单永久失效告知、代理人生日祝福、晋升查询（警告、降级、晋升、除名等）、佣金查询、短信群发、服务定制与取消、新险种介绍、所属客户保单资料查询等。

- e 营销系统。这是通过计算机、智能移动终端（手机）、因特网、无线数据网及相关设备销售保险产品或提供售后服务支持的一种营销手段。该营销系统包括：客户关系管理、业务信息查询、业务状态提醒、投保方案书、利益演示及理财规划等功能。

该系统功能可实现客户资源的档案管理、工作日志管理、客户资源的系统分析、个人活动量分析及业务分析等；客户、保单、佣金等信息的综合查询功能；客户生日、客户缴费等事件提醒功能；强大的短信群发功能；灵活方便的邮件转发功能等。另外，该系统还提供投保方案书生成、险种管理、轻松理财等，极大地提高了代理人的展业效率。

- 移动办公系统。基于手机方式的移动办公自动化系统摆脱了以往的基于定点办公的局限性，实现办公信息以无线方式进行流转，无论人员身处何处，都可以像本地办公人员一样进行日常办公，从而实现比传统模式更加灵活、更加高效的协作方式，为企业提供信息共享和信息集成的办公平台。

移动办公主要包括无线上网远程办公、短信辅助移动办公、WAP 辅助移动办公三种方式，其中短信辅助办公是基于手机的移动办公的主要形式，它可以实现短信通知与查询、短信/邮件互动等功能。

- 移动电子商务。就是利用手机、PDA等无线设备进行B2B或B2C的电子商务模式。目前，在保险行业中的应用主要是B2C的商务模型。根据保险企业的现实需求为保险企业客户提供随时随地的购买保单的移动平台。该系统分为手机保单激活、手机投保与手机支付等模块。
- 移动广告。移动广告会随着时间的变化推陈出新，以前以短信、彩信、彩铃等个人为主的应用，经过研发也可以针对企业用户，为客户提供个性化集团彩铃服务，从而为企业提供创新性的企业宣传、业务推荐、险种发布、最新公告等。

③ 技术特点。

- 便捷的操作管理。采用与Windows风格相同的操作方式，方便使用者快速掌握操作技巧，易学易用。
- 简易的开发维护。采用开放式的面向对象设计，实现模块化组件开发。后台通过集中的模块对象管理，结合前台模板技术，实现内容和表现形式的完全分离，帮助客户快速定制开发业务应用。
- 开放的体系结构。采用Java类代码为核心技术，提供了最大程度的开放性，系统基于组件的软件结构，灵活可扩展，金融企业可以根据业务发展的需求，与企业现有业务系统实现无缝对接，节约企业大量资源。
- 严密的安全体系。为严格保证金融企业内部专网的安全性，系统采用了高强度的RSA非对称密钥算法、DES、MD5算法等手段，实现方案的数据安全性和应用安全性。

④ 方案价值。

- 提高内部沟通效率，降低业务成本。保险公司可充分利用移动商务平台的内部信息沟通功能，实现移动办公和因特网办公平台的有效对接，保证业务和管理消息的及时、快速和主动传输，使保险公司成为一个能快速适应、应对外界变化的金融企业，在市场竞争中赢得先机。同时，移动商务平台的利用，将部分改变内部业务流程，从而很大程度上降低业务成本，提高业务效率。
- 由技术创新实现业务创新，打造保险企业市场竞争力。基于SMS、WAP、BREW、K-Java等移动通信技术的保险行业移动商务平台，有效权衡了功能与技术实现、项目与终端客户需求发展的关系。移动商务平台可以整合客户服务的信息推送、信息查询和在线交易等功能，创新的客户服务渠道和方式为保险公司构建了一个创新的业务模式，并通过创新模式赢得在保险市场竞争中的优势地位，从而打造在行业中的竞争力。
- 实现客户的快速拓展，为企业获得持续的经济效益与抗风险能力。为保险公司提供了一个创新的服务渠道和市场拓展渠道。通过充分发挥移动商务的便捷、快速、个性化、主动式、随时随地等优势，吸引更多的潜在客户成为保险公司的客户。通过保险公司的多种渠道如营业厅、电话、网站、移动终端等获取保险服务。这样，可实现保险公司客户的快速拓展和增长，从而带动保险公司各种业务的收入。
- 提高保险公司对市场的快速应变能力。有效的辅助营销业务开展，使公司通过各种报表、统计和提醒能够掌握各种保险险种的销售信息、实现销售信息的集中管理，对销售情况进行多维度分析并做出正确的决策。

- 个性化、多样化的服务形式极大提升保险服务的知名度、美誉度及客户忠诚度。通过移动商务平台，保险公司可享受到个性化、多样化的服务，服务覆盖能力的增强，提升了保险公司的服务认知度，服务的便捷和安全、服务内容的准确高质可增强客户美誉度。最终，保险公司的客户将热衷于持续的优质服务，从而成为公司的忠实客户。

（资料来源：硅谷动力，http://www.enet.com.cn/）

试分析：

① 请通过网络搜索，了解上述解决方案中出现的各项流行的移动增值技术缩写字母的含义：

WAP：____

K-Java：____

BREW：____

IVR：____

SMS：____

② 请分析移动电子商务解决方案的特点及技术要求：

③ 上述移动电子商务解决方案设计了哪些主要功能？

④ 请简单评价上述方案，你有什么改进意见？

（3）对移动商务解决方案的网络搜索与浏览

通过网络进行搜索和比较，你能够推荐一项有意义的移动电子商务解决方案吗？请简单描述，并请说明资料来源。

4. 实验总结

5. 实验评价（教师）

13.8 阅读与思考：谷歌眼镜

由 Google（谷歌）最秘密的 Google X 实验室负责研发的谷歌眼镜（Google Project Glass）是 Google 公司开发的用于增强现实的头戴式显示器（Head-mounted display, HMD）项目，这是一款神奇的眼镜，它将我们带到了刚刚起步却异乎寻常的增强现实型穿戴式计算机时代，如图 13-9 所示。研发的产品（Google Glass）在 2012 年 4 月开始测试，谢尔盖·布林在 2012 年 4 月 5 日在旧金山举行的 Foundation Fighting Blindness 活动上佩戴了这一产品。2013 年 2 月 21 日，该产品面向美国用户接受预订。

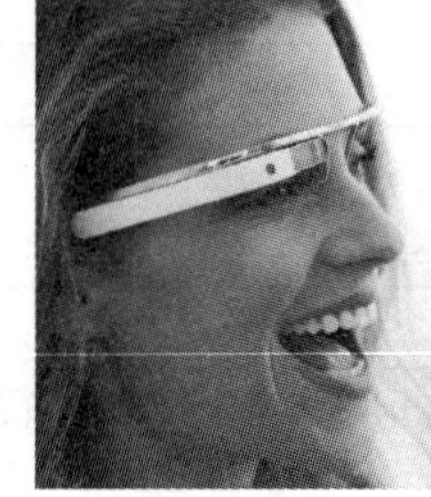

图 13-9 谷歌眼镜

Google Glass 集智能手机、GPS、相机于一身，在用户眼前展现实时信息，只要眨眨眼就能拍照上传、收发短信、查询天气路况等操作，其目的是希望用眼镜取代智能手机的屏幕，并且允许使用自然语言来与互联网交互。Google Glass 使用 Android 操作系统（初期为 4.0.3 版本）。

尽管头戴式增强现实显示器已不是新鲜的概念，Google Glass 项目还是引起了媒体的广泛关注，主要是由于这是 Google 的项目，也因为原型看起来比以往的头戴式显示器更小更薄，更像是一副普通眼镜。在未来，新设计可以把显示器集成入普通眼镜。

规格

佩戴谷歌眼镜，相当于 8 英寸的距离观看 25 英寸大小的接口，屏幕比为 16:9，500 万像素的照相机以及 720p 的摄影机，支持无线网络 802.11b/g（WiFi 和蓝牙）但不支持 802.11n，自带 16 GB 的存储器（ROM），如果包含操作系统能使用的存储器只有 12 GB，语音辨识的麦克风和传导声音的耳机为骨传导式，塑胶框模块化设计，可以使用专用充电器，也可以使用 USB 充电（micro USB）。

曾说明分辨率为 640×360，但官方并没有公布此条目，不能确定。只说电池电力能撑过一天的时间，但没有清楚说明电量等，不能确定续行的准确时间。

根据其演示视频，通过眼睛对各种功能进行选择，但是具体实施貌似是通过语音来控制，这似乎显示 Google 的语音技术也比较成熟。

体验

谷歌眼镜的重量只有几十克，尽管如此，它仍然内置了一台微型摄像头，还配备了头戴式显示系统，可以将数据投射到用户右眼上方的小屏幕上，而电池也被植入眼镜架里。

总之，谷歌眼镜就像是可佩带式智能手机，让用户可以通过语音指令，拍摄照片、发送信息，以及实施其他功能。例如，如果用户对着谷歌眼镜的麦克风说“好了，眼镜”，一个菜单即在用户右眼上方的屏幕上出现，显示多个图标，让你拍照片、录像、使用谷歌地图或打电话。

这款设备在多个方面性能异常突出，用它可以轻松拍摄照片或视频，省去了从裤兜里掏出智能手机的麻烦。当信息出现在右眼前方时，感觉真是太酷了，虽然让人有些分不清方向，不过丝毫没有不适感。

用途

但是，谷歌眼镜真正缺少的利器是可以展现这项技术潜力的杀手级应用。谷歌眼镜就像是一款不太扎眼的智能手机，让人们在街上走路时，不用低头看手里的设备。这种想法虽然不错，但似乎缺乏一个更为雄心勃勃的目标。

谷歌公布的有关该产品的视频展示了 Project Glass 的潜在用途。在这段视频中，一位男性在纽约市的街道上散步，与朋友聊天，看地图查信息，还可以拍照。在视频的结尾处，该名男子还在日落时与一位女性朋友进行了视频聊天。所有的这一切都是通过 Project Glass 拓展现实眼镜进行的。

（资料来源：百度百科）

第14章 电子商务相关法律

为保证电子商务活动的正常进行，需要一个透明、和谐的商业法制环境，以保护交易公平、竞争平等，知识产权及个人隐私等。

14.1　电子商务的法律环境

电子商务的法律保障涉及两个基本方面：电子商务首先是一种商品交易，其安全问题应当通过民商法加以保护；二是电子商务交易是通过计算机及其网络而实现的，其安全与否依赖于计算机及其网络自身的安全程度。

14.1.1　电子商务示范法

联合国国际贸易法委员会在EDI规则研究与发展的基础上，于1996年6月通过了《联合国国际贸易法委员会电子商务示范法》，这个示范法为各国提供了一整套国际上能够接受的电子商务规则。例如，如何消除以无纸方式交流重要法律信息的一系列法律障碍，其中包括这些信息的法律效力或合法性的不确定性；如何为电子商务创造一个更加安全的运作环境等。示范法也可用来解释妨碍电子商务的现有国际公约和其他国际机制。示范法的颁布为逐步解决电子商务的法律问题奠定了基础，为各国制定本国电子商务法提供了框架和示范文本。

1.《电子商务示范法》的产生过程

随着电子数据交换（EDI）等现代通信手段在国际商业中的使用迅速增多，各国对EDI的法律规定不尽相同，在国际贸易中所面临的法律问题越来越多。1991年，联合国国际贸易法委员会下属的国际支付工作组开始负责制定一部世界性的EDI统一法。1993年，该工作组在维也纳召开第26届大会，会议全面审议了世界上第一部EDI统一法草案《电子数据交换及贸易数据通信手段有关法律方面的统一规则草案》。由于不同法系的法律不可能很快协调完备，为适应各国对EDI统一法的迫切要求，统一法采取了灵活的“示范法（model law）”形式。

随着科学技术的不断进步，信息高速公路和因特网变得更加普及，到1996年，在因特网上展开的开放式数据交换比EDI得到更为广泛的应用，因此，1996年联合国国际贸易法委员会决定，统一法标题中不再使用“电子数据交换（EDI）”字样，而代之以“电子商务（electronic commerce）”，并将《示范法草案》名称改为《电子商务示范法》。同年12月16日，联合国国际贸易法委员会第85次全体大会以51/162号决议通过了《电子商务示范法》这一法律范本。该法解决了世界上许多国家在电子商务法律上的空白或不完善的问题，促进了全球电子商务的发展。

2.《电子商务示范法》的主要内容

《电子商务示范法》(简称《示范法》) 共分为两部分，第一部分涉及电子商务总的方面，共三章 15 条，第二部分只有一章 2 条，它涉及货物运输中使用的电子商业。

第一章“一般条款”，包括适用范围、定义、解释、经由协议的改动等 4 个条款；第二章“对数据电文的适用的法律要求”，包括对数据电文的法律承认、书面形式、签字、原件、数据电文的可接受性和证据力、数据电文的留存；第三章“数据电文的传递”，包括合同的订立和有效性，当事各方对数据电文的承认，数据电文的归属、确认、收讫、发出和收到数据电文的时间、地点等 5 个条款。

第一章：一般条款。示范法第一条对适用范围做了规定，即“本法适用于在商业活动方面使用的、以一项数据电文为形式的任何种类的信息”。它的适用很广，包括以电子技术为基础的各种各样通信手段生成、储存或传递信息的情况，而不限于某一特定的形式或手段。

在第一章第二条中，该法对“数据电文”“收件人”“电子数据交换（EDI）”“发端人”“收件人”“中间人”“信息系统”等词均做了定义。

①“数据电文”系指经由电子手段、光学手段或类似手段生成、储存或传递的信息，这些手段包括但不限于电子数据交换（EDI)、电子邮件、电报、电传或传真。

②“电子数据交换（EDI)”系指电子计算机之间使用某种商定标准来规定信息结构的信息电子传输。

③ 一项数据电文的“发端人”系可认定为发送或生成该数据电文的人、被代表发送或生成该数据电文的人和对数据电文予以储存的人，但“发端人”不包括作为中间人来处理该数据电文的人。

④ 一项数据电文的“收件人“系指发端人意欲由其接收该数据电文的人。

⑤“中间人”，就某一特定数据电文而言，系指代表另一个发送、接收或储存该数据电文或就数据电文提供其他服务的人。

⑥“信息系统”系指生成、发送、接收、储存或用其他方法处理数据电文的人。

《示范法》第三条提醒各国对该法做出解释时，应考虑到其国际渊源以及促进其统一适用和遵守诚信的必要性。

《示范法》第四条规定合同各方对本法第三章有关电子商业的规定享有另做规定的自主权，但这种自主权不适用于该法第二章。

第二章：对数据电文的适用法律要求。

① 对数据电文的法律承认。示范法第五条规定，不得仅仅以某项信息采用数据电文形式为理由而否认其法律效力、有效性或可执行性。不应歧视数据电文，应同等对待数据电文与书面文件。

② 书面形式要求。示范法第六条规定，如果法律要求信息须采用书面形式，或规定了信息不采用书面的后果，那么只要一项数据电文所含信息可以调取以备日后查用，即满足了该项要求。我们知道，电子商务产生的非纸质的数据电文与传统的书面文件相差很大，传统的书面文件包括书面的合同、协议和各种书面单据如发票、收据等，它们是由有形的纸张和文字表现出来，具有有形物的特点，如文件可以被阅读，可以用笔签字证明合法有效。而数据电文的表现形式是通过调用储存在磁盘中的文件信息，利用计算机显示在屏幕上的文字来表现，电子文件的存在介质是计算机硬盘等。联合国国际贸易法委员会扩大了法律对“书面”一词所下的定义，

使电子数据能纳入书面范畴。这一方法可称为功能等同法，即符合书面形式功能的东西便可视为书面形式，而不论它是“纸”还是“电子数据”。由此可见，示范法对数据电文的最基本的要求是：信息可以阅读或复制。

③ 签字。《示范法》第七条规定如果符合下列两种情况，数据电文就满足签字的基本法律要求：

a. 如果数据电文的发端人或收件人使用了一种方法，其效果是既鉴定了该人的身份，又表明了该人认可了数据电文内含的信息。并且

b. 从所有各种情况来看，包括根据任何相关协议，所用方法是可靠的，对生成或传递数据电文的目的来说也是适当的。

④ 原件。示范法第八条规定了数据电文原件的特点。与传统的书面原件之规定有所不同。书面形式的原件一般应具有下列特点：既除了具有可阅读、复制和保存的特点外，它能确保其所载的原始数据的完整性与不被改动性。如果把数据电文的“原件”界定为信息固定于其上的媒介物，则根本不可能谈及任何数据电文的“原件”，因为数据电文的收件人所收到的总是该“原件”的副本。《示范法》也用功能等同法重新确定了数据电文“原件”的概念。该条强调了作为数据电文原件信息的完整性，规定了评定信息完整性的标准应当是：除加上背书及在通常传递、储存和显示中所发生的任何变动外，有关信息是否保持完整，未做改变；并且应根据生成信息的目的和参照所有相关情况来评定所要求的可靠性标准。该条对物权凭证、流通票据和金融交易电子合同等具有重要意义，因为它们必须是原样未被改动的，以“原件”形式传递，这样才能保证在国际商业往来中当事人广泛的合法权益。

⑤ 数据电文的证据力、可接受性和留存。《示范法》第九条充分肯定了数据电文在法律诉讼中作为证据的可接受性，同时，也确立了数据电文的证据价值。《示范法》第十条针对现有的信息储存要求确立了一套留存替代方法。

第三章：数据电文的传递。

① 合同的订立、有效性和对数据电文的承认。《示范法》第十一条规定，除非当事人另有协议，合同各方可通过数据电文的要约和承诺的方式来缔结合同，并不得仅仅以使用了数据电文为理由而否认该合同的有效性或可执行性。联合国国际贸易法委员会扩大了以电子手段订立合同的法律可靠性，而对以数据电文形式订立合同时合同成立的时间和地点问题并未做出具体的规定，从而有利于避免与某些关于合同订立的国内法的不一致。《示范法》第十二条是前一条的补充，规定发端人和收件人应承认以数据电文形式做出的单方面声明或陈述的法律效力。

② 数据电文的归属。为了确保数据电文的真实性、完整性、不可篡改性和抗否认性，目前，通过对数据电文编码、加密、认证中心的认证等手段来核查，防止假冒或欺诈等事件发生。《示范法》第十三条对数据电文的确认、核实等方面做了较具体的规定，一项数据电文，如果是由发端人自己发送或由有权代表发端人行事的人发送的，或由发端人设计程序或他人代为设计程序的一个自动运作的信息系统发送的，即为该发端人的数据电文。

满足下列两个条件，则收件人有权将一项数据电文视为发端人的数据电文，据此推断行事：

a. 为了确定该数据电文是否为发端人的数据电文，收件人正确地使用了一种事先经发端人同意的核对程序；或

b. 收件人收到的数据电文是由某一人的行为而产生的，该人由于与发端人或与发端人的代理人的某种关系，得以动用本应由发端人用来鉴定数据电文确属源自其本人的某一方法。

但有两种例外情况：

a．收件人收到通知，知道有关数据电文非发端人发出。

b．由于发端人或收件人疏忽，数据电文未经授权被发出，则当事方要自己承担责任。

③ 确认收讫。如发端人未与收件人商定以某种特定形式或某种特定方法确认收讫，可通过以下形式来确认收讫：

a．收件人任何自动化传递或其他方式的传递，或

b．足以向发端人表明该数据电文已经收到的收件人的任何行为。

④ 发出和收到数据电文的时间和地点。在电子通信网络的电子商务往来中，确定一项数据电文发出和收到的时间和地点十分重要，《示范法》第十五条规定，数据电文发出时间应是该数据电文进入发端人控制范围之内某一系统的时间；数据电文发给了收件人的一个信息系统但不是指定的信息系统，则以收件人检索到该数据电文的时间为收到时间。除非发端人与收件人另有协议，数据电文应以发端人设有营业地的地点视为其发出地点，而以收件人设有营业地的地点视为收到地点。如发端人或收件人有一个以上的营业地，应以对基础交易具有最密切关系的营业地为准，如无任何基础交易则以其主要的营业地为准，如发件人或收件人没有营业地，则以其惯常居住地为准。

3.《示范法》的影响

《示范法》是联合国国际贸易委员会为适应科技进步、电子商务迅速发展，对传统以书面文件为基础而制定的一系列法律提出了挑战等情况，而制定供各国进行有关电子商务立法作参考的法律范本。同时，它也为各国电子商务的尽可能统一提供了一个示范的法律模式。

联合国国际贸易法委员会制定的《电子商务示范法》虽然不是国际条约，也不是国际惯律，仅仅是起到示范作用的有关电子商务的法律范本，但却有助于有关国家完善、健全其有关传递和储存信息的现行法规和惯例，并给全球化的电子商务创造一个尽可能统一、良好的法律环境。

14.1.2　世界电子商务立法状况

在联合国《电子商务示范法》制定之后，一些国际组织和国家纷纷合作，制定各种法律规范，形成了国际电子商务立法的高速发展期，其主要成果体现在以下 4 个方面。

（1）WTO 的三大突破性协议

1996 年开始的关贸总协定乌拉圭回合谈判最终制定了《服务贸易总协定》，在谈判过程中产生了一个《电信业附录》。这一附录的制定开始了全球范围内电信市场的开放。WTO 建立后，立即开展了信息技术的谈判，并先后达成了三大协议：

①《全球基础电信协议》于 1997 年 2 月 15 日达成，主要内容是要求各成员方应向外国公司开放其电信市场并结束垄断行为。

②《信息技术协议（ITA）》于 1997 年 3 月 26 日达成，协议要求所有参加方自 1997 年 7 月 1 日起至 2000 年 1 月 1 日将主要的信息技术产品的关税降为零。

③《开放全球金融服务市场协议》于 1997 年 12 月 31 日达成，协议要求成员方对外开放银行、保险、证券和金融信息市场。

这三项协议为电子商务信息技术的稳步有序发展确立了新的法律基础。

（2）国际性组织加快制定电子商务指导性交易规则

随着电子商务的发展，现有的国际商务惯例已远远不能满足商业往来的需要。近年来，国

际商会正以大部分精力集中抓紧制定有关电子商务的交易规则，以促进国际贸易的安全进行。国际商会已于 1997 年 11 月 6 日通过《国际数字保证商务通则（GUIDE）》，该通则试图平衡不同法律体系的原则，为电子商务提供指导性政策，并统一有关术语。国际商会还制定了《电子贸易和结算规则》等交易规则。

WTO 对于贸易领域的电子商务已提出了工作计划，特别针对服务贸易提出了重点解决的几个问题，如电子商务定义、司法管辖权、电子商务分类、协议签署等。其他如关税、个人隐私、安全保证、国民待遇、公共道德等问题也提出讨论和研究。

（3）地区性组织积极制定各项电子商务的政策

电子商务地区组织主要是经济合作与发展组织（OECD）、欧盟等地区性组织和国家。1997 年 4 月 15 日，欧盟委员会提出了“欧盟电子商务协议”，就发展电子商务的问题阐明了欧盟的观点。该文件强调在欧盟范围内建立一个适于电子商务的法律与管制框架。该管制应深入到商业活动的第一个环节中，任何影响电子商务活动的问题都应该予以重视。这些问题包括数据安全、隐私、知识产权保护，以及透明的和温和的税收环境。欧盟应积极与国际组织及其他国家的政府加强对话，确保形成一个全球一致的法律环境，共同打击网络国际犯罪。

1998 年 10 月，OECD 公布了三个重要文件：《OECD 电子商务行动计划》《有关国际组织和地区组织的报告：电子商务的活动和计划》和《工商界全球商务行动计划》。这些文件可作为 OECD 发展电子商务的指导性文件。欧盟则于 1997 年提出《关于电子商务的欧洲建议》，1998 年又发表了《欧盟电子签字法律框架指南》和《欧盟关于处理个人数据及其自由流动中保护个人的指令》（或称《欧盟隐私保护指令》），1999 年发布了《数字签名统一规则草案》文件。这引起地区性组织通过制定电子商务政策努力协调内部关系，并积极将其影响扩展到全球。

（4）世界各国积极制定电子商务的法律法规

为了解决网络发展带来的法律问题，许多国家在立法上采取措施。一方面对原有法律进行修订和补充，另一方面则是针对电子商务产生的新问题而制定新的法律。后一方面的工作最初是从电子签字开始的，即通过立法确认数字签名的法律效力。1995 年美国犹他州制定了世界上第一个《数字签名法》，随后英国、新加坡、泰国、德国等也开展了这方面的立法。此后，各国针对电子商务的有关问题，如公司注册、税收、交易安全等都制定了一批单项法律和政策规则。

随着网络经济的迅猛发展，电子商务立法引起了各国政府的重视，许多国家开始制定综合性的法律，以促进和规范电子商务的发展。例如新加坡《电子商务法》（1998）、美国《统一电子商务法》（1999）、加拿大《统一电子商务法》（1999）、韩国《电子商务基本法》（1999）、澳大利亚《电子交易法》（1999）、中国香港特别行政区《电子交易法令》（1999）、法国《信息技术法》（2000）、爱尔兰《电子商务法》等。

14.1.3 中国电子商务政策法规

我国正在逐步完善市场经济体制，并在新的体制下积极发展电子商务。而企业是电子商务发展的主体，应该在电子商务的技术、应用、实践和服务中起主导作用。政府的作用是推动电子商务的发展，具体做法为：

① 政府提供一个可预见的、透明的和连续性的法律环境和法律法规，该法规应遵循技术中立、保护竞争的原则。

② 提供一个电子商务参加者能够相互信任并有信心的环境，这就要加强信息制度的建设。

③ 在发展国内电子商务的同时，考虑一个应与国际标准、国际惯例相适应，即与国际接轨的政策法规。

④ 在推进电子商务时，政府要起带头作用，建立电子政务系统，如电子税务、电子海关等，引导并推进企业实现电子商务。在政府和企业履行各自职责的同时，还要做到密切配合、相互沟通，以共同促进电子商务的发展。

近年来在与电子商务相关联的电信业、因特网服务业和电子信息产业中，国务院和有关部门先后出台一些政策、法规和规章，逐步将电子商务的外围规范了起来，创造了一个有利的环境。此外，我国现行涉及交易安全的法律法规主要有 4 类：

① 综合性法律。该法律主要是《民法通则》和《刑法》中有关保护交易安全的条文。

② 规范交易主体的有关法律。该法律如《公司法》《国有企业法》《集体企业法》《合伙企业法》《私营企业法》和《外资企业法》等。

③ 规范交易行为的有关法律。该法律包括《经济合同法》《产品质量法》《财产保险法》《价格法》《消费者权益保护法》《广告法》和《反不正当竞争法》等。

④ 监督交易行为的有关法律。该法律如《会计法》《审计法》《票据法》和《银行法》等。

我国电子商务的相关法律法规和政策还在不断完善之中，国家有关部门正在制定促进电子商务发展的政策框架，希望通过一些鼓励和优惠政策来推进中国电子商务的发展。需要制定和注意的电子商务法律法规主要有：买卖双方身份认证办法、电子合同的合法性程序、子支付系统的安全措施、信息保密规定、知识产权侵权处理规定、税收征收办法、广告管制、网络信息内容过滤和资费政策等。

14.2　电子签名的法律效力

电子签名是指数据电文中以电子形式所含、所附，用于识别签名人身份并表明签名人认可其中内容的数据。通俗地说，电子签名就是通过密码技术对电子文档的签名，并非是书面签名的数字图像化，它类似于手写签名或印章，也可以说它就是电子印章。

电子签名法（Electronic Signatures Law）是网络上许多事情的法律基础。人们运用网络处理的事情越来越多，相当需要确认身份的法律来源，比如说：

① 在电子商务上，需要电子签名以取代盖章。

② 政府发放许多证照，可以让民众通过网络以电子签名的方式完成申请。

③ 可以用电子签名颁发网络学习的证书。

多少世纪以来，世界奉行书（纸）面亲笔签名所表达的真实性原则，并把它确定为有效的法律行为。发展电子商务和电子政务，必须赋予“电子签名”与书面签名相同的法律地位。为了促进电子商务的发展，各发达国家及后起的许多发展中国家和组织，近年来均积极行动，陆续制定电子签名法。

14.2.1　中国电子签名法

2004 年 8 月，第十届全国人大常委会第十一次会议通过了《中华人民共和国电子签名法（草案）》（简称《电子签名法》），并于 2005 年 4 月 1 日起施行。

《电子签名法》的颁布，使网络信任方面的问题得到根本的改善。在网络信任方面，它涉及到电子政务、电子商务以及国家信息化整体发展战略等多层面问题，是相关技术、应用、组织、规范和法律法规的总和，是国家综合实力的体现。

《电子签名法》的颁布实施，为包括 PM 等技术在内的电子商务、电子政务发展提供了强有力的保障。

《电子签名法》共 5 章 36 条，该法的目的是“为了规范电子签名行为，确立电子签名的法律效力，维护有关各方的合法权益”，并对法律所涉及的“电子签名”做出明确规定。这部法律将我国电子签名立法的重点确定为：确立电子签名的法律效力；规范电子签名的行为：明确认证机构的法律地位及认证程序；规定电子签名的安全保障措施等。

随着这部法律的出台和实施，电子签名将获得与传统手写签名和盖章同等的法律效力，同时承认电子文件与书面文书具有同等效力，意味着在网上通行有了“身份证”，也使现行的民商事法律同样适用于电子文件。专家认为，这部法律将对我国电子商务和电子政务的发展起到极其重要的促进作用。民事活动中的合同或者其他文件、单证等文书，当事人可以约定用或者不用电子签名、数据电文。当事人约定使用电子签名、数据电文的文书，不得仅因为其采用电子签名、数据电文的形式而否定其法律效力。

涉及停止供水、供热、供气、供电等公用事业服务的文书，如果采用电子签名、数据电文，并不适用于这部法律的调整范围，可能不具有法律效力。

这部法律还规定，“涉及婚姻、收养、继承等人身关系的”，“涉及土地、房屋等不动产权益转让的”，也不适用于这部法律的调整范围。

14.2.2 电子签名与认证服务

电子签名必须同时符合“电子签名制作数据用于电子签名时，属于电子签名人专有”“签署时电子签名制作数据仅由电子签名人控制”“签署后对电子签名的任何改动能够被发现”“签署后对数据电文内容和形式的任何改动能够被发现”等几种条件，才能被视为可靠的电子签名。当事人也可以选择使用符合其约定的可靠条件的电子签名。

提供电子认证服务，也应当具备相应条件。在电子交易中，双方使用电子签名时，往往需要由第三方对电子签名人的身份进行认证，向交易对方提供信誉保证，这个第三方一般称之为电子认证服务机构。电子认证机构要具备下列条件：

① 具有与提供电子认证服务相适应的专业技术人员和管理人员。

② 具有与提供电子认证服务相适应的资金和经营场所。

③ 具有符合国家安全标准的技术和设备。

④ 具有国家密码管理机构同意使用密码的证明文件。

⑤ 法律、行政法规规定的其他条件。

为确保电子交易安全放心，在我国《电子签名法》正式实施前夕，国家信息产业部作为法律授权的电子认证机构行政许可的实施机关，依照电子签名法的授权制定了《电子认证服务管理办法》，自 2005 年 4 月 1 日起施行，并具有重要的法律效力和作用。

电子签名法在设立电子认证服务市场准入制度的同时，考虑到由于我国电子认证业务还处于发展起步阶段的情况，规定了政府部门有必要对电子认证机构实施有效的、适度的监管，并明确授权国务院信息产业主管部门制定电子认证服务业的具体管理办法，对电子认证服务提供者实施监督管理。

电子认证服务市场准入制度是电子签名法立法核心之一。《电子认证服务管理办法》主要规定了电子认证服务许可证的发放和管理、电子认证服务行为规范、暂停或者终止电子认证服务的处置、电子签名认证证书的格式和安全保障措施、监督管理和对违法行为的处罚等内容。

《电子认证服务管理办法》以电子认证服务机构为主线，主要围绕电子认证机构的设立、电子认证服务行为的规范、对电子认证服务提供者实施监督管理等内容作了具体规定，以解决电子认证服务行政许可的实施和电子认证服务机构的监督管理问题，从而保证电子签名法的顺利施行。

从事电子认证服务，应当向国务院信息产业主管部门提出申请，并提交相关符合条件的材料。国务院信息产业主管部门接到申请后经依法审查，征求国务院商务主管部门等有关部门的意见后，自接到申请之日起 45 日内做出许可或者不予许可的决定。

未经许可提供电子认证服务的，由国务院信息产业主管部门责令停止违法行为；有违法所得的，没收违法所得；违法所得 30 万元以上的，处违法所得一倍以上三倍以下的罚款：没有违法所得或者违法所得不足 30 万元的，处 10 万元以上 30 万元以下的罚款。

为保护电子签名人的合法权益，法律规定，伪造、冒用、盗用他人的电子签名，构成犯罪的，依法追究刑事责任：给他人造成损失的，依法承担相应的民事责任。

电子认证服务提供者签发的电子签名认证证书应当准确无误。电子认证服务提供者应当保证电子签名认证证书内容在有效期内完整、准确，并保证电子签名依赖方能够证实或者了解电子签名认证证书所载内容及其他有关事项。

电子签名人或者电子签名依赖方因依据电子认证服务提供者提供的电子签名认证服务从事民事活动遭受损失，电子认证服务提供者不能证明自己无过错的，承担赔偿责任。

14.2.3 电子签名的应用

金融及电子商务产业可能是电子签名法通过后接受度最高的。凡是在交易或业务行为中，规定需要“书面、签章”的产业，是第一批适用于电子签名法的产业。例如金融、保险、医疗产业、政府机关重要申办业务。网际威信副总何钰威认为，电子签名法是未来几年最大产业驱动力。证书市场还没有形成成熟的商业模式，目前能够使用证书服务的，多半是比较新的企业。

有权威人士认为，电子化政府将可以带动信息产业的商机。电子化政府的推动，除了委外服务的金额外，对信息产业有很多带动的效果。例如公文电子交换，每个机关都要上网、建设自己的局域网络，自然会带来上网设备、软硬件的采购需求。

电子化政府的推动，会是带动证书市场主要的驱动力。凡与政府有关的业务都可以在门户网站上“一次购足”，完成政府机关的公文交换系统，预期可创造相关产业的商机。

电子交易能否普及应用的关键在于下列几点：

① 建立安全可信赖的电子认证体系。

② 确保网络传输的安全性。

③ 确保存储过程中的安全性。

④ 赋予电子签名的法律效力。

⑤ 赋予电子文件的法律效力。

14.3 信用与道德问题

电子商务信用体系的建立对电子商务至关重要，而这是一个综合性的任务，不是仅仅依靠某一方面的努力就能够解决的。这个过程中有意识问题，也有技术问题和法律问题。

14.3.1 电子商务中的信用

信用是依靠道德规范调整的行为准则，是指二元或多元主体之间，以某种经济生活需要为目的，建立在诚实守信基础上的心理承诺与约期实践相结合的意志和能力。

信用广泛流行于近现代商业和金融领域之中，是从属于商品和货币关系的产物，从而构成一个现代文明社会不可缺少的、相对独立的经济范畴和社会生活现象。

但是，作为发展中国家，我国电子商务所依靠的经济环境与发达国家相比具有很大的差异，其中信用体系不健全已经成为制约我国电子商务健康发展的一个重要因素。一方面，电子商务正在改变商品的表现形式，由实物到虚拟，从而改变了交易各方接触的方式，由面对面到网络化接洽和交易；另一方面，传统商务流程中人们一直关注的信用问题并没有得到多大的改善，而电子商务对整个社会健全的信用体系的依赖却比传统商务有过之而无不及，这样的信用现状阻碍了电子商务的顺利发展。

电子商务运作在一个有别于传统市场的虚拟空间，它的经营主体、客体以及经营活动本身都或多或少地实现了电子化、数字化和在线式经营，这样一种全新的交易模式如果能够顺利完成并实现，需要赋予交易各方以及中介各方足够的信任。信用交易的应用也大大降低了市场的交易成本，扩大了市场规模，从而成为正常商业活动的前提和基础。因此，一个符合国情实际，适应电子商务发展的信用体系成为交易各方共同的需要。

电子商务信用体系的建立是一个综合性的任务，它包括：

① 社会各方面要大力引导，以建立一个具有良好信用意识的社会环境。

② 建立和完善电子商务认证中心。认证中心是改善电子商务信用环境的最基本的技术手段，是电子商务活动正常进行的必要保障。

③ 制定相关法律和制度，以利于营造良好的信用氛围。保障正常电子商务活动的进行，要通过法律规范电子商务交易各方的交易行为，规范和确认什么样的电子合同、数字签名等在法律上是有效证据，哪些是无效证据，从而保障讲信用的合法交易者的合法利益。

④ 建立社会信用评价制度和体系，为电子商务交易提供资讯服务，促进企业和个人努力提高信用，自觉避免有损信用的事件的发生，如企业融资信用和个人消费信用等。

14.3.2 电子商务中的道德问题

决定网上广告政策时，道德方面的考虑是很重要的。开展电子商务的公司应该遵守社会公共的道德标准。网上的购买者常常相互沟通，公司背离道德标准的行为会在顾客之间迅速传播，从而严重影响公司的声誉。通常说来，网上广告应该只包括真实的内容，不要以任何方式忽略会影响潜在购买者对某个产品或服务印象的内容。如果广告中省略了重要事实时，真实的陈述也会被认为有误导作用。任何与其他产品的比较都应该由事实来支持。例如诽谤。诽谤是一种有损于别人或别的公司声誉的虚假陈述。如果这种陈述损害的是产品或服务而不是人的声誉，就称为诋毁产品。在有些国家中，对产品的真实比较也会被认为是诋毁产品。由于判断什么是诽谤和诋毁产品有很大的主观性，所以商务网站最好别对其他人或产品进行负面的评价。

在许多国家，个人信息正在成为一个可以买卖和交易的商品，需要有一个标准来平衡人们的隐私权利与公共服务部门为进行决策和提供服务而访问这些信息的权利。这个标准根据国家的不同而不同，需要考虑每个国家自己的价值观和文化因素。因特网使政府提供更好的公共服务，也应该有更大的透明度，所以，有足够的理由推动电子政务向前发展。然而，因特网也使政府可以收集和联系更多的个人信息，这给个人隐私带来了新的风险。

由于网站能够收集到访问者的浏览习惯、产品选择和人口统计等大量信息，因而对个人行为的保密就非常重要。处理顾客数据以方便网站管理者了解网站情况时应遵循的四个原则是：

① 使用所收集的数据来改进顾客服务。

② 未经顾客同意，不要将顾客数据扩散到公司外部。

③ 明确告诉顾客你所要收集的数据类型及使用目的。

④ 顾客有权要求你删掉有关他的任何信息。

14.3.3　消费者保护

当虚拟的网络交易中发生争议时，买卖双方能否通过一个有效且迅速简便的体系来解决消费争端，是促进“网上交易安全”的关键因素。因此，电子商务的商业模式中，若能建立一项完善的 B2C 网上争端诉讼外解决体系——Online ADR（Online Alternative Dispute Resolution），将能增强消费者网上购物的信心。

所谓 Online ADR 体系，是由一般的 ADR 发展而来，对于网络上因电子商务契约所产生的争执，由非法庭但公正的第三方来解决。

在国际间，美国、加拿大、欧盟大都鼓励业者建立消费争端解决体系，以促进电子商务发展。目前较有名的 Online ADR 业者有：

① 人为调解的方式：美国的 BBB Online、SquareTrade.com；欧盟有 Cyber Cour、Fsm、E.Mediation、E.Mediator、IRIS Mediation；我国台湾则有 Net080、Secure Online 等。

② 自动式的协商体系：美国的 Click Nsettle、Cybersettle 等。

14.4　知 识 产 权

知识产权，是指“权利人对其所创作的智力劳动成果所享有的专有权利”，一般只在有限时间期内有效。各种智力创造比如发明、文学和艺术作品，以及在商业中使用的标志、名称、图像以及外观设计，都可被认为是某一个人或组织所拥有的知识产权。

1. 著作权

在著作权方面，美国在 1996 年 12 月由世界智能财产权组织（WIPO）所通过的“世界智能财产权组织著作权条约”（The WIPO Copyright Treaty）和“世界智能财产权组织表演及录音物条约”（The WIPO Performers and Phonograms Treaty）等两项国际条款，对于网上著作的利用，产生重要的影响，其中赋予了著作权人专属的经济权利，包括散布权、出租权、向公众沟通与接触权等。美国已完成“数字著作权法”修正案，将严格限制录音、录像，以及网络文件交换等行为，希望解决网络上的文件交换带来的种种侵权行为。

如何创造数字内容产品的授权体系，将是最重要的环节。传统出版物的版权取得比较简单，主要是出版者与作者间的授权关系，但是在数字内容方面的授权有下列困难：

① 制作成员的组合不同。就数字内容来说，不只是单纯将作者的智能产出数字化就可以了，还包括程序、美术、企划整合等部分，因此与作者洽谈版权的模式与授权金额有所不同。

② 媒体复杂多样化。随着数字内容的载体不断创新，从光盘到网络媒体，数字内容的版权范围也从过去的传统媒体扩大到网络媒体，因此内容厂商如何取得电子版权及其体系都有待建立。

2. 专利权

专利权，在电子商务出现后愈显重要，其代表例子是1998年7月美国联邦上诉法院在State Street一案中，判决一件共同基金的管理技术的专利案，并且通过了专利的核发，之后就引发了软件技术专利的热潮。随着软件与网络相关专利的申请案件的不断增加，美国政府当局将促成全球共同努力，建立专利的丰富案例，并积累专利审查援救信息GII建设方面的专业知识，以提供有效且足够的专利权保护。

3. 商标权

商标法在网域名称的产生后变得相当复杂，因为一个简单易懂又能凸显各家公司的网络域名称变成抢占的焦点，并且商标与网络域名称的注册采取“属地主义”与“先申请主义”，例如，知名的Compaq公司就以三百万美元向AltaVista公司买下了www.altavista.com的网域名称。于是网域名称的相关法律条款，就成了商标权的关键所在。

4. 网络蟑螂

所谓网络蟑螂，就是先把一些重要的网域名称注册下来，再高价售给需要这些网域名称的公司机构。这些所谓的“重要的网域名称”，多半是一些企业还来不及注册的公司名称、品牌名称、产品名称等，或者是一些“类别总称”（例如：food、car、book、computer等）。网络蟑螂总是游走于法律边缘，或者有时会利用机构对商标权的不熟悉而赚取不义之财。

14.5 习　　题

1. 名词解释：电子签名法、数字证书、PKI、著作权、专利权、商标权、网络蟑螂、Online ADR、隐私权、计算机处理个人数据保护法、好莱坞黑客法案。
2. 请说明数字证书的法律效力。
3. 请说明证书机构的法律责任。
4. 电子签名法通过后，可直接带动的相关产业有哪三大类？
5. 数字内容的授权有哪些困难？
6. 请说明虚拟宝物与货币盗窃的刑事责任。

14.6 课程实验总结

至此，我们顺利完成了本书有关电子商务实务的全部实验。为巩固通过实验所了解和掌握的相关知识和技术，请就所做的全部实验做一个系统的总结。由于篇幅有限，如果书中预留的空白不够，请另外附纸张粘贴在边上。

1．实验的基本内容

本学期完成的电子商务实务实验主要有（请根据实际完成的实验情况填写）：

第 1 章：主要内容是：______________________________

第 2 章：主要内容是：______________________________

第 3 章：主要内容是：______________________________

第 4 章：主要内容是：______________________________

第 5 章：主要内容是：______________________________

第 6 章：主要内容是：______________________________

第 7 章：主要内容是：______________________________

第 8 章：主要内容是：______________________________

第 9 章：主要内容是：______________________________

第 10 章：主要内容是：______________________________

第 11 章：主要内容是：______________________________

第 12 章：主要内容是：______________________________

第 13 章：主要内容是：______________________________

请回顾并简述：通过实验，你初步了解了哪些有关电子商务的重要概念（至少3项）：

名称：

简述：

名称：

简述：

名称：

简述：

名称：

简述：

名称：

简述：

2. 实验的基本评价

在全部实验中，你印象最深，或者相比较而言你认为最有价值的实验是：

①

你的理由是：

②

你的理由是：

在所有实验中，你认为应该得到加强的实验是：

①

你的理由是：

②

你的理由是：

对于本课程和本书的实验内容，你认为应该改进的其他意见和建议是：

3．课程学习能力测评

请根据你在本课程中的学习情况，客观地对自己在电子商务实务知识方面做一个能力测评。请在表 14-1 的“测评结果”栏中合适的项下打“✓”。

表 14-1　课程学习能力测评

关键能力	评价指标	测评结果					备注
		很好	较好	一般	勉强	较差	
课程主要内容	了解本课程的主要内容						
	熟悉本课程的全部或者大多数基本概念，了解本课程的理论基础						
	熟悉本课程的网络计算环境						
电子商务、电子政务知识	熟悉电子商务基本功能与分类						
	熟悉部分电子商务主流网站						
	熟悉电子政务基本框架与作用，了解政府门户网站						
技术基础知识	熟悉网络技术相关知识						
	熟悉数据库、多媒体等知识						
	熟悉 Windows 系统管理与安全机制以及 CA 认证等内容						
现代管理知识	熟悉 CRM、SCM 知识						
	了解 ERP 基本知识						
	熟悉网络营销和物流管理知识						
	熟悉电子支付，了解网站管理						
网络学习能力	网络自主学习的必要性和可行性						
	掌握通过网络提高专业能力、丰富专业知识的学习方法						
自我管理与交流能力	培养责任心，掌握、管理自己时间						

续表

关键能力	评 价 指 标	测评结果					备 注
		很好	较好	一般	勉强	较差	
自我管理与交流能力	知道尊重他人观点，能开展有效沟通，在团队合作中表现积极						
	能获取并反馈信息						
解决问题与创新能力	能根据现有的知识与技能创新地提出有价值的观点						
	能运用不同思维方式发现并解决一般问题						

说明：“很好”为 5 分，“较好”为 4 分，其余类推。全表栏目合计满分为 100 分，你对自己的测评总分为：__________分。

4．电子商务实务实验总结

____

____

____

____

____

____

____

____

____

____

5．实验总结评价（教师）

____

____

14.7 阅读与思考：黑客私斗引发 6 省网络瘫痪

很多网民对发生在 2009 年 5 月的一次网络大面积瘫痪事件记忆犹新：2009 人和 5 月 19 日 21 时 50 分开始，江苏、安徽、广西、海南、甘肃、浙江六省区用户访问网站的速度变慢或干脆断网。截至 20 日凌晨 1 时 20 分，受影响地区的互联网服务才基本恢复正常。

7 月 6 日，这起受到全国普遍关注的“5 · 19”网络瘫痪案，其 4 名犯罪嫌疑人被江苏省常州市天宁区人民检察院以涉嫌破坏计算机信息系统罪批准逮捕。

日前，办案检察官在接受记者采访时道出这起案件的缘起：“5 · 19”六省区的网络瘫痪案，起因竟是几个网络私服经营者和竞争对手相互掐架。其掐架犹如推倒的多米诺骨牌，引发了连锁反应。值得深思的是，这种相互采取黑客攻击式的掐架，目前在网络私服行业相当普遍。

六省区断网两个多小时

5 月 19 日下午，在常州市区一写字楼内上班的小陈感觉网速越来越慢。随后，新浪、搜狐、网易等门户网站均不能访问。一开始，他以为是自己的计算机中毒了，于是不断地杀毒、优化、清除计算机垃圾，但一点效果也没有。随后，他发现单位同事的计算机也出现了同样的情况。于是，同事们又不断地将单位的路由器重启，但一点效果也没有。令小陈和他的同事们没有想到的是，他们正经历着一次影响到全国六省区的大面积断网事件。

5 月 21 日，工信部发布消息称，5 月 19 日 21 时 50 分开始，江苏、安徽、广西、海南、甘肃、浙江六省区用户访问网站速度变慢或干脆断网。截至 20 日凌晨 1 时 20 分，受影响地区的互联网服务基本恢复正常。

对于事件的原因，当时众说纷纭。工信部正式发表通报，初步解释此次事故的原因：由于暴风影音（影音播放软件）网站的域名解析系统受到网络攻击，导致电信 DNS 服务器访问量突增，网络处理性能下降，如图 14-1 所示。

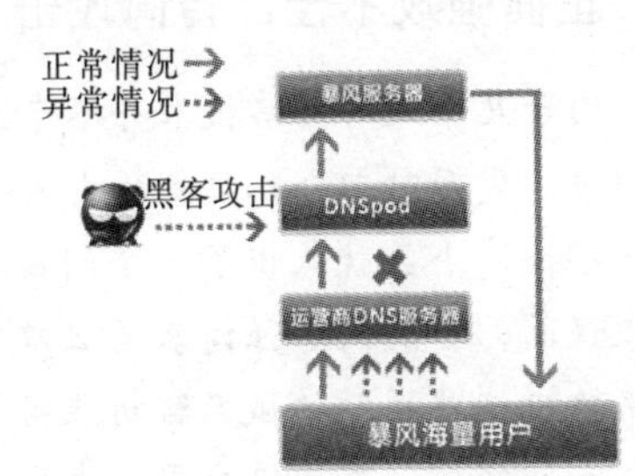

图 14-1　黑客私斗引发六省网络瘫痪

公安部门接到报案后，立即组织江苏、浙江等地公安部门开展调查。一时间，此案受到全国媒体普遍关注。

由于此次“私服”攻击的那台服务器设在常州，公安部将此案交由常州警方办理。

常州警方通过网络技术监控发现，在广东佛山的一台服务器有异常情况，经布控，将这台服务器的主人抓获，并一举控制其他 3 名同伙。目前，4 名犯罪嫌疑人已被常州市天宁区检察院以涉嫌破坏计算机信息系统罪批准逮捕。

这一引发大面积网络瘫痪的案件，近 10 年来都十分罕见。这起案件是怎样引发的？幕后又隐藏着什么？

租用 91 台“私服”攻击别人

在办案检察官的眼中，这 4 名犯罪嫌疑人都是“80 后”，案件的两个核心人物是小兵（化名）和小青（化名），两人都是 1986 年出生。

小兵是浙江人，父亲在广东佛山开一家棉花厂。小兵和小青是同学，小兵毕业后到父亲的棉花厂帮忙。不久，小青也来到棉花厂。有一次，小青告诉小兵，说经营私服（私人服务器）赚钱。小兵决定投资私服，专门经营网络游戏和广告。在这个小公司里，小兵是大股东，负责投资，小青负责技术。

私服是未经版权拥有者授权，非法获得服务器端安装程序之后设立的网络服务器，本质上属于网络盗版，结果是直接分流了运营商的利润。一些网络游戏等网站商家租用像小兵这样的私服，半年或一年一租。

在强手如云的私服业内，像小兵这样经营私服的公司规模小、技术薄弱，他们小打小闹，很难赚到钱。后来，他们发现，他们赚不到钱的主要原因是，在私服业内，各经营私服的对手经常相互攻击，只有将对手击败后，自己才能将对方的客户抢过来。

自己经常被攻击，公司盈利不高，为此，小兵一直头痛不已。后来，小兵认识了一个网友，两人在聊到经营私服被对手攻击的时候，这个网友说，攻击人家的网站，需要一定的流量，否则很难奏效。

流量是什么概念？“办理这个案子后，我从一个计算机盲差不多变成了半个专家了。”办理此案的检察官笑着说，流量好比 A 手机对 B 手机发送一条短信，B 手机运行正常，但是，如果同一时间有5 000部手机对B手机发送短消息，那B手机肯定会爆掉。

那个网友就跟小兵解释这个原理。那要如何才能达到一定的流量呢？这个网友说，要达到一定的流量，就要增加攻击的私服数量。

为此，小兵、小青联合两人的亲戚小风、小宝一共投资了28万元，请那个网友联系，租用了91台私服，专门用来攻击其他私服。租用的这91台私服，在浙江苍南。

正面强攻不佳，转向攻击“域名解析”

由于几个人对网络技术并不专业，尽管租用了91台服务器，但在直接攻击其他网游私服的过程中，发现对部分私服的攻击效果不是很好。为此，几个人在网上发帖寻求“帮助”。

很快，小兵就认识了一个网友小强（化名）。值得注意的是，直到抓捕归案，两人以前都从未谋面。小兵向小强请教怎么攻击对手私服。小强告诉他，直接攻击私服的效果不是很好，如果攻击这些网站的域名解析服务器，致使这些网站无法访问，应该效果不错。小强自己也在浙江东阳经营一家网络公司，也同时经营私服，但是小强自己也对网络技术不够专业。于是他叫自己的员工小刚（化名）完成这个任务。小刚接到任务后，连夜赶制了成套网上攻击的方法，写成文本文件，通过邮件发给了小青。

小强在整个过程中，未收取小兵方面一分钱，那么，他为什么要这么做呢？据小强自己说，私服行业整个风气就是相互恶意攻击，谁攻击对方取得成功，谁就能赚钱。他教小兵实施攻击的主要目的，一是为自己在“网络江湖”上扬名立万，另外就是这样做了以后，他的名声传出去，就没人敢攻击他自己公司的私服，对自己也是一种保护。

5月18日晚，攻击正式开始。具有讽刺意味的是，案件的主要人物小兵并没有把这次攻击当回事。他把整个攻击的工作交给小青，自己则去一家酒吧会女网友了。

当晚7时左右，小青用公司计算机开始发起攻击，小刚设计的攻击方法采用的是“擒贼先擒王”的策略，也就是直接攻击私服网站的“首脑”——DNSPod服务器。DNSPod是一个免费域名，它的东家是南通万达网络服务公司，负责人是一个叫洪声（化名）的年轻人，今年才24岁。

洪声的个人网站主要为国内众多网站提供域名解析服务。虽然是非公司运营，但他旗下已经拥有16台服务器，分布在全国各地。他服务的网站包括Verycd、雨林木风、4399、小游戏、暴风影音、CNZZ等知名网站。

DNSPod服务器下面管理着很多私服，是众多私人服务器的首脑。一旦DNSPod受攻击瘫痪，其他私服都会受损。当初小青他们选择攻击对象的时候，表面上选择攻击的六七个私服，都是几家游戏网站，他们没想到或者说根本没这方面的意识，这几家网站和暴风影音是同一个DNSPod服务器。

攻击仅20多分钟，六省区网络瘫痪

洪声的这台DNSPod服务器委托常州电信托管，安放在常州电信勤业机房内。

小青在自己的计算机公司内实施攻击了20多分钟后，就将攻击程序关闭了。然后他就在公司内的办公椅上打瞌睡，丝毫没有意识到，他这次20分钟的攻击会引发轩然大波。

小青实施攻击后不久，远在常州的电信勤业机房管理员发现，DNSPod服务器端口流量异常，立即向上级汇报，常州电信接报后又向江苏电信汇报请示。为防止意外发生，江苏电信果断决定，立即关闭DNSPod服务器。不幸的是，这台被电信关闭的DNS服务器当时恰好在为大约10

万家网站提供域名解析服务，其中就包括暴风影音，此外还包括大量地方门户网站、个人网站和企业网站。这导致大量用户随后无法访问这些网站。

也许有人会问，DNSPod 关闭后，为何 18 日晚没有出现网络瘫痪，而一直到 19 日晚才全面爆发？原来，万达公司与常州电信签订托管协议时，对 DNSPod 约定有缓冲时间，请求解析一次失败后，DNSPod 有 24 小时的缓存期。但也正是由于缓存期的存在，一直正常的表象并没有让管理方找到 DNSPod 端口流量异常的真实原因，以致没有采取正确的挽救措施，从而引起大面积瘫痪事故。

19 日晚事发后，洪声一直忙于解决 18 日晚的攻击问题，直到 20 日下午有朋友告诉他，19 日晚大面积故障可能与 DNSPod 有关，他才恍然大悟。此时工信部已召开紧急会议，暴风高层也联系到洪声，商量后续备份域名服务器问题。

21 日，工信部联合暴风及 DNSPod 向公安部门报案。

7 月 6 日，小兵等 4 人因涉嫌破坏计算机信息系统罪被天宁区检察院批准逮捕。

相关部门应加强监管

据办案检察官介绍，4 名犯罪嫌疑人事前一直不认为自己的行为是在犯罪。他们一直认为，国内很多经营私服的网络公司之间相互进行攻击，这种行为太多了，甚至大家认为这是一种正常行为。

办案检察官说，对“黑客”攻击的行为，法律上有两条罪名可以追究：一是非法侵入计算机信息系统罪；另一条是破坏计算机信息系统罪。前者是涉及国家安全，小兵等人的行为则适用于后者。案中 4 人不但没有意识到自己是在犯罪，甚至根本没想到自己的攻击行为会引发这么严重的后果。

一位专业人士称，此次断网事件开始于“私服”经营者之间的恶性竞争，他们的目的很简单，就是“扬名谋利”。在目前的网络行业中，这种恶性竞争很普遍，只不过这次由于一些偶然因素造成了更加恶劣的后果，才让这几家网游私服之间的事暴露出来。此次网络大瘫痪爆发得如此突然，涉及范围如此之广，影响如此之深，令广大网民和业内专家都始料未及。

办案检察官告诉记者，办理这次案子，发现有很多值得深思的地方，从技术上、法律上、行业上，国家相关部门都应加强监管。

（**资料来源：**中青在线——中国青年报，2009 年 07 月 27 日，http://tech.QQ.com）

附录A 电子商务实务课程设计

A.1 课程设计的背景

在学习丰富的电子商务知识、完成大量的相关实验之后，我们来尝试运用这些知识进行电子商务的课程设计，完成建设电子商务网站的设计规划。在这里，我们首先介绍关于电子商务网站建设的文档要求，明晰如何编写《网站建设项目计划书》（又称规划书或商业计划书）；然后，你可以根据自己的兴趣和条件等因素，自行确定进行设计的目标行业和项目来完成课程设计任务。

1. 网站建设的文档要求

任何工程项目都要经过计划、设计、施工、检验等一系列步骤，在这些步骤中，资料和图纸是绝对必要的。在图纸和资料中记载了大量的数据、方案、报表、图示和文字说明等有关工程项目的重要信息。与之相比，电子商务网站建设工程的文档资料在网站生存周期中的地位和作用就显得更加突出。一个网站建设项目的进行，一般需要在人力和资源等方面作较大的投资，有许多人参与并做长期的努力。为了保证网站的成功建设，最经济地花费这些投资，并且便于运行和维护，在开发工作的每一阶段，都需要认真编制相关的文档。

在根据自身的实际情况确定建设网站的方式后，要以此为基础，根据行业特征与业务范围及网站设计的目的，具体分析确定包括网站形象定位、网站功能定位、目标访客定位、信息结构设计、导航体系设计、栏目设置、页面总量等内容，最终形成一套完整的文档，例如《网站建设项目计划书》（以下简称《计划书》）。

2. 网站建设项目计划书的编写

《网站建设项目计划书》一般应包括以下一些内容：

① 网站建设的可行性分析。包括相关行业市场分析、竞争对手网站分析、自身条件分析等内容。

② 网站建设定位及目标。包括网站建设定位、网站建设目标等内容。

③ 网站内容策划。包括网站内容规划、网站设计与测试规范、网站建设日程表等内容。

④ 网站技术解决方案。包括域名的申请、服务器的选择、软件的配置、服务器设置的方式等。

⑤ 网站推广方案。包括网站初步推广规划、深度推广规划等。

⑥ 网站运营规划。包括网站建设时的工作团队组成、建设网站的日程表和网站投入使用后维护队伍的组成及工作职责等内容。

有关《计划书》的具体提纲请参见本书 A.2。

3．课程设计的基本要求

课程设计的基本要求如下：

① 课程设计原则上必须独立完成并拒绝抄袭。若学生组成团队协作完成，则每个设计团队的组成最多不能超过 3 人，且团队成员必须明确分工职责和完成工作量的百分比。教师将根据工作量百分比分别给出团队成员各自的课程设计成绩。

② 课程设计中《计划书》的内容应符合本书 A.2 节的要求。

③ 课程设计主文件采用 Word 文档格式，其相关的主页设计等文件作为计划书的附件。作为工作能力的一部分，Word 格式文档的排版质量将作为成绩考核依据之一。

④ 在完成课程设计的过程中，学生可以借助教材、其他专门书籍和网络等查找相关资料作为借鉴和参考。但是，从尊重知识产权的角度考虑，应将所参考的主要资料和网站明确记录在《计划书》的“主要参考资料”中。

⑤ 请用 WinRAR 等压缩软件对课程设计中完成的相关文件压缩打包，并将压缩文件以“<班级>_<姓名 1 [_姓名 2 [_姓名 3]]>_电子商务课程设计.rar”格式命令。

请将课程设计压缩文件在要求的日期内，以电子邮件、QQ 文件传送或者实验指导老师指定的其他方式交付。

4．课程设计的项目选择

请根据本书提供的几个电子商务需求案例（A.3～A.5 节），也可以是自己构思或找到的电子商务案例进行认真的思考和分析，根据你的能力和条件等实际情况，选择一个作为完成本课程设计任务的目标项目。

（注意：如果是小组协作完成，则成员姓名边上的括号内请填写该成员在本项目中所占的工作量和成绩的百分比。）

请记录：

① 你考虑：　□ 自选项目　　□ 老师推荐　　□ 本书介绍

② 你课程设计项目的名称是：

____

③ 如果是小组协作，则你的小组成员是：

组长：________________（________%）

工作职责（分工）：____________________________

组员 1：________________（________%）

工作职责（分工）：____________________________

组员 2：________________（________%）

工作职责（分工）：____________________________

A.2　典型的《网站建设项目计划书》提纲

封面：

① 项目名称

② 项目建设单位（可虚拟）

③ 项目设计单位（可虚拟）

④ 项目设计者

⑤ 项目完成日期（可虚拟）

正文：

引言

① 编写目的与背景

② 定义

③ 主要参考资料

1. 网站建设前的市场分析

① 相关行业的市场是怎样的，市场有什么样的特点，是否能够在因特网上开展公司业务。

② 市场主要竞争者分析，竞争对手上网情况及其网站规划、功能作用。

③ 公司自身条件分析、公司概况、市场优势，可以利用网站提升哪些竞争力？建设网站的能力（费用、技术、人力等）有哪些？

2. 网站建设目的及功能定位

① 为什么要建立网站，是为了宣传产品，进行电子商务，还是建立行业性网站？是企业的需要还是市场开拓的延伸？

② 整合公司资源，确定网站功能。根据公司的需要和计划，确定网站的功能：产品宣传型、网上营销型、客户服务型、电子商务型等。

③ 根据网站功能，确定网站应达到的目的作用。

④ 企业内部网（Intranet）的建设情况和网站的可扩展性。

3. 网站内容规划

① 根据网站的目的和功能规划网站内容，一般企业网站应包括：公司简介、产品介绍、服务内容、价格信息、联系方式、网上订单等基本内容。

② 电子商务类网站要提供会员注册、详细的商品服务信息、信息搜索查询、订单确认、付款、个人信息保密措施、相关帮助等。

③ 如果网站栏目比较多，则考虑采用网站编程，专人负责相关内容。

注意：网站内容是网站吸引浏览者最重要的因素，无内容或不实用的信息不会吸引匆匆浏览的访客。可事先对人们希望阅读的信息进行调查，并在网站发布后调查人们对网站内容的满意度，以及时调整网站内容。

4. 网站技术解决方案

根据网站的功能确定网站技术解决方案。

① 采用自建服务器，还是租用虚拟主机。

② 选择服务器操作系统，用 UNIX、Linux 还是 Windows XP/Vista Server。分析投入成本、功能、开发、稳定性和安全性等。

③ 采用系统性的解决方案，例如是 IBM、HP、Misrosoft 等公司提供的企业上网方案、电子商务解决方案？还是自己开发？

④ 网站安全性措施，防黑客、防病毒方案。

⑤ 相关程序开发，如网页程序 ASP、JSP、CGI、数据库程序等。

5. 网页设计

① 网页美术设计要求，网页美术设计一般要与企业整体形象一致，要符合 CI 规范。要注意网页色彩、图片的应用及版面规划，保持网页的整体一致性。

② 在新技术的采用上要考虑主要目标访问群体的分布地域、年龄阶层、网络速度、阅读习惯等。

③ 制定网页改版计划，如半年到一年时间进行较大规模改版等。

④ 网站主页面的设计图初稿（BMP 或 JPG 格式）。

6. 网站维护

① 服务器及相关软硬件的维护，对可能出现的问题进行评估，制定响应时间。

② 数据库维护，有效地利用数据是网站维护的重要内容，因此数据库的维护要受到重视。

③ 内容的更新、调整等。

④ 制定相关网站维护的规定，将网站维护制度化、规范化。

7. 网站测试

网站发布前要进行细致周密的测试，以保证正常浏览和使用。

主要测试内容包括：

① 服务器稳定性、安全性。

② 程序及数据库测试。

③ 网页兼容性测试，如浏览器、显示器。

④ 根据需要的其他测试。

8. 网站发布与推广

① 网站测试后进行发布的公关，广告活动。

② 搜索引擎登记等。

9. 网站建设日程表

各项规划任务的开始完成时间、负责人等。

10. 费用明细

各项事宜所需费用清单。

以上为网站规划书中应该体现的主要内容，根据不同的需求和建站目的，内容也可以增加或减少。在建设网站之初一定要进行细致的规划，才能达到预期建站目的。

A.3 网上珠宝店

某年 6 月，位于某市的大福王珠宝店的老板周正准备为他的商店建立一个网站。但在网站投资之前，他有几个问题需要考虑：

① 建立这个网站仅仅是作为一种广告工具还是利用它进行网上销售？

② 如何设计网站的界面？

③ 它应该包含哪些类别的信息？

④ 它将会对公司现有零售店的销售、员工配置、营业时间和商业战略带来什么样的影响？

周正需要对网站的设计和目标做出决策，因为如果准备为大福王珠宝店建立网站，那么他希望能在 9 月份之前开通这个网站。

1. 公司背景

在大福王珠宝店的店铺里，商品琳琅满目，包括金银丝装饰的钻石、手杖和别致的配有漂亮石头的头饰等。大福王珠宝店较著名甚至现在仍然很繁荣的业务是古董珠宝业务。

周正在某著名大学的宝石学院获得了宝石学证书后，从他的父亲手中接管了这家商店。

刚接管不久，周正便对商店进行了一系列改革。除了能为顾客提供高质量的、独特的珠宝之外，周正还希望大福王珠宝店能够为公众提供关于钻石和雕刻宝石的知识。为了保证每位员工都能成为顾客的“顾问”，他要求所有员工都必须获得宝石专家认证。宝石学学科研究宝石，学习关于宝石的鉴定、评估、生产、制作、标记和全面营销的知识。因此，取得宝石专家认证后，便保证了每一位员工都具有充分的知识向顾客全面介绍大福王珠宝店的商品。

对那些抵制这种改革的高龄员工，周正采取了提前退休的政策，以便为那些愿意进行宝石专家认证培训的新员工提供职位。大多数的新员工都刚刚大学毕业，他们一边在零售店工作，一边通过函授学习以获得宝石专家认证。

周正认为他的大福王珠宝店之所以能够顽强地生存下来，主要有这样几个原因：

首先，大福王珠宝店在提供独特的、高质量的珠宝方面有着比较好的声誉。大福王珠宝店专营丽泽钻石，货物主要由欧洲进口，其产品线保持着独一无二的特色。同时，大福王珠宝店以拥有全套的用于培训消费者辨别钻石颜色等级的优良钻石自傲，这些钻石为大福王珠宝店在众多的珠宝商中赢得了卓著的信誉。另外，员工培训使得顾客可以从知识渊博、待人友好的售货员那里得到优良的服务。

其次，大福王珠宝店也因定制设计珠宝业务而广为人知。商店专门雇用了多名资深金匠来设计和制作顾客定制的珠宝。

最后，大福王珠宝店即使在经营困难期间，仍然拒绝将其商店搬出中心地区。可以说，在市区经济发展中起着积极作用，这也使得大福王珠宝店在商业中建立顾客信心，赢得了声誉。

2. 面临的竞争

虽然大福王珠宝店幸存了下来，但业务量并没有太大的增长。周正认为业务的停滞是由于在这条街上缺乏竞争对手。在珠宝行业里，对珠宝商而言，靠近竞争对手对他们业务的发展非常有益，因为这样可以使顾客能够很容易地对比质量、选择和购买。而对于像大福王珠宝店这样的高档零售店，这种对比购物尤其重要，因为它们可以提供更高的可信度。

在这一地区，大福王珠宝店的主要竞争者包括当地的三家公司，这些公司本来都在大福王珠宝店的附近，它们也提供类似的产品与服务。后来由于各种原因都搬离了。其中有一家公司建有网站，但该网站只有一个网页，那几乎就是他们黄页广告的完全复制品。

为改善经营情况，周正也做了一些尝试。例如，他开了第二家分店，在新店的运作中应用了更多的高科技，如采用一个称为“在线珠宝设计”的复杂计算机程序，使顾客可以亲自设计自己的珠宝；此外，新店还准备雇用两位年轻的金匠来设计和制作顾客定制的珠宝。但遗憾的是，由于昂贵的高新技术设备，拥有自己的室内设计店的成本非常高，很难从定制设计业务中获取足够的利润来支撑这种室内设计。

3. 广告和促销

一直以来，大福王珠宝店主要依靠口碑营销、店内信息指南和免费宣传册来吸引顾客。一方面由于大福王珠宝店是一个长期存在、声誉较好的店铺；另一方面，周正个人也一直积极地为市区经济发展而奔波，所以很多报纸和杂志的文章是关于大福王珠宝店的。这些报道加强了大福王珠宝店在市民心目中的形象和可信度，而很少有对大福王珠宝店及这个家族的负面报道。

周正已经意识到对广告和促销进行投资的必要性。他在报纸和商业杂志上刊登广告。这些广告主要侧重于宣传公司的定制设计珠宝业务和它的珠宝协会会员身份等。周正认为，通过电视和广播对大福王珠宝店进行促销会损害商店的形象，但有一些电视和广播的报道对公司却非常有好处。例如，为了坚持公司的目标——教育大众，周正制作了一系列被称做“与周正对话珠宝”的商业信息片，在当地的电视台进行宣传。

周正还发现，在小学四年级的常识课中有地理学这一单元，主要介绍岩石和矿物。于是他组织了一个称做“儿童宝石夏令营”的课外活动，对这些 8～12 岁的孩子进行关于宝石知识的教育，这极大地鼓舞了孩子们去“挖掘”宝石的兴趣。虽然孩子们很明显不是他的目标市场，但孩子们一般在父母的陪同下去“挖掘”，他们的父母也从“挖掘”过程中学到了很多。周正谈到，“人们对钻石的兴趣越大，我们越可以更好地满足他们的需求。实际上，我们往往不能与那些未受过钻石教育的顾客进行很好的交易”。

4．客户

在过去几年里，周正对大福王珠宝店的顾客进行了仔细观察。

光顾大福王老店的顾客平均年龄在 45～50 岁之间，最年轻的顾客只有 24 岁。大多数顾客是受过良好教育的职业男性，他们的收入高于平均收入水平，一般是购买高质量的独特款式作为礼物送人。顾客的平均个人消费额约 3 000 元。

光顾大福王新店的顾客年龄比较小，但同样都比较富裕。平均个人消费额相对于老店来说要低。这些顾客都对新技术比较感兴趣，相应地，周正计划保持一个比较低的实物库存，而将这些实物用数码相机拍成照片放于计算机上供顾客观看。这种数字化库存使得大福王新店为顾客提供了一些特殊的服务。首先，这些数字图片可以利用一个程序进行重新设计，这使得顾客可以设计自己心仪的珠宝；其次，因为店铺的虚拟库存借助计算机提供，所以顾客可以利用计算机程序来搜索库存，寻找满足他们要求的产品。例如，顾客可以搜索某一特定价位的钻石款式，或者带有某种镶嵌的款式。周正希望这些数字化库存可以借助网站进行推广。

5．建立网站的决策

周正相信大福王新店将有助于公司的成长，也相信建立一个网站将对公司的成长有很大的推动作用。他已经开始密切地观察其他珠宝店所开发的网站。

建立一个网站的成本并不高。周正的堂弟有网站开发方面的经验，而且已经同意为大福王珠宝店建立一个网站，并以每年 8 000 元的“家庭价”负责维护。另外，周正已经选择了当地一家 IT 公司作为大福王珠宝店的网络服务运营商，每月费用为 300 元。

6．电子商务消费者

为了了解电子商务消费者，周正进行了一些网上调查。

根据一项关于因特网用户的调查报告，因特网用户中约占上网人数的 40%有过网上购物的经历；大部分网上购物者在进行网上购物时使用信用卡进行支付，其他比较受欢迎的支付方式还有直接的银行汇款、银行转账和现金支付。调查报告显示，大多数的因特网用户会利用因特网对将要购买的商品或服务进行搜索；1/4 的网上购买者是一时的冲动；93%的网上购物者对他们的网上购物经历是“比较满意”或“非常满意”；60%的人认为便利性是他们选择网上购物的主要原因。

另一项报告显示，书籍仍然是网上最畅销的商品，42%的因特网用户曾经在线购买过书籍；

38%的因特网用户网上购买过音像制品；29%的因特网用户网上购买过计算机软件；28%的因特网用户网上购买过旅游产品和服务；27%的因特网用户网上购买过服装。其他比较流行的网上商品包括特别款式的礼物（24%）、计算机硬件（18%）、娱乐服务（17%）和家用器皿（16%）。接近3/4的因特网用户很关心他们的网上安全和个人隐私保护问题，并说这种担心阻碍了他们进行网上购物。

周正不能确定他是否应该将他的网站定位于某一个网上消费群体；如果这样做，他又如何抓住他们？

7. 网上广告

周正发现，在因特网上，可以使用多种方式对商品或服务进行促销。公司不仅可以建立自己的网站，而且可以将它们的广告放于其他的网站上进行宣传。横幅广告是最常用的促销方式。

一项调查发现：在进行民意测验的一个星期内，有 1/5 的因特网用户点击了横幅广告，有77%的用户记得在那个星期内看到过这条横幅广告。大多数的公司将它们广告预算的1/3用于横幅广告。

调查表明：电子邮件广告的使用量也因它的普及和高效而越来越多。电子邮件在开发和保持顾客、销售和促销产品、推动顾客忠诚度和巩固品牌方面，不仅成本较低而且非常有效。

在某网络公司进行的调查中发现，建立网上品牌变得越来越重要，当顾客搜索产品或者服务时，10个人中的6个会直接输入某一电子商务网站的URL地址。令人吃惊的是，只有6%的网上购物者会根据在其他媒体上的广告去网上零售商的网站购买。各公司也可以通过建立网上伙伴关系而受益，超链接使得它们可以在各网站之间互相链接。

8. 网上珠宝商的竞争

有许多珠宝商借助网站销售他们的商品（例如，周大福、周生生、六福等）。另外，很多的网站专营古董业务，专门经营顾客定制设计业务的网站也有几家。De Beers是全球最大、历史最悠久的钻石矿业公司，它建立了一个网站，使得因特网用户可以在这里获得关于钻石和珠宝的信息。

9. 面临的困境

在对网站投入时间和资金之前，周正有很多的问题需要思考和决策。

① 这个网站是仅仅作为一个宣传工具还是试图利用它进行在线销售？

② 这个网站的界面给人的感觉应如何？

③ 这个网站应该包含一些什么样的内容？

④ 他是否应该在这个网站出售广告位来增加收入，或者在其他网站上进行宣传来吸引注意力？

⑤ 他应该如何让他现有和潜在的顾客知道这个网站的存在？

由于新闻和股票市场一直在不断地讨论“.com”公司的末日，周正很清楚许多电子商务公司目前所面临的困难。他希望对这个网站的目标、设计和实施所做的决策对公司的现在和将来都会是有利的。

A.4 美容、保健产品网络零售商

Looks.com是一家即将建立的销售名牌化妆品、香水、护肤品和时尚产品的电子商务网站。

杜彪，Looks.com 的创建者和常务董事，刚结束了与其投资人王海鸥的视频会议。和往常一样，他们主要讨论如何吸引医疗保健、美容类产品的知名厂商在 Looks.com 上罗列出其产品目录并进行销售。

到目前为止，杜彪对其创建 Looks.com 概念的发展状况感到非常满意。Looks.com 已广为投资界和因特网界所接受。事实上，杜彪已经获得了相当多的启动资金。公司已经与一些全球公认的著名因特网运营商建立了合作伙伴关系。一家著名的网站设计公司为 Looks.com 设计了一个引人入胜、界面布置合理的专业网站。杜彪也招聘了一批优秀的、有经验的专业人员为公司提供技术支持。他计划在数周内开通网站，以迎接圣诞节前夕的购物热潮。目前，该创业公司所面临的最大挑战就是如何吸引更多的知名品牌厂商在网站上罗列出他们的产品目录并出售它们的产品。

杜彪和王海鸥都坚信，Looks.com 比传统的零售企业更具有竞争优势。因此，他们现在的任务就是说服生产商和消费者接受他们的观点。

1．因特网产业

人们普遍认为，电子商务的蓬勃发展使目前这一时期正成为全球电子商务消费扩张的关键时期，最为明显的特征就是消费者会增加对电子商务的信任（消费者期望购物网站能够提供更加完善的服务）。不过安全问题（这是关于电子商务的全球性问题）和用于支持信用卡支付的相对落后的电子商务基础设施的问题依然非常显著。

一些环境因素促进了这种趋势的发展。预计政府也会逐渐降低关税和放松限制，并对外开放市场和引入竞争，从而为信息技术的知识转移铺平道路。政府部门加强经济的科技基础设施建设的计划也正在启动中。人们对电子商务的逐渐接受将使得先前只在西方市场销售的产品和服务对本地区消费者也变得触手可及。

许多消费者和零售商也对这种发展趋势表示欢迎。从事电子商务的公司也拥有一些竞争优势，这包括低廉的办公场所租金和装修成本、较低的日常管理费用、集中和高效的订单处理和库存控制、低成本和定位明确的营销活动等。这些竞争优势，加上强劲的先动优势和新兴产业吸引人的利润空间，使杜彪确信 Looks.com 是一个巨大的机遇。

2．Looks.com

杜彪计划以具有竞争力的零售价格和额外的增值补贴（包括样本和试用品、漂亮的包装、赠品和礼品包装）在其安全的网站上提供最流行品牌的化妆品、香水、护肤品和时尚产品。Looks.com 将会“向任何目的地快速送货”。不过，杜彪预测至少有 50%的网站最初销售额将来自于上海市场。广告和宣传活动，以及在 Looks.com 的战略伙伴们的网站上建立“超链接”，都将增加 Looks.com 在上海市场和其他重要的长三角市场的认知度。杜彪对保持这些战略伙伴非常关心，因为这些网站向他提供了达到最初目标市场份额的机会。

由于电子商务的快速发展，公司首次市场扩张计划的目的地就是杭州，因为早在 2000 年时，公司就已在杭州建立了“镜像”站点，公司的服务器也是由杭州的因特网服务提供商提供的。在杭州建立一个分销中心将会大大减少在杭州的物流成本和送货时间。

据杜彪估计，温州是另一个非常具有吸引力的消费品销售市场，也是网上销售很有发展潜力的市场。但在温州缺乏信用卡交易设施和售后配送设施，以及因特网渗透率和认可度较低等，都将成为在短期内进行有效渗透的障碍。

但是，由于电子商务突破了传统的地域界限，因此，杜彪将本地区中高收入、年龄在 17～35 岁的女性作为 Looks.com 的目标市场。他认为这一阶段的女性更愿意接触网络，也会成为网上购物的早期拥护者。杜彪将 Looks.com 的目标市场分为 4 部分："新潮时尚者""新女性""母亲"和"世故老练者"。

"新潮时尚者"指那些 17～25 岁、愿意接受新潮流的人。她们之所以可以这样做，主要是因为她们大多具有相对较高的收入。新产品的实用性、更多的选择和价值都可以给"新潮时尚者"带来更大的效用。

"新女性"指年龄稍大些的女性（25～30 岁），她们有事业、人际交往、家庭责任、紧张忙碌的生活和广泛的兴趣爱好，她们更看重便利性、品牌实用性、质量和对她们支出的期望价值。

"母亲"和"世故老练者"被看作是次级目标市场。她们是高度的品牌忠实者，更看重质量与便利性。

Looks.com 将会提供两部分完全整合和互补的产品和服务："Looks 精品店"和"Looks 休闲区"。"Looks 精品店"是 Looks.com 的零售区域，它将会运用全面的产品描述、图片以及在适当的时候利用数字向消费者介绍名牌化妆品与香水、保健与美容类产品。

"Looks 休闲区"是 Looks.com 的娱乐区域，预计这可以提高网站的"黏性"（网站吸引用户兴趣的能力）和重复访问率，将有助于把 Looks.com 建成一个提供有关女性的各种话题的网络社区。这些话题将包括保健和美容，但并不局限于此。各种有关自我帮助与自我提高、形象咨询、时尚和潮流报道的文章将由 Looks.com 网站的内部撰稿者完成，其他文章则由一些客座皮肤科医生、妇科医生和其他医学专家来撰写，同时还添加一些来自于其他网站的文章。杜彪的目标是将 Looks.com 建设成为本地区女性的门户网站。杜彪对 Looks.com 的展望是使其成为出售各种保健和美容类相关产品的电子商务网站，包括婴儿和成年人的用品与服务，以及时尚装饰品等。Looks.com 有能力发展为门户网站，并能够吸引有利可图的快速成长的地区女性市场，是杜彪最初选择化妆品作为网上销售产品的关键因素。

3．为什么选择化妆品

杜彪对化妆品并没有什么特别的喜好，先前也没有在这个行业工作的经验（或利用因特网从事相关的工作）。不过他从 24 岁起已经在本地区工作了十几年，当他意识到自己应该涉足具有难以置信的发展潜力的因特网风险投资时，他决定趁热打铁，以获得在这个高速发展行业中的领先者优势，并开始研究创办哪种类型的网站。在研究了"30～40 种不同网站的构思"之后，其中包括纯粹的门户网站、拍卖网站和面向产品与服务的电子商务网站（例如房地产、英语培训、体育用品和来自澳洲的海鲜产品等），他发现化妆品蕴含着巨大的电子商务商机。

杜彪解释了 Looks.com 对他最具吸引力的原因：在化妆品行业，80%的销售是重复购买——顾客是高度的品牌忠实者。并且，化妆品品牌的认知度很高——这个产业将最高比例的收入用于宣传活动，因此，很多即将列入网站销售目录的产品都早已在大多数市场有了很高的知名度。与其他电子商务网站一样，欺诈行为并不会成为议论的焦点——你不可能下载化妆品，而统计表明，男性网站更容易受到假货的影响。

另外，保健和美容类产品的体积一般都很小，因而易于运输和接收，而且价值/质量的比值很高。对于这类小体积的物品，库存管理也变得更容易，随季节变化的款式使得你不必担心物品要保存很长的时间。重要的是，生产商也在尽最大的努力保持高价——正是边际利润最终使杜彪选择化妆品进行网上销售。

吸引杜彪进行网上销售化妆品的另一个原因是几乎没有直接的竞争。虽然一些化妆品和保健美容类产品的生产厂商已经建立了自己的网站，成千上万的网站也被建立来销售名牌化妆品，但没有一家是专门针对本地区女性的。杜彪认为，传统的化妆品零售渠道，包括商场、药店、各种店铺，还有美容院、超市和廉价化妆品市场，都是 Looks.com 间接的竞争对手。不过他相信，与传统的分销渠道相比，网站拥有明显的竞争优势。因此，杜彪将隐含于 Looks.com 背后的概念看作是一个“被忽视了的地区因特网商机”。

4．网上销售与现有分销渠道的比较

零售商们现有的销售将会在多大程度上被网上销售所代替，这一直是零售行业的一个热门话题。为了避免与零售商利益相冲突，生产商经常使网上销售的产品定价与其他销售渠道的产品定价相一致；而且，许多从事电子商务的生产商会非常小心地避免提供任何特殊的激励，以免消费者远离传统的零售渠道。

到 1999 年末，许多行业依赖因特网作为销售渠道成为不可避免的趋势，其中包括计算机领域。其中典型的是戴尔（Dell）计算机（美国个人计算机系统的最大供应商），戴尔的直销模式将使众多行业的大量公司逐步走向成功。

尽管电子商务具有众多优势，尤其是生产商可以将其产品目录列入 Looks.com 的销售清单内（包括增加销量和促进品牌的宣传），但杜彪和王海鸥发现，许多生产商仍对其产品的网上分销疑虑重重。首先，他们担心，现有的利用传统销售网络进行的销售将抑制他们与 Looks.com 合作的热情。重要的是，分销商会担心因特网分销将不利于他们的销售（即企业收入）。

A.5　网络鲜花店

一个阳光灿烂的早上，高稚萍——平姑鲜花公司的老板，刚刚完成与平姑鲜花特许经营部的高级管理人员的通话，他们表示，希望看到平姑鲜花的销售额能够有较大的增长。高稚萍也很担忧近年来销售额一直太过平稳。现在，她正凝视着窗外，考虑着如何进行改革，提高平姑鲜花在浙江鲜花产业中的市场份额。

1．公司背景

1999 年，高稚萍和沈涛创立了平姑鲜花。他们最早就合伙成立过一个营销公司，通过合作营销计划，为独立的花店制作鲜花媒体广告，如为个体花店制作个性化的鲜花小册子。

在平姑鲜花的组织结构中，独立的花店成为平姑鲜花特定地区的成员。一方面，她们可以继续经营自己的业务，但同时需要服务于该地区平姑鲜花的订单。对花店而言，这意味着进入壁垒较低；然而，它也引起了双方关系的紧张，为两者之间的冲突埋下了伏笔。

高稚萍已经通过各地的花店——她的销售委托人——建立起来了一个潜在的网络。她保证她和她的合伙人能够在浙江建立起整个网络，并说服浙江独立的花店加入进来，成为她们所在地区唯一的平姑鲜花花店代理。

平姑鲜花的使命宣言是：“帮助花店以一定的利润销售更多的鲜花。”

2．平姑鲜花的顾客

高稚萍这样来描述平姑鲜花和它的顾客：对平姑鲜花的顾客而言，在他们打电话预订鲜花之前，就已经做出了自己的选择，通过鲜花目录选择商品是一件很平常的事情。他们是一些心细的顾客，清楚地知道需要什么和愿意支付多少。平姑鲜花的顾客对平姑鲜花的产品定价并无疑义；然而，他们希望物有所值并且没有隐性费用。当送去的产品与他们的选择不完全相符时，他们会很生气；而且当感觉到不满时，会毫不犹豫地去投诉。

平姑鲜花的顾客之所以选择其服务，主要基于三个原因：可以使用平姑鲜花的贵宾卡；信任平姑鲜花的承诺；能够从配送城市的花店那里订购鲜花。

3. 面临的竞争

平姑鲜花提供地区性的鲜花服务，并且主要借助于免费电话（800）或者通过配送城市的花店的电话呼叫为顾客提供服务。平姑鲜花作为一个本地和远程的鲜花提供商，它拥有独一无二的交互式语音应答（Interactive Voice Response，IVR）技术，这使得顾客拨叫 800 号码就可以直接与配送城市的花店进行联系。考虑到相关的技术水平，尚不存在直接竞争对手可与其争夺终端消费者，因为没有其他的技术服务可以使这些终端消费者直接与花店进行联系。然而，这种竞争优势并不一定会产生所需要的收益，因为在平姑鲜花的营销网络中，很大一部分业务是由当地的花店所占据，而且是通过本地电话进行的。

平姑鲜花需要在两个层面进行竞争。首先，它不得不和其他 800 服务、当地的独立花店以及行业的其他选择来争取顾客；平姑鲜花还不得不与自己的特许花店的私营业务订单进行竞争。它还需要防止特许花店可能的欺骗行为，并且尽量避免他们将自己的订单先于平姑鲜花的订单履行（由于花店需要为平姑鲜花的订单支付佣金，而自己的业务则不需要）。除了独特的平姑鲜花卡支付方式外，并没有其他严格的控制系统来防止平姑鲜花订单被吞掉。为了使特许花店能够对平姑鲜花的订单负责，必须制定一些激励机制来激发他们像对待自己花店的订单那样重视平姑鲜花的订单。

4. 渠道成员

特许花店的表现是平姑鲜花成功的关键。由于这些花店直接与终端顾客接触，所以客户满意度直接取决于他们的努力程度，他们控制着与顾客的关系，影响着顾客对服务、相关的价格与费用、产品的质量与配送的感受。因此，这些花店能否积极地提供高质量的服务和保证顾客的满意度是非常关键的，每一个特许花店都必须始终如一地按照平姑鲜花的规定方式向平姑鲜花的顾客提供信息。

5. 对 IT 的定位

由于在组织结构中所处的位置，平姑鲜花相当于是一个中介，它从特许花店那里接收数据，然后将其传递给公司总部。平姑鲜花认识到，一般花店不能应用很高的技术，界面操作也必须保持简单。因此，在这个层面，数据和系统都非常简单，并且用户界面非常友好。每周，平姑鲜花都需要将特许花店的销售数据电子化地传递到平姑鲜花的总公司，然后在总公司修改数据格式，并将表格化的数据传送到更加复杂的计算机系统中。因此，平姑鲜花的技术系统必须与花店和总公司两个层面的系统进行连接。在平姑鲜花总部，大量的时间花费在行政管理、制定营销计划和日常运作上，以至于高稚平认为，他们的系统与信息收集能力并没有得到充分的发挥。例如，对于特许花店而言，IT 与其说是增值工具还不如说是一个阻碍。因此，实际上，这些必需的系统是被迫在具有不同文化背景的独立的鲜花公司中使用，因而完整而准确的销售数据录入也就很难达到。同样，总公司的数据分析也只是零碎地进行，而不是有序地、系统地进行，因此，从数据挖掘中获得收益也就很不现实。高稚萍也认为，由于平姑鲜花的总公司位于杭州的滨江区，而特许花店遍布整个地区，所以他们的 IT 系统并没有发挥最大的潜力。高稚萍很想了解，是否有办法利用技术有效地提高公司整体的交流能力，促进花店的贡献和参与意识。

6. IVR 的问题

IVR 系统最初建立在模拟电话线上，这使它具有诸如显示和记录打进电话的号码的功能。平姑鲜花可以追踪哪些顾客曾经打过电话但被挂断，并给予回复，以确定是否由于系统的问题而导致他们挂断。因此，平姑鲜花可以严格控制影响顾客满意度的任何技术问题。通常，打进系统的电话有近 10% 会被挂断。这促使平姑鲜花进行投资，将 IVR 系统升级为数字中心电话线，以提高客户服务质量。然而，该问题的解决方案并没有减少挂断的数量，反而使平姑鲜花失去了显示和记录打进电话的号码的功能。高稚萍很疑惑到底是模拟系统还是数字系统能够提高客户服务质量的潜力。

7. 决策

高稚萍考虑了所有可能促使平姑鲜花销售额增长的因素。她也很疑惑是否平姑鲜花需要一些专门的 IT 人员，是否需要一部分预算直接用于优化平姑鲜花的信息系统，而不是完全地专注于针对终端消费者的营销活动。同时，她也很想知道是否需要重新检测目前的营销战略和数据库信息的利用程度。她需要为未来几年规划一个方案，并且着手解决这些有待解决的问题。

A.6 课程设计总结

A.7 课程设计评价（教师）

参 考 文 献

[1] 周苏. 多媒体技术与应用[M]. 北京：清华大学出版社，2013.
[2] 周苏. 项目管理与应用[M]. 北京：中国铁道出版社，2013.
[3] 张丽娜，周苏. 新编计算机导论[M]. 北京：中国铁道出版社，2012.
[4] 周苏. 管理信息系统新编[M]. 北京：中国铁道出版社，2010.
[5] 周苏. 信息资源管理与实践[M]. 北京：机械工业出版社，2010.
[6] 周苏. 信息安全技术[M]. 北京：中国铁道出版社，2009.
[7] 周苏. 电子商务概论[M]. 北京：科学出版社，2008.